做一个理想的法律人
To be a Volljurist

法律人进阶译丛【法学基础】
李 昊／译丛主编

民法学入门

民法总则讲义·序论
第2版增订本

The Guidance of
Civil Law

〔日〕河上正二 / 著
〔日〕王冷然　郭延辉 / 译

北京大学出版社
PEKING UNIVERSITY PRESS

著作权合同登记号　图字:01-2016-4952
图书在版编目(CIP)数据

民法学入门:民法总则讲义·序论:第2版增订本/(日)河上正二著;(日)王冷然,郭延辉译. —北京:北京大学出版社,2019.8
(法律人进阶译丛)
ISBN 978-7-301-30154-8

Ⅰ.①民… Ⅱ.①河… ②王… ③郭… Ⅲ.①民法-总则-研究-日本　Ⅳ.①D931.331

中国版本图书馆 CIP 数据核字(2018)第 291429 号

MINPOUGAKU 2 ZOUHOBAN
Copyright © 2014 Shoji Kawakami
Chinese translation rights in simplified characters arranged with NIPPON HYORONSHA
through Japan UNI Agency, Inc, Tokyo

书　　　名	民法学入门:民法总则讲义·序论(第2版增订本) MINFAXUE RUMEN:MINFA ZONGZE JIANGYI·XULUN(DI-ER BAN ZENGDINGBEN)
著作责任者	〔日〕河上正二　著　〔日〕王冷然　郭延辉　译
丛 书 策 划	陆建华
责 任 编 辑	王丽环　陆建华
标 准 书 号	ISBN 978-7-301-30154-8
出 版 发 行	北京大学出版社
地　　　址	北京市海淀区成府路205号　100871
网　　　址	http://www.pup.cn　http://www.yandayuanzhao.com
电 子 信 箱	yandayuanzhao@163.com
新 浪 微 博	@北京大学出版社　@北大出版社燕大元照法律图书
电　　　话	邮购部 010-62752015　发行部 010-62750672 编辑部 010-62117788
印 刷 者	涿州市星河印刷有限公司
经 销 者	新华书店
	880 毫米×1230 毫米　A5　13.375 印张　412 千字 2019 年 8 月第 1 版　2020 年 12 月第 3 次印刷
定　　　价	58.00 元

未经许可,不得以任何方式复制或抄袭本书之部分或全部内容。
版权所有,侵权必究
举报电话:010-62752024　电子信箱:fd@pup.pku.edu.cn
图书如有印装质量问题,请与出版部联系,电话:010-62756370

"法律人进阶译丛"编委会

主 编

李 昊

编委会

（按拼音排序）

班天可　陈大创　杜志浩　季红明　蒋　毅
李　俊　李世刚　刘　颖　陆建华　马强伟
申柳华　孙新宽　唐志威　夏昊晗　徐文海
查云飞　翟远见　张　静　张　挺　章　程

做一个理想的法律人（代译丛序）

近代中国的法学启蒙受之日本，而源于欧陆。无论是法律术语的移植、法典编纂的体例，乃至法学教科书的撰写，都烙上了西方法学的深刻印记。即使中华人民共和国成立后兴盛了一段时期的苏俄法学，从概念到体系仍无法脱离西方法学的根基。20世纪70年代末，借助于我国台湾地区法律书籍的影印及后续的引入，以及诸多西方法学著作的大规模译介，我国重启的法制进程进一步受到西方法学的深刻影响。当前中国的法律体系可谓奠基于西方法学的概念和体系基础之上。

自20世纪90年代开始的大规模的法律译介，无论是江平先生挂帅的"外国法律文库""美国法律文库"，抑或许章润、舒国滢先生领衔的"西方法哲学文库"，以及北京大学出版社的"世界法学译丛"、上海人民出版社的"世界法学名著译丛"，诸多种种，均注重于西方法哲学思想尤其英美法学的引入，自有启蒙之功效。不过，或许囿于当时西欧小语种法律人才的稀缺，这些译丛相对忽略了以法律概念和体系建构见长的欧陆法学。弥补这一缺憾的重要转变，应当说始自米健教授主持的"当代德国法学名著"丛书和吴越教授主持的"德国法学教科书译丛"。以梅迪库斯教授的《德国民法总论》为开篇，德国法学擅长的体系建构之术和鞭辟入里的教义分析方法进入到了中国法学的视野，辅以崇尚德国法学的我国台湾地区法学教科书和专著的引入，德国法学在中国当前的法学教育和法学研究中的地位日益尊崇。然而，"当代德国法学名著"丛书虽然遴选了德国当代法学著述中的上乘之作，但囿于撷取名著的局限及外国专家的视角，丛书采用了学科分类的标准，而未区分注重体系层次的基础教科书与偏重思辨分析的学术专著，与戛然而止的"德国法学教科书译丛"一样，在基础教科书书目的选择上尚未能充分体现当代德国法学教育的整体面貌，是为缺憾。

职是之故，自2009年始，我在中国人民大学出版社策划了现今的"外国法学教科书精品译丛",自2012年出版的德国畅销的布洛克斯和瓦尔克的《德国民法总论》(第33版)始,相继推出了韦斯特曼的《德国民法基本概念》(第16版)(增订版)、罗歇尔德斯的《德国债法总论》(第7版)、多伊奇和阿伦斯的《德国侵权法》(第5版)、慕斯拉克和豪的《德国民法概论》(第14版),并将继续推出一系列德国主流的教科书,涵盖了德国民商法的大部分领域。该译丛最初计划完整选取德国、法国、意大利、日本诸国的民商法基础教科书,以反映当今世界大陆法系主要国家的民商法教学的全貌,可惜译者人才梯队不足,目前仅纳入"日本侵权行为法"和"日本民法的争点"两个选题。

系统译介民商法之外的体系教科书的愿望在结识季红明、查云飞、蒋毅、陈大创、葛平亮、夏昊晗等诸多留德小友后得以实现,而凝聚之力源自对"法律人共同体"的共同推崇,以及对案例教学的热爱。德国法学教育最值得我国法学教育借鉴之处,当首推其"完全法律人"的培养理念,以及建立在法教义学基础上的以案例研习为主要内容的教学模式。这种法学教育模式将所学用于实践,在民法、公法和刑法三大领域通过模拟的案例分析培养学生体系化的法律思维方式,并体现在德国第一次国家司法考试中,进而借助于第二次国家司法考试之前的法律实训,使学生能够贯通理论和实践,形成稳定的"法律人共同体"。德国国际合作机构(GIZ)和国家法官学院合作的《法律适用方法》(涉及刑法、合同法、物权法、侵权法、劳动合同法、公司法、知识产权法等领域,由中国法制出版社出版)即是德国案例分析方法中国化的一种尝试。

基于共同创业的驱动,我们相继组建了中德法教义学QQ群,推出了"中德法教义学苑"微信公众号,并在《北航法律评论》2015年第1辑策划了"法教义学与法学教育"专题,发表了我们共同的行动纲领:《实践指向的法律人教育与案例分析——比较、反思、行动》(季红明、蒋毅、查云飞执笔)。2015年暑期,在谢立斌院长的积极推动下,中国政法大学中德法学院与德国国际合作机构法律咨询项目合作,邀请民法、公法和刑法三个领域的德国教授授课,成功地举办了第一届"德国法案例分析暑期班"并延续至今。2016年暑期,季红明和夏昊晗也积极策划并参与了由西南政法大学黄家镇副教授牵头、民商法学院举办的"请求权基础案例分析法课程"暑期培训班。2017年暑期,加盟中南财经政法大学法学院的"中德法教义学苑"团队,成功举办了"案例分析暑期培训班",系统地在民法、公法和刑法三个领域以德国的鉴定式模式开展了案例分析教学。

中国法治的昌明端赖高素质法律人才的培养。如中国诸多深耕法学教育的启蒙者所认识的那样,理想的法学教育应当能够实现法科生法律知识的体系化,培养其运用法律技能解决实践问题的能力。基于对德国奠基于法教义学基础上的法学教育模式的赞同,本译丛期望通过德国基础法学教程尤其是案例研习方法的系统引入,能够循序渐进地从大学阶段培养法科学生的法律思维,训练其法律适用的技能,因此取名"法律人进阶译丛"。

本译丛从法律人培养的阶段划分入手,细分为五个子系列:

——法学启蒙。本子系列主要引介关于法律学习方法的工具书,旨在引导学生有效地进行法学入门学习,成为一名合格的法科生,并对未来的法律职场有一个初步的认识。

——法学基础。本子系列对应于德国法学教育的基础阶段,注重民法、刑法、公法三大部门法基础教程的引入,让学生在三大部门法领域能够建立起系统的知识体系,同时也注重增加学生在法理学、法律史和法学方法等基础学科上的知识储备。

——法学拓展。本子系列对应于德国法学教育的重点阶段,旨在让学生能够在三大部门法的基础上对法学的交叉领域和前沿领域,诸如诉讼法、公司法、劳动法、医疗法、网络法、工程法、金融法、欧盟法、比较法等有进一步的知识拓展。

——案例研习。本子系列与法学基础和法学拓展子系列相配套,通过引入德国的鉴定式案例分析方法,引导学生运用基础的法学知识,解决模拟案例,由此养成良好的法律思维模式,为步入法律职场奠定基础。

——经典阅读。本子系列着重遴选法学领域的经典著作和大型教科书(Grosse Lehrbücher),旨在培养学生深入思考法学基本问题及辨法析理之能力。

我们希望本译丛能够为中国未来法学教育的转型提供一种可行的思路,期冀更多法律人共同参与,培养具有严谨法律思维和较强法律适用能力的新一代法律人，建构法律人共同体。

虽然本译丛先期以德国法学教程和著述的择取为代表，但并不以德国法独尊，而注重以全球化的视角，实现对主要法治国家法律基础教科书和经典著作的系统引入，包括日本法、意大利法、法国法、荷兰法、英美法等，使之能够在同一舞台上进行自我展示和竞争。这也是引介本译丛的另一个初衷。通过不同法系的比较，取法各家，吸其所长。也希望借助于本译丛的出版，展示近二十年来中国留学海外的法学人才梯队的更新，并借助于新生力量，在既有译丛积累的丰富经验基础上，逐步实现对外国法专有术语译法的相对统一。

本译丛的开启和推动离不开诸多青年法律人的共同努力，在这个翻译难以纳入学术评价体系的时代，没有诸多富有热情的年轻译者的加入和投入，译丛自然无法顺利完成。在此，要特别感谢积极参与本译丛策划的季红明、查云飞、蒋毅、陈大创、黄河、葛平亮、杜如益、王剑一、申柳华、薛启明、曾见、姜龙、朱军、汤葆青、刘志阳、杜志浩、金健、胡强芝、孙文、唐志威（留德）、王冷然、张挺、班天可、章程、徐文海、王融擎（留日）、翟远见、李俊、肖俊、张晓勇（留意）、李世刚、金伏海、刘骏（留法）、张静（留荷）等诸位年轻学友和才俊。还要特别感谢德国奥格斯堡大学法学院的托马斯·M. J. 默勒斯（Thmoas M. J. Möllers）教授慨然应允并资助其著作的出版。

本译丛的出版还要感谢北京大学出版社副总编辑蒋浩先生和策划编辑陆建华先生，没有他们的大力支持和努力，本译丛众多选题的通过和版权的取得将无法达成。同时，本译丛部分图书得到中南财经政法大学法学院徐涤宇院长大力资助。

回顾日本和我国台湾地区的法治发展路径，在系统引介西方法律的法典化进程之后，将是一个立足于本土化、将理论与实务相结合的新时代。在这个时代，中国法律人不仅需要怀抱法治理想，更需要具备专业化的法律实践能力，能够直面本土问题，发挥专业素养，推动中国的法治实践。这也是中国未来的"法律人共同体"面临的历史重任。本译丛能预此大流，当幸甚焉。

李　昊

2018 年 12 月

中文版序

我的《民法学入门》一书被翻译成中文版，有机会与中文圈内的读者见面，心中甚感喜悦。日本《民法》是在120年前首次得以制定，在最近就债权法部分进行了很大的修改，但作为民法的基础性理解并没有大的改变。可以说，日本的民法立足于120年的经验，慢慢得到成长。不用说，现在中国的民事法秩序也发生了很大的变化，听说革新性的民法典正在编纂。要理解无论是在思想上还是在文化上都有很大不同的、构建日本社会基本民事法秩序的法规范和法律思考的应有方法，绝不是一件容易的事情。但是，我想能以较易接近的方式，将本书提供给中国读者，这对于加深中日间的相互理解也是极其有意义的一件事。

本书虽然是以我在供职的两所日本大学（东北大学、东京大学）法学部的教育实践中所创建的教材为基础写成，但是包含了研究生水平的内容，或许不少地方很难理解。不过，本书不仅谈法学，还有意考虑到法学与社会学、历史学、经济学等社会科学诸领域在学术上的关联，可以期待通过本书来唤起各个领域学者的关注。

不能否认，本书里的日语表达，不单是专业用语，还有古老的用语等，有很多即使对于日本的学生来说，要读取其微妙的差别，也是很困难的。因此，可以推想得到，要正确地理解本书的内容，并将其翻译成其他语言，是非常艰难的工作。并且，对于地域不同、文化背景不同的人来说，想要正确地把握一些概念和表述所要传达的意思更加困难。再加上，正因为同属于汉字圈，不能无视因未注意概念之间的差异而产生误解之风险的存在。当然，在相互交流上不能害怕产生误解，而应该认识到这是与翻译工作一直纠缠在一起的风险。本书的翻译出自日语能力非常优秀的两位学者——郭延辉先生和王冷然教授（日本南山大学）的共同合作。郭延辉先生最先将本书的第1章至第10章作了初译，王冷然教授为了方便中国读者的阅读，对该译文作了逐一的探讨研究，不仅进行了修改，还作了许多译者注释和解说，在此之上，又翻译了补讲部分的判例和裁判例。尤其是王冷然教授，不仅多次聆听了成为本书雏形的我在东北大学所担任的"民事法入门"的讲课，而且拥有在自己任教的大学里使用本书进行讲课的实践经验，关于本书的内容，她一边留意于特别是对于中国读者来说较难理解的部分，一边进行翻译。得助于王教授，原著里我自身的错误也得到了很多的指正。对于两位的翻译，从心里致以谢意！

祈愿本书能对中日两国民事法学的相互理解有所贡献。

日本青山学院大学教授　河上正二
2019 年 1 月

第 2 版增订本序

本书第 2 版于 2009 年 3 月出版后已历时 5 年。这期间，对于日本来说，经历了极其严酷和急剧的变化。尤其是 2011 年 3 月发生的东日本大震灾，夺走了众多尊贵的生命，给日本带来了前所未有的损害。3 年过去后的现在，受害状况还在持续，修复、重建的道路还很漫长。

有幸的是，超出笔者的预想，本书得到许多人的使用。本书还被用于市民的法教育，并得到很多温暖的鼓励之语。本来，应该花一些时间对内容进行全面的重新审视，但在社会发生大变化之际，对现在的笔者来说，没有多少富余的时间，所以请允许借增加印刷之际，对第 2 版之后挂念的几处予以修改，作为第 2 版增订本。增订本所作的较大修改在"第 10 章"和"补讲"部分，具体包括：第一，在修改有关老龄化数据的同时增加了阐述；第二，新增加了第 10 章第 4 节，介绍了民法（债权法）的修改动向；第三，在"补讲"部分追加了关于非婚生子女的继承份额的最高裁判所大法庭的违宪决定。另外，在整体上，对本书引用的文献重新作了调整，以便读者能够更容易查到。除此之外，对一些表述也进行了修改。

在这次增补之际，同前几次一样，得到了日本评论社的中野芳明先生的大力支持，在此表示感谢。

河上正二
2014 年 3 月

第 2 版序

　　本书于 2004 年 10 月作为民法总则讲义的序论部分出版后，经历了以民法的现代语化为主的若干法律修改，因此，有必要对其进行一定的订正、补充。并且，在大学里，将本书用于入门讲义和研讨材料等的老师们，也有很多人提出了能否再追加一些用作素材的具体的裁判案例的建议。因此，在对本书进行最小的必要修改的同时，作为补讲，又附加了将会引起读者兴趣的著名判决、决定作为素材的一章，以此内容作为本书的第 2 版。希望这样可以加深读者的印象，能够使读者更充分地体会到民法学的真谛。如果能将本书与拙著《民法总则讲义》（日本评论社出版）一起使用的话，笔者将深感荣幸。

　　另外，与第 1 版一样，在本次修改之际，得到了日本评论社中野芳明先生的大力支持。并且，在校样校正阶段，熊谷士郎老师［金泽大学（现在青山学院大学）］和深泽泰弘老师（岩手大学）对本书进行了通读，并提出了宝贵的意见。在此一并表示感谢。

河上正二

2009 年 3 月

初版序

本书以笔者供职东北大学法学部讲授的民法总则序论部分（民事法入门）的讲义稿为基础，主要是为法学部或法学研究生院非法学专业的新生——开始学习民法课程的"年轻的优士丁尼"们而写的。实际上，讲课是通过预先将裁判例资料发给学生，利用移动麦克和学生们在课堂上进行应答的方式进行的。

2004年4月设立的"法学研究生院"，从其准备阶段开始就成了全国范围的法学部改革的导火线，引起了关于大学法学教育应有状态的各种各样的讨论。虽然讨论本身是大受欢迎的，但却让人觉得在渐渐迷失方向。并且，随处可见的甚或歇斯底里的对历来法学教育的批判和对法律人士素质低下的慨叹，虽说可以为改革带来推动力，但或许有些过于异常。以笔者的见闻为限，近来法学部的教育在考虑实务的同时，正在为培养学生们的认真研究问题的能力、进行基础性分析的能力，以及为得出一定结论而展开逻辑性讨论的能力而进行各种各样的努力。尽管还有很多应予改善的地方，但作为培养优秀人才的教育体制，现在的法学部教育已经达到了相当高的水平，至少很多从事实体法教育的法学教师以此为目标已做出了不断的努力，因此，（除针对部分例外的批判外）对法学教育现状的批评可以说是完全离题的。对之前的实体法教育进行的批判，一边关注着司法制度改革审议会意见书和法学研究生院的设置标准；一边着眼于"与实务相结合""双方向的少数人教育"等功能性教育（若不考虑附加了若干实务的技术性部分这一点），这不但与之前法学部和研究生院的"专题研讨课"（seminar）等所采取的教育方法和教育内容没有多大的差别，而且若将人力和时间等因素考虑在内，甚至还有部分倒退的一面。这让人觉得，与实体法教育无缘的人们，可能会对法学部的实体法教育和研究型法学教师抱有很大的误解，抑或在大众化的大学法学教育中，可能也混入了不太好的法学教育。不幸的是，未能接触优秀法学教育的人或只依赖补习学校的教育而没有好好对大学教育进行过考虑的人，对此又进行了过度宣传。正因为希望耗费了巨大精力的本次改革活动能够给日本法学部的研究工作、教育环境带来哪怕些许的改善，所以无论如何都要避免犯磨瑕损玉的错误。

尽管如此，作为法学研究生院的教育内容，其所要求的事项里存在着对一定方向的内容倾注完全没有必要的力量之处，所以不能否认在培养基础性学力这一点上，无论是对学生还是对教师来说，都有一种强人所难的感觉。新的法学研究生院的学生们恐怕会被要求，在拼命进行自习的同时，还要跟上课程。若没有相当能力，可能很难自行消化全部课程。正因如此，制度上很可能获得教养课地位的"法学部"的专业教育和法学研究生院非法学专业新生课程中的基础教育所发挥的作用是极其重大的。本来，将核心放在判例法上的国家的美国型法学院的法律人才培养和大陆法系的法律人才培养体系，在所要求的资质与知识的偏向上当然是有差异的，学习掌握被当作"法"的内容的过程也是不一样的。如果对通过实务与法学的适当分工来实现法律的健全发展缺乏认真考虑，可能连形成法律人才培养基础的部分都面临瓦解的危险，这绝不是笔者一个人的担心吧！

法与法学的发展教给了我们很多东西。在罗马法迎来黄金时期的古典期，帕比尼安、保罗、乌尔比安这些伟大的法学者们，在"方式书诉讼"（iudicium per formulas）的一定制约下，瞄准"正义"，力求以权利义务分配的形式来实现概念的精细化，倾注了令人难以置信的努力。但是，当罗马帝国的版图扩大，需要更多的法务官吏时，探索出了新的诉讼形态。未熟习法学的"法律家"到处实施即席裁判，在利用仅有的办案指南和实务上的直觉来摸索稳妥的结果；运用含糊的专业用语来随意处理问题的同时，也将古典期的法破坏殆尽的情况是很有名的。这样，虽然法律工作者的人数增加了，但对"何为正确的"能够从正面进行逻辑性阐述的人却急剧减少，按照自己的方式引用过去的"权威书"，随意进行推论或讨论的情况层出不穷，但水准却急剧降低。对于尊重古典期的严密而精致的思考的人们来讲，这种法的变化就是粗劣的、胡乱的"法的衰退"，他们将这种状态比作拉丁语向罗曼斯语的变化，称其为"法的卑俗化"。虽然对其有不同的评价，极具讽刺意味的是，在所谓的"卑俗法"隆盛之前，2世纪时痴迷于法的最高水准的人才最终背离了法而转向天上的理论，使"神学思想"遍地开花。优士丁尼为这种法的混乱画上了休止符，在恢复黄金时期的法的同时，为了使法符合时代的要求，其即位后立即开始编纂《罗马法大全》。以当时的法务长官特里伯尼安纽斯为中心的委员会经过了 3 年的艰苦努力，将作为教科书的《法学提要》和主要来自古典时期的权威书籍摘要《学说汇纂》，以及新旧敕法集总结在一起，于 534 年完成《罗马法大全》。对当时的一般法律专家来讲，这似乎还是有些过于庞大，各地为此制作了《罗马法大全》摘要版。这样，法学进入了很长的"睡眠期"。众所周知，《罗马法大全》成了"诺亚方舟"，它穿越长期的黑暗时代，于 12 世纪在波伦亚大放异彩。优秀的年轻人从欧洲各地汇集到波伦亚，作为现在的大学法学部雏形的波伦亚法学校诞生了。当时最聪明的人才再一次接触到了作为"书写的理性"的罗马法的精髓。基于充满热情的各种研究而进行的大量的注释，最终通过从神学解放出来的近代自然法思想和启蒙主义理性的过滤器，结出了《法国民法典》之果实；通过潘德克顿法学精致的学术性，创造出了像《德国民法典》这样的具有代表性的近代成文法典。之后，日本于明治时期从中学到了"法"为何物。

"西塞罗的事情就听由西塞罗处理。"我们没有必要赞赏那些热衷于理论研究的古代法学者们，也不必同情远离了成为"卑俗法"而使法律学衰退了的神学者们。之所以如此说，是因为社会需要很多真正优秀的具备法律素养的人才，为此就要不断努力地进行必要的工作和改良。不过，这需要时间，也不能忘记其中看似无用的工作，保持持续的紧张感也是必要的。因为学问里包含着种种要素，我们深知，热衷于根本不会发生的设例和吹毛求疵的解释论，以及为厘清概念的界限而长年累月地埋头于鱼龙混杂、堆积如山的文献，这样的工作最终会获得巨大的学术价值和副产物，并且丰富的法学研究将会给法学教育提供坚实的基础，这将成为培养优秀法律人才的素材。

对逐渐成长的法律专业人才来讲也是一样。真正优秀的法律专业人才绝不是可速成的，而是在优秀的指导者和朋友之中，在自由的学习、思考和辩论的环境下，像植物生长一样慢慢成长起来的。培养其对人与对社会具有的深邃的洞察力，无论遇到什么样的新问题，都能够以正确的态度进行处理，找到适当的解决办法，这样的基础性能力绝非易事。在法实务中，不光要有法律知识，若不调动起可称为综合性的"人之能力"，是难以期待妥当处理解决问题的。

诚然，在法学教育中，关注实务是重要的，亦可从中期待法学的新发展。从这一意义上讲，与实务的结合、协作应当是大受欢迎的。在将法学研究生院作为培养法律专业人才的专门地方的情况下就更是如此。另外，法并不只是"裁判规范"，还是人们日常的"行为规范""社会规范"。撇开实务，在作为理论体系和学术整体的"法学"中，试着对问题进行定位，对一定的概念和观念的根本性意义、相互关系、历史变迁进行研究梳理，养成对现状进行批判思维的能力，以及与任何事情相比，培养自己去思考何为"正确的"能力，这些对于培养健全的社会人来说，无疑同样都是重要的工作。作为实体法科目教育的使命，不得不将重心首先放在一边对实体法的意义、内容予以明确，使其很好地理解制度宗旨；一边锻炼其运用的方法和操作能力；同时有必要考虑实务性的要求。但是，法学教育的课题并未到此为止，若不能很好地理解其背后的价值对立、人际关系和给社会整体带来的影响等，不具备有时能够从"外部"对法进行多角度观察的思考能力，是无法期待法律的健康发展和培育健全的法律专业人士的。也正因为如此，本书斗胆地将民法标榜为"人之学问"，将书名称作"民法学入门"。

笔者作为不断地被不分青红皂白地批评为"现在这样的法学教育不行啊"的法学部部长，天天忙于法学研究生院的设立准备工作，在国立大学法人化和大学评估资料的准备中耗费了大量时间，在疲劳困顿的每一天的生活里，在甚至感到了民法学的存亡危机的同时，挤出睡眠的时间，总算为学生们写出了这本书。笔者虽深知本书在内容上还不够成熟，但希望能将作为一门学问的"民法学"的部分魅力传播给读者。

本书的原型是2003年5月至2004年3月连续刊登在《法学セミナー》上的《民法总则讲义》（序论部分）。该杂志编辑中野芳明先生最大限度地尊重了笔者的意图和任性，有时给予激励，有时又以超人的忍耐力使拙稿的持续连载成为可能。若没有他的协力，本书的出版是无法得以实现的。另外，东北大学研究生院法学研究科的研究生们，也对本书的出版给予了多方面的帮助。在此一并表示感谢。

在写作过程中，深感本书的内容多来自恩师星野英一先生的教诲。谨以拙著，敬献星野先生。

河上正二
2004年10月

凡　例

1. 日本判例、裁判例的表示方法

（1）判例一般是指最高裁判所作出的判决（决定）。判例的表示方法为：

最判（决）××年××月××日，刊载文献。

最高裁××年××月××日判决（决定），刊载文献。

例：最高裁判所在平成 8 年 3 月 26 日所作出的判决（决定）的表示方法为：

① 最判（决）平成 8 年（1996 年）3 月 26 日，《民集》第 50 卷第 4 号，第 993 页。

② 最高裁平成 8 年（1996 年）3 月 26 日判决（决定），《民集》第 50 卷第 4 号，第 993 页。

其中，"最判（决）……"或"最一判（决）……""最高裁（第一小）……判决（决定）"则表示是由最高裁判所小法庭或最高裁判所（第一小法庭）所作出的判决（决定）；

"最大判……"或"最高裁（大法庭）……判决（决定）"则表示是由最高裁判所大法庭所作出的判决（决定）。

（2）裁判例一般是指各地方裁判所和高等裁判所作出的判决。裁判例的表示方法为：

地名＋地（高）判××年××月××日，刊载文献。

地名＋地（高）裁××年××月××日判决，刊载文献。

例 1：大阪地方裁判所平成 6 年 3 月 29 日作出的判决的表示方法为：

① 大阪地判平成 6 年（1994 年）3 月 29 日，《判时》第 1493 号，第 29 页。

② 大阪地裁平成 6 年（1994 年）3 月 29 日判决，《判时》第 1493 号，第 29 页。

例 2：东京高等裁判所昭和 62 年 10 月 8 日作出的判决的表示方法为：

① 东京高判昭和 62 年（1987 年）10 月 8 日，《家月》第 40 卷第 3 号，第 45 页。

② 东京高裁昭和 62 年（1987 年）10 月 8 日判决，《家月》第 40 卷第 3 号，第 45 页。

2. 判例研究、判例评解文献的表示方法为：

作者姓名，《杂志名称》卷号，页。

例：潮见佳男，《法学教室》第 278 号，第 120 页。

3. 判例集、杂志的简全称对照如下：

《民録》：《大审院民事判决録》

《刑録》：《大审院刑事判决録》

《民集》（《大民集》）：《大审院民事判例集》［大正 11 年（1922 年）—昭和 21 年（1946 年）］

《刑集》（《大刑集》）：《大审院刑事判例集》［大正 11 年（1922 年）—昭和 22 年（1947 年）］

《民（刑）集》：《最高裁判所民事（刑事）判例集》［昭和 22 年（1947 年）— ］

《高民集》：《高等裁判所民事判例集》

《下民集》：《下级裁判所民事裁判例集》

《判時》：《判例時報》

《判評》：《判例評論》

《判タ》：《判例タイムズ》

《金法》：《金融法务事情》

《金判》：《金融・商事判例》

《交通民集》：《交通事故民事判例集》

《家月》：《家庭裁判月报》

目录

第 1 章　民法的意义与功能 ········ 001
邻居间之诉讼案件[津地裁昭和 58 年(1983 年)2 月 25 日判决]

1. 在阅读判决之前 ········ 002
2. 事故的经过 ········ 004
3. 问题之所在（合同责任与侵权责任）········ 006
4. 关于合同责任 ········ 008
5. 关于"侵权责任" ········ 012
6. 处理纠纷的方法 ········ 021
7. 判决之后 ········ 022
8. 法化与日本人的法意识 ········ 023

第 2 章　民法上"权利"的含义 ········ 026
宇奈月温泉案件[大审院昭和 10 年(1935 年)10 月 5 日判决]

1. 在阅读判决之前 ········ 027
2. 案件的经过 ········ 029
3. 问题之所在与裁判所的判断 ········ 030
4. "权利滥用"的含义 ········ 034
5. 权利滥用的善后处理 ········ 036
6. 权利的形式与实质 ········ 038

第 3 章　作为"人之法"的民法 ········· 040
阪神电铁案件［大审院昭和 7 年（1932 年）10 月 6 日判决］

1. 在阅读判决之前 ········· 041
2. 案件的经过 ········· 041
3. 问题之所在与裁判所的判断 ········· 043
4. 判决之后 ········· 055
5. 今日法秩序上的"人"与"人之法" ········· 057

第 4 章　民法上的权利的实现与"公序良俗" ········· 060
陪酒女预借工资案件［最高裁昭和 30 年（1955 年）10 月 7 日判决］

1. 在阅读判决之前 ········· 061
2. 案件的经过等 ········· 063
3. 问题之所在与裁判所的判断 ········· 065
4. 何谓违反"公序良俗" ········· 066
5. 谁是法律关系的真正当事人 ········· 070
6. 两个合同的关联性 ········· 072
7. 违法原因给付与"干净的手"的原则 ········· 076
8. 判决与时代精神 ········· 079

第 5 章　支配民法的"诚信原则" ········· 083
公寓分售合同谈判破裂案件［最高裁昭和 59 年（1984 年）9 月 18 日判决］

1. 在阅读判决之前 ········· 084
2. 案件的经过 ········· 086
3. 问题之所在 ········· 087
4. 裁判所的判断 ········· 088
5. 应如何思考 ········· 090
6. 支配合同法的诚信原则——以债务内容为中心 ········· 092

7. 其他诚信原则的适用情形 ··· 098
8. 诚信原则从何而来 ··· 103

第 6 章 罗马法的继受与日本《民法》 ················· 106
附条件解放奴隶遗嘱案件[古罗马时代(具体年代不详)]

1. 前言 ·· 107
2. 案件的经过等 ··· 108
3. 欧洲对罗马法的继受 ··· 111
4. 日本《民法》的产生 ··· 119
5. 新《宪法》与"家族法"的修改 ·· 126
6. 日本自身的东西 ·· 129

第 7 章 民法规范的成本与收益（法的经济分析） ······ 132
提供搬家补偿费强化"正当理由"的案件[最高裁昭和 38 年(1963年)3 月 1 日判决]

1. 在阅读判决之前 ·· 133
2. 案件与裁判所的判断 ··· 135
3. 本判决的意义与其后的变化 ·· 137
4. 法的经济分析之构想 ··· 139
5. 从合同法的经济分析开始 ··· 146
6. "法与经济学"的可能性与界限 ··· 151

第 8 章 民法上的一般法、特别法及法的解释 ············ 154
请求返还超出限定利率部分的利息案件[最高裁(大法庭)昭和 43 年(1968 年)11 月 13 日判决]

1. 在阅读判决之前 ·· 155
2. 案件的概要与裁判所的判断 ·· 157
3. 问题之所在与如何理解 ··· 161
4. 关于利息的一般法与特别法的规定 ······································· 165
5. 一般法与特别法 ·· 172

  6. 关于法的解释 ·· 177

第 9 章　民法所体现出的宪法价值 ················ 184
自卫官合祀案件［最高裁（大法庭）昭和63年(1988年)6月1日判决］

  1. 在阅读判决之前 ·· 185
  2. 案件的经过 ·· 188
  3. 裁判所的判断 ··· 192
  4. 问题 ·· 197
  5. 分析 ·· 198
  6. 民法与宪法规范 ·· 212

第 10 章　现代社会上的民法 ································ 219
老龄化、高度信息化、国际化、民法（债权法）修改

第 1 节　老龄化社会的应对 ···································· 220
  1. 老龄化的现状 ··· 220
  2. 对意思能力、判断能力衰退者的援助 ················ 228
  3. 围绕老龄人合同的法律环境建设 ····················· 236
  4. 老龄人的生活 ··· 243

第 2 节　高度信息化的应对 ···································· 247
  1. 信息化 ··· 247
  2. 伴随高度信息化的诸问题 ································ 247
  3. 电子交易与民法 ·· 249
  4. 小结 ·· 256

第 3 节　国际化的应对 ·· 257
  1. 国际化 ··· 257
  2. 涉外法律关系与国际私法 ································ 257
  3. 统一私法的动向 ·· 258

第 4 节　民法（债权法）修改的动向 ······················· 263

第 11 章　补讲——问题的展开 ··· 276

第 1 案件　错误与瑕疵担保责任 ··· 277
请求返还买卖价款等的案件［大阪地裁昭和 56 年（1981 年）9 月 21 日判决］

第 2 案件　无权代理人与其他人共同继承本人的情形 ··············· 282
请求返还贷款案件［最高裁（第一小）平成 5 年（1993 年）1 月 21 日判决］

第 3 案件　占有改定与善意取得 ··· 288
确认动产所有权与请求交还该动产的上告案件［最高裁（第一小）昭和 35 年（1960 年）2 月 11 日判决］

第 4 案件　不动产交易上当事人的意思、责任和信赖 ··············· 293
请求注销所有权转移登记的登记手续案件［最高裁（第一小）平成 18 年（2006 年）2 月 23 日判决］

第 5 案件　在不动产交易上从背信的恶意人处取得该不动产者（转得人） ··· 297
请求确认公用道路等案件［最高裁（第三小）平成 8 年（1996 年）10 月 29 日判决］

第 6 案件　提款卡的盗用和对债权的准占有人的清偿 ··············· 303
请求返还存款案件［最高裁（第三小）平成 15 年（2003 年）4 月 8 日判决］

第 7 案件　当事人间的公平与过失相抵的类推适用 ··············· 308
请求损害赔偿案件［最高裁（第三小）平成 8 年（1996 年）10 月 29 日判决］

第 8 案件　关于产品责任 ··· 312
请求损害赔偿案件［大阪地裁平成 6 年（1994 年）3 月 29 日判决］

第 9 案件　癌症的告知 ··· 317
请求损害赔偿案件［最高裁（第三小）平成 7 年（1995 年）4 月 25 日判决］

第 10 案件　不贞行为与来自配偶的精神损害赔偿请求 ··············· 321
请求损害赔偿案件［最高裁（第三小）平成 8 年（1996 年）3 月 26 日判决］

第 11 案件　来自有责配偶的离婚请求与破裂主义离婚 ·············· 325
　　　　　　请求离婚案件［最高裁（大法庭）昭和 62 年（1987 年）9 月 2 日
　　　　　　判决］

第 12 案件　幼儿的交还与请求人身保护 ······················ 335
　　　　　　请求人身保护案件［最高裁（第三小）昭和 49 年（1974 年）2 月
　　　　　　26 日判决］

第 13 案件　非婚生子女的继承份额（1）····················· 339
　　　　　　就驳回控告遗产分割审判的决定的特别控告案件［最高裁（大法
　　　　　　庭）平成 7 年（1995 年）7 月 5 日决定］

第 13 案件　非婚生子女的继承份额（2）····················· 357
　　　　　　就驳回控告遗产分配审判的决定的特别抗告案件［最高裁（大法
　　　　　　庭）平成 25 年（2013 年）9 月 4 日决定］

结　语　**民法的印象** ······································ 373
写给开始从事民法解释学的人

　　1.　巨大的人造构筑物 ································· 373
　　2.　形成像镶嵌木工艺一样相互支撑的结构 ··············· 375
　　3.　民法解释的大工具、小工具 ························· 375
　　4.　解释论的展开与逻辑推理 ··························· 376
　　5.　作为原型的规范群 ································· 377
　　6.　法律解决的部分性、局限性 ························· 378
　　7.　整体与部分的反馈 ································· 378
　　8.　最后，再加一句话 ································· 379

主题词索引 ·· 381

译后记 ·· 393

第1章

民法的意义与功能

邻居间之诉讼案件［津地裁昭和58年（1983年）2月25日判决］

【本章的课题】

从一直以来的法学教育体系来看，学习"民法总则"[1]的大多数学生，都是刚刚开始学习民法（抑或是法律）的。民法在社会生活中发挥什么样的功能、整体上具有什么样的特征和结构，即使是有个粗略把握，并在脑海中形成一个印象，想必对今后的学习也会很有帮助。

本章通过一个具体的案件，刻画出民法作为解决人与人之间纠纷的规范在结构、思维方式、法的解释与适用上的应有状态，并以此作为开始学习的引子。

本章所涉及的是围绕昭和52年（1977年）发生的幼儿溺亡事故而提起的邻居间的诉讼案件［"邻居间之诉讼案件"，参见津地裁昭和58年（1983年）2月25日判决，《判時》第1083号，第125页］。关于案件事实经过的评价，或许会因为时代的变迁而有变化，但是，法在这里所发挥的功能，即便是今天也没有发生改变，其所提起的问题，仍然是需要我们继续研究的课题。法，作为"纠纷的解决规范（尤其是裁判规范）"，或者是作为"人们的行为规范"，究竟能发挥多大的作用？在社会纠纷的综合解决与预防上，让我们在意识到法所能发挥的功能具有部分性和局限性的同时，也思考一下法律工作者究竟能做些什么。以法解

---

[1] 在日本的大学法律系（日本叫"法学部"）里，一般是把民法分成民法总则、物权法总论、担保物权法、债权总论、债权各论（合同法与侵权行为法）、家族法［亲属法（婚姻法与收养法）、继承法］等课程来授课，法学部的学生通常都是要先从民法总则开始学习民法的。——译者注

释学为主的民法学习,不能止步于对条文操作方法的掌握,希望大家能够把民法作为更深刻的人之学问来进行学习。

1. 在阅读判决之前

本案件的标题部分写有"请求损害赔偿案件",案件记录号码为津地裁昭和52(ワ)190号、津地裁昭和54(ワ)147号。由此可知,本案是作为津地方裁判所[1]的"(ワ)一般诉讼案件",于昭和52年(1977年)与昭和54年(1979年)分别受理,并在受理后合并审理的诉讼,该诉讼是以X(诉方,即原告)向Y(被诉方,即被告)提出损害赔偿"请求"的形式进行的*。

> * 民事诉讼大体可分为三种:请求金钱、财物等给付的"**给付之诉**";确认亲子关系、土地界限等的"**确认之诉**";撤销合同等变更法律关系的"**形成之诉**"。本案是原告向被告请求支付损害赔偿金的案件。

判决理由根据当事人双方的陈述,从认定引起纠纷的事实开始。当然,对"活生生的事实"进行非常细致全面的描述是不可能的,目前也没有这个必要。只要能够为当事人的一定主张或请求提供有法律依据的必要事实就足够了。因为法律问题的解决,基本上是通过反复使用"三段论法"得出结论。所谓"三段论法",即对于满足法定要件的事实,具体适用法律规范,以此推导出基于规则的法律效果。因此,撰写判决理由的初步工作就是基于证据,对依据法律规定和判例规则进行取舍而构成的具有法律意义的事实(法律上的事实)进行认定。

重复一下,在裁判上,以解决纠纷为目的的"法律运用"是指:① 对作出判断所必需的事实进行认定;② 发现应当适用的规则;③ "**法的解释**"

---

[1] 日本的"裁判所"相当于中国的"法院";"津"是日本三重县的省会城市。——译者注

（明确规则内容的工作）；④ 将"解释后的法"作为大前提来对认定的事实（小前提）进行应用；⑤ 因规则的适用而发生"法律效果"。法律工作者就是要按这样一个流程来面对事实的（见图1-1所示）。

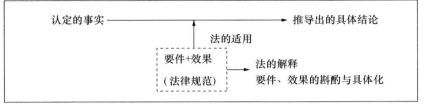

图 1-1

特别是在裁判上，为了支持一定的法律主张、请求所必需的事实被称为**"要件事实"**，当事人如果不能对之进行主张、举证的话，就不能推导出一定的法律效果（例如，被告的损害赔偿责任）。这种情况下，就要将该事实在陷于真伪不明状态时的法律上的不利风险的分配作为**"举证责任"**进行讨论。在民事诉讼上，根据作为诉讼客体的实体法上的权利的存否（这里是指损害赔偿请求权这一权利的有无）决定胜败，该权利的存否，应当通过满足这样的法律效果发生的基础要件事实的存否进行判断。逆言之，当事人被要求记住能推导出一定法律效果的一系列规则，从杂乱的事实关系中，对在裁判上作为要件所必要的事实进行选择取舍来形成自己的主张。在此意义上，法律规范发挥了解读社会的事实关系、作为一定的法律问题将其再次进行组织、提供解决这一问题的指南等探照灯一样的功能。本来，因为法律并没有预想到所有的情况，并个别具体地准备好对之进行妥当处理的办法，所以在进行法律解释时，有必要慎重地斟酌它的内容与适用范围，使其符合现实。另外，需要注意的是，因为民事裁判无论如何都要在当事人的主张、举证活动的基础上进行审理（称为**"当事人主义"**），所以通过证据审查而确定的事实（**认定事实**），未必就是"真实事实"。法律只能在整体社会的一部分场合，并只能通过有限的形式对问题进行解决。对这一点，如不加理解

4　地发表议论不仅是傲慢的，还是十分危险的。[1]

2. 事故的经过

根据判决认定的事实，事故的经过如下（见图 1-2、图 1-3 所示）：

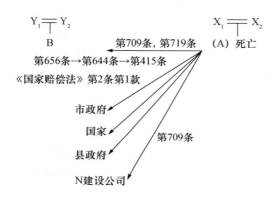

图 1-2

在三重县 S 市[2]的郊外，以前就有一个灌溉用的蓄水池，周围有一个民间开发商建设的住宅小区，该小区里住着 X 夫妇与 Y 夫妇。昭和 52 年（1977 年）5 月 8 日下午 2 点左右，X 夫妇的孩子 A（当时 3 岁 4 个月）到 Y 夫妇家去找 Y 夫妇的孩子 B（幼儿园小朋友）玩耍。Y 夫妇当时正在家里大扫除，两个孩子骑着自行车在 Y 家附近玩耍。过了 2 点半，X_2 在去买东西的途中来到 Y 夫妇家，想带 A 一起去，因为 A 不想去，所以 Y_1 说了句，"就让他在这儿玩吧"，X_2 也只好说"那就这样

---

〔1〕 关于"要件事实"与"事实认定"的问题，请参考伊藤滋夫、山崎敏彦编：《ケースブック要件事実·事実認定》（第 2 版），有斐阁 2005 年版，第 2 页以下（伊藤执笔）；伊藤滋夫：《要件事実·事実認定入門》（补订版），有斐阁 2005 年版。关于民事裁判程序方面的简要概说，请参考中野贞一郎：《民事裁判入門》（第 3 版补订版），有斐阁 2012 年版；山本和彦：《よくわかる民事裁判——平凡吉訴訟日記》（第 2 版补订版），有斐阁 2008 年版，该书也颇有意思。

〔2〕 根据日本的行政区划，"县"相当于中国的"省"，"县"下设"市"，这与中国"市"下设"县"恰恰相反。——译者注

吧"，让A继续在那里玩，并转而对Y_2表达了"我有事要出去一趟，拜托了"的意思，Y_2回答说，"两个孩子在一起玩，不会有问题的"（判决理由上写的是"接受了委托"）。其后10—15分钟，孩子们同之前一样，在小区的道路和朝向池子的空地上骑自行车玩，Y_2在扫除之余，招呼着两个孩子。因为正在大扫除，Y_2进入室内7—8分钟左右，其间，孩子们从没有栅栏的空地（乙地）来到了蓄水池的岸边。这个水池从池边开始至五六米远时，水深只到成人的膝盖左右，但再向里走，则深度陡升至三四米。以前，并没有这样突然变深，但最近为了蓄水，水利合作社委托N建设公司进行了加深作业。来到池子边的两个孩子，其中的A平素就活泼好动，那天虽然仍处在5月，但也是令人冒汗的天气，好像他突然说了声"游泳"就跳进池子里了。B因为平常就被父母教育说进入池子危险，所以，没有靠近岸边。结果，因为A潜入水中一直没有出来，B就返回家中将这一异常情况告诉了Y夫妇。Y夫妇立即带着B来到池边，附近的人们也过来帮忙，进入池中搜索，结果，在离池边五六米远、水深三四米的地方，发现了沉在池底的A，虽然立即捞起送往医院，但因施救太迟，A最终没有获救。

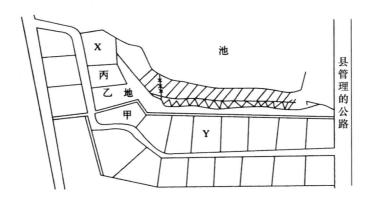

图 1-3

3. 问题之所在（合同责任与侵权责任）

本案中，死亡孩子 A 的父母 X 夫妇（X_1、X_2）不仅向 Y 夫妇（Y_1、Y_2），还向蓄水池所在的市政府以及国家、县政府均提出了损害赔偿的请求。并且，承担该水池加深作业的建设公司也被加为被告。从判决标题可知，几个诉讼被合并审理。根据资料，X 夫妇最初将 Y 夫妇和市政府列为被告，昭和 54 年（1979 年），将国家、县政府、建设公司追加为被告。先以 X 夫妇对 Y 夫妇的主张为主，看看其基于何种理由提出损害赔偿的请求。

根据"**请求的宗旨、请求原因**"，本案有两个方面的责任原因被指出：

① "X 夫妇出于为了 A 的目的，委托 Y 夫妇对 A 进行看管保护，Y 夫妇接受了该委托，在此，以上述内容为宗旨的准委托合同成立了。所以，Y 夫妇有义务根据委托的宗旨，以善良管理人的注意义务来处理看管保护的事务。"但是，Y 夫妇怠于履行上述义务。

② "假使上述合同关系不能被认定，从上述事实关系来看，对于 A 的看管保护，Y 夫妇也负有推理上或诚信原则上的注意义务……因为 Y 夫妇怠于履行上述义务，不能免除日本《民法》第 709 条[1]、第 719 条[2]所规定的侵权行为责任。"

这里列举了引起一定义务（作为违反这一义务结果的损害赔偿责任）产生的两个重要契机，这就是"**合同**"与"**侵权行为**"。附带说一下，关于国家、县、市政府，追究其应确保蓄水池安全这样的公共建造物的设置、管

---

[1] 日本《民法》第 709 条规定："因故意或过失而侵犯他人的权利或法律上所保护的利益者，对由此而给他人造成的损害负有损害赔偿责任。"
在日本，学理上通常用"日本民法典"一词指作为制定法的《民法》，"民法"一词的范围更广泛，不仅包括《民法》，还包括《利息限制法》《不动产登记法》等民事特别法。为行文方便，后文未经特别注明法律名称的条文，均指日本《民法》的条文。未特别注明的法律，均指日本的法律。另外，原著中所引用的《民法》条文均为现在正在实施的日本《民法》的条文。日本《民法》中的债权法部分的内容在 2017 年 5 月 26 日得以大幅度修改，修改后的《民法》将于 2020 年 4 月 1 日起施行。——译者注

[2] 日本《民法》第 719 条第 1 款规定："二人以上因实施共同侵权行为而给他人造成损害时，承担连带损害赔偿责任。无法判明损害是由哪一个共同侵权人造成的时，也同样负连带损害赔偿责任。"第 2 款规定："教唆行为人者以及帮助行为人者，作为共同侵权人，适用前款的规定。"——译者注

理责任（请参考《国家赔偿法》第 2 条）；关于 N 建设公司，将其在完成本案蓄水池的沙土采掘工程后，对蓄水池的危险状态放置不理作为问题，总之都是在主张侵权责任的存在。

本来，人是自由的，原则上可以不受任何人的约束而行动或者不行动，只有根据自己作出的约定和法律的规定才能使人承担义务（作为人，依据自己的意思和法以外的原因而被他人要求承担义务的情形是不存在的）。X 夫妇主张，Y 夫妇违反了因约定而产生的义务，也违反了一般的法律上的注意义务，在此指出了 Y 夫妇对他人负有两个主要义务（**债务**）的原因*。

> ***【债权与债务】** 某人对特定的他人负有一定的责任和义务，称之为"**债务**"，与此相对，对方的权能及其法律地位被称为"**债权**"。处于能够要求他人为一定给付行为之法律地位的人被称为"**债权人**"，对方则被称为"**债务人**"。原则上，法律认可债权人对债务人要求一定的给付、受领并保持该给付（**请求力、执行力、给付保持力**）。两者的关系被称为"债权（债务）关系"，这里的法律关系规范群形成了"债权法"的领域（第 399—724 条[1]）。根据债权债务发生的原因不同，债权关系可以分为基于合同的债权（债务）关系和基于法定的债权（债务）关系。民法的"债权各论"部分，由规定了各种合同的"合同"（第 521—696 条）和规定了各种法定债权（债务）关系的"无因管理"（第 697—702 条）、"不当得利"（第 703—708 条）、"侵权行为"（第 709—724 条）构成，各种债权（债务）关系上的共同规则形成了"（债权）总则"部分（第 399—520 条）。

对本案问题进行详述如下：

第一个问题是，X_2 与 Y 夫妇之间是否缔结了"关于看管保护孩子的具有法律意义的约定（合同）"？根据该约定 Y 夫妇是否承担了一定的义务，以及其内容是什么？民法原则上认为，合同是根据当事人的"合意"成立的，且规定了 13 种合同类型。即，以财产权的移转为目的的合同（赠与、买卖、交换）、以财产权的利用为目的的合同（消费借贷、使用借贷、租

---

[1] 未经特别注明，在本书均指日本《民法》的法条。——译者注

赁)、以提供劳务为目的的合同（雇佣、承包、委托、寄存）、其他合同（合伙、终身定期金、和解）。本案中，如果 Y 夫妇"看管保护孩子"的行为是根据"合同"而为，（勉强适用的话）这就是接受了事实上的事务处理的委托，所以构成"准委托合同"（第 656 条）。当然，构成"准委托"这一合同类型以外的合同的可能性不是没有，但比较接近的还是"准委托合同"。因此，如果合同是成立了的话，就不得不探究双方是否适当地履行了合同上的义务。因《民法》第 656 条原则上准用委托的规定（第 643 条以下），所以接受了孩子托管的人作为"受托人"，负有《民法》第 644 条规定的"根据委托的宗旨，以善良之管理人的注意来处理委托事务的义务"。如果未尽到这一义务，根据《民法》第 415 条，"债务人（受托人 Y 夫妇）未根据其债务的本旨履行义务时，债权人（委托人 X 夫妇）可以请求赔偿因此造成的损害"（**债务不履行责任**）。对 X_2 所说的"拜托了"，Y_2 回答说"两个孩子在一起玩，不会有问题的"，就此认定 Y_2 "接受了委托"还是很微妙。在该案件，究竟合同成立了吗？如果成立了的话，那么 Y 夫妇应负担的义务是什么？

第二个问题是，即使假设合同关系不成立，在此情况下，Y 夫妇是否负有侵权责任也会成为问题。根据《民法》第 709 条的规定，不管合同是否存在，"因故意（存心）或过失（未注意）而侵害他人的权利或受法律保护的利益（孩子的生命）者，有责任赔偿因此造成的损害"。因此，"故意、过失""侵害权利""损害的发生"以及"因果关系"这四个要件，构成损害赔偿责任的请求权基础。从本案来看，基本上可以清楚地知道，后三个要件得到了满足，问题的焦点是，根据一般的社会观念，Y 夫妇的行为可否被评价为有"过失"。在此，Y 夫妇都与事故的发生有关，这是否构成导致双方之间产生连带责任的"共同侵权行为"（第 719 条）也是一个问题。

4. 关于合同责任

(1) 法律上的效果意思

对于 X 夫妇追究合同责任的主张，Y 夫妇给予否定并进行了如下反驳："即便有 X 夫妇所主张的应答，那也是出于邻居情谊上的礼节性寒暄，并不伴有法律上的效果意思（意欲产生权利义务关系）。就算从形式上构成了准委托，因为是无偿行为，也应该类推适用《民法》第 551 条第 1 款[1]以及《民法》第 659 条。[2]附带说一下，Y 夫妇以看护自己孩子同样的方式看护了 A。"

判决认可了 Y 夫妇的主张，认定准委托合同不成立。判决内容如下：

> X_2 与 Y 夫妇的应答……考虑到孩子们正在一起玩耍，认为 X_2 与 Y 夫妇的对话是出于邻居的情谊、作为邻居的好意而作出的应答是比较妥当的。不能将之认定为是出于想签订以 X 把看管 A 的所有事务进行委托，Y 夫妇全部接受了该委托为内容的合同关系这一效果意思而作出的，所以，对于 X 夫妇以准委托合同的成立为前提而提出的债务不履行的主张，无需再对其他的观点进行判断，即可认定该主张是不成立的。

9

【意思表示】的结构

图 1-4

关于"**法律上的效果意思**"这一用语，有必要作些说明（其后会在"法律行为"部分学习）。"合同"一般通过"要约"与"承诺"这两个相对的"**意思表示**"的一致而成立*。"意思表示"是以希望发生一定的法律效果的表意人的意思决定（**内心的效果意思**）为中心，并通过将其表达于外部而完成的。当然，当事人的内心想法是不得而知的，通常，只能通过对外表达的内容进行推断，以探知其效果意思（推断的效果意思）。人，总是被各种各样的动机所驱使，欲求一定的法律效果，为此而作出表示行为。对于从表示行为所推断出的内心的效果意思，法律要对其予以明确并

---

[1] 日本《民法》第 551 条第 1 款规定："赠与人对于赠与标的物或权利存有瑕疵或标的物、权利不存在，不承担任何责任。但是，赠与人知道存有瑕疵或标的物、权利不存在而没有告知时，不在此限。"修改后的日本《民法》第 551 条第 1 款没有对赠与人的担保责任进行明文规定，而是规定了赠与人的交付义务，即，推定赠与人约定将赠与标的物以特定的状态为标准交付或转移给对方。——译者注

[2] 日本《民法》第 659 条规定："无偿接受寄存者，负有以对自己的财产同样的注意进行保管的义务。"——译者注

尽量使之得以实现。

例如，某人想买个订婚戒指作礼物（**动机**），遂决定以一定的价格买一个特定的戒指（效果意思的形成），当其向店员作出"我要买这个"的要约的意思表示，而店员对此作出承诺的意思表示时，买卖合同即告成立。在此，虽然修正原理通过考虑双方当事人对对方表示所赋予的信赖这一因素来发挥作用，但是原则上，欠缺内心效果意思的表示行为是无效的。这样，因为"礼节性的寒暄"并不伴有一方将看管孩子的全部事务进行委托，另一方承诺接受此委托这样的双方当事人的法律上的效果意思，所以，不能认定合同的成立。

*【有效合同成立的前提】　有效合同的成立还有几个前提。作出要约、承诺的意思表示者必须具有相应的能力（行为能力），所作出的意思表示无瑕疵（非因欺诈、胁迫而为），而且合意内容必须是能够实现的、具有确定性的、合法的（可能性、确定性和合法性）。

(2) 委托合同与有偿合同、无偿合同

① 委托合同的特殊性。关于"委托合同"，在解释上还隐藏着很多有趣的问题。自古以来，"委托"被理解为是以与他人的生命、财产、人生密切相关的律师、医生、教师等的活动为代表、具有特殊技能的、专门性的高级劳动。由于深受社会的信赖，因而被认为受托人在任何时候都负有高度的注意义务，即"作为善良管理人的注意义务"（简称"**善管注意义务**"）（第644条）。另外，暂且不谈上述说法在现代是否妥当，高级劳动带有不被金钱所左右的神圣性，所以，不论是有偿（收取对价）还是无偿（不收取对价），都要求受托人无区别地承担高度的注意义务。这是委托合同的历史特征，与例如存管物品的"寄存合同"的保管人的注意义务，根据有偿和无偿的不同情形，形成鲜明的对比。也就是说，在有偿寄存的情况下，根据《民法》第400条，保管人负有善管注意义务（处于该职业或地位的人所应尽的"客观注意义务"）；与此相反，在无偿寄存的情况下，保管人只要负有"与对自己的财产同样的注意义务（称之为'具体的注意义务'）"即可（第659条）。本来，即便准委托合同是无偿订立的，是否要承担高度的善良

管理人的注意义务，这一点本身在法的解释上可能会成为问题，在对事实进行法律构成时，虽没有成立可推导出具有高度注意义务的"准委托合同"，但是仍有余地认为成立了承担稍轻的注意义务的特殊合同（因民法典未特别将其作为典型的合同类型而予以命名，所以，称之为"无名合同"或"非典型合同"），这是一个合同解释的问题。假如解释为包含了轻度注意义务的无名合同已成立的话，因 Y 夫妇的孩子也在一起玩耍了，所以至少可以证明，Y 夫妇尽到了"与对自己的孩子同样的注意义务"，这样在承认合同成立的基础上，认定 Y 夫妇没有责任也是可行的。

② 赠与人的担保责任。还有一个问题是，有必要关注一下关于赠与合同中就标的物的瑕疵赠与人所负责任的规定。通常，取得对价而销售东西的"买卖合同"的卖方，在标的物有隐藏的瑕疵时，不管是否有过错，都要承担一定的责任（"瑕疵担保责任"：第 570 条[1]→566 条[2]）。这是因为卖方承诺了在取得对价的同时，要将作为交易目的的标的物以其应有的状态完整地交付到对方的支配下。但是，在无偿提供标的物的"赠与合同"上，除了明知其有瑕疵而不告知的，赠与人不承担责任（请参考第 551 条）。

换言之，在合同法上，与取得对价的合同（"有偿合同"）相比，一般来讲，没有取得对价的无偿合同的债务人的责任程度要轻。显然，上述 Y 夫

---

[1] 现行日本《民法》第 570 条规定："买卖之标的物有隐藏的瑕疵时，准用第 566 条的规定。但是在强制拍卖的情况下，不在此限。"而在修改后的日本《民法》上，"瑕疵担保责任"一词已不复存在。修改后的《民法》对买卖合同上的卖方的担保责任进行了大幅度的改动，将卖方的担保责任主要归为"买卖之标的物不符合合同内容"类型的担保责任和"买卖标的物权利不符合合同内容"类型的担保责任。删除了"隐藏的"这一要件，也不使用"瑕疵"这一用语。现行《民法》上的"瑕疵担保责任"在修改后的《民法》上只是"物不符合合同内容"类型的担保责任之一而已。修改后的日本《民法》第 570 条规定的是买卖标的物为不动产，其上存有不符合合同内容的担保物权时，买方可向卖方请求偿还所支付的费用。——译者注

[2] 日本《民法》第 566 条第 1 款规定："买卖的标的物是地上权、长期租佃权、地役权、留置权或质权的标的物的情况下，买方不知道此事实，并且为此而无法实现订立合同的目的时，买方可以解除合同。在合同无法解除的情况下，只能请求损害赔偿。"该条第 2 款规定："因买卖标的物是不动产而所宣称存在的地役权不存在时，以及该不动产上设有登记了的租赁权的情况下，准用前款的规定。"该条第 3 款规定："在前两款的情况下，请求合同的解除或损害赔偿，必须在买方知道事实时起 1 年内提出。"不过，现行日本《民法》上的该条规定，在修改后的民法上已不复存在。其所规定的内容在修改后的《民法》上作为"权利不符合合同内容"类型的担保责任而体现出来。修改后的日本《民法》第 566 条规定的是买方追究"物不符合合同内容"类型的担保责任时，需在 1 年内提出。——译者注

妇的反驳，也是意识到了这一点。

③ 好意同乘。与此同时，讨论一下"**好意同乘**"的问题。朋友出于好意而让自己乘坐他的汽车，因朋友操作方向盘失误而导致发生事故，致使乘车人受伤时，应如何处理呢？在通常的交通事故的情况下，如对方的司机有过错，可以以侵权行为为理由请求损害赔偿，在付钱乘坐汽车、飞机等交通工具的运输合同的情况下，当然也会发生债务不履行的损害赔偿问题。但是，关于好意同乘的情况，是否应当认定同样的责任，颇有争议。对此进行消极解释的背后，存在着"同乘人自行接受了危险发生的可能""追究好意载人者之责任的做法过于严酷"等想法。在日本，倾向于认定司机负有损害赔偿责任（关于是否减少损害赔偿金额，裁判上有不同的处理）。那么，如果本案也应当与好意同乘一样来认定责任的话，其情况却未必会一样。在好意同乘的情况下，不管怎么说，因为在让他人乘坐发生危险可能性很大的汽车时，作为司机被要求至少要承担与对车外的行人相同程度的高度注意义务，这也可以说是作为司机的注意义务（不论有偿还是无偿）。与此相对，在托管孩子时考虑与时间和场合相应的注意义务，也应当是被允许的。另外，大多数的汽车事故是由责任保险来抵偿的，与侵权人责任的轻重相比，对受害人进行救济的要求更为优先，这也对认可司机的赔偿义务起到一定的作用。

5. 关于"侵权责任"

关于侵权责任，Y夫妇的反驳如下：

> 从社会意识水准、Y夫妇的行为属于邻居间礼节上的行为而不能被认为是具有权利义务的社会关系等方面来看，Y夫妇的行为不具有社会责难性……从骑自行车到玩水，尤其是涉水这一情况，应该说超出了Y夫妇的可预见范围，对Y夫妇来说没有因过失而发生侵权责任的余地，本案只能说是属于意外事故。

裁判所最终认定了Y夫妇的侵权责任。如前所述，本案中，Y夫妇是否存在过失是重要的争论点。

（1）判断过失的结构

关于"过失"是什么，学说上有很多讨论。但是，一般来讲，裁判所是依"违反以可预见性为前提的结果避免义务"这一公式来处理这个问题。即，被认为是加害方的当事人"对损害的发生，是否有预见可能性（有时要求其承担'**预见义务**'，来加重注意义务的内容）"，如果有预见可能性，"为了避免发生该损害的结果，是否有采取适当措施的义务（以结果可能避免为前提的**结果避免义务**）"。这样，当事人能够预见到损害的发生却怠于履行自己的义务，没有为避免损害的发生而采取适当措施的，就应当认定为"有过失"。

本案中，裁判所就此作出了如下说明：

> Y_1 知道孩子们在可以自由通往水池的乙地骑自行车玩耍，也知道有的地方因挖掘而变得水很深、A 是一个比较活泼好动的孩子，以及在枯水期 A 与 X_1 曾一起去过中间一带的水边等情况。并且，因为当天是一个令人冒汗的天气，"在可以通往水池的乙地玩耍的孩子们，尤其是 A 很有可能借势从乙地来到水边戏水，进而可能会进入深水区等，Y 夫妇是可以预见的［肯定了预见可能性］。如果是这样的话，从一般看管幼儿的父母角度来看，不得不承认，为了防止上述事态的发生，在同意两个孩子在乙地玩耍的时候，就负有采取适当措施防止孩子们靠近水边的注意义务［肯定了结果避免义务］，Y 夫妇未采取这样的措施，放任两个孩子在乙地玩耍［违反结果避免义务］，对因此而产生的后果，应该承担第 709 条、第 719 条所规定的责任"。

就这样，裁判所将一定的具体情况进行特定，至少认为本案的 Y 夫妇对损害的发生有预见可能性，违反了应避免损害发生的注意义务，而认定 Y 夫妇有"过失"，从而肯定了侵权责任。判决在理论上的展开，很好地展示了裁判所对过失的判断结构。

但是，在现实的侵权案件中，并不是通过"预见可能性"就能够立即解决问题的。例如，只要驾驶汽车就有可能因为突然窜出什么东西等而发生交通事故，在一定意义上，事故的预见可能性是一直存在的，但却不能因此要求司机一直保持缓慢行驶。于是，即使被看作是先依据被要求的行为义务来判断使其承担损害赔偿责任是否适当，然后再来评论其对于结果是否有预见可能性也是没有办法的事情。"违反以可预见性为前提的结果避免义务"这一公式,并不是要求实际上预见到或未预见到结果的发生,只不过是将是否有责任的综合判断结论,以有无"过失"的形式表示出来,从而在肯定当事人的责任时,拥有比较有说服力的理论构造而已。本案中,对于在认定Y夫妇责任时所作出的"有预见可能性"部分和在否定市政府、建设公司责任时所作出的"无预见可能性"部分,应该基于上述思考来理解。

(2) 过失判断的标准

本案在判决理由写道:"从看管幼儿的一般父母的角度来看,为防止上述事态的发生,在同意两个孩子在空地玩耍的时候,就负有采取适当措施防止孩子们靠近水边的注意义务。"这一结论可能会有点儿过于严厉,可以想象,出了问题的空地(乙地)也是其他孩子经常玩耍的场所,这种情况下,恐怕也无法期待社会上的"一般的父母",能采取适当的措施不让孩子们"任意地在乙地玩耍"(可能会被人说"不要多管闲事")。那么,这里的"看管幼儿的一般父母的立场"指的是什么?本判决中,作为过失判断的标准,既不是"理性的、一般的人"或像幼儿园阿姨那样的以监护幼儿为职业的人,也不是单纯的"一般的父母",而是要树立一个中间标准。在池子附近晒太阳的某人的"父母",即便看到别人的孩子突然走进水池里也置之不理,也不能认定其有过失。换言之,可以认为本案当事人之间的日常交往、先行的对话和一些情况,提高了要求Y夫妇承担的注意义务。在迎面碰到的完全不认识的人之间被论及的注意义务,和通过合同而互相负有承担符合合同目的的义务关系的当事人之间的注意义务,两者之间存在着一个中间的灰色地带(grey zone),这是通过利用支配整个民法的指导理念的"诚信原则"(请参考《民法》第1条第2款[1])等,在当事人之间形成了新的义务内容。[2]

---

〔1〕 日本《民法》第1条第2款规定:"行使权利与履行义务时,必须遵守信义诚实地进行。"——译者注

〔2〕 这常常作为"合同缔结阶段的诚信原则"而成为讨论的问题。关于这一点,除第5章(后述)以外,请参考棚濑孝雄编:《契约法理与契约惯行》,弘文堂1999年版,第185页以下(河上执笔)。

(3)"不作为"的侵权行为

本案中 Y 夫妇的责任,是对于"什么也没做(不作为)"而进行评价的,对此也需要予以一定的注意。为了将"不作为"解释为"懈怠",与一定的法律责任相关联,作为其前提,当事人必须被要求负有"为一定行为的义务(即作为义务)"。人基本上是享有行动自由的,所以"作为义务"的依据只能是本人的意思(约定)或法律上所规定的义务。是否有道义上的责任暂且不提,例如,发生火灾时,负有合同上防火责任的守卫以及消防法上有防灾除灾、减轻损害职责的消防员,有为灭火采取适当措施的义务,但一般人没有被要求负担这样的义务。"善良的撒玛利亚人"的标准是很难被提升为法律义务的*。本案中,Y 夫妇的"采取适当措施防止孩子们靠近水边"的作为义务,如果不是根据"合同"推导出来的,就只能是基于先行关系的存在,通过诚信原则而被要求遵守的不成文的法律行为规范。同样,在铁轨上放置石头而导致电车脱轨翻车的事件中,行为实施者商量此事时,被告也在场,即便没有放风的任务,作为在现场者,是否可以认为其违反了基于先行行为负有的避免事故发生的义务[最判昭和 62 年(1987 年)1 月 22 日,《民集》第 41 卷第 1 号,第 17 页[1]];在"欺负弱者[2]事件"中,旁观者的责任等也会成为问题。不过,保障人的行动自由的重要性是不能否定的,但应该注意的是,随着社会复杂性的提高,在日益紧密的人际关系

---

[1] 此案件的内容如下:包括被告在内的几名中学生放学后在路上一起闲谈时,提到各自往轨道上放东西的经历,其中的几个中学生跳到道路附近的轨道内,往轨道上放了拳头大小的石块。被告虽然停在路上没有参与,但一直在看着其他人往轨道上放石块。之后电车开过来压到石块,造成脱轨翻车事故,104 名乘客受伤,相邻民间的住宅遭到破坏。铁道公司起诉包括被告在内的放石块的中学生一起赔偿损失。控诉审判定被告没有过失,但最高裁判所认定被告应该负有损害赔偿责任。其理由是,被告参与了同学们的闲谈,并看着其他人往轨道上放石块,被告能够预见到往轨道上放石块会引起的重大后果,并且能够采取措施挪开石块避免事故的发生,在这样的情况下,被告负有采取措施挪开石块避免本事故发生的义务,但被告却没有履行该义务。——译者注

[2] 多指在小学、中学里发生的,性格顽劣的学生殴打、侮辱其他同学的"凌霸"现象。在日本,因为承受不了同学的长期欺辱而自杀的小学生或中学生的事件时有发生,自杀的学生的父母提起诉讼,要求学校和实施了欺辱行为的学生的父母承担损害赔偿责任的案件很多。除此之外,对围观欺辱而没有做出任何制止行为的人是否应该承担一定的责任也有一些讨论。——译者注

中，随着人们相互间被要求的行为规范内容的不断深化，产生一种与合同、法律不同渊源的、中间性质的、人与人之间的行为规范的可能性变得越来越高。

*【**善良的撒玛利亚人**】　来自对看到他人处于窘境就善意地伸出援助之手的撒玛利亚人进行祝福的《圣经》[路迦（Loukas）福音书]中的一节。有这样的立法例（以加利福尼亚州为开端的美国、加拿大的《"善良的撒玛利亚人"法》），碰上交通事故的医生在对受害人进行治疗时，医生的责任可以减轻。[1]不过，积极地把善举规定为法律义务是需要慎重的，在路上看到正在发生强奸，却连报警都不肯做的人，虽会被指责为"道德怪物"，好像尚未达到被追究侵权责任的程度。

(4) 应赔偿的"损害"

考虑应赔偿的"损害"时，首先有必要了解是谁的、何种损失或损害、基于何种权利而要求赔偿。本案中，死亡了的A与其父母请求的是现实遭受的损害（**积极损害、现实损害**）和面向将来而失去的利益（**应得利益的丧失、消极损害、逸失利益**）。《民法》第709条、第710条[2]中的"他人"也是损害赔偿的请求权人，在本案，关于生命损害是指A自身，关于第711条[3]的"近亲属"的精神损害赔偿是指其父母。对于死亡了的A的损害赔偿请求权，由其父母来主张是因为适用了"继承"制度。[4]《民法》第896条规定，"继承人于继承开始时，继承属于被继承人财产的一切权利义务"，继承人的范围由第889条规定。A的父母作为"直系尊亲属"，分别继承了

---

[1] 关于这一问题，请参考樋口范雄：《よきサマリア人法（日本版）の検討》，载《ジュリスト》第1158号（1999年），第69页以下。

[2] 日本《民法》第710条规定："不管是侵害他人的身体、自由或名誉，还是侵害他人的财产权，负有前条所规定的损害赔偿责任者，对于财产之外的损害也必须赔偿。"——译者注

[3] 日本《民法》第711条规定："侵害他人生命者，对受害人的父母、配偶、子女，即使没有侵害这些人的财产权，也必须赔偿其精神损害。"——译者注

[4] 在日本民法上，对于因侵权行为造成受害人死亡时的损害赔偿没有明文规定，但是判例一直采取的是继承丧失说的观点，即死亡的损害是死亡人所丧失的未来可得利益（在日本被称为"逸失利益"），死亡损害赔偿请求权人是受害人自身，该损害赔偿请求权最终由受害人的继承人继承后向加害人进行请求。——译者注

A 的损害赔偿请求权的 1/2，并行使了该损害赔偿请求权。[1]

关于"**损害赔偿的范围**"，侵权行为法上没有从正面规定其判断标准，因此，究竟"损害"是指什么，将其以金钱进行评价时应该怎样处理才妥当等常常成为问题。但是，关于违反约定（债务不履行）的损害赔偿，《民法》第 416 条规定了标准，即发生不履行行为时，通过经验上通常发生的损害（称为"**通常损害**"）与当事人可预见范围内的其他特别损害（可预见的"**特别损害**"）来确定。在此，裁判所一般对侵权行为也"类推"适用第 416 条的规定［最判昭和 48 年（1973 年）6 月 7 日，《民集》第 27 卷第 6 号，第 681 页］。要求对因一定行为连锁性引起的所有损害（有**事实上的因果关系**的损害）进行赔偿是不公平的，对侵权人会造成过大的负担，所以，只把与相当范围内的因果关系（**相当因果关系**）有关联的损害纳入赔偿范围。本来，因为侵权行为不以交易关系的存在为前提，与其考虑当事人的预见可能性，不如直接将与加害行为有**危险性关联**而发生的损害理解为是法律所要保护的利益（保护法益）受到了侵害，在此之上来探讨赔偿范围比较适当[2]（详

---

[1] 关于侵害生命的损害赔偿有很多疑难问题。对此，尤其要参考的是淡路刚久：《生命侵害的损害赔偿》，载星野英一编：《民法讲座（第 6 卷）》，有斐阁 1985 年版，第 323 页以下。

[2] 对于如何划定侵权行为的损害赔偿范围，在日本的民法学界一直存在很大的争论。日本的最高裁判所早在大正 15 年（1926 年）5 月 22 日判决（《民集》第 5 卷第 386 页）里就表明，侵权行为的损害赔偿应该类推适用《民法》第 416 条。其理由是：（1）加害人应该赔偿的损害是与加害行为有相当因果关系的损害；（2）因为规定债务不履行的损害赔偿范围的第 416 条，就规定了相当因果关系，所以关于侵权行为的损害赔偿，应该类推适用第 416 条。但是日本的大多数民法学者，反对类推适用第 416 条，其理由是：第一，相当因果关系理论来自于以完全赔偿为原则的德国法，而日本《民法》第 416 条采用的是英国判例法上的限制赔偿原则，没有采用完全赔偿原则，所以把 416 条规定和相当因果关系理论结合到一起，是不妥当的；第二，第 416 条是以违反合同为对象的规定，将其适用于侵权行为会很奇怪，并且，在缔结了合同的当事人之间，可以预见到因不履行债务而给对方造成的损失，但在没有任何关系的人之间发生了突发性侵权行为的情况下，如果是故意侵权对损害的发生还有预见的可能性，而过失侵权时损害的发生几乎不可能预见。因此，要类推适用第 416 条的话，关于特别损害的赔偿就会变得很困难。为了回避该弊端，就不得不对通常损害和预见可能性进行虚拟判断。对于侵权行为的损害赔偿范围的确定方法，日本民法学界大体有两个主要的学说：一个是义务射程说，该见解主张，对于属于加害方所应负担的避免损害发生这一义务射程范围内的损害，应该进行赔偿；另一个是危险性关联说（危险范围说），该见解主张，把损害分为由加害行为而产生的第一次损害和以第一次损害为原因的后续损害，对于第一次损害的赔偿范围，在过失侵权行为的情况下，根据避免损害发生的义务范围来确定；对于后续损害的赔偿范围，则根据与第一次损害有无危险性关联来判断。该书的作者似乎是站在危险性关联说的立场，来解释侵权行为的损害赔偿范围。——译者注

细内容在侵权行为法中讨论）。

虽然本案中对于 A 的生命的丧失提出了损害赔偿请求，但是关于这一点，在普通人之间好像有相当大的心理上的排斥。的确，作为父母的真正的心情，或许是希望对方给予衷心的道歉，希望对方能表示出诚意，希望对方能体会自己失去孩子的痛苦，等等。这种情况即便在现在，也是日常纠纷中经常出现的问题。但是民法上没有可以作为请求"道歉"依据的规定。关于侵权责任，是以金钱赔偿为原则（第 722 条第 1 款→第 417 条[1]）的。诚然，根据《民法》第 723 条[2]规定可以请求"为恢复名誉所需要的适当处置"，这也成为对因侵犯名誉要求发布"道歉广告"等的条文依据，但也有人提出，道歉广告是不是侵犯了宪法规定的"思想、信仰、良心的自由"[《日本国宪法》（以下简称《宪法》）第 19 条] 这样的质疑。最高裁大法庭于昭和 31 年（1956 年）作出了利用判决命令被告发布道歉广告，"只要广告的内容仅是公布事实的真相，表明道歉的意思而已"，就未必是违宪的判断［最判昭和 31 年（1956 年）7 月 4 日，《民集》第 10 卷第 7 号，第 785 页］。即便是广告，尚且如此判断，何况扩大到对一般请求"道歉"的，认可就更困难了*。所以，以支付金钱的形式来对有无责任的争议作出了结也是不得已的办法。我们在坦率地承认法律是不可能进入到人的内心深处的，对于人的悲伤以及内心的痛苦，法律能做到的也是有限的，同时仍然还要努力通过法律，最大限度地考虑这一点。这与其说是法律问题，不如说是应用法律的人的态度问题。

附带说一下，美国法上有**名义上的损害赔偿**（nominal damages），即通过形式上的小额金钱争议来认定过错方的损害赔偿责任的制度，也有**惩罚性损害赔偿**，即通过课以超过实际损害的赔偿责任而有制裁效果的制度等。但是在日本，这些制度并没有得到落实，并且这些与让对方"道歉"相比，也有本质上的不同。另外，X 夫妇利用其他机会表明了，其通过本案诉讼所

---

〔1〕 日本《民法》第 722 条第 1 款规定："关于由侵权行为而产生的损害赔偿，准用第 417 条的规定。"第 417 条规定："关于损害赔偿，没有特别的意思表示时，以金钱的方式来确定其金额。"——译者注

〔2〕 日本《民法》第 723 条规定："对侵犯他人名誉者，裁判所可以根据受害人的请求，命令其在代替损害赔偿或者进行损害赔偿的同时，采取适当的措施去恢复受害人的名誉。"——译者注

要达到的主要目的是指出行政上的怠慢。但是，在一个纠纷中，真正的"损害"是以怎样的形式发生的，未必会表现在表面上，何况法律并非能够经常准确地照准真正的损害，来对受害者进行救济或者解决问题。[1]

（5）损害的公平分担与"过失相抵"

接下来是所谓的"过失相抵"问题。本判决就此进行了如下阐述：

① "Y夫妇正在进行大扫除，与平时相比要忙得多，既然可以认定从各种情况来看，Y夫妇的应答都是出于作为邻居的好意而作出的，X_2也认识到这一点（至少是应当认识到的），那么，就应当认为X_2明知当时对A的看管方法只能是，对于A和B在一起玩的情形，Y夫妇在工作之余来照看一下，除此之外，无法再有更高的期待，却还要对Y夫妇的好意抱着期待而把A留在了Y夫妇处……与委托进行有偿看护相比，关于看管的方法，情况则完全不同……所以，在本案，就所发生的结果，应该说要求Y夫妇承担与有偿委托等相同的责任，违反公平的观念，是不能被允许的（如果说有责的话，与有偿委托的情况等相比，违反义务的程度相当轻）。"

② "既然在接近既有蓄水池的土地上居住，为了防止意外事故的发生，关于接近水池的方法，平时就要对孩子进行严格的教育。这作为父母看护孩子的方式是理所应当做的……（A做出了本案中的举动）可以推知，与Y夫妇相比，X夫妇平时对A的就上述所言的教育'有不周之处也是原因之一'，所以，类推适用过失相抵的法的意旨……在考虑Y夫妇的责任范围时，这也是一个应当斟酌的事由"。

综合考虑上述两点，并在此基础上考虑"损害的公平分担"，损害的分担比例定为X夫妇7、Y夫妇3是妥当的。

"相抵"这个词的意思是"消除互相之间的同种东西"（请参考第505

---

[1] 关于道歉广告，请参考几代通：《名譽毀損につき謝罪広告を命ずる一判決》，载川岛武宜编：《我妻榮先生還曆記念：損害賠償責任的研究（上）》，有斐阁1957年版，第409页以下；几代通：《謝罪広告》，载伊藤正己编、有泉亨监修：《現代損害賠償法講座2》，日本评论社1972年版，第260页等，以及和田真一：《名譽毀損的特定的救済》，载山田卓生、藤冈康宏编：《新·現代損害賠償法講座2》，日本评论社1998年版，第115页以下。

条），"过失相抵"是指，在当事人双方都有过失的情况下，扣除各自相应的责任，对赔偿额进行调整的一种制度。不仅债权总则编（第418条），而且侵权行为上也有类似的规定（第722条第2款[1]）。因此，关于损害的发生，在受害人也有失误或过失的情况下，裁判所可以减轻侵权人应当承担的损害赔偿额。其本质上一般被理解为是一种基于"损害的公平承担"的想法的制度。本判决中提出了由于是无偿看管，Y夫妇的行为的违法性较低和X夫妇平时对孩子的教育方法有问题这两点。

需要注意的是，"类推适用法的意旨"这一表达方式。《民法》第722条第2款是把"受害人有过失时"当作问题的，而本案的主要受害人是幼儿A。从追究由于自己的过失造成的不利（过失相抵）还过于幼小的A的年龄来看，本来以这种形式来减轻损害赔偿额是不适当的（A没有**过失相抵能力**[2]），但是从公平承担损害的观点或者从加害人行为的违法性程度较低来看，出于调整赔偿额有助于结果的具体妥当性这一点出发，本判决借用了《民法》第722条第2款背后的法思想（公平精神），意欲推导出相同的结论。法的类推适用，可以在各种各样情况下弥补法律漏洞，与不动产交易上的为保护对方的信赖利益而类推适用《民法》第94条第2款、为使债务人对呈现出债权人外观者进行的类似履行的行为有效而类推适用《民法》第478条等一起，过失相抵的类推适用也是经常被使用的法解释方法之一。

这样，原告最终获得了30%的胜诉，取得的赔偿额为530万日元。在新闻报道上，这一结论，作为令人相当震惊的消息传播开来。当时的报纸将善意的邻居Y夫妇与蒙受了他人的好意还起诉人家的X夫妇放在对立的位置上，出现了"对邻居好意的无情审判"或"泼向近邻交往的'冷水'"这样标题的报道。但是，从到本案为止的裁判例来看，本判决的结论未必是过分。与另外两个类似的案件比较一下，这一点十分明显。一个是母亲工作单位——酒吧的经营者，受托照看了一个刚刚能走路的1岁零10个月的孩子，

---

[1] 日本《民法》第722条第2款规定："受害人有过失时，裁判所可以考虑此点，决定损害赔偿的数额。"——译者注

[2] 根据日本的判例法理，日本《民法》第709条所规定的加害人的"过失"被理解为是违反客观的行为义务，而日本《民法》第722条第2款所规定的受害人的"过失"被理解为普通的不注意，也就是说在日本的侵权行为法上，加害人的"过失"和受害人的"过失"不是同一概念。当受害人是未成年人这样的限制行为能力人时，是否应该适用过失相抵，日本《民法》上没有作出明文规定，但判例采取的是未成年人具有"事理识别能力（过失相抵能力）"（大体是六七岁左右）时适用过失相抵的做法——译者注。

由于一时疏忽，孩子淹死在了自家的水池里的案件［大阪地判昭和 50 年（1975 年）11 月 18 日，《判時》第 823 号，第 81 页］；另一个是母亲工作单位——咖啡馆的经营者，受托照看了一个 2 岁零 8 个月的孩子，因孩子将大小便拉在身上，让其站在浴缸中清洗，因短暂离开而导致孩子溺亡的案件［神户地判昭和 51 年（1976 年）2 月 24 日，《判時》第 831 号，第 75 页］，两个案件都认定了"受托"方的责任（前者实施了 50% 的过失相抵，判定赔偿 280 多万日元；后者没有实施过失相抵，判定赔偿 450 多万日元）；两个案件的事故都是发生在被告的支配空间内，原告与被告之间有雇佣人与被雇佣人的特殊关系，一直有委托对孩子进行看护等情况，这些似乎对判决起到了一定作用，但是，这对责任大小能有多大程度的影响也是十分微妙的。从一定程度而言，也可以认为与本案没有太大的差别。

另外，对于国家和县政府的责任，以其没有所有权和没有进行实质性管理为由，没有认定其责任。市政府、建设公司也被认为没有预见发生这样的事情而采取防止措施的注意义务。附带说一下，对于判决理由中经常出现的水利合作社，关于其责任，判决里没有任何提及。水利合作社是水池的实质管理人，水池的挖掘工程也是在这个合作社的主导下实施的。在农用蓄水池附近开发住宅区的过程中，水利合作社从开发商那里获得了很多好处也是众所周知的事实。如果可以论及市、县政府和国家的责任的话，那么还是有余地讨论水利合作社的责任的。

6. 处理纠纷的方法

当时的媒体以及社会对判决的消极反应，似乎是因对将这样的纠纷告到裁判所这一行为本身的反感而引起的。诚然，从传统的日本人对待诉讼的态度来看，通常对这样的事件，到裁判所去争论的可能性肯定是不高的。尽管如此，本案当事人很早就提起了诉讼。在新闻报道中，X 夫妇的代理律师说道："失去孩子的 X 夫妇一家受到很大打击，甚至到了想全家自杀的程度。过了 49 天的忌日[1]后去 Y 夫妇家，打算询问一下 A 溺亡的经过，结果吃了闭

---

〔1〕 在日本有一种说法，即人死后的第 49 天会被判定能否去极乐净土，所以死者的家人都会在死者去世后的第 49 天，请和尚来做法事进行祭奠，这一天是人死后的第一个重要的忌日。——译者注

门羹，Y 夫妇家的大门上了锁。这样的情况持续了 3 次后，X 夫妇从别人那里听说，Y 夫妇与邻居们说：'已经是过去的事情了，我们没有责任。''X 夫妇还年轻，再生一个不就得了。'X 夫妇愤慨不已，最终决定提起诉讼。"[1] 还有可能的是，原告的主要目的在于，就蓄水池没有防护栏这一点，要追究地方政府的管理责任，但为了维持该诉讼，不得不将邻居也列为被告。[2]

如果从调整今后还可能继续的人际关系的观点来看，也有有力的意见认为，也许采用"**和解**""**说合**""**调解**"等包含当事人合意要素的、"裁判外"的纠纷解决方法（简称为 ADR）会更好一些。解决社会纠纷有很多方法，通过裁判解决、利用法律解决、乃至用金钱清算责任这一做法，都不过是其中的一个解决办法而已。裁判不过是对一定的法律纠纷给予一个大体的解决。进一步而言，通过裁判所的解决并不意味着最终解决了问题，或许应该将其看作是调整综合性社会关系过程中的一个阶段而已。但是，应当最大限度地尊重选择了向裁判所提起诉讼通过法律来解决纠纷的当事人的意愿。作为本案纠纷的解决方法，绝不能说"民事裁判"是不合适的。

7. 判决之后

本案在判决之后，实际上 X 夫妇经历了很多的不幸。媒体报道后，X 夫妇受到了数百次无理电话和信件的故意讥讽，多的时候，一天能接到 300 个骚扰电话；出于与工作单位和邻居的关系问题，X 夫妇只好搬家；尽管获得了部分胜诉，最终还是提出了撤诉申请。当时，Y 夫妇已完成因不服本判决而向上级裁判所提出"控诉"的手续。在 Y 方已经进入控诉程序的情况下，如果没有 Y 方的同意，X 方不能单方面"撤诉"[日本《民事诉讼法》（以下简称《民诉法》）第 261 条第 2 款]。X 夫妇的撤诉申请被报道出来后，社会上又开始了针对 Y 夫妇的故意讥讽。因为受到来自电话和信件等的难听的责难，Y 方最终同意了撤诉。结果，整个案件以回到自始未提起诉讼的"白纸"

---

[1] 引自《东京新闻》1983 年 3 月 26 日。
[2] 引自《朝日新闻》1983 年 3 月 8 日。

状态而告终（《民诉法》第262条）。对于这个结局，法务省[1]认为侵害了当事人的"接受裁判的权利"，并破例发布了要求国民自慎的法务省意见，整个事件就此落幕。

媒体进行实名报道，使诉讼当事人完全暴露在民众的压力（无形的暴力）下，这也有很大的问题。但是，受报道影响而出现的社会上的一部分人的行动是相当异常的，其所表达的内容是卑劣且阴险的。虽然一部分有识之士提出"人伦尚未泯灭"或者"道义胜过法律"的看法，但这是很荒谬的意见。毫无疑问，这一案件中最感悲伤的是X夫妇，对这一案件最感痛心的是Y夫妇。故意讥讽的电话和信件不但给当事人造成了更大的伤害，而且还剥夺了无法从其他任何地方获得解决办法的人的"接受裁判的权利"。只能说，这是一种在尚未充分了解事实关系和当事人情况之下，就将自己自以为是的正义感强加给对方的、不负责任的、且充满暴力的行为。

学习法律的人，首先要培养冷静地把握事实关系、从不同角度分析法律问题的能力，同时，也应该考虑到存在于当事人行为背后的看不见的事由。

8. 法化与日本人的法意识

从日本人的法意识关系上看，导致上述社会异常反应的原因是什么，希望这一点能引起大家的注意。可以很容易地推测，对于以当事人司空见惯的日常关系和对话为前提的本案，任何人都会将其作为身边的问题来考虑。这也是事实。换到自己身上想想，从而引发了过于情绪化的反应。或许也可能是，与法律不同的"共同体规则"仍然根深蒂固地存在于社会底层，而其受到了强烈的刺激。对于判决的否定反应，有的是出于对邻居间民事责任的反感，有的是出于对本案所适用法律规则的排斥，特别是认为，判决要求被告承担的注意义务过高等。除了这些原因，还有人对市政府和土地管理人、建设公司等所谓的强者被免除责任的反抗，以及也有可能把就孩子的死亡来请求金钱赔偿（对父母而言）是过度的不劳而获来理

---

[1] 根据日本的行政序列，相当于中国国务院下属各部委的机构均称为"省"，比如，文部省、防卫省等。这里的"法务省"相当于中国的"司法部"。——译者注

解。当时关于本案，有识之士的评价也是多种多样的。有意见认为，这是小村落集体的反民主精神的抬头；也有意见认为，这恰好表露出在邻里关系上古老善良的传统观念与现代个人主义之间发生的裂缝；还有意见认为，这是促使我们反省，是否有必要对存在于民众之间的"活生生的法"予以考虑，等等。其中，十分引人关注的是，法社会学者六本教授将此解释为一种"法化现象"（legalization）。易言之，这是一个象征性的案件，在城市化与工业化快速发展的进程中，从前的共同体人际关系以及传统上形成的人际关系调整规范正在大幅度崩溃，传统社会内部共同规则和机制无法解决的问题正在不断增加（共同规则自身很难培育），而最终只能寻求在"法律"上解决的事情也随之会不断增加。[1]在今天，"法"同"与法似是而非"的领域，比以前更加对抗或者是更加重合。在这样的情况下，将社会关系作为权利义务的分配关系来重新解读，使基于规则寻求适当解决纠纷的纠纷解决机制扎下根来，在社会中培养自律负责的个人，仍然是我们的重大课题。[2]

最后，直截了当地作为法律问题来看时，关于本案，何种法律构成和结论是妥当的？笔者个人意见认为，在认定当事人间成立了关于看护孩子的"无名合同"之上，通过实施过失相抵，认定相当于损害的一成的赔偿责任是适当的。但笔者对此并没有信心。读者诸君若是本案的裁判官，会作出何种判决？希望读者对此进行一下思考。在考虑的时候，假设自己是死去 A 的父亲或母亲，结果会怎样？相反地，也请自问一下，若自己是受托管理孩子的 Y 夫妇，对怎样的结论可以接受？在此基础上，请突破双方的立场，以人们将来的行为规范的应有状态为出发点，希望大家能花些时间考虑一下，作为社会规则，何种解决方式是比较理想的？如果能够时常意识到"民法解释学"不单是条文操作的技术，还是以拥有多样价值观和感情的活生生的人的行动为研究对象的"人之学问"的话，民法学一定会成为一门意味深长的

---

〔1〕 参见六本佳平：《法社会学》，有斐阁1986年版，第250页等。

〔2〕 关于法、非法这一观点的讨论，请参考北村一郎：《〈非法〉（non-droit）の仮説をめぐって》，载中川良延等编：《日本民法学の形成と課題——星野英一先生古稀祝賀（上）》，有斐阁1996年版，第3页以下。另外，大村敦志：《生活民法入門》，东京大学出版会2003年版，第284页以下；大村敦志：《フランスの社交と法》，有斐阁2003年版），其指出在以个人自律为前提的情况下，社会性的联合与纽带，逐渐与法和制度密切关联起来。

学科。

【参考文献】

关于"邻居间之诉讼"的总结文献，除参考星野英一编：《隣人訴訟と法の役割〈ジュリスト選書〉》，有斐阁1984年版以外，还有加藤雅信：《民法判例レビュー民事責任》，载《判例タイムズ》第507号（1983年），第103页；好美清光：《隣人訴訟判決の問題点》，载《ジュリスト》第793号（1983年），第40页；广中俊雄：《"隣人訴訟取下げ事件"を吟味する》，载《ジュリスト》第793号（1983年），第29页；伊藤高义：《隣人訴訟》，载《民法の争点Ⅱ》（1985年），第206页；藤仓皓一郎：《隣人訴訟・近隣紛争》，载《ジュリスト》第828号（1985年），第24页；瀬川信久：《子供を好意で預かった場合の保護義務》，载加藤一郎、水本浩编：《（四宮和夫先生古稀記念論文集）民法・信託法理論の展開》，弘文堂1986年版，第65页以下；森岛昭夫：《隣人訴訟》，载《ジュリスト》第900号（1988年），第270页；小岛武司、C·アティアス、山口龙之：《隣人訴訟の研究》，日本评论社1989年版等。作为最近的文献，还有富田仁：《隣人訴訟——津地裁昭和58年2月25日判決から30年を契機として》，载《三重法経》第142号（2013年），第25页。

第 2 章

民法上 "权利" 的含义

宇奈月温泉案件［大审院昭和 10 年（1935 年）10 月 5 日判决］

【本章的课题】

在大陆法系的欧洲语言中，"法"（ius、Recht、droit、diritto）一词，在多数情况下与"权利"相通，同时，还有"正确的东西＝社会规范秩序的整体"的含义，所以，行使"权利"就是向世间追问"正确的东西"。不过，什么是正确的？什么是作为"权利"应当被社会认可的？其答案不止一个。权利是利益与社会性制裁、强制措施的集合物[1]，在多种利益的冲突中，"权利"的外延在不同的时期会随着时代思潮和人们的价值观一起变化。但是，像已经学过的那样，在民法的世界里，人与人之间的社会关系应当以"权利"或作为其对应物的"义务"的形式来重新构筑，并探求应有的法律上的解决。易言之，民法是作为**权利的体系**而形成的，由此也可以看出，"法"的解释显然不是单纯的演绎和归纳。

权利（义务）关系大体可分为**财产关系**与**人身关系**，近来，在此之上增加的**人格秩序**的说法也逐渐得到认同。其中，财产关系是从对"人"的关系上的权利（债权关系）和关于"物"的权利（物权关系）的观点进行论述的。作为近代法的起源的罗马法，以作为自由人的"市民"为其核心，通过"人（personae）、物（res）、行为（actio）"三要素的组合来考虑法律问题。"人与人的关系""人与物的关系""物与物的关系"，这些是通过"行为（向裁判所起诉的权利）"形成法律关系。即使在现在，这一庞大的结构对民法的体系仍有着决定性的影响，其蕴含着

---

［1］ 参见川岛武宜：《民法総则》，有斐阁 1965 年版，第 43 页。

> 在思考民法上的权利时所需的基本观念。在上一章的"邻居间之诉讼案件"里，主要是人对人的"债权关系"问题，本章着眼于物对人关系的"物权"，并同时探讨所谓的"权利"究竟含有怎样的意义。
>
> 本章所用的是作为"权利滥用"案例十分有名的"宇奈月温泉案件"的判决[大审院昭和10年（1935年）10月5日判决，《大民集》第14卷，第1965页]。在斟酌事物的本质时，经常是关注其中的极端事例是很有效的，该案件就是一个很好地展示了素称"物权之母"的"所有权"和其功能的界限的例子。权利的射程所及之处，有时会有其他的权利或利益出现，有时也会有新的权利被创设。另外，也有虽然披着权利的外衣但其内容却是虚无的，根据法律适用的方式，有时像那样的权利外衣会被剥落的情况（也有相反的情况）。讲"法"者，是在讲"权利"、讲"正义"，但同时，这也是进入到人和社会的价值对立之中的工作。

1. 在阅读判决之前

本案件的标题部分写有"请求排除侵害案件"，案件记录号码为：昭和9年（1934年）（才）第2644号。大审院[1]判决日期的下面写着"弃却"的字样*，也就是说，本案是昭和9年（1934年），作为民事的"（才）上告案件"由大审院受理。在第一审时，原告（X）将被告（Y）告到鱼津区裁判所，提出了"排除侵害（具体是指排除去Y对X的所有权侵害）的请求"；败诉后，其进行了"**控诉**"；在富山地方裁判所进行的控诉审再次败诉后，其进一步向大审院提出了"**上告**"；最终，其上告也被驳回。本案中，称原告X为"上告人（控诉人）"，称被告Y为"被上告人（被控诉人）"。战后，虽然大审院的名字改为"最高裁判所"，但这种对第一审裁判所判决

---

〔1〕 大审院相当于日本现在的最高裁判所。根据1890年制定的《裁判所构成法》[明治23年（1890年）法律第6号]，大审院成为日本的最高审判机构。1947年《裁判所构成法》被废除，大审院也同时被撤销，并成立最高裁判所作为最高审判机构。对于最高裁判所，法律界习惯上称之为"最高裁"。——译者注

不服继续向上一级裁判所上诉的"三审制度",至今没有改变*。

*【却下、弃却】 因上诉本身在程序上不合法,而无需等待对其诉讼请求是否有理进行判断就直接否定(所谓吃了"闭门羹")时,是"**却下**"〔1〕;对上诉理由进行判断后,理由没有被认可时,是"**弃却**"〔2〕。与此相比,上告理由被认可时,控诉审的判决被推翻(原审〔3〕判决被**破弃**〔4〕),有时,最高裁判所会自行重审(破弃、自判),对必要的事实关系需要补充调查的,发回原审裁判所重新审理(破弃、发回重审)。另外,各个阶段的裁判所的判决常常被附在判例集(本案载于《大审院民事判例集》)的后半部分作为"参考",所以,在读这样的判例集时,最好按照审级的顺序来读。而且,大审院(现在的最高裁)所作的基本是只对法律问题进行判断的"法律审"(请参考《民诉法》第318条的限制规定),关于事实关系的争议,原则上到控诉审为止就有了结果。所以,本章以控诉审认定的事实关系为探讨基础。顺带说一下,判例集的原文是旧片假名,为阅读的方便,引用时也改为新字体。

*【三审制度】 现在的民事案件,诉讼标的额不超过140万日元的,其审判程序为:简易裁判所(第一审)→地方裁判所(控诉审)→高等裁判所(上告审)(请参考《裁判所法》第33条第1款),只留下了向最高裁判所提起特别上告的余地。标的额超过140万日元的,其审判程序为:地方裁判所(第一审)→高等裁判所(控诉审)→最高裁判所(上告审)。另外,新《民诉法》在标的额不超过60万日元的金钱支付请求中引入了特别简易程序(小额诉讼程序)(请参考《民诉法》第368—381条)。

---

〔1〕 相当于中国民事诉讼法上的"不予受理"。——译者注
〔2〕 相当于中国民事诉讼法上的"驳回"。——译者注
〔3〕 在日本法律界,把某案件终级审之前的审判称为"原审"或"控诉审"。如果终级审是最高裁判所,那么高等裁判所所作的审判是"原审",地方裁判所所作的审判称为"第一审",有时也被称为"原原审"。如果终级审是高等裁判所,那么地方裁判所所作的审判是"原审"。——译者注
〔4〕 相当于中国民事诉讼法上的"撤销"。——译者注

2. 案件的经过

案件的经过与当事人的主张大概如下（图 2-1 所示）：

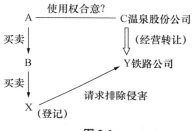

图 2-1

作为本案争议对象的土地（见图 2-2、图 2-3 所示），面向黑部溪谷断崖，昭和 2 年（1927 年）8 月，由 A 转让给 B。昭和 3 年（1928 年）1 月，又由 B 转让给 X。在土地登记簿上 X 也是该土地的所有权人。Y 铁路公司在宇奈月经营温泉，该温泉由另一个经营人 C 花巨资从上游的黑薙温泉泉源铺设了总长约 7.5 公里的引水管，于大正六年至七年（1917—1918 年）时完成铺设。C 先开始经营之后，Y 从 C 手里接管过来。但是，所铺设的引水管的一部分，没有任何法律上的依据，就从当时属于 A 所有的本案土地的一部分（约 2 坪[1]）上通过了。而且，对于引水管的铺设来讲，虽然本案土地并不是必经之路，但如果绕开本案土地进行铺设的话，需要投入相当大的费用和时间。X 主张，Y 没有任何法律上的依据而使用他人的土地，属于不法侵害 X 的所有权，土地不管其价值高低都应该得到法律的保护，提出了撤走引水管和禁止 Y 因修理引水管进入土地等的诉讼请求。而 Y 认为，相对于 X 的微小损害，因排除侵害而给 Y 和宇奈月地区居民所带来的损害则过于巨大，因此 Y 提出了 X 的主张是"权利滥用"的抗辩。另外，根据认定的事实，本案土地因属于"急剧倾斜的荒芜地"，不适于植树和耕种等，也没有更好的使用方法，所以其价值也就 1 坪五六钱，即使将可植树的部分也包

---

[1] 日本的面积单位，1 坪约等于 3.3 平方米。——译者注

括在内，本案土地的总价也就在 30 多日元左右。但"X 没有任何使用该土地的目的而于昭和 3 年（1928 年）1 月将其买下，同年年底开始要求 Y 撤走引水管，并且 X 宣称，除非 Y 把与引水管没有任何关系的附近一带的自己所有的同样的荒地总计 22 块 3 千多坪，与本案土地一起，以 1 坪 7 日元、总计 2 万多日元的价格买下，除此之外的协商，一律不予接受"。另外被认定的事实还有，X 从案外 B 处买下本案土地时"已经得知引起争议的引水管通过本案土地的事实"等。

图 2-2　穿越黑部峡谷的引水管[1]

3. 问题之所在与裁判所的判断

(1) 何谓土地所有权

在说某人"拥有"某物时，在法律上，从对他人的关系上，意味着对于该物享有**绝对的、排他的支配权**（所有权）*。所有权人在法律规定的范围内对自己的所有物可以"自由地使用、收益、处分"（《民法》第 206 条），作为"财产权"，这样的权利，被认为在宪法上也是应该予以保护（《宪法》第 29 条）的。不单是像汽车和电视机这样的可移动的**动产**，就连像土地、建筑物这样的**不动产**也可成为所有的对象〔现在，在此

---

〔1〕引自中川善之助：《民法風土記》，日本評論社 1965 年版。

之上,还增加了像专利和著作权这样的无形财产权(知识产权)]。

图 2-3 黑部峡谷[1]

土地被人为地划分为一定的区划(其中的一个区划称为"**一块**"),根据交易、继承、有时是时效等原因,其所有权发生转移时,采用在"登记簿"上将其记录下来,并对外进行公示的做法(请参考《不动产登记法》)。在法律规定的范围内,土地所有权人的所有权可延伸至土地的上下(《民法》第207条),向他人主张自己的土地所有权("对抗")时,原则上需要有"登记"(《民法》第177条)为证,总之,为使所有权人保全自己的所

---

[1] 引自中川善之助:《民法風土記》,日本评论社1965年版。

有权,多种多样的权能得到了认可。

本章的重点是,对于来自他人的侵害,所有权人享有排除侵害的权能。《民法》上虽无直接规定,关于对物的事实上的支配的"占有",占有人被认可享有**占有保持**(占有被妨害时的请求停止侵害与损害赔偿)、**占有保全**(可能发生妨害占有时的请求防止侵害或提供损害赔偿担保)、**占有回收**(占有物被侵夺时的请求返还和损害赔偿)的诉讼权利(第198—200条的"**占有诉权**"),对于所有权来说,这些诉权当然也应当得到认可。对于本案的X通过之前的所有权人A、B而正当地受让了所有权这一点,并没有争议。所以,从形式上看,Y的引水管在没有任何法律上的可以使用的理由下,占据了X所有的土地的事实,构成了对X的所有权的侵害,应当认可对该等侵害进行排除。问题是,这样的基于所有权权能的行使,即使是在本案这样的事实关系下也能得以认可是否妥当。

*【**物权**】 以所有权为代表的、对物的一定的优先支配权,称为"**物权**"。物权并不是像债权那样的对特定人的权利(**相对权**),而是可以对任何人主张的权利(**绝对权**)。因此,一物上不能同时存在相同的物权(**一物一权主义**),物权具有排他性,总是只能存在于优先劣后的关系中。在民法的规定上,物权分为所有权(**本权**)和只具有所有权部分权能的**限制物权**(也称他物权),后者还分为将使用、收益权能独立化的**用益物权**(地上权、长期租佃权、地役权、入会权[1])和将未来的支配和部分价值独立化的**担保物权**(抵押权、质权、留置权、先取特权)。另外,从稍微不同的角度,将事实上的支配权规定为"占有权"。

(2) 上告理由和裁判所的判断

原审(控诉审)判决进行了如下陈述,驳回了X的主张:

> 综合上述认定事实,X明知,Y撤走本案土地上的引水管有相当大的困难,且需要花费大量的费用和时间,还会影响到宇奈月地区的兴

---

[1] 日语的"入会权"是指村落共同体对山林原野共同共有,该村落的村民按份享有对该山林原野的利用权。《民法》上对此没有明文规定,属于习惯法上的物权。对于具有共有性质的入会权,《民法》第263条规定,可以适用民法上有关共有的规定。——译者注

衰；若 Y 不同意 X 的巨额请求，则将给 Y 的命运带来巨大影响等，而 X 故意买下自己不需要的土地，欲获得不当利益，应当认定 X 是借行使所有权之名，让 Y 陷入困窘境地，这样的行为并不是所有权的正当行使，属于超出范围的请求，构成权利滥用，自始不应受法律保护。

对此，X 提出了如下主张，进行上告：第一，原审判决未说明关于 Y 为使用、修理引水管而进入土地的权利依据；第二，本案若认可了 Y 的主张，将导致与在有必要使用他人土地时《民法》所规定的"邻地使用权"，以及限于公益事业而规定的特别使用权的各种行业法上规定的精神相矛盾；第三，认可无权利的人通过制造既成事实而随意进入他人所有的土地，将会扰乱法律秩序，违反正义；第四，为获得所有权的效用而请求排除权利侵害方面的救济，属于正当权利的行使，在考虑是否认可时，不应被其所带来的结果上的经济性费用和利益的大小所左右（"只拥有少许土地的贫困者最终成为大企业的牺牲品，只能任其蹂躏"）等。

大审院在驳回上告时，进行了如下阐述：

> 只要对所有权有侵害或存在这样的危险，所有权人为消除或禁止这一状态，可以请求裁判上的保护，这是理所当然的。但是，因该侵害所造成的损失微乎其微，而消除侵害又十分困难，在即便可以消除侵害，也要消耗巨大费用的情况下，作为第三人，把这样的事实当作"奇货"，来谋求不当利益，故意买下与侵害有关系的土地，在此之上，一边要求侵害人消除侵害状态，一边向侵害人提出将该土地和自己所有的其他土地以不相当的高价卖给侵害人的要求，主张其他的协商一概不接受，在这样的情况下，该消除侵害的请求仅具有行使所有权的外观，而并不含有真正的权利救济的实质。即上述行为在整体上主要是以获得不当利益为目的的，而将所有权作为工具进行利用的话，在社会观念上，这样的行为违背所有权的目的，已超出作为其功能能够被允许的范围，属于权利的滥用。所以，作为实现这种不当目的的手段，在裁判上，在对侵害人提出消除该侵害状态以及禁止将来进行侵害的诉讼的情况下，不管其诉讼请求具有怎样的外观，实体上，其欠缺应获得保护的正当利益。因此，依此理由认定应当立即驳回该请求是恰当的。

易言之，从本案所认定的事实关系来看，本案的请求虽具有行使所有权的外观，却只是其追求不当利益的工具，（在社会观念上）违反了所有权的目的，超出了所有权的功能范围，不能被认定为是真正的请求权利救济，因此，不能采纳"本诉讼是诚实的权利保护的请求，所以应当否定原判决"的主张。该判决清楚地提示出，利用权力滥用的法理，在把当事人的意图、目的作为问题考虑的同时，也应将权利人因行使权利而获得的利益与其给对方和社会带来的不利作为问题进行平衡，参照法制度的意旨、目的及应有的功能，可以在一定范围内剥去该权利的外衣，否定由该权利性质所推导出的法律后果。

（3）所有权及其限制

一般来看，虽然是"所有权"，但其并不是万能的绝对的权利。过去，为打倒封建制度，所有权的绝对性被当作口号提出来（法国《人权宣言》）。但是，现在反倒应当说"所有权伴有义务"，除伴有相邻关系上的制约外，《宪法》第29条明确规定，财产权应服从"公共的福利"。所有权不但要受到消防等公共安全上的限制，在城市规划和环境保护等方面也要服从行政法上诸多规定的限制。并且，为了一定的公益事业，《土地征收法》规定了在必要的情况下，给予适当补偿而由国家征收土地的程序。关于土地所有权所及的范围，过去的注释法学派也曾提出过"上及天空，下至地心"（usque ad coelum, usque ad inferos）等说法，但应当限定在合理的可支配的范围内。现在，在法律制度上关于"大深度地下"还制定了特别法［《大深度地下公共利用特别措施法》，平成12年（2000年）法第87号］。

4. "权利滥用"的含义

（1）权利滥用的意义与要件

"权利滥用"是指，某行为或不作为虽然在外观上（抽象的）属于法律上所规定的权利内容，但是，根据实施该行为的具体情况和结果，法律上认为，其权利的行使是不能被认可的，作为结果以此为限，权利的性质被否定。虽然《民法》于昭和22年（1947年）修改时，在第1条第3款规定了不允许权利滥用，但作为自古以来就在学说、判例上获得认可的见解，在国外很早就有将其进行明文规定的立法例。

权利原本是"正确的东西"，原则上，其行使不侵害任何人（neminem laedit qui suo iure utitur）的权益。但是，无限定的自由行使权利的结果，有时非常缺乏社会妥当性。权利滥用的法理是作为这种情况的修正原理而发挥作用的。被认为是权利滥用的行为，并不是正当地行使权利，在由此而侵害他人的利益时则成为违法行为，发生损害赔偿责任［大判大正8年（1919年）3月3日，《民錄》第25辑，第356页（挂信玄公战旗的松树案件*）］，基于该权利的请求权和权利关系的变更也被否认（例如，认定房屋出租人滥用解除权、经营者滥用解雇权→维持租赁关系、雇佣关系）。另外，还有像父母滥用对孩子的亲权，结果将导致丧失该权利的情况发生（第834条）。在这样的场合，存有其他应受保护的利益。很多情况下，这样的利益最终会带有权利性。易言之，被当作"权利"的东西背后隐藏着的其他利益和权利被"镂空"出来。在这一意义上，可以说权利滥用法理有"**创设权利的功能**"。

* **【挂信玄公战旗的松树案件】** 位于铁路沿线的一棵有来历的松树（据说以前武田信玄[1]曾在这棵松树上悬挂过战旗），因火车排放的煤烟而枯死。其所有权人以铁路院（国家）为被告提起了请求损害赔偿的诉讼。大审院在肯定了火车运行的社会必要性的同时，却认定："在火车运行时，超过了权利行使范围、实施了不当方法而造成了损害，构成不法侵害，因此不能免除其赔偿责任。"[2]

是否构成权利滥用，正因为与一定的情况判断有关联，所以何种情形构成权利滥用，会因具体情况而不同。一般来讲：① 在权利的行使主要是抱着加害的意思或目的而进行的时候，权利滥用比较容易认定。例如，尽管自己不需要，而为了给邻居制造麻烦，在土地的交界处附近建造高墙的情形

---

〔1〕 武田信玄是日本战国时期著名的武将，深得日本人的爱戴。据说武田信玄当年曾将自己的战旗挂在这棵松树上，所以周围的人都把它当作历史见证物来爱护。——译者注

〔2〕 关于该判决，包括当时的时代思潮，请参考川井健：《信玄公旗挂松事件》，载《民商法雜誌》第78卷临时增刊（1）（1978年），第99页以下；川井健：《民法判例と時代思潮》，日本评论社1981年版，第241页以下的内容。

[安浓津地判大正 15 年（1926 年）8 月 10 日，《新闻》第 2648 号，第 11 页］就是其典型，并被称为"恶意滥用行为的禁止"（Schikaneverbot），自古以来就被认定为是权利滥用（请参考《德国民法》第 226 条）。当然，那样的行为有时也构成侵权行为。② 在不能认定权利行使人主观上的强烈恶性时，有时会通过对该权利所具有的目的及社会意义、认可或否定该权利的行使可能会给权利人和对方当事人带来的利与不利的内容及程度，以及是否存在避免不利发生的方法、所产生的不利给社会带来的影响的范围和程度等各种因素进行比较考量，来判断是否构成权利滥用。[1]

(2)"权利滥用"之滥用的危险性

说到底，权利滥用的法理是对原则上应被认可的权利行使进行修正的原理。绝对不可轻易地经常利用该法理，尤其是在仅仅根据对客观利益的比较考量就认定权利滥用，恐怕会将违法造成的既成事实作为结果予以追认。还有，在对方的利益具有公共性时，也可能发生针对私人利益的单方面优先承认公益的结果。[2]从这个意义上看，把**权利行使人的主观形态置之度外**的讨论，潜藏着滥用"**权利滥用法理**"的危险。本案中 X 的行为，从所认定的事实来看，虽然很难说是适当的权利行使，但作为上告理由的主张，还是值得认真倾听的。在讨论"权利滥用"时，应该对行为人的加害意思及与此相类似的主观形态，以及在行使权利时有无过失、是否欠缺合法利益、是否违反权利的社会功能等因素予以慎重考虑。[3]

5. 权利滥用的善后处理

X 基于所有权提出的排除侵害请求，在被认定为权利滥用予以驳回后，

---

〔1〕 参见［大判昭和 13 年（1938 年）10 月 26 日,《大民集》第 17 卷，第 2057 页（高知铁路案件）；最判昭和 40 年（1965 年）3 月 9 日,《民集》第 19 卷第 2 号，第 233 页（板付基地案件）］

〔2〕 参见戒能通孝：《〈权利滥用〉と〈公共の福祉〉》，载《法律时报》第 30 卷第 10 号（1958 年），第 7 页。

〔3〕 请参考末川博：《权利滥用の研究》，岩波书店 1949 年版，第 158 页以下。

会发生怎样的结局呢？形式上的结果是，Y侵害所有权的行为状态作为X、Y之间的关系就那样被固定下来了，Y所铺设的引水管在没有任何法律依据的情况下，就占据了他人土地的状态并没有发生改变。根据判决，认为否定了Y的侵权行为的违法性也不是不可能，但至少可以认为，既然X不得不甘受引水管占据土地所形成的负担（损失），而Y则毫无法律依据地享受使用他人土地的方便（利益），那么对此进行清算才是公平的。《民法》规定，在一方无法律上的原因获得利益，而另一方因此蒙受损失时，受损害方可以提出返还**不当得利**的请求（请参考第703条）。所以，假设X就相当于地价的金额向Y提出返还不当得利的请求时，这是应该被认可的。尽管如此，只要答应了返还不当得利就可以继续无法律依据地使用该土地，这种无规则的状态绝不是理想的。作为解决这一无规则状态的一个见解，有人提出关于土地的使用，赋予X缔约权利、Y缔约义务〔1〕，自行造成这种违法状态的Y，乘裁判所作出权利滥用判决之便，无正当理由地拒绝X提出的土地使用合同的申请，很可能也会构成Y的"权利滥用"，所以，这个结论是十分现实的，其结果达到了强制性形成合意（调解）的效果（但是，只要X不希望采用这种方法，Y很难单方面主张土地使用合同的成立）。这就是"权利滥用法理被认为有'**强制调解功能**'"的理由。

顺便提一下，在本案件中，有迹象表明，C铺设引水管后，知道了真正的所有权人是A，虽然没有交换合同书，但是C向A进行了相当于租金金额的补偿，A也持续地接受了这种补偿。在此，可以认定有默认的合同关系。如果可以认定这种合同地位上的继承的话，事情就肯定可以更加简单地得到解决了。不过，合同（债权关系）原本只是A、C间相对的法律关系，很难对土地所有权的受让人X直接主张其效力（在这个意义上，"买卖击破租赁"）。如果硬要说的话，抓住X在知情的情况下，出于不当目的受让本案土地（**背信的恶意者***）这一点，认定其"在诚信原则上，不能主张不存在合同关系或地上权"也是有余地的。

*【**背信的恶意者**】 民法上的"恶意"，并非指善恶的问题，而

---

〔1〕参见谷口知平：《権利濫用の効果》，载末川博先生古稀纪念论文集刊行委员会编：《末川博先生古稀纪念 権利の濫用（上）》，有斐阁1962年版，第102页、第112页以下。

是用于表示就一定的事实知情（恶意）、不知情（善意）的主观形态。所谓"背信的"，是指"违背信义"的情况，所以是广泛地违背了法秩序所要求的理想秩序，比通常的恶意更具有违法性。

36 6. 权利的形式与实质

如本判决所示，民法上的"权利"，常常从"形式"和"实质"的角度上成为法律评价的对象。的确，"权利"作为"正确的东西"成为法律保护的对象，针对来自他人的侵害和介入应该成为"堡垒"。但是，问题并没有到此为止，一方面，有像 X 那样的基于所有权的权利行使，虽披着权利的外衣，其实质却脱离了制度的目的，因此权利的性质被部分地予以否定的情形；另一方面，也有相反的情形：即使是在形式上不符合法律要件，也很难说其是权利的情况下，仍犹如有权利一样，赋予其一定效果（例如，"否认法人格的法理"和"无权利能力社团〔1〕"等）。作为规则，为防止因严格适用而产生过于苛刻的结果，都要受反方向的修正原理的调节，其中蕴含着深刻的价值对立，这一紧张关系的弦必须时常绷紧，因为在"权利"的运用上，如走错了一步，只追求结果的具体妥当性（而且，因解释者的观点不同，其判断会有多种变化），就会隐含地带来法的自相矛盾的危险。诚然，很多事物的问题都是程度问题，明确地划定权利的外延具有诸多困难；但是，一边意识到价值的微妙对立，一边作为规则，仍然根据"法/不法的二分法的准则"来区分社会关系，这是近代法的本质〔2〕，应当说其依然具有

---

〔1〕 所谓的"无权利能力社团"是指在实质内容上与"社团法人"是一样的，但没有法人资格的团体。根据 2001 年制定的《中间法人法》，这样以公益为目的或不以营利为目的的团体可以成为法人，该法虽然在 2006 年被废除，但同年制定的《关于一般社团法人以及一般财团法人的法律》继续承认以公益为目的或不以营利为目的的团体可以成为法人。但是，对于在 2001 年以前成立的团体，还是要按无权利能力社团来对待。另外，虽然是可以取得法人资格的团体，但是由于处在成立过程中等原因还没有获得法人资格时，也要按照无权利能力社团来处理。对于无权利能力社团的法律关系应如何来考虑，日本学说上有争议，不过《民事诉讼法》第 29 条规定，无权利能力社团具有诉讼当事人能力，但在登记注册时，不能用社团的名义登记，只能用代表人的名义进行登记。——译者注

〔2〕 关于**法/不法的二分法的准则**，在体会日本法饶有趣味的评述的同时，还请参考村上淳一：《〈法〉の歴史》，东京大学出版会 1997 年版，第 11 页以下、第 160 页以下等。

重要的意义。

【参考文献】

关于"宇奈月温泉案件"的相关论述，请参见穗积重远，载《法学協会雑誌》第54卷第4号，第812页；田岛顺，载《法学論叢》第34卷第4号，第700页；几代通，载《民法判例百選》（第2版），第17案件；田中实，载《民法判例百選》（第3版），第1案件；大村敦志，载《民法判例百選Ⅰ》（第6版），第1案件。关于"权利滥用"的相关论述，除末川先生古稀纪念论文集刊行委员会编：《末川先生古稀記念 権利の濫用（上・中・下)》，有斐阁1962年版里的综合研究以外，请参考几代通：《〈権利の濫用〉について》，载《名大法政論集》第1卷第2号（1951年）；铃木禄弥：《財産法における〈権利濫用〉理論の機能》，载《法律時報》第30卷第10号（1958年）；山田卓生等：《〈分析と展開〉民法Ⅰ》，弘文堂1982年版，第1页以下，"一般条項の機能"（山田卓生执笔）；管野耕毅：《権利濫用理論》，载星野英一编：《民法講座1》，有斐阁1984年版，第39页以下；谷口知平、石田喜久夫编：《新版注釈民法（1)》，有斐阁1988年版，第119页以下（安永正昭执笔）等。关于"所有权的限制"，有末川博：《所有権・契約その他の研究》，岩波书店1939年版，第16页以下。

第 3 章

作为 "人之法" 的民法

阪神电铁案件［大审院昭和 7 年（1932 年）10 月 6 日判决］

【本章的课题】

　　作为 "权利体系" 的民法，为我们提供了思考民事法律关系所需的基本结构和将社会关系以权利义务的形式进行法律分析所需的基准。处于民法的中心，成为权利义务归属点的是 "人"，最终，调整和协调 "人与人" 之间的关系正是民法上最为关注的事情。"个人" 和个人集合的 "家庭" 或 "团体"，是人类社会活动的基本构成单位。即使是在打破了封建关系，"个人的尊严" 与 "两性的实质平等" 作为社会的基本理念得到了认可，以及其自由的展现与发展得到了法律的保护的今天，这一点也是民法上讨论的出发点。

　　在此，关于 "人" 作为 "人"，以何种形式出现在法的世界，怎样被当作法律上权利与义务的归属点，以及通过出生、婚姻、死亡等产生的人与人的关系及变动的一部分，笔者希望以具体案件为素材，一边进行思考，一边导入对作为 "人之法" 的民法的学习。本章采用的是作为 "阪神电铁案件" 而有名的大审院昭和 7 年（1932 年）10 月 6 日判决（《大民集》第 11 卷，第 2023 页）。得到了 "情理兼备的近期有名判决"（末弘严太郎和穗积重远两人所写的该案例的评解文章，请参见本章后参考文献）的最高赞誉的本判决，究竟欲在法的世界作出怎样的尝试呢？

　　作为 "人之法"，民法有时是活生生的。只要法是处理人与人的关系的技法，那么就无法回避这样的活生生的问题。处理 "人" 的问题时，我们无论如何都很容易受绊于每个事实的分量和偏于感情的议论，最终的结论也可能会受到解释者本人的人生观和价值观、生死观等的左右；但是，作为 "法" 来处理问题的时候，有必要退一步，以冷静的眼光来思考制度本来的意义及应有的功能。因为民法学甚至在立法论上也是处理制度和规范的学问，不但与社会学、民族学不同，而且与仅关乎个人的人生咨询和启蒙运动论，也是划清界限的。

1. 在阅读判决之前

这里需要注意的是，作为"阪神电铁案件"［昭和6年（1931年）（才）第2771号］而被众所周知的本案判决是大审院于昭和7年（1932年）10月6日作出的。该判决适用的是明治时期制定的旧《民法》"亲属编、继承编"的规定［根据昭和22年（1947年）法第222号进行了全面修改[1]］。当时，"战后"被废除的"家"制度还存在，形成了以"户主"为中心的家庭关系。婚姻与其说是个人的结合，不如说是对"家"的加入。家业继承和亲属会等在法律上也发挥了重要作用（具体在亲属法部分学习）。所以，阅读本案判决要以这样的背景及其制度上的制约为前提[1]。

2. 案件的经过

案件的经过与当事人的主张如下（见图3-1所示）：

电线杆搬运工A（当时26岁）于大正15年（1926年）3月15日，拉着装有电线杆的大板车，在通过Y（阪神电铁公司）所有的铁道道口时，被电车撞倒而负伤，两天后死亡。本案作为原告的X_1，是与A于大正14年（1925年）3月举行婚礼以来，一直与A"作为夫妻"同居的女子。事故发生时，X_1正怀着A的孩子，处于临产状态。原告X_2于A死亡1个月后的大正15年（1926年）4月17日出生，作

---

〔1〕 昭和22年（1947年）之后的《民法》修改，请参考大村敦志：《消费者·家族と法》，东京大学出版会1999年版，第153页以下（初次发表于星野英一、广中俊雄编：《民法典の百年Ⅰ全般的観察》，有斐阁1998年版）。

为 X_1 的"私生子"进行了出生登记。另外,在此之前的大正15年(1926年)3月20日,作为案外人的 A 的亲属 B,被 A 的父母及其他亲属和 X_1 授权,就 A 的死亡所造成的损害进行补偿谈判。B 在承担了与 Y 进行谈判任务后,从 Y 公司领到了1 000日元的抚恤金,与 Y 签订了以后不再向 Y 提出任何请求的"和解合同"。

本案中,X_1、X_2 认为,因为 Y 雇佣的司机的过失,使其蒙受了财产上和精神上的损害("婚姻预约权"的侵害、"认领请求权"的侵害),因而以 Y 为被告,以侵权为理由,提出了损害赔偿请求(请参考第715条[1])。即,X_1 作为 A 事实上的"妻子",应拥有受到扶养的地位,但因 A 的死亡,使其蒙受了财产上、精神上的损害。若 A 仍活着,X_2 可通过 A 与 X_1 的婚姻,作为"婚生子女"出生(或者接受"认领"),接受 A 的养育,但因 A 的死亡而使其无法得到 A 的养育,造成了 X_2 在财产上、精神上的损害。Y 以根据与 B 的合意,与 A 的所有亲属都已达成和解等为由,否认了这些请求。

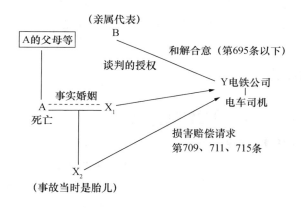

图 3-1

---

[1] 日本《民法》第715条第1款规定:"为了经营而雇佣他人者,对于由被雇佣人在执行该经营业务时给第三人造成损害的,负有赔偿的责任。但是,在选任被雇佣人以及监督其业务上,雇佣人尽了相当的注意时,或者即使尽了相当的注意损害也会发生时,不在此限。"——译者注

3. 问题之所在与裁判所的判断

（1）理解问题的前提

①"夫妇"。《民法》采取所谓"法律婚主义"，是指男女之间要成立"婚姻关系"需要根据达到适婚年龄（男18岁、女16岁[1]）的男女的自由意思，在对维持、继续合法婚姻关系（不违反关于近亲结婚和重婚等的禁止规定）达成合意（婚姻的**实质要件**）的基础上，还必须进行《户籍法》[昭和22年（1947年）法第224号]上的登记（**形式要件**）（第739条、《户籍法》第74条）。所以，即使纳了"彩礼"，举行了"结婚仪式"且开始同居生活的男女，并不因此而被认定为法律上的夫妻。只有"婚姻登记"被受理后才能成为夫妻。像本案这样的，虽作为社会实体，以夫妻的形式共同生活，但缺少"婚姻登记"的状态，一般称为"同居"或"事实婚姻"等。在男女之间仅限于同居关系的情况下，因法律婚姻而产生的各种效力不能立即得到认可。从社会保障和生活保障等角度出发，虽对事实上的夫妻也有一定的考虑（请参考《借地借家法》第36条第1款、《国民年金法》第5条第4款、《厚生年金法》第3条第2款等），但法律在使用"配偶"或"夫妻"的用语时，原则上还是以存在法律上的夫妻关系为前提的（第725条第2款）。尤其是户籍上的夫妻同姓（第750条）、夫妻一方死亡时的"配偶继承权"（第890条、第900条）、因婚姻而发生的"成年拟制"（第753条[2]）等，是针对法律上的配偶才予以认可的法律效果。在以前的"家"制度下，有在未取得"户主"同意或未生出继承人之前不将女性正式迎娶为妻子的风俗等，因种种理由处于"同居"这种不安定状态中，蒙受法律上的不利的配偶（尤其是女性）是很多的。"同居的法律保护"成为民法上的重要课题*。

---

[1] 根据2018年6月13日修改的日本《民法》第731条，结婚年龄改为男女均为18岁，该修改《民法》将于2022年4月1日起施行。——译者注

[2] 日本《民法》第753条规定："未成年人结婚后，依此被视为已成年。"但伴随第731条的修改，该条也将于2022年4月1日起被废止。——译者注

本案的首要问题是，对于同居配偶的 X_1 来讲，针对法律上的配偶才被认可的扶养请求权、精神损害赔偿请求权等能在多大程度上得到认可。

根据判决所认定的事实，事故当时，在当事人之间对于办理迁入户口（申请婚姻登记）的手续一事已在进行中。很明显，X_1 与 A 的关系处在与法律婚姻没有太大区别的状态。如果是这样，认为根据实际情况赋予相应的效果才是公平的，有这样的见解也是十分自然的。如果将这一见解继续推向深入的话，就形成了为保护同居配偶，应尽量将同居"准照婚姻来处理"（中川善之助观点）这样的理论（同居准婚理论）[后面的最判昭和 33 年（1958年）4 月 11 日，《民集》第 12 卷第 5 号，第 789 页；《家族法判例百选》（第 7 版），第 21 案件也采用了这个理论。但是，与继承秩序相抵触时，判决会很慎重，最高裁平成 12 年（2000 年）3 月 10 日判决（《民集》第 54 卷第 3 号，第 1040 页），否定了基于财产分割法理的遗产清算]。但是，不难理解，从仅仅是"住在一起"开始，同居也具有各种程度不同和多种多样的形态，与此相对，虽然进行了婚姻登记，但精神上的结合已经破裂，婚姻徒有其表的形式上的"夫妻"（称为"外缘"[1]等）也是存在的。这关系到法律对"形式"与"实质"的偏离，要进行多大程度的考虑。

＊【同居的法律保护】　最近，有见解提出，基于当事人自由意思的多种多样的男女（也有同性的情况）的结合，是不是应该在与婚姻法的不同的层面上得到尊重。这与既然已经"同居"就应立即进行保护的讨论没有直接联系。关于同居的保护，虽然探讨与其实际情况相当的"连续性的、阶段性的保护"是容易的，但因此却可能导致婚姻制度作为法的根本而被否定的后果。而且，即使是在当事人刻意避免因法律婚姻所产生的效果的情况下，也硬要认定法律婚姻的效果，则属于过于多管闲事。不如说，现在应当转向包括登记意思在内的以当事人"成为法律上夫妻的意思"为中心的讨论，在此之上，摸索像在引入**夫妻异**

---

[1] 在日语里，将中文的"同居"称为"内缘"，所以这里把没有婚姻实质只有其外表的夫妻称为"外缘"。这样的夫妻有处于分居状态的，也有处于家庭内分居状态的，还有未分居的，形态多种多样，无法用"分居"一词加以概括。——译者注

姓运动中出现的新的婚姻应有状态才是适当的。[1]

顺带提一下,在昭和41年(1966年)11月发生的"全日空松山湾遇难事件"中,有12对新婚夫妇死亡,因全都没有进行婚姻登记,故没有被认定为"正式的夫妻"。这是否应被看作是"冷酷的法律障碍"[2]还较微妙,但问题的结论与人们对于被认定为"夫妻"所期待的效果有关。

②"认领"与"亲子"。在有法律上婚姻关系的男女之间出生的孩子,就产生"亲子关系",这样的孩子称为"嫡出子"(即"婚生子女"不是"摘出子",也不是"滴出子"!)。婚姻持续过程中,妻子怀的孩子原则上"推定"为丈夫的孩子(第772条),只要在一定期间内丈夫不否认,亲子关系就得以确定。另一方面,无法律上婚姻关系的男女生出的孩子(非嫡出子*,即"非婚生子女"),通过其父亲或母亲的"认领"[《户籍法》上的认领登记(《户籍法》第60—62条)]形成亲子关系(第779条)。不过,现在的判例认为,通过分娩的事实当然产生母子关系[最判昭和37年(1962年)4月27日,《民集》第16卷第7号,第1247页*]所以,通常,只有父子关系才会发生"认领"的问题。顺带提一下,父亲也可以认领"胎儿",但是,应当取得母亲的同意(第783条)。本案中,因A与X_1无法律上的婚姻关系,依此推理,即使A未死亡,X_2也是"非婚生子女",无父亲A的认领,(生物学上暂且不提)在法律上与A之间不成立父子关系。而且,在本案事故发生的大正15年(1926年),以死亡父亲为对方当事人

---

[1] 关于从法律上保护同居、事实婚的文献很多,一直以来作为代表性研究的文献有:太田武男:《内约の研究》,有斐阁1965年版;唄孝一:《内约ないし婚姻予约の判例法研究》,日本评论社1992年版。可供参考的近期文献有:水野纪子:《事实婚の法的保護》,载石川稔等编:《家族法改正への課題》,日本加除出版1993年版,第69页;大村敦志:《家族法》(第3版),有斐阁2010年版,第229页;大村敦志:《家族法》(第2版补订版),有斐阁2004年版,第224页以下;窪田充见:《民法演習ノートⅢ》,弘文堂2013年版,第83页以下(西希代子执笔)。另外,还有川井健:《内约の保護》,载谷口知平等编:《现代家族法大系(2)》,有斐阁1980年版,第1页以下;二宫周平:《内縁》,载星野英一编:《民法講座(7) 親族・相続法》,有斐阁1987年版,第55页以下;二宫周平:《事实婚》,载川井健等编:《講座・现代家族法(2)》,日本评论社1991年版,第55页以下等。

[2] 参见《每日新闻》1966年11月17日。

请求认领还未在制度上得到认可，所以，X_2 也无法在出生后提出认领请求，只能成为"私生子"。父母死后 3 年内可提起认领之诉的**"死后认领制度"**，是昭和 17 年（1942 年）制定的，当时的政府强烈意识到了出征士兵死亡这一事实（也请参考第 787 条），而引入了这一制度。

*【非婚生子女】　在明治民法下，无法律上婚姻关系的男女生出的孩子（婚外子女）称为"私生子"，如果父亲认领，在与父亲的关系上称为"庶子"。但是，"私生子"这一称呼一直保留在户籍上，常常作为"没有父亲的孩子"而被迫处在过于残酷的处境。于是，通过"二战"期间的昭和 17 年（1942 年）的改正法（法 7 号），在认可了对死者的认领请求（死后认领）和父亲死亡后的代位继承（代替父亲的地位，主张其继承权）时，从民法中去掉了"私生子"的称呼，而称为"不属于嫡出子"。但是，"庶子"的名称依然得到保留，承担了维持"家"制度的任务（在家业继承人的继承顺序上，作为庶子的男子优先于婚生子女的女子）（旧《民法》第 970 条第 4 款）。因"战后"的修法，随着废除"家"制度，"庶子"的名称也消失了，现在被统一称为"非婚生子女"。并且，现在出现了存在"婚生子女"与"非婚生子女"这种差别是否合理的疑问，对《民法》第 900 条第 4 项但书规定的非婚生子女的继承份额为婚生子女的 1/2 是否合宪颇有争议。最高裁（大法庭）平成 7 年（1995 年）7 月 5 日决定（《民集》第 49 卷第 7 号，第 1789 页）的多数意见暂且认定其合宪，但最高裁（大法庭）平成 25 年（2013 年）9 月 4 日决定（《民集》第 67 卷第 6 号，第 22 页），终于作出了违宪的判断，《民法》第 900 条第 4 项的但书规定也被删除了。虽然在父亲资产的形成上，婚姻家庭所起的作用等需考虑的问题还很多；但是，原则上，是否选择法律婚姻是父母的问题，与将要出生的孩子是没有关系的（请参考补讲第 13 案件）。

*【母亲的认领】　母亲与非婚生子女的母子关系无需等待认领，通过分娩事实即可当然发生，有争议时，通过"确认之诉"予以解决。[1] 但现在人工生殖技术进一步发展，关注"代理母亲"以及"代理生育"的必要性逐渐提高，"母亲的认领"再一次成为问题。

③ "胎儿"。本案中 A 死亡当时，X_2 还是"胎儿"。因为胎儿尚未**出生***，从《民法》第3条的字面来看，其不能享有"私法上的权利"。易言之，不能构成民事法律上的权利义务的归属点（称之为"**无权利能力**"）。但是，如果是这样可能会发生，如父亲死亡时还是胎儿就不能继承父亲的遗产；因事故而受到损害时还是胎儿就不能向侵害人提出损害赔偿请求这种事情。因为出生前的"胎儿"，在继承开始时（第882条）尚未取得作为"继承人"的"子女"的地位；侵权行为发生时，尚未作为被害人的"子女"（请参考第711条）成为损害赔偿请求权的归属主体。这最终不但不能保护将要出生的孩子，而且会造成已经出生的孩子与胎儿之间的不公平感，也违反了大多数相关当事人的意愿。于是，关于这样的胎儿的法律地位，自古既有争议，古罗马法为保护"将来的孩子"（nasciturus）已确立"胎儿因其利益发生问题时，视为已出生"（nasciturus pro iam nato habetur, quotiens de commodis eius agitur）的法律规则。这个见解被日本的旧《民法》人事编第2条忠实地予以继受（《瑞士民法典》第32条第2款比较概括地认定了胎儿的权利能力）。但是，在修改过程中，以这样的适用范围过宽，"有产生意外结果之虞"为由，就胎儿设立了个别规定，例外地承认其权利能力（个别主义），其结果是，现行日本法针对侵权行为的损害赔偿（第721条）、父亲对胎儿的认领（第783条第1款）、继承（第886条）、遗赠（第965条）都作出了特别的规定。

*【出生】 关于将哪个时间点视为"出生"，在解释上也有争论。一般以胎儿与母体分离时（全部露出说）或独立后进行呼吸时（独立呼吸说）为出生。呼吸只是生命存在的一个表现，没有必要等到独立呼吸时，只要活着与母体分离，就认为已"出生"是适当的（因此，不

---

[1] 关于前述昭和37年（1962年）的判决，请参考神谷笑子:《母の認知》，载加藤一郎等编:《民法の争点Ⅰ》，有斐阁1985年版，第208页；石井美智子:《母の認知》，载《家族法判例百選》（第7版），第28案件；石井美智子:《母子関係の成立》，载内田贵等编:《新・民法の争点》，有斐阁2007年版，第326页，以及该文章中所刊载的文献。

适用第 882 条第 2 款〔1〕）。但是，在刑法领域，因可能受到来自外界的直接打击，有将一部分露出母体的胎儿作为独立保护客体的判例（部分露出说）[大判大正 8 年（1919 年）12 月 13 日，《刑録》第 25 卷，第 1367 页]。出生的事实和日期一般通过户籍来证明。自然人出生时，根据《户籍法》，应于出生后 14 日以内（在国外出生时为 3 个月以内）报户口（报告性报户口），如怠于报户口，将受到一定的制裁（《户籍法》第 49 条、第 52 条、第 135 条）。不过，因户籍上记载的出生日期只有暂且推定的效力，是可以修改的，也可以根据医生的证明等，主张与记载不同的事实。作为实际问题，应当由部分露出、全部露出、独立呼吸的哪一个来决定"出生"，则多是在所设想的较特殊的情况下才发生的对立问题。

④ 通过代理的"和解"。本案中，案外人 B 与 Y 签订了**和解合同**（第 695 条）。当事人因此达成合意，停止纷争，由 Y 支付给 A 的家属等一定的"抚恤金"。既非 A 的父母又非其配偶的案外人 B，之所以能与 Y 达成这样的合意，原因就在于其从作为 A 的继承人的家属们那里获得了关于谈判的授权。接受"本人"的授权，在其授权范围内与"对方"Y 为一定行为，其效果归属于本人的这一构造称为**代理**（请参考第 99 条）。易言之，代理人签订的和解合同的效果归属于本人，对本人具有约束力。

另外，还有一个与代理似是而非的"**为第三人而签订的合同**"制度（第 537 条）。像保险合同一样，这是将合同当事人间达成的合意（保险合同）效果归属于第三人（保险金受益人）的合同。但是，因不能允许他人随意签订合同使第三人蒙受不利，原则上只认可对第三人有利（接受给付）的合同，并且，只有当第三人表明愿意享受该合同上的利益（做出了"受益的意思表示"）时，其效果归属第三人，第三人才可以行使请求权。本案中，抚恤金的支付与放弃损害赔偿请求权这一不利是组合在一起的，而且在判决理由中，未认可"X_2 已作出享受合同利益的意思表示"，所以不会发生

---

〔1〕 日本《民法》第 882 条第 2 款规定的是，当胎儿为死产时不适用该条第 1 款的"关于继承，胎儿被视为已出生"的规定。——译者注

为第三人而签订合同的问题。

（2）问题在哪里

以上述内容为前提，对本案的主要问题点整理如下：

第一，死者的"同居的妻子"和"未认领的胎儿"，因丈夫（或父亲）的死亡而造成的精神上损害的赔偿请求权（精神损害赔偿请求权）是否也应该被认可（第711条的解释）？

第二，这样的不是法律上的妻子和子女，只是事实上的妻子和子女，其对丈夫（或父亲）的扶养请求权是否也应该被认可（请参考第752条、第877条）？假设不能对此进行认可，那么，对于因侵权行为受到了侵害而被施予救济的法律利益（对扶养的期待利益）可否被认可（第709条）？

第三，案外人B与Y签订的"和解合同"是否有效（第695条）？假如有效，其对当时尚为胎儿的X_2是否有约束力（B可以代理"胎儿"吗）？

（3）裁判所的判断

第一审（神户地裁）站在X_1、X_2不具有法律上的身份关系这一前提上，以二人都不是具有可从A处接受扶养身份的人为由，驳回了X_1、X_2的请求。原审（大阪控诉院）也以相同的理由驳回了X_1、X_2的请求，并且还认为，因为X_1已经同意B与Y的和解而放弃请求权，所以，X_1的请求是不当的。

对X_1、X_2的上告，大审院首先认为，关于X_1的请求权，"假如容许其成立，也应认定其效力因上述和解合同而消灭，所以……最终不会对本案的结果造成影响，总之，这一请求权是显然不能被采纳的"，但是，关于X_2的请求权，以与"事情本身有不同之处"为由，大审院进行了如下陈述：

> 在案外人B与Y进行和解谈判时，X_2尚未出生，还是X_1体内的胎儿。关于损害赔偿请求权，虽然民法视胎儿为已经出生，但该规定，只是指胎儿在侵权行为发生后活着出生时，关于因侵权行为而发生的损害赔偿请求权的取得，应追溯到出生时视为有权利能力，不仅没有赋予胎儿有在出生前可以处分这一请求权的能力的意思，而且，假若认为胎儿

有这样的能力，日本民法上也没有关于在其出生前该处分行为的代行机关的规定。所以，没有理由认为上述 B 的谈判是代理 X_2 而为的有效处分……不得不认为，B 签订的上述和解合同对 X_2 没有任何效力。

…… [在此，回过头来考虑 X_2 是否可以取得损害赔偿请求权的地位。] X_1 是 A 同居的妻子，A 因本案事故而死亡，在 A 无法将 X_2 作为私生子认领下，X_2 最终成为没有理由取得作为 A 子女的地位之人，因此，该人的身份不符合《民法》第 711 条所列举的任何情况，所以不能认定 X_2 的基于本条的精神损害赔偿请求……但是，X_1 作为 A 的同居妻子与 A 共同生活，X_2 是他们共同的孩子，因此，X_2 至少可以依靠 A 的收入维持生活的人，可以说，X_2 因 A 的死亡丧失了上述利益。这样的话，关于《民法》第 709 条所规定的损害赔偿，虽然在严格意义上来讲不是权利，但是在相当于应该得到法律保护的利益受到了侵害时，对于该损害给予侵权行为法上的救济被认为是正当的情况下，可以请求损害赔偿……认定 X_2 因 A 的生存而可获得的上述利益，是根据《民法》第 709 条应受保护的利益，是妥当的。

在这里，就前述问题来确认一下大审院的见解。

关于第一个问题，虽然对于"同居的妻子"的判断不是很清楚（未作正面判断），但是至少在"未认领的胎儿"X_2 上，没有认定《民法》第 711 条所规定的因父亲的死亡，作为"子女"的精神损害赔偿请求权。因为在形式上，第 711 条的"子女"限定在"法律上的子女"（严格的文义解释），所以，如果从正面来讲，关于同居的妻子，应该也会展开同样的讨论。之后，制定了"死后认领"制度，仅限于 X_2，该问题得到了解决。但是，当时否定了第 711 条的"类推适用"可能性，其原因也许在于，担心因主张事实上的亲子关系而自称是被害人子女的人会不断出现，而导致法律的不稳定（但从下面的将财产上的损害作为法的救济对象的情况来看，只否定精神上的损害显然是缺乏理由的）。

关于第二个问题，"事实上的孩子"对父亲是否享有抚养请求权？至少，判决将 X_2 接受 A 抚养的期待利益，作为"因侵权行为造成侵害而应获得救济的法律上的利益"予以了认可，这一点是颇受关注的。对于同居的妻子 X_1 来讲，这一认定也被认为是恰当的理论（中川善之助的观点，请参见本章后所列文献）。因为 X_2 "至少是可以依靠 A 的收入维持生活的人"这一表述，最终意味着，X_2 是受害人与其同居的妻子之间的未认领的孩子。这一用语显然是意识到了大正 12 年（1923 年）修改的《工厂法》和《工厂法施行令》。之前，因为《工厂法》把同居的妻子从职工死亡时的扶助费用领取权人中排除，导致发生了很多不好的结果。在大正 12 年（1923 年）的修改法上，通过利用"职工死亡当时靠其收入维持生活的人"这样的表述，悄悄地表明了对同居妻子的保护（请参考现行的《工伤保险法》第 11 条）。

另外，即使是在"从严格的意义上来讲，并不能说是权利"的情况下，基于侵权行为法赋予其救济的见解，在当时也是比较超前的，是以将《民法》第 709 条的"权利"概念从广义上解释为"在我们的法律观念上，认为只要是基于侵权行为法对其所受之损害需要进行救济的利益即已足矣"的大正 14 年（1925 年）的大审院判决〔"大学汤案件"，大判大正 14 年（1925 年）11 月 28 日，《大民集》第 4 卷，第 670 页〕为前提的。侵权行为上的"**权利侵害**"要件，也是以大正 14 年（1925 年）的判决为契机，最终将其置换为"**违法性**"要件，而展开讨论是很有名的*。如上所述，本判决以《民法》第 709 条为媒介的同时，在双重的意义上，扩大了形式上的法概念（目的论的扩张解释），将共同维持生计的同居家属纳入侵权行为法的保护范围之内。

*【**从权利侵害到违法性**】　后面还将在侵权行为法部分予以详述。提出"从权利侵害到违法性"命题的经典名著有《权利侵害论》[1]。在《民法》第 709 条的"权利"已经作为"需要保护的法律上的利益"的意思固定下来的今天，是不是应当说，这一命题已经完成了它的使命〔在平成 16 年（2004 年）法第 147 号进行修改时，"权利

---

〔1〕参见末川博：《権利侵害論》，日本评论社 1944 年版（初次发表为弘文堂 1930 年版）。

或法律上保护的利益"得以明文化[1]]。[2]

关于第三个问题，最引人关注的是大审院认为案外人 B 与 Y 签订的"和解合同"，不能约束当时还是胎儿的 X_2。其理由与**胎儿的法律地位**密切相关，需要作些说明。

判决理由认为，承认胎儿享有侵权行为上的损害赔偿请求权的《民法》第 721 条，只规定了在胎儿活着出生的情况下，可以追溯到过去的时点，即侵权行为时取得损害赔偿请求权（视为取得赔偿请求权），实际上，在还是胎儿时并未赋予其取得损害赔偿请求权及对之进行处分的能力。易言之，胎儿在尚处于胎儿的状态时，还不能成为损害赔偿请求权的归属主体（无权利能力），只不过是以活着出生为条件，在"后来"赋予那样的效果（到活着出生为止，效果的发生被"停止"了）。如果对此进行稍微具有法技术性的表述的话，则可以说是以活着出生为**停止条件**，承认胎儿（关于侵权行为的损害赔偿请求）的权利能力*。这与到那时为止认为"胎儿因出生始可追溯到继承开始时成为继承权主体，继承开始前不享有人格"的判例［大判大正 6 年（1917 年）5 月 18 日，《民録》第 23 辑，第 831 页］也是一致

---

〔1〕 到 2004 年为止，日本《民法》的条文主要是用片假名写的，比较难读，也难以理解。在 2004 年将片假名修改为现代语时，对一些条文的规定也作了修改。其中比较重要的修改就是规定了侵权责任的第 709 条。在 2004 年之前，日本《民法》第 709 条只规定"因故意或过失侵害他人的权利者，对由此而造成的损害负有赔偿责任"，2004 年修改为："因故意或过失而侵害他人的权利或法律上所保护的利益者，对由此而给他人造成的损害负有赔偿责任。"即，在现在不只是侵害了他人的权利，侵害了他人的受法律所保护的利益时，也要承担赔偿损害的责任。但是以前的判例对旧《民法》第 709 条所规定的"权利侵害"要件作出了严格的解释，使得一些利益得不到法律的保护，对此，有民法学者（末川博）主张："权利侵害"只不过是违法性的一个表现，第 709 条所要求的要件不是"权利侵害"而应是"违法性"。之后这一见解得到支持，并在我妻荣这里得到进一步的发展（相对关系理论）。但是其后的判例对旧《民法》第 709 条所规定的"权利侵害"要件作出了扩大解释，认可了"法律上应受保护的利益"受到侵害时也可以适用第 709 条的规定，并且这一判例法理在 2004 年被规定到现行《民法》第 709 条内。所以，现在很多日本民法学者已主张不需要"违法性"要件，但也有一些民法学者主张应该与应如何理解第 709 条的"过失"要件联系在一起，继续使用"违法性"要件。——译者注

〔2〕 关于这一要件的现代意义，请参考星野英一：《権利侵害》，载星野英一：《民法論集（第 9 卷）》，有斐阁 1999 年版，第 163 页以下（初次发表于 1987 年）；平井宜雄：《債権各論 Ⅱ》，弘文堂 1994 年版，第 25 页等。但是，对其评价并不一样，也请参考前田达明：《権利侵害と違法性》，载山田卓夫等编：《新·现代损害賠償法講座2》，日本评论社 1998 年版，第 1 页以下；瀬川信久：《民法 709 条（不法行为の一般の成立要件）》，载星野英一、広中俊雄编：《民法典の百年Ⅲ·个别的観察（2）債権編》，有斐阁 1998 年版，第 559 页以下。

的。根据停止条件说，如判决理由所言，因为胎儿的权利到出生时为止不能归属胎儿，所以，他人也不能代理胎儿通过和解等方式对其进行处分，这是理论上推导出的结果。

当然，与此不同的见解也可能成立，即胎儿在胎儿状态时，暂且取得因父亲死亡而产生的损害赔偿请求权，但在胎儿为死产的情况下，这样的权利（溯及地）被视为没有发生。《民法》第886条的写法，可以说更接近于这一见解。也就是说，因为一旦本应发生的权利在后来被否定了（被"解除"），所以死产成为**"解除条件"**[1]。因为通常都会活着出生，作为保护胎儿利益的特殊规定的适用方式，后者的见解较为自然。从解除条件说来看，因权利暂且归属于胎儿，在理论上，代理胎儿对其权利采取适当措施或进行处分并非不可能。不过，因现在的民法上未规定胎儿的代理人（"亲权"虽包含对"子女"的法定代理权，但并未以涉及胎儿为前提），所以需要在解释上下些功夫*。

***【停止条件、解除条件】** 在像"孩子的出生"这样的将来是否发生具有不确定性的事情，在与效果的发生、变更、消灭产生关联时，将来发生的具有不确定性的事情被称为"条件"。相反地，像"经过3个月"这样的、肯定发生的事情被称为"期限"。到某条件实现时为止不发生效果，该条件得以实现时，则发生效果（如果通过司法考试，送你一辆车），这样的条件称为"停止条件"，在条件得以实现时，曾发生的效果被消灭（如果考试不及格，取消"免除返还助学金"），这样的条件称为"解除条件"。

***【胎儿的法律地位】** 从保护胎儿的利益来讲，认为在采取"解除条件说"的基础上，以将来的亲权人作为保护人（《民法》第824条[2]的扩张），而且只要不否定胎儿死产的可能性，就将确定性处分行

---

〔1〕参见我妻荣：《新订民法総则》，岩波书店1965年版，第52页；四宫和夫：《民法総则》（旧版），弘文堂1972年版，第40页；几代通：《民法総则》（第2版），青林书院1984年版，第28页；谷口知平编：《注釈民法（1）》，有斐阁1964年版，第160页以下等多数见解。

〔2〕日本《民法》第824条规定：行使亲权者，可以管理子女的财产，并且可以就该财产的法律行为代表子女。但是，在产生以该子女的行为为目的的债务的情况下，必须获得本人的同意。——译者注

为进行冻结，原则上只允许进行作为利益保存行为的代理行为（《民法》第103条[1]的类推适用），这种见解是适当的。[2]但是，作为解释论还是相当勉强的，需有思想准备。顺便提一下，站在解除条件说的观点上，像本案这样的情况，可能发生胎儿的损害赔偿请求权受"和解"约束的危险，但即使在发生侵权行为时孩子已经出生的情况下，也会发生相同的问题（作为胎儿时被保护的权利，仅只差一个月孩子"出生"了的话，即使在本案，也可以通过作为亲权人的母亲有效地处分该权利），所以有必要将其作为亲权行使适当性的一般问题进行探讨。因为大多数情况下，母亲和子女是"共同继承人"，关于处分子女财产的行为构成"利益相反行为"（请参考《民法》第826条）的可能性很大，所以不得不通过家庭裁判所来选任"特别代理人"[3]。在遗产分割等的情况下，也常常成为问题，目前来看，还是等到出生后进行遗产分割较为稳妥。

顺便提一下，"胎儿"从何时起成为胎儿？随着生殖辅助医疗技术的发展，这一问题与伦理问题一起逐渐成为重大的课题。"受精卵的着床"是一个候补的标准，或许应该说，从母亲将在胎盘中着床的新生命认作为自己的孩子决定生的时候起，通过母亲的爱而使其身体的一部分成为"人（胎儿）"。这样的意思对于怀孕的母亲来讲，通常是可以推定的。从不能进行流产的时候起，改变原来的决心，在制度上也已不被认可。包括冻结受精卵及以前的卵子、精子的处理，现行法上难以解决的问题还很多，需要尽快通过立法来处理。[4]

---

[1] 日本《民法》第103条规定：没有规定权限的代理人，只拥有进行下面列举的行为的权限：（一）　保存行为；（二）　在不改变代理对象的物或权利的性质的范围内，可以利用该物或权利，或者进行以改良为目的的行为。——译者注

[2] 请参见米仓明：《民法講義總則（1）——私權、自然人、物》，有斐閣1984年版，第165页；石田穣：《民法總則》，信山社2014年版，第80页等。

[3] 星野英一：《民法概論I》（改訂版），良書普及会1993年版，第192页。

[4] 关于这一问题，请参考大村敦志：《人工生殖論議と"立法学"》，载大村敦志：《法源・解釈・立法学》，有斐閣1995年版，第231页以下；石井美智子：《生と死》，载《ジュリスト》第1126号（1998年），第13页；石井美智子：《生殖医療の発達と家族法》，载《ケース研究》第1126号（2000年），第78页；水野纪子：《人工生殖における民法と子どもの権利》，载汤泽雍彦、宇都木伸编：《人の法と医の倫理》，信山社2004年版，第201页以下；水野纪子：《生殖補助医療と法》，载《法の支配》第141号（2006年），第49页等。

(4) 余论

以上的论述基本上都是以"胎儿"的损害赔偿请求权为问题展开的。如果从另一个角度看这一问题，若因加害人过去的行为所造成的状态（父亲的死亡），对于活着出生的孩子来说构成侵权的话，就不必适用第721条和第886条。[1] 不过，这样的见解是将行为和状态混同起来的，被认为有些过于技巧化。

4. 判决之后

本判决驳回了原审判决，就 X_2 得不到 A 抚养，认可了对此的损害赔偿请求，为了确定赔偿额而"发回"大阪控诉院重审。其间，X_1 仿佛追随 A 一样，于昭和8年（1933年）9月28日死亡。X_1 的父亲 C 成为 X_2 的"监护人"，收养了 X_2，对其进行抚养。重审时，裁判所作出了就 X_2 从出生至15岁为止不能得到 A 抚养而认可其损害赔偿请求的判决［大阪控诉院昭和10年（1935年）11月13日判决］。但是，Y 以 X_2 已从 C 处获得了充分的抚养，若认定与抚养费用相当的损害赔偿额会构成不当得利为由，进行了"**再上告**"。大审院认可了 Y 的再上告，再一次驳回原判决，发回重审［大判昭和11年（1936年）6月20日，大审院民事判决记录、东北大学法学部所藏］。其理由为"如果受害人的家属在受害人以外有次顺序的**抚养义务人**，并得到了次顺序的抚养义务人的同受害人生存时应得到的一样的或更好的抚养，此时，受害人家属就此部分，再以受到损害为由，请求与该抚养费数额相当的赔偿，那么认定其没有理由至少是妥当的"。据说，本案于昭和11年（1936年）年底通过和解得到了结。[2]

---

〔1〕请参考我妻荣：《事务管理·不当利得·不法行为》，日本评论社1937年版，第213页；四宫和夫：《不法行为》，青林书院1987年版，第490页等。
〔2〕参见关弥一郎：《胎儿的权利能力》，载《セミナー法学全集（2）民法Ⅰ》，日本评论社1973年版，第136页以下；东京都立大学家族法研究会：《判例における婚姻予约（15）》，载《东京都立大学法学会雑誌》第8卷，第469页以下；铃木ハツヨ，《民法判例百选Ⅰ》（第3版），第3案件。

*【扶养义务】　　个人基本上应以自己的能力自立地生活，但是，因年龄和残疾、经济状况等原因，有时个人无法自力更生。这种情况下，法律上称一定亲属间生活上的相互扶助义务为"扶养义务"[1]。作为扶养义务的承担者，民法列举了"直系血亲"和"兄弟姐妹"，根据情况还加上"三亲等内的亲属"（《民法》第 877 条）。还有，因"夫妻"间有分担因婚姻所产生的费用以及共同维持生活的义务（《民法》第 760 条），当然有相互扶助的义务。

　　在本案，围绕抚养的大审院判断，虽然是以当时的判例见解（出于自己感情的满足或义务的履行，对有受抚养权利的人进行了抚养的人，不能向本来的抚养义务人进行求偿）为前提，但是这一点后来被修改了[最判昭和 26 年（1951 年）2 月 13 日，《民集》第 5 卷第 3 号，第 47 页]。在现在，为了认定 C 对 A 享有求偿权，首先认可 X_2 对 Y 的请求权，在此之上，X_2 在与 C 的关系上，负有清算义务。

　　现在关于第 711 条的解释，近亲属（父母、配偶、子女）的范围逐渐扩大，即使不属于该条直接规定的近亲属，但"对与受害人之间存在同本条所规定的近亲属在本质上可同等视之的身份关系，因受害人的死亡遭受了巨大精神痛苦的人，类推适用本条"[最判昭和 49 年（1974 年）12 月 17 日，《民集》第 28 卷第 10 号，第 2040 页[2]]。而且，关于死后认领也得到认可。所以，可以预见，问题将会以更加简明的方式得到处理。阻碍了本案的原告们的直接请求的《民法》第 711 条，现在只具有减轻"作为受害人的亲属，因受害人的死亡遭受了莫大精神痛苦的人"的举证责任的意义。但是，有一点需要理解的是，本案的裁判官们在法的形式与实质的夹缝中所要探求

---

　　[1] 中国法律中对于扶养关系有详细的界定，包括长辈对晚辈亲属的"抚养"，平辈亲属之间的"扶养"，晚辈对长辈的"赡养"；但在日本民法中，对所有的扶养关系一律使用"扶养"一词，所以本书遵照原著对于"扶养"一词不再细分。——译者注
　　[2] 该判例的事实经过是这样的：交通事故的受害人 A 死亡前，一直与其丈夫的妹妹 X 在一起生活。因 X 是无劳动能力的残疾人，实际上是依靠 A 来维持生活的。A 死亡后，X 依据《民法》第 711 条的规定，向加害人提起自身的精神损害赔偿。虽然对于 A 来说，X 不属于第 711 条所规定的近亲属，但是最高裁判所考虑到 X 依靠 A 生活的实际情况，认为 X 因 A 的死亡承受了精神上的痛苦，类推适用第 711 条，认可了 X 的请求。也就是说，最高裁判所通过该案件，对第 711 条的适用范围作了扩大解释。按照该判例法理，同居的配偶也可以依据第 711 条获得精神损害赔偿。——译者注

的理念,以及为实现这一理念而组建的逻辑关系中,包含着许多今天依旧应该探讨的问题。

5. 今日法秩序上的"人"与"人之法"

在法律的世界里论及"人"的时候,是建立在"人"是权利义务的归属点这一约定上的。本来,"人"(persona)是意味着通过舞台上的"假面具"(maske/persona),在法的世界里扮演一定"角色"的"资格"。这样的资格称为"权利能力",把有权利能力者称为"**权利主体**",也称为有"**人格**""**法人格**"等。作为人们长期斗争的历史结果,现在,在"有肉体的人"("自然人")平等地享有权利能力,所有的自然人都是"人"这一点已没有疑问。而且,这样的"人",通过出生与死亡来确定其存在期间。但是,如上所述,民法对尚未出生的胎儿也在一定的范围内承认其权利主体的地位。另外,如后述,长期下落不明者,一旦被"宣告失踪",即使其尚生存于某处,但在以前的法律关系上作为死者而被处理的情况也有(《民法》第31条)。古时候,有不能成为权利义务主体的"奴隶"制度,还有被从户籍簿[1]中删除而被否定具有人格尊严的人,以及由于隐居而丧失法律上的权利能力的"民事死"制度。由此可见,不是任何时代的"自然人"都是法律上的"人"。如果再进一步来说,关于一定财产的集合体(财团)和企业、合伙这样的人的集合体(社团),出于方便,作为权利义务的归属点认定其具有"法人格"(相对于自然人,称之为"法人")的情况也有。总之,法律上的"人",终究是法学上的技术概念,既不在其上,也不在其下。一边把"个人的尊严"和"法律面前的平等"这些理念有效地运用于法的世界,一边维持其人格的自由发展,这才会使"人"这一概念发挥健全的功能。

在日常生活中使用的"人"的观念是多种多样的,有作为生物体存在的"人",有作为事实上乃至规范上存在的"人",有作为社会性存在的肉

---

[1] 日本江户时代的户籍簿在日语里称为"人别帐",最初是为了禁止人们信仰基督教而设立,后来主要用于调查人口和征收租税。里面除了记载出生年月日等信息外,还记载着从事的职业。如果做了坏事会被从户籍簿里注销,从而成为没有身份的人,在居住、就业等方面受到限制。——译者注

体的"人",有作为集体成员存在的"个人",这些全部可以作为"人"来考虑("世上人虽多,但优秀的人很少,做优秀的人,培养优秀的人")。恋人和朋友、家人、幼儿和老人、职业人,这样的人在现实社会中都很有个性且包含着极其丰富的含义,但民法将其进行极度的抽象,规定了没有任何色彩的作为形式上存在的"人"。民法上的"人"全部舍弃了年龄、性别、具体的判断力、行动力、身体的完整性等,只对其作为法的保护对象的"人格"和"权利义务的归属点"进行规范。不过,将此作为枯燥无味的制度来看是不对的。普赫塔(Puchta)曾正式地作出如下阐述:

> 在让人感到冰冷的外表下,温暖的生活正以应有的多样性在蓬勃地进行着。这样的生活没有因为法的存在而受到了阻碍和抑制,反而是因为法的存在而得到了促进和庇护。法律制度看起来好像夺取了洋溢的感情和多种多样的存在形态,但恰恰是该法律制度阻止了个性的丧失。[1]

不过,需要注意的是,现在,上述抽象的"人"的概念也在逐渐发生着重大的变化。一方面,有必要常常瞄准"同真人一样大小的人"来对"人"的概念进行重新的认识,因为医学的进步,权利能力的始期、终期变得模糊,权利义务的归属点复杂化,使得"人"与肉体的人之间的对应关系开始崩溃;另一方面,在社会性、结构性差距中,有必要对具有一定属性的人增加特别照顾。这么多的因素给"人"的概念带来了影响。还有,如上所述,关于作为人的基本关系的"婚姻"关系和"父母子女"关系,因为人们对多样的生活方式的向往以及人工生殖技术的发展等,不得不对其进行一定的重新认识。我们在坚守正因为是"人"或"人类"故而必须保护其重要价值和基本关系的同时,正迎来一个为了应对多样的现实社会问题,有必要重新构筑"人之法"的时代。[2]

---

〔1〕 ベーレンツ、河上正二译:《歴史の中の民法——ローマ法との対话》,日本评论社2001年版,第130页。

〔2〕 本章参考了星野英一:《私法における人间》,载星野英一:《民法论集(第6卷)》,有斐阁1986年版,第1页以下(初次发表于芦部信喜等编:《岩波讲座·基本法学1》,岩波书店1983年版);大村敦志:《消费者·家族と法》,东京大学出版会1999年版,第239页以下等。另外,广中俊雄编:《民法研究(第4号)》,信山社2004年版中所刊登的山野目章夫、樋口阳一、广中俊雄的论文,以及《特集·法は人间をどう捉えているか》,载《法律时报》第80卷第1号(2008年),第4页以下,所收的诸论文也颇具启发性。

【参考文献】

关于"阪神电铁案件",请参考穂积重远,《判例民事法昭和7年度》,第159案件;穂积重远,《法律時報》第5卷第3号,第58页;中川善之助,《親族相続判例総評(第1卷)》,第108页;中川善之助,《法学士林》第35卷第5号,第78页;片山金章,《法学新報》第43卷第4号,第112页;末弘严太郎,《法律時報》第5卷第3号,第60页;谷口知平:《胎児の権利能力》,载柚木馨、谷口知平、加藤一郎编:《判例演習(民法総則)》,有斐阁1963年版,第9页;关弥一郎:《胎児の権利能力》,载远藤浩编:《セミナー法学全集2民法I総則》,日本评论社1973年版,第136页;石川恒夫:《胎児の法的地位》,载远藤浩等编:《演習民法(総則・物権)》,青林书院1989年版,第32页;中野正俊:《胎児の法律上の地位と代理》,载下森定等监修:《民法総則重要論点研究》,酒井书店1991年版,第18页;铃木ハツヨ,《民法判例百選I》(第3版),第3案件;儿玉宽,《民法判例百選I》(第4版),第3案件;幡野弘树,《民法判例百選I》(第6版),第3案件等。另外,还请参考河上正二:《胎児の法的地位と損害賠償請求》,载圆谷峻、松尾弘编:《損害賠償法の軌跡と展望:山田卓先生古稀記念論文集》,日本评论社2008年版,第3页以下。

第 4 章

民法上的权利的实现与 "公序良俗"

陪酒女预借工资案件 ［最高裁昭和 30 年（1955 年）10 月 7 日判决］

【本章的课题】

　　民法上的权利实现，在两个大的方面发挥作用。一个是根据合意等，通过尽量接近当事人所希望的"将来应有状态"来形成社会关系；另一个是使因被侵害而受到损失的"本来应有状态"得以恢复。在财产法领域，民法通过维持财物的移转秩序、财物的归属秩序发挥作用，这也常常以"动的安全"之保护与"静的安全"之保护为形式而成为问题。要尽量实现合同的内容、接近于所约定的给付得到履行的状态（履行利益的确保、现实履行的强制）指的是前者；要排除权利的侵害状态等，认定其间的损害赔偿（恢复原状）指的是后者。虽然这些都将根据判决等，最终由国家强制地实现（强制执行）（第 414 条，《民事执行法》等），但这种权利的实现，只要其以法律规则为媒介，就不仅有益于每个当事人之间的秩序的维持与恢复，也会对广大社会民众的行为规范带来影响。

　　在自由主义的社会，将来应有的状态，基本上应该由自由的当事人自行判断决定，或者通过与他人合意达成的"合同"进行设计。其内容在《民法》第 90 条规定的"公共秩序或善良风俗（公序良俗）"所划出的最外部的界限内，由当事人自由地形成（法律行为自由的原则、合同内容形成自由的原则）。同时，就其结果，自行作出决定的当事人本人应承担责任（私法自治原则）。国家则是站在侧面，对其权利的实现给予配合、支援。

　　本章要思考的是，在上述私法自治和权利实现的层面，民法与社会利益（尤其是"公序良俗"）具有怎样的关系？看到这里的读者，需要考虑本章所述的债权和物权这样的权利的"范围"，与权利的实现带来的社会利益之间的调整问题。本章采用的是以"陪酒女预借工资案件"而广为人知的最高裁昭和30年（1955年）10月7日判决（《民集》第9卷第11号，第1616页）。这里围绕一位为帮助自己的贫困家庭的少女以约定做陪酒女来偿还其父母的借款的合同效力，来解读与此相关的法律关系。同时，对于民法与公序良俗如何关联、裁判所在此扮演了何种角色也作一下探讨。

1. 在阅读判决之前

刊登在《民集》上的本案件的判决标题部分写有"请求返还存放款案件"昭和28年（1953年）（オ）622号的案件名和上告案件的案件记录编号，并且在最高裁第二小法庭——昭和30年（1955年）10月7日判决的下面写着"撤销自判"。本案中，原告X（控诉人、被上告人）要求被告Y（被控诉人、上告人）返还存放在被告处的金钱，向第一审的松山地裁宇和岛支部提起诉讼，后败诉，对此不服，又向高松高裁提起控诉，后胜诉。这次是Y不服控诉审判决进行了上告，最高裁撤销了控诉审判决（原审判决），并自行作出了判断的案件，结论是"驳回请求"。

为了使X要求Y返还存放的钱款（这里称贷款）的请求成立，并由国家来强制执行，作为其请求基础的**请求原因**，需要被认定为在法律上是有效的，并必须获取使执行正当化的"债务名义"（《民事执行法》第25条）。所以，分析的对象主要是X、Y间的债权债务关系。如后述，尽管没有法律上的原因，作为事实，一方向另一方移转了财物时，其清算通过不当得利法来处理。本案中的两个被告是基于以金钱借贷为目的的"消费借贷合同"（第587条），从X处接受了金钱的Y_1和对其返还与Y_1"连带"进行了"保证"（请参考第446条以下）的Y_2。"**连带保证人**"Y_2与债权人X间的关系，原则上处于接受了与本来的借方，即债务人Y_1（主债务人）内容相同的债务的状态（请参考第454条、第458条*）。本案中的另一个人物是Y₁的女儿A（当时15岁）。以A作为陪酒女的工作合同*和X、Y₁的消费借贷合同虽然是两个不同的合意，但这两个合意不是毫无关系成立的，实质上存在着Y₁的借款是关于A做学徒工的"**预借工资**"，然后以A作陪酒女的工作报酬来偿还Y₁的债务这样的约定。留意到这一点，有必要重新一边注意实质上成为问题的到底是谁与谁之间的怎样的合意，一边来看这个案件。

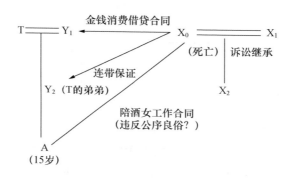

图4-1

*【**保证、连带保证**】　"保证"是指主债务人不履行债务时，负有代为履行义务的人所采取的代之履行的担保方式，通过保证合同构成债务。不过，保证债务以主债务的存在为前提（**从属性**），原则上只承担次要责任（**补充性**）。"**连带保证**"虽有从属性，却不允许向前来要求履行债务的债权人提出先从主债务人的财产开始进行履行的主张（**催告的抗辩、检索的抗辩**）（第452条、第453条、第454条），另外，因为即使有多名连带保证人，也不具有"**区分的利益**"（第456条），所以对债权人来说，与一般保证相比，通常连带保证比较有利，因而有被多用的倾向。尤其是在具有从属性这一点上，与多个债务人负有同一个债务的"**连带债务**"似是而非，详细内容在债权总论中学习。

*【**陪酒女工作合同**】　人们对"作为陪酒女来工作"的印象，在今天较难正确把握。当时的"陪酒女工作合同"是和"艺娼妓合同"一样被论及的。多数情况下，女性是住在雇主的饭馆或宿舍等处来工作，其工作内容为在酒席上陪客人喝酒并进行陪侍，被强迫卖淫的情况有时也有（本案的陪酒女工作合同虽然也有这种可能性，但事实并不清楚）。艺娼妓合同中，虽然娼妓合同是以卖淫为业的，但艺妓合同即使伴有卖淫的危险，原本是以在宴席上通过歌舞音乐来招待客人为业的，只要未伴有过度的人身束缚，其本身是不应受到责难的。不过，其实质和合同形态是非常多样的。[1]

2. 案件的经过等

根据判决所认定的事实，案件的经过如下：

Y_1 于昭和 25 年（1950 年）12 月 23 日，从 X 们的上一代人 X_0（第一审的原告，诉讼中死亡，X 们成为其诉讼继承人）处借了 "未规定还款期限" 的 4 万日元（请参考第 591 条），Y_2（Y_1 的妻子 T 的弟弟）对该债务进行了连带保证。同时，关于该债务的清偿还特别约定，Y_1 的女儿 A 住在 X_0 处，在 X_0 以妻子 X_1 名义经营的饭馆里做陪酒女的工作，然后把 A 因此应该获得报酬的一半，用来抵充 Y_1 的债务。虽然 A 当时还是尚未年满 16 岁的少女，但其后仍然根据约定，在 X_0 处做陪酒女工作到昭和 26 年（1951 年）5 月。尽管如此，A 所获得的报酬全被用来偿还其他费用（新做服装的费用、购买物品的费用等），而没有能够用来抵偿 Y_1 的借用款。A 于昭和 26 年（1951 年）5 月擅自从 X 们处逃走，一度下落不明，X 们自费寻找，找到后将其带回，最后将 A 送还给 Y_1。X 们向 Y 们提起了请求返还 4 万日元借用款，并支付自支付命令送达日次日［昭和 26 年（1951 年）11 月 8 日］起至借用款返还完毕止的迟延损害金（请参考第 412 条第 3 款）的本诉讼。Y 们以所收取的金钱是根据 A 的陪酒女工作合同所取得的 "预借工资"，应该用 A 工作了 5 个月的工资进行清算为由，进行了反驳。另外，在控诉审中，Y_1 追加抗辩，认为以 A 做陪酒女进行工作所得的金钱来冲抵本案债务这一约

---

［1］请参考西村信雄：《前借金契約について》，载《民商法雑誌》第 7 卷第 3 号、第 6 号（1938 年）。

定,是束缚了 A 的自由的约定,该约定"因违反公序良俗而无效",Y_1 没有返还该借用款的义务。

因第一审判决驳回了 X 们的请求(其理由,从判例集的记述来看,不是很明确),X 们提起了控诉。作为控诉审的高松高裁昭和 28 年(1953 年)4 月 30 日判决,撤销了第一审判决,认可了 X 们的请求:

"虽不能说陪酒女工作合同本身都违反公序良俗……但 A 是未成年人,而且才刚刚长到 16 岁的样子,却被强迫直到 Y_1 的全部借款都偿还完毕为止,在相当长的时期要住在上述 X_1 经营的饭馆处从事陪酒女工作,应当说,对年少的女子 A 来讲,这是过度束缚了其自由的合同,违反了公序良俗,所以不得不认为,X 与 A 之间的上述陪酒女工作合同为无效。但是,那是在本案借贷中,作为借贷要件的借方的返还义务以外的偿还方法而作的约定,所以只不过是关于该偿还方法的合同因违反公序良俗而无效而已,对本案消费借贷合同本身的成立与否、效力有无等不产生任何影响……[对于通过陪酒女 A 的工作进行清算的抗辩]因为就其取得的金额,既无主张又未举证,所以没有理由认定其主张,不但如此……因为可以推知,A 的工作所得尚不足以冲抵 A 当时的新服装购买费、物品购买费及因其逃走而发生的寻找并将之带回所花的费用等,可以判断,根本没有可用来抵充本案借用款的可能,故不能采用这一抗辩。"

对此,Y_1 的上告理由大致有如下两点:

① 作为本案问题的是以 A 的劳动为条件的"预借工资",预借工资式的借款与工资相抵违反《劳动基准法》,让儿童从事卖淫行为等是为《儿童福利法》所禁止的,原判决在结果上保护了违反这些禁止规定的贷方,这是欠妥当的。另外《劳动基准法》规定,亲权人和监护人不得代未成年人签订劳动合同,不得代未成年人收取工资(请参考《劳动基准法》第 58 条第 1 款、第 59 条后段),像本案这样的将陪酒女的工作与预借工资合为一体的合同违反了公序良俗,应当说是无效的。

② 将金钱消费借贷合同与作为其偿还方法的陪酒女工作合同各自独立,单独认定后者无效而维持前者,这"只不过是理论上的技术性解

释而已,也是与真实社会里的现实交易相脱离的解释"。贷方和借方都认可"以陪酒女工作所得收入进行偿还"是合同的关键,脱离了这一点,预借工资合同就不成立。因此,这两个合同"至少应当是相互关联、命运与共的"。

3. 问题之所在与裁判所的判断

简单整理一下问题之所在。

① 应当怎样理解当初这些人之间的法律关系?的确,从表面呈现出来的合同看,有 Y_1 与 X_0 之间的"金钱消费借贷合同"和 A 与 X_0 之间的以陪酒女工作为目的的"劳务提供合同"[因为 A 是未成年人,可能是其亲权人 Y_1 代理签订了合同或对 A 自身签订的合同给予了同意(第 823 条、第 824 条)],但是,其实质是不是订立了一个 A 在 X_0 处做陪酒女工作,与此为前提,A 以预借工资的形式借取了 4 万日元这样的一个合同,只不过是由其父亲收取了该款项?

② Y_1 与 X_0 之间在签订"金钱消费借贷合同"时,约定 A 以陪酒女来工作,以其报酬的一半用来偿还借款。但是,这样的合意(尤其是陪酒女工作的合同部分)是否会因违反"公序良俗"而无效(第 90 条)?应根据什么认为是违反了"公序良俗"呢?

③ 假设陪酒女工作合同部分违反公序良俗,与上述第一个问题相关,会对金钱消费借贷合同的部分效力带来影响吗(部分无效会导致合同全部无效吗)?应如何评价这些多数当事人间的合同关系?

④ 事实上,X_0 向 Y_1 交付了金钱,这笔金钱可以不予返还吗?为什么不用返还(有无适用第 708 条[1])?

最高裁最终认可了上告理由,作出了如下判决:

> 关于 A 作为陪酒女进行工作的合同部分,因违反公序良俗而无效,这一点本裁判所[与原判决]采相同意见。但是,如对上述事实关系

---

[1] 日本《民法》第 708 条规定:"由于违法原因而实施给付者,不得请求返还其给付的内容。但是,只有受益人一方存有不法原因时,不在此限。"——译者注

进行实质性考察的话就会发现，Y_1 以让其女儿 A 从事陪酒工作为对价，从 X_0 处以消费借贷的名义收取了预借工资；X_0 也是以让 A 从事陪酒工作为目的，正因为有了这一目的，才借给了 Y_1 上述金钱。这样的话，能够认定 Y_1 收取的上述金钱与 A 做陪酒女工作之间有着密切相关的、密不可分的关系，所以，认为本案中作为合同一部分的工作合同的无效，进而导致了合同的全部无效是妥当的……因此，本案所谓的消费借贷合同和与 Y_2 签订的连带保证合同一起无效 [从属性!]，并且，因为不能认为只有上述合同中作为受益人的 Y 们存有不法原因，所以应认定 X 们不能根据《民法》第 708 条的正文部分，要求返还已交付了的金钱。

从判决开头的写法来看，最高裁进行了如下的理论展开。暂且将消费借贷合同与陪酒女工作合同作为两个不同的合同来看待，在此之上，认定后者违反公序良俗而无效（第 90 条），因这两个合同之间有某种条件关系，有以一定的结果（目的）为目标的**"密切相关且密不可分的关系"**，所以，合同整体上成为无效合同。并且，X 们已交付 Y_1 的金钱因无法律上的原因，所以 Y_1 构成不当得利，但因给付是基于违法原因（第 708 条的"**违法原因给付**"）而作出的，所以无需返还。以下对此作进一步分析。

4. 何谓违反"公序良俗"

（1）"公共秩序"与"善良风俗"

《民法》第 90 条规定了以违反公序良俗事项为目的的法律行为"无效"；第 91 条规定，当事人作出了与法律法规中的未关系到公共秩序的规定（称为"**任意规定**"*）不同的意思表示时，（与法律规定相比）以其意思优先。易言之，法律采取了只要不违反"公序良俗"就最大限度地尊重当事人自己的决定的原则。尽管如此，这里的"公共秩序"与"善良风俗"的具体内容却并不明确。限制违反"善良风俗"（boni mores）的法律行为的效力，是罗马法以来的法的要求（古代罗马人从"古老而良好的习惯"中选出了要求人们基于其良心遵守的习俗上的命令和道德），意味着有关国家、社会的一般利益的"公共秩序"（ordre public）来源于法国法（《法国民法典》第 6 条、第 1387 条）。在日本，自布瓦索纳德制定旧《民法》[1]以来，"公序"与"良俗"并列一起被明文化了（旧《民法》财产编第 328 条但书）。从"公序"与"良俗"的由来即可得知，其间有微妙的差别，但最终，对于立法者来说，在对这两个概念并无实质不同的理解的基础上，制定了《民法》第 90 条。到现在，从"**社会妥当性**"的观点出发，一元性地论及公序良俗即可。

作为划出合同自由乃至私法自治最外部"范围"的界限点，公序良俗具有怎样的内容，应在积累对具体事例所作的判断和解释中得以明确，同时也会因时代的习俗和社会观念的不同而发生变化。这种通过概括性概念所起到的"兜底作用"的条文，与诚信原则和权利滥用原则一样被称为"**一般条款**"。《民法》第 90 条就是作为从内容上对合同效力予以限制的"最后堡垒"的一般条款。

* **【任意性规定、强制性规定】** 在法律规定中，即使当事人作的特别约定和意思表示与该法律规定不同，认定当事人的该约定和意思表示为有效时，这样的法律规定称为"任意规定"（**任意性法规**）；如果认定当事人的特别约定无效，应以法律规定优先时，这样的法律规定称为"强制性规定"（**强制性法规**）。在专为补充和解释当事人意思而制定的合同法规定中，任意性规定较多；而将制度结构予以固定化的物权法上的规定、使当事人以外的第三人利益成为问题的规定，以及关于身份关系的规定等，则强制性规定较多。在有关公共利益的公法中，强制性规定也很多。在违反"**取缔规定**"时，即使当事人会受到一定的行政制裁，但该行为在民法上不会成为无效的情况也有。另外，还应注意的是，在当事人的谈判能力存在结构上的不均衡、无法期待其作出充分的判断时，任意性规定所含有的正义内容会半强制性地发挥作用的情况

---

[1] 法国民法学者布瓦索纳德接受日本政府的邀请，为日本制定民法典。1890 年日本政府公布了其制定的《民法财产篇、财产取得篇、债权担保篇、证据篇》，同年 10 月公布了由日本委员会制定的《民法财产取得篇、人事篇》，并预计两者在 1893 年实施，但因反对意见很强烈，最终没有得到实施，故而称之为"旧民法"。详情请参见本书第 6 章。——译者注

也有（请参考《消费者合同法》第 10 条[1]）。

(2) 违反公序良俗的判断标准

关于违反公序良俗的判断标准存在很多的讨论*，但是，大体上共通的要素逐渐得到认可（以后面参考文献中的我妻荣论文的整理为出发点）。即：① 违反伦理内容的（卖淫，以维持、确保妾关系为目的的合同等）；② 过度限制人身自由内容的（人身买卖、奴隶合同等）；③ 乘人之危而获取不当利益内容的（暴利行为、设定过剩的担保等）；④ 侥幸性质过强的内容（赌博合同等）；⑤ 违法性较高的商品和违禁品交易（毒品交易、武器交易等）；⑥ 违反正义、道德观念内容，怂恿他人做坏事的行为（杀人合同、委托盗窃等）；⑦ 其他内容的，如营业自由的限制和性别歧视。近来，违反有关保护消费者方面的**经济秩序**法律法规的案件和关于个人人格、权利和自由保护（**人格秩序**）的案件也有所增加。这些内容虽然看起来有些杂乱无章，但是除了保障社会主要组织和制度的内容外，基本上在对有损害法律原本要保护的个人的尊严、人格的自由发展以及私法自治的行为进行抑制上，或将导致侵害个人基本权利的行为进行抑制作为目标上，可以发现共通的要素。不过，在哪一个阶段上要作出违反公序良俗的评价，从而使国家介入到当事人之间，这也是一个政策性的判断。正因为公序良俗是一个介入私法自治领域的规范，因此在适用时，必须认清介入的正当化根据。在本案，正是由于具备了②的过度限制人身自由的内容，侵犯了作为基本权利的个人尊严，而使该行为在否定了人格的自由发展这一点上，具有了介入的根据。

* **【公序良俗与经济公序、基本人权】** 关于"公序良俗"，近来，

---

[1] 2016 年修改前的日本《消费者合同法》第 10 条规定："消费者合同条款与适用民法、商法［明治 32 年（1899 年）法律第 48 号］及其他法律上的与公共秩序无关的规定的情况相比，属于限制消费者权利、或者是加重消费者义务的，且违反《民法》第 1 条第 2 款规定的基本原则（诚实信用原则——译者注），单方面侵害消费者的利益时，该合同条款无效。"

2016 年修改后的日本《消费者合同法》第 10 条规定："把消费者的不作为视为该消费者对新的消费者合同作出了要约或承诺的意思表示的条款，以及其他的消费者合同条款与适用法令中的与公共利益无关的规定相比，属于限制消费者权利或加重消费者义务，且违反《民法》第 1 条第 2 款所规定的基本原则，单方面地侵害消费者的利益时，该条款无效。"——译者注

有很多优秀的研究成果发表。[1]其中，大村敦志的观点，着眼于违反公序良俗的行为转变为经济问题，提出了针对合同自由的合同正义要求。他指出，"经济公序"正逐渐成为各种市场环境建设主张的论据。山本敬三的观点中设定了个人对国家的权利保护请求权，为实现基本人权等的宪法性价值，而积极要求适用《民法》第90条。

(3) 违反取缔规定与私法上的效力

与此相关的是上告理由中所指出的，在违反《劳动基准法》和《儿童福利法》与违反公序良俗的关系中，也包含着耐人寻味的问题。例如，多数人不会认为，乘坐没有营业牌照的黑车的乘客一旦到达目的地后，就主张"因合同无效而不支付车费"是对的。易言之，从行政取缔的目的看，即使是在法律限制、禁止的情况下，也没有必要让那种违反取缔规定的行为必须在私法上无效。所以，一直以来就有见解主张，私法与公法本来就目的不同，应在综合判断取缔规定的目的、违法行为的反社会性、交易安全以及当事人之间的公平等因素的基础上，在必要范围内否定其私法上的效果足矣（私法、公法二分论）。因此，也有人认为，"**取缔规定**"原则上不影响私法上的效果（不是强制性规定）〔与此相比，对私法上的效力产生影响的规定，称为"**效力规定**"。也请参考最判昭和35年（1960年）3月18日，《民集》第14卷第4号，第483页〕。然而，反过来想一想，虽然二者有直接、间接的不同，但公法和私法都有服务于人们的安全、健康和幸福的目的，且二者发挥着互相补充的作用。如果是这样的话，从社会的角度来看，当发生不好的行为时，为了在法律上对此进行抑制或规制，应该一边考虑当事人之间的公平，一边以最合适的形式追究其刑事责任、行政责任以及私法上的责任。而问题恰恰就在于，如何探究这种制裁的最佳搭配。

关于本案中的违反《劳动基准法》和《儿童福利法》的行为，各法规中都规定了罚款和徒刑等罚则（《劳动基准法》第117—121条、《儿童福利

---

[1] 这里着重列举大村敦志：《公序良俗と契約正義》，有斐阁1995年版；大村敦志：《取引と公序》，载大村敦志：《契約法から消費者法へ》，东京大学出版会1999年版（初次发表于1993年）；椿寿夫、伊藤进编：《公序良俗違反の研究》，日本评论社1995年版；山本敬三：《公序良俗論の再構成》，有斐阁2000年版。

法》第 60 条），主管部门也可以采取一定的措施。这样看来，不得不斟酌，在这些罚则之上也否定私法上的效果，这对未成年人的保护是否有效，从当事人的诚信、公平的角度来看，这是否也合适？如果考虑最应受到保护的利益——"儿童的福利"，既然已经签订了合同，且提供了一定的劳务，恐怕在认定到此为止合同为有效的基础上，确保未成年人的报酬请求权是适当的，但是，若尚未开始提供劳务，应以认定合同本身在私法上也无效，未成年人无需提供劳务为妥。易言之，根据履行的进展情况来否定违法行为在私法上的效力足矣[1]。对于要求黑车司机即使违反交通规则也要开车按时到达车站一事，虽然不能说一旦约定好了就可以强行要求司机驾驶，但也不能允许客人在到了车站后对黑车司机说"因为约定是违法的，所以无效，没有支付车费的义务"。

5. 谁是法律关系的真正当事人

本案中，如何考虑这些当事人之间的法律关系，是一个很大的问题。围绕从事陪酒女或艺娼妓工作的工作合同与"预借工资"合同之间的法律关系，以前末弘严太郎博士强烈地指出娼妓合同就是人身买卖，并进行了如下陈述："诚然，娼妓合同在法律上采取雇佣合同和消费借贷合同的形式。但是，从常识的角度来看，娼妓基于自由的意思签订娼妓合同是难以想象的，只是在法律的形式上，娼妓本人是雇佣乃至消费借贷合同的当事人，其父母等虽在形式上假装以保证人的名义出现，而实际上该保证人正是卖主，这基本上是无需重新说明的十分清楚的事实"（参见后面的参考文献《法律时报》第 3 卷第 9 号，第 4 页）。形式上的多个合同，实质上构成了一个人身买卖。这一点在上告理由中也被反复提起，最终得到了最高裁的采纳。判决

---

〔1〕关于这种履行阶段论，请参考川井健：《無効の研究》，一粒社 1979 年版（初次发表于 1967 年），第 26 页；矶村保：《取締規定に違反する私法上の契約の効力》，载《民商法雑誌創刊 50 周年記念論集Ⅰ》，有斐阁 1986 年版，第 1 页。另外，关于近来的研究，也请参考羽田さゆり：《ドイツにおける取締規定違反の私法上の効力》，载《法学》第 61 卷第 3 号（1997 年），第 598 页。关于与损害赔偿法的关系，请参考平野裕二：《取締法規違反（保護法規違反）の不法行為》，载山田卓生等编：《新・現代損害賠償法講座 2》，日本评论社 1998 年版，第 41 页以下。

理由中写道：对事实关系进行了"实质考察"的结果是，"作为让A从事陪酒工作的对价，以消费借贷名义收取了预借工资"。从否定金钱交付的原因是"所谓的消费借贷"这一点来看，最高裁没有把本案的合意看作是纯粹的消费借贷合同，反而暗示了陪酒女的工作和金钱消费借贷是一个不可分的合同的可能性。

经营人将"预借工资"的法律关系分为两个合同是有一定理由的。预见到学徒工制度与返还借款后的自由停工之间的矛盾，以及从事法律上所禁止的人身买卖发生纠纷时的不利情况，经营人另行制作正规的金钱消费借贷合同（作了公证证书的也不在少数），使得在一旦出现问题时，可以很容易地对其父母及其连带保证人等仅有的家产（把返还前的满额的借款作为债务名义）实施强制执行成为可能，同时还将此作为威胁学徒工不得逃跑和自由停工的武器（请参考岩内善作的观点，载《法律时报》第3卷第9号，第29页）。

如果上述看法是正确的，那么本案的事实关系则主要是由A与X_0之间的陪酒女工作合同关系为中心构成的。Y_1作为"亲权人"代替女儿签订了合同，又代替女儿预先收取了一部分报酬，这样的行为不但违反《劳动基准法》第58条、第59条的规定，而且因为其签订合同系以谋求自己的经济利益为目的，所以有**滥用亲权**或**"代理权的滥用"**的嫌疑。如后所述，现在，关于代理权的滥用最高裁判定，在对方知道或应当知道这一情形（代理人为了自己或第三人的利益在代理权限内实施代理行为的情况）下，类推适用《民法》第93条但书的规定，认为合同无效［最判平成4年（1992年）12月10日，《民集》第46卷第9号，第2727页；《民法判例百选Ⅰ》（第5版），第33案件（福永礼治执笔）］。[1] 所以，以X_0的恶意（认识到了Y_1的意图）为前提，也有认定合同整体无效的可能。

另外，关于本案，在认为A与X_0之间签订了一个合同的前提下，且该合同的一部分（关于陪酒女工作的部分）存在无效的原因时，以其是否属于会造成合同的整体无效的思路来思考一下该问题也颇有意义。易言之，如

---

［1］ 修改后的日本《民法》新增了第107条规定，在对方当事人知道或应当知道代理人滥用代理权时，代理行为无效。——译者注

将合同的无效化为介入当事人意思自治的例外现象（对合同自由的尊重？）的话，很可能会得出在违反规则的范围内使其无效（**部分无效**），继续维持剩余部分拘束力是最理想的结论。但是有时候，维持合同的剩余部分，反而会给一方当事人带来过于苛刻的结果，甚至违反当事人的意思。这一点，在考虑消费者合同中的不当条款的效力时，也会成为问题[1]，因而具有普遍性。至少可以认为，如果该部分没有效力的话，对方当事人明显就不会签订合同（相当于某种"重大的错误"），以及因维持合同的剩余部分有效而导致合同的部分无效的意义发生减半时，对认定合同的整体无效不应该有任何犹豫（可参考《德国民法典》第 139 条或《瑞士债法典》第 20 条）。不管怎样，去掉了无效的剩余部分，本来就不是当事人的"自行决定的"完整合意。

6. 两个合同的关联性

即使将合同的实质认定为"人身买卖"，但在法律形式上，如果无法否定其是"两个合同的组合"的话，那么，以此为前提来处理问题也是可能的。如前文"3"所述，本案判决至少在形式上是倾向于这个方向的。应如何定位看似各自独立的陪酒女工作合同与金钱消费借贷合同的关联性，并对其进行法律评价，是个极其耐人寻味的工作。为引领大家体会法律思考的妙趣，尽管过程会稍微有些复杂，但还是在此从"条件""动机""密切关联性、整体不可分性"来展开探讨。

（1）违法条件

判决理由中的 X_0 "以让 A 从事陪酒工作这一结果为目的，正是因为有了这一目的才借给了上述金钱"的表述，示意着两者之间有着某种条件关系。《民法》规定，附有"**违法条件**"的法律行为无效（第 132 条）。因为民法认为，附有了违法条件，就是已承认法律行为本身可能带有违法性（这里也包括像如果给我一百万日元我就放弃杀人，这样的以不实施违法行为为条件的情形），所以，陪酒女工作合同的违反公序良俗的性质（违法性），

---

[1] 参见河上正二：《民法総則講義》，日本评论社 2007 年版，第 417 页。

可以使金钱消费借贷合同成为无效合同。因此，可以认为，为了剥夺违法条件实现的推动力，否定被附有条件的行为的效果是适当的。

（2）动机的违法

对于金钱消费借贷来说，如果可以认为 A 的陪酒工作成为其签订的"动机"的话，从理论上看，该"**动机的违法**"可能会抽象地导致没有违反公序良俗的行为（金钱消费借贷）本身产生违法性。易言之，该法律行为作为实现目的的手段，在对其所起的作用进行综合考虑时，可以认为其带有违法性。想象一下，以杀人为目的的"菜刀买卖"、以卖淫为目的的"房屋租赁"、以走私毒品为目的的"金钱消费借贷"等情况，可能有助于理解。现在，即使没有指明该判例的前一部分是明示的"条件"，在对方当事人意识到了该当事人的违法动机（或很容易得知）的情况下，认为该行为整体上带有违法性的见解是有力说。判例也认为，至少在违法动机被表示出来的情况下，能够影响到其行为的效力。[1]如果重视交易安全的话，原则上，不应考虑动机，而应该保护善意、无过失（虽然已尽到了注意，还是无法知道表意人为了违法的目的而欲进行交易的情况）的对方当事人。但是，在恶意的情况下，倒是应该积极地考虑其动机，因为抑制其违法目的的得逞是必要的*。不过，与表意人的违法性相比，对方的违法性属于轻微时（例如把"缔约上的过失"的损害赔偿作为问题等），也有必要开辟一条在行为变为无效时把损失转嫁给表意人的道路。

> * 作为问题的解决办法，不如从不考虑动机的原则出发，在合同解释上，当可以认定应受谴责的动机已被融入法律行为或者融入合同的内容中时，可以就此推导出违反公序良俗的判断，可能才是适当的。[2]

---

[1] 请参考石外克己：《動機の不法について——判例総合研究》，载《民商法雜誌》第 56 卷第 3 号。

[2] 关于该问题，也请参考大久保宪章：《動機の不法》，载石部雅亮编：《ドイツ民法典の編纂と法学》，九州大学出版会 1999 年版，第 287 页以下。

(3) 密切关联性、整体不可分性

最后，像已经在与"合同的当事人"相关的地方所提出的问题那样，判决理由中出现的**"密切相关，互不可分的关系"**这一表述十分耐人寻味。虽然形式上是两个以上的合同，但鉴于其相互之间存在着密不可分的关系而肯定了其相互存在一定的影响关系（实质上的一体化）的见解，对于解读**复合型交易关系**提供了一个重要的视点。[1]如果正视一定法律形式的采用也是追求特定经济目的的手段的话，那么不仅限于形式论，将其实质的目的作为法律评价的对象来展开讨论，也是必不可少的工作。这一点，在本来应负有一定注意义务或责任的当事人，通过一定法律形式的组合，为达到规避法律或免除法律责任的效果，将风险完全转嫁给对方的情况下，尤其重要。本案的"密切关联性、整体不可分性"讨论是既古老又新颖的问题。为认识问题的共通性，可以将以下的案例与本案的情况进行比较。

[案例1] 关于信用销售合同或贷款提携销售合同[2]，因卖方提供了不完整的商品，在收到完整的商品之前，买方想拒绝支付价款（请参考第533条[3]），但是，价款已由金融机构全额代为支付，如果金融机构主张买卖与金钱的借贷是两个不同的法律关系，借债还钱是无法拒绝的话，是否必须接受该主张？

---

〔1〕 该讨论不仅与复合型的交易关系有关，而且也与同一当事人间的复合型给付相关。作为对该问题进行概略性初步探讨的文献，请参考河上正二：《複合の給付・複合の契約および多数当事者の契約関係》，载《法学教室》第172号（1995年），第48页以下；千叶惠美子：《多数当事者の取引関係を見る視点》，载伊藤进等编：《現代取引法の基礎的課題——椿寿夫教授古稀記念》，有斐阁1999年版，第161页以下；寺川永：《複合の契約関係の判断構造に関する一考察：〈契約関係の継続性〉と〈契約関係の多数当事者性〉に着目して》（大阪府立大学経済研究叢書98），大阪府立大学経済学部2006年版；都筑满雄：《複合取引の法の構造》，成文堂2007年版等。

〔2〕 所谓"贷款提携销售合同"是指消费者在与经营者订立购买商品或接受服务的合同时，该价款委托金融机构代为支付，同时卖方或提供服务的经营者作为消费者的连带保证人与金融机构之间签订保证合同的融资型消费信用交易。——译者注

〔3〕 日本《民法》第533条规定："双务合同的一方当事人，至对方提供了债务的履行之时止，可以拒绝履行自己的债务。但是，对方当事人的债务没有规定履行期限时，不在此限。"——译者注

[案例2] 因未成年人使用了自动收费服务电话DIALQ²[1]，而造成很大数额的信息利用费债务的发生，对此欲行使撤销权来拒绝支付"信息利用费"时（第5条第2款[2]），如果以"电话通话费"与"信息利用费"是各自不同的费用为由而被要求支付电话通话费的话，是否至少要支付通话费？

[案例3] 因卖方在附近经营的健身俱乐部将开设游泳池，所以购买了度假公寓，并一起签订了俱乐部会员合同。但是，因最终游泳池未建成而解除了俱乐部会员合同，那么，度假公寓的买卖合同也可以解除吗？

从结论来讲，关于案例1，现在立法上已经认可拒绝支付［《分期付款销售法》第30条之4（抗辩的接续）］。该案作为认可关于信用合同上的抗辩接续的立法依据的最初的裁判例，从销售经营人与金融机构之间的合作关系具有密不可分性出发，同时适用诚信原则，对顾客的拒绝支付给予了肯定［关于贷款提携销售，最高裁平成2年（1990年）2月20日判决，《判时》第1354号，第76页采用了消极说，但是通过平成11年（1999年）的《分期付款销售法》的修改，该问题在立法上得以解决］。关于案例2，一方面，裁判例以有偿信息提供合同和电话使用合同的独立性与电话用户的通话管理责任为前提，认可了本案当事人对通话费债务的支付请求［福冈高判平成8年（1996年）5月14日，《判时》第1598号，第107页等］；另一方面，与此相对立，也存在着以二者之间的密切关联性为背景否定此种"请求"的学说和裁判例[3]。近来，最高裁判所根据诚信原则提出了可以减少请求金额的认定方法［最判平成13年（2001年）3月27日，《判时》第1760号，

---

[1] 这是日本在1989年开始的一种利用家庭电话提供的有偿信息服务，"DIALQ²"是这种有偿信息服务的电话号码的代称。信息提供公司与电话公司合作，利用家庭电话的线路提供有偿的信息，信息利用费由电话公司在向用户请求支付电话费的同时一起代收。当初提供的信息包括时事新闻、天气预报等，后来开始提供色情信息，利用费也从当初的3分钟60日元涨为3分钟300日元，并且因电话公司对利用家庭电话接受信息是有偿的没有进行广为告知，从而发生了有关支付信息利用费的纠纷。在2014年2月28日，电话公司停止了该服务。——译者注

[2] 日本《民法》第5条第2款规定："违反前款规定的法律行为，可以撤销。"该条第1款规定："未成年人实施法律行为时，必须征得其法定代理人的同意。但是，只是获得权利或者免除义务的法律行为，不在此限。"——译者注

[3] 请参考河上正二，《法学教室》第208号，第65页、第71页以下。

第 19 页、第 89 页]。关于案例 3，最判平成 8 年（1996 年）11 月 12 日，《民集》第 50 卷第 10 号，第 2673 页对度假公寓买卖合同的解除也给予了肯定。[1]诚然，"密切关联性"有深有浅，不能否定其作为划分法律评价标准的模糊性，因此，进行实质性的情况判断和设定更加明确的指标将成为一项课题，但是，对密切关联性讨论的价值并不会因此而受损。

7. 违法原因给付与"干净的手"的原则

（1）违法原因给付

当认定陪酒女工作合同无效，会导致金钱消费借贷合同也无效时，应如何进行善后处理？如认定该合同无效，就无法依据合同的效力提出，因为该借款的返还期限已届满而请求返还借款的要求。但不管怎么说，因为 X_0 向 Y_1 交付了 4 万日元的金钱，而在法律上该交付金钱的原因（合同）已不存在，Y_1 收取了该金钱从而产生了得利。与此相对应，X_0 支出了 4 万日元。在这种场合，考虑当事人之间的公平，在具备了不存在法律上的原因、一方受到损失、另一方得利、二者之间有因果关系这四个要件的情况下，民法认可一方可以要求另一方返还**不当得利**（第 703 条以下）。因此，在本案中，X_0 对 Y_1 的返还不当得利（不是请求返还借款！）的请求似乎可以得到认可。但是，当"不存在法律上的原因"是由于当事人自行达成了违反公序良俗的合意时，作为**违法原因给付**要求返还的请求得不到认可（第 708 条）。这里说的"违法原因"正是指违反公序良俗而实施的法律行为［最判昭和 27 年（1952 年）3 月 18 日，《民集》第 6 卷第 3 号，第 325 页；最判昭和 37 年（1962 年）3 月 8 日，《民集》第 16 卷第 3 号，第 500 页等］。易言之，法律上，对于以违反公序良俗的给付为目的的合同，一方面，在其履行之前，即使当事人向裁判所提起诉讼要求履行，裁判所不会支持其请求是理所当然的（因违反第 90 条而无效）；另一方面，在履行之后，即使当事人向裁判所提起诉讼，称因该给付欠缺法律上的原因构成不当得利而要

---

[1] 请参考河上正二，《判例评论》第 470 号，第 175 页。

求返还，裁判所也不会支持其请求。这正是"不得用脏手叩裁判所的门"，即被称为**"干净的手"**（clean hands）的原则的思想的体现。比方说，假设以 1 000 万日元的对价接受了杀人的委托（合同!?）。因为这是一个违反公序良俗的合同，所以无效，委托人以杀人未得到履行为由，请求裁判所强制受托人履行杀人或基于债务不履行而要求赔偿损害，这样的请求无论如何也不会得到认可。这种情况下，对已经支付的金钱，如果可以作为不当得利请求返还的话，受托人则可能因不愿还钱而硬是决定实施杀人，所以，应该认定这一方也可以不予返还。因此，作为结果，也可以期待这成为抑制犯罪行为的起因（激励）。当然，因第 90 条的违反"公序良俗"与第 708 条的"违法"，这两个观念所要实现的方向正相反，所以二者并不完全一致（应该说后者的反社会性要稍微强一些），但二者的关联性是很明显的。[1]另外，作为一般理论来讲，对得利方和受损方各自行为的违法性进行比较衡量，当受益人的违法性更大时，灵活适用第 708 条但书的规定，也可以认可请求返还不当得利。还有，认可了事实上受到店主剥削的艺妓作出了额外的给付（抵销提前所借工资金额后的剩余工资）时，也要留有余地认可其对该部分的返还请求。

（2）对人们行为规范的影响

以上观点，对于思考判决给当事人乃至其他人的行为所带来的影响，也是十分重要的。让我们试图来思考一下，通过判决减轻该少女及其父母所受的"预借"束缚，会给人们的行为规范带来什么样的影响。

如果贷款得不到返还，作为陪酒女的雇主，要不就从根本上对以少女为担保的对外贷款行为更加慎重；要不就把得不到返还的风险融入利息里而以高利进行贷款，或者是为了使少女不逃跑而努力改善待遇。当时的红灯区经营人协会发表了以下的见解："我们认为，通过以卖淫为内容的合同而贷

---

〔1〕 详细内容在不当得利法中学习。先请参考山田幸司：《不法原因給付》，载星野英一编：《民法講座6》，有斐阁 1985 年版，第 69 页以下；难波让治：《公序良俗と不法原因給付》，载椿寿夫、伊藤进编：《公序良俗違反の研究》，日本评论社 1995 年版，第 340 页以下；川角由和：《民法 703 条・704 条・705 条・708 条》，载广中俊雄、星野英一编：《民法典の百年Ⅲ個別的観察（2）債権編》，有斐阁 1998 年版，第 469 页以下。

出的金钱,基本上是得不到返还的……去年决定不再对未满20岁的人实施贷款。对未成年人不是贷给她们,而是把钱给她们……我们不认为这个判例是命令将预借工资一笔勾销。因为经营人与从业妇女是互相帮助的关系,所以作为从业妇女的自由意思会把钱还回来的。今后恐怕对成年人也不实施贷款了,但是,一旦有急用时,妇女们岂不会为难?"[1]这恐怕是期待从业的妇女们出于感恩,根据其自由意思返还预借工资的意思。此外,还有设计出由经营人出资,设立了作为第三人的金融机构或"从业妇女协会"等,由其贷款给从业妇女,经营人本身不作为金钱借贷合同的直接当事人的例子。

问题中的少女会怎样呢?至少会考虑,因自己逃跑会使父母最终被迫返还借款,而即使不情愿还是得忍耐这样的事情已没有必要了。实际上,有报道说,本案判决后,被预借工资所束缚的女性直接向警察等提出"越级诉讼[2]"的现象大为增加。[3]

让女儿卖身的父母又如何呢?过去,即使女儿逃回来了,贫穷的父母也只能对女儿说"忍忍吧",而不得不将她赶回去(在为了减少抚养人数而让女儿卖身的情况下,更是如此)。但是,如不返还贷款亦可的话,则可以稍微安心地将女儿迎进家里。至少,陪酒女本人及其家人不再会因预借工资而被追究欺诈、贪污的责任。当然,事实上有通过暴力收回贷款的情况,也可能会有不讲道理的父母先把钱借下来,然后再计划让女儿逃回来的情况,这样反倒会让人产生诈骗预借工资的想法,这种案件也不是没有。

即使把以上这些情况综合起来考虑,也应该说,解放因卖身而被束缚自由的少女,恢复其人格尊严,是凌驾于一切之上的。过去,明治5年(1872年)太政官[4]布告第295号提出:"娼妓、艺妓等从业人员均可解放,与之相关的借款诉讼全部不予受理。"在发出艺娼妓解放令的同时,决定不受理

---

[1] 《朝日新闻》1955年10月8日。

[2] 日本江户时代的一种诉讼方式,原本是指不通过正规的诉讼程序,超越管辖范围,直接向领主或中央机构的官员等进行申述。这里是指无奈以卖身而借钱生活的女性没有去裁判所起诉,而是到警察这里来寻求保护。——译者注

[3] 《朝日新闻》(夕刊)1955年10月30日。

[4] "太政官"是日本明治政府在1868年设置的最高行政机构,在1885年开始实施内阁制度时将其废除。——译者注

任何借款返还诉讼。另外，司法省令第 22 号指出："上述娼妓、艺妓是失去了人身权利的人，无异于牛马，没有人要求牛马返还东西的道理，所以，贷给上述娼妓、艺妓的金银以及预借款项等全部不构成债务。"将艺娼妓比作牛马的观点是江藤新平提出来的，虽明显欠妥，但却很好地传达了其意图。也就是说，一边像对待牛马一样地忽视他人的人格，一边要求其返还借款时，作为对人的债权的实现来请求法的保护，这是没有道理的。

8. 判决与时代精神

本判决虽然是关于未成年人的陪酒女工作合同的判决，但是，其中讨论的，例如关于以卖淫为前提的预借工资合同的部分，也可以广泛地适用到当事人是成年人的情况。因此，在当时的新闻报道中出现了"卖淫史上的大革命""数十万卖身女性的大希望""对今后审议卖淫处罚法非常有利"的评论。但是，即便如此，走到这一步的迂回曲折，还是在很大程度上受到了关于这一问题的严重社会形势、人们的意识以及国家政策的变迁的影响。

最后，简单地回顾一下近代史，以确认本判决的时代背景。

① 话题要追溯到明治 5 年（1872 年）的"玛利亚·路斯号事件"和同年的太政官布告。"玛利亚·路斯号事件"是迫使日本反省自德川时代开始就广为实施的妇女"当学徒工"及"人身买卖"的有名案件。明治 5 年（1872 年）6 月 4 日，一名中国苦力从停泊在横滨港的秘鲁国汽船玛利亚·路斯号中逃出，先受到英国军舰的保护，后又被移交给神奈川县，但该县政府只是作了形式上的调查，再次将该苦力移交给了玛利亚·路斯号的船长。对此，英国代理公使沃森自行调查了苦力的悲惨状况后，向外务卿副岛种臣提出抗议，建议再次进行调查。接到副岛命令的神奈川县大参事大江卓在英美两国的支持下进行裁判，强行决定解放中国奴隶，将苦力们移交给了中国清朝使节。在此，以秘鲁船长提出的"日本也有娼妓的人身买卖"这一反驳为契机，同年 10 月 2 日，太政官下发了禁止人身买卖与娼妓学徒工制度，人身自由仍受限制的人得以无偿解放的布告。该太政官布告第 295 号和基于该布告所发的司法省令第 22 号被世人评论为"牛马的解放"。娼妓们虽然因得到解放而高兴，但是，没有任何技术且多为贫困阶层出身的这些女

性的生活却从此开始陷入窘境。最终与禁止令相对抗，各级地方政府出台了借给娼妓房间与金钱而让其营业的规避法律的"艺娼妓借用房间规则"，结果，烟花巷再度复活。因禁令最终并没有奏效，明治33年（1900年）公布了内务省令第44号《娼妓取缔规则》。根据此规则，一边规定"未满18岁的女性不得成为娼妓"，一边让娼妓在主管警察局所置备的娼妓名簿上登记，并接受一定场所限制等要求。事实上，公认了艺娼妓的活动。在此，认为公娼制度是必要的恶的理解方式和积极评价卖身少女的令人伤感的孝顺意识交织在一起了（"为父母卖身是自古以来的淳风美俗"？）。

② 这一状态一直持续到第二次世界大战结束。但在"战后"，昭和21年（1946年）1月21日，（美国）占领军发布了《关于废止日本公娼的备忘录》。基于该备忘录，昭和21年（1946年）内务省令第3号废止了《娼妓取缔规则》。其后，新《宪法》明确宣布了个人的尊严以及将（个人）从奴隶性束缚中解放出来（《宪法》第18条）。以此为开端，《劳动基准法》规定了禁止对人的奴隶性使用（《劳动基准法》第5条）、禁止中间剥削（《劳动基准法》第6条）以及对预借工资的抵销（《劳动基准法》第17条），并在该法第58条第1款和第59条后半部分规定，禁止父母或监护人代未成年人签订劳动合同以及收取预借工资。另外，《儿童福利法》第34条第1款第5项、第6项规定，禁止让未满15岁的儿童以陪侍酒席为业，禁止让儿童从事卖淫行为。本判决宣布后的第二年［昭和31年（1956年）5月］，制定了《防止卖淫法》［自昭和32年（1957年）4月施行］，根据该法第9条、第10条，以让他人卖淫为目的，通过预借金钱及其他方法提供给某人以金钱及其他财产上的利益的行为，或签订以让他人卖淫为内容的合同的行为，受到了全面禁止。

③ 对于这一问题，裁判所的态度也发生了微妙的摆动。大审院明治29年（1896年）3月11日判决（《民录》第2辑第3卷，第50页）依据明治5年（1872年）的太政官布告，将艺娼妓合同作为约束人身自由而违法的劳务合同，认定其完全无效，但是，在《娼妓取缔规则》公布后的明治33年（1900年），大审院于明治33年（1900年）2月23日判决（《民录》第6辑第2卷，第81页）中却认为，"那个关于金钱借贷的合同与以束缚身体为目的的合同应被看作是各自独立的合同"。其采取工作合同与借贷合同的二元

结构，对金钱借贷合同部分作出了有效的判断。到了大审院明治35年（1902年）2月6日判决（《民录》第8辑第2号，第18页），则认为因娼妓工作已被"公认"，关于这一部分也是有效的。进入大正时期，也有将娼妓"逃跑"认定为是"侵害债权"的判例［大审院大正7年（1918年）10月12日判决（《民录》第24辑，第1954页）］。这样的判断只能认为是以工作合同的有效性为前提的。尽管，大正民主主义时代，本判决中也提到的大审院大正10年（1921年）9月29日判决（《民录》第27辑，第1774页）认为，消费借贷部分是"纯粹消费借贷"时有效，但是，在消费借贷"虽名为借贷，但实质上其真正的意图是构成艺妓工作的合同，作为从事艺妓工作的对价，支付给A女20日元的金钱，当A女有不当行为时，作为损害赔偿让该女支付同等数额的金钱这样的意义"的情况下，该消费借贷部分则无效。该判决显示了即使是在二元结构的理论下，也能够保护艺妓［不过，大审院昭和6年（1931年）10月23日判决（《新闻》第3336号，第10页）、大审院昭和13年（1938年）11月22日判决（《新闻》第4355号，第7页）最终认定预借工资部分有效］。在这样的判决推移中，以临近制定《防止卖淫法》时社会意识的变化为背景，本判决被宣布出来，否定了一直以来存在于判例中的二元结构，明确指出陪酒女工作合同与金钱消费借贷合同两者有"密不可分的关系"。

【参考文献】

关于"陪酒女预借工资案件"的评解或与该判决相关的论述，有三渊乾太郎，《法曹时报》第7卷第12号，第1544页；三渊乾太郎，《判例タイムズ》第52号，第1页；我妻荣，《ジュリスト》第93号，第23页；我妻荣：《判例より見たる公の秩序善良の風俗》，载《法学協会雑誌》第41卷第5号，第904页；川岛武宜，《判时》第63号，第1页；川岛武宜：《人身売買契約の法律関係》，载《法学協会雑誌》第68卷第7号，第699页；川岛武宜：《人身売買契約の法的効力》，载《法律时报》第27卷第12号，第50页；中川善之助，《法律时报》第27卷第12号，第50页；谷口知平，《民商法雑誌》第34卷第3号，第385页；几代通，《民法判例百選Ⅰ》（初版），第16案件；石外克喜，《民法の判例》（第2版），第4案件；西村信雄，《ジュリスト》第200号，第154页；东法子，《手形研究》第291号，第32页；米仓明，《法学教室》第59—62号（1985年）；能见善久，《法学協会雑誌》第97卷第4号，第577页；椿寿夫，《法学教室》第193号（1996年），第19页等。

另外，关于娼妓解放令以及人身买卖，请参考《法律時報》第 3 卷第 9 号（1931 年）第 3 页以下专题中所收集的；末弘严太郎：《判例を通してみた人身壳買》；尾佐竹猛：《遊女解放令の前後》；中山太郎：《我国人身壳買禁止の法制史的考察》等各论稿，以及青山道夫：《人身壳買契約》，载契约法大系刊行委员会编：《契約法大系Ⅵ》，有斐阁 1963 年版，第 391 页；マーク・ラムザイヤー：《芸娼妓契約》，载《北大法学論集》第 44 卷第 3 号（1993 年），第 642 页。关于"玛利亚·路斯号事件"，请参考武田八洲满：《マリアルーズ事件——大江卓と奴隷解放》，有邻堂 1981 年版，清楚地说明了事件的来龙去脉。

第 5 章

支配民法的 "诚信原则"

公寓分售合同谈判破裂案件 [最高裁昭和 59 年（1984 年）9 月 18 日判决]

【本章的课题】

通过之前的学习，我们已知民法是权利与义务的体系。但是，在适用法律时，实际上，在将抽象的权利义务内容予以具体化或予以实现时，无论如何都有必要根据个别的、具体的情况进行修正和补充。还有，在法律没有对权利与义务的分配予以明示的情况下，还需要摸索创造新的规则。作为民法指导理念之一而被谈及的 "诚信原则"（信义则）（第 1 条第 2 款），有时会抑制权利的过度行使，修正和补充债务的内容；有时还会成为新规则的渊源（在这个意义上与 **权利滥用** 有相似之处*）。诚信原则（Treu und Glauben, bonne foi）既有要求社会共同生活中的每一个人，在行使私法上的权利（私权）时，互不违背对方的期待和信赖，抱着诚意来行动的一面，又有为回避因只是形式上适用法律所造成的不当的紧急避险式的功能。诚信原则从古代罗马法开始，作为对抗严格法的市民法或对其进行补充的原理而保持其生命，到如今仍然发挥着重要的作用。本章主要就 "财产法（合同法）" 上的诚信原则的意义，以 "公寓分售合同谈判破裂案件"[最高裁昭和 59 年（1984 年）9 月 18 日判决，《判时》第 1137 号，第 51 页] 为素材来进行探讨，同时就合同的成立、合同责任、缔约过失、合同上的债务结构一并探讨。

1. 在阅读判决之前

"合同自由原则"作为私法自治的派生命题（corollary），包括"**选择合同对方的自由**""**形成合同内容的自由**""**签订方式的自由**""**签订合同的自由**"。现在，虽然从保护经济上的弱者等政策看，这样的自由并非完全妥当，但是其作为法律原则的地位并未发生改变。易言之，原则上，法律许可双方当事人自由地进行交涉，在自己的责任范围内，为尽量获得有利交易而"讨价还价"，形成合同内容，并最终决定是否签订合同。诚然，作为市场上的行为规范，当事人被要求应公平、公正地实施交易（至少，不得欺骗、威胁对方），但是，通过比对方更早更多地收集和分析正确的信息，以自己的洞察力、决断力、交涉力作出更好的选择而在竞争中获胜，这正是作为交易人所应具有的优秀能力的证明，绝不应受到指责。换言之，到最终签订合同（合同成立）时为止*，双方当事人应该拥有退出合同的自由和中断谈判的自由。这种情况下的"自由"意味着可不对他人负任何法律上的责任。也就是说，到合同成立的最后阶段为止，当事人互相持有"犹豫权"。

但是，从昭和 30 年（1955 年）开始，裁判所积极认可对于进入合同缔结阶段的当事人课以一定的"诚信原则上的注意义务"的做法。最初，损害赔偿是要以合同成立为前提的，但后来，因合同成立前的事由导致当事人一方遭受损害的赔偿请求也开始获得容许。[1] 东京地方裁判所昭和 49 年（1974 年）1 月 25 日判决（《判夕》第 307 号，第 246 页；《判时》第 746 号，第 52 页），对购买公寓后因光照、通风变差而追究卖方在合同谈判中的说明不足而承担损害赔偿责任的请求，虽然在结果上未予以肯定，但作为一般见解，判决进行了如下陈述：

> 在上述缔结阶段，作为合同当事人的一方就对另一方的意思决定具有重要意义的事实（包括与合同内容无关的事实），进行了违反诚信原则的不当陈述，使对方进入合同关系，从而给对方造成损害时；或者对

---

[1] 例如，东京地判昭和 34 年（1959 年）6 月 22 日，《下民》第 10 卷第 6 号，第 1318 页；福冈高判昭和 47 年（1972 年）1 月 17 日，《判时》第 671 号，第 49 页等。

于构成对方意思决定的原因的事实，作为合同当事人的一方被认为负有诚信原则和公正交易所要求的调查澄清、告知说明的义务，却因故意或过失怠于履行该义务，使对方进入合同关系，从而给对方造成损害时，即使合同已有效订立，对该损害也有赔偿的责任。

这种**合同缔结阶段**的诚信原则，不仅作为已经发生的合同效力在时间上的扩张（提前）得以认可[1]，而且在合同最后未成立的情况（合同谈判受挫）下也被开始讨论，现在，到合同签订为止的中立区（neutral zone），在法律上也变得不再是无色的了。在最近的消费者交易中，经常作为问题被提出来的经营者对顾客负有的"**说明义务**""**信息提供义务**"（请参考《消费者合同法》第 3 条[2]以下）等，也多是作为这个阶段的诚信原则上的义务而成为讨论的对象。

以下要谈的是，对于一方当事人放弃**合同谈判**的情况，最高裁判所以违反合同缔结阶段的诚信原则上的注意义务为由，肯定了损害赔偿责任的案件。

*【**诚信原则与权利滥用的关系**】　在法律条文上，诚信原则是对"权利的行使和义务的履行"提出的要求。《德国民法典》（第 157 条、第 242 条）和《法国民法典》（第 1134 条）作为合同解释和债务内容、债务履行方法的标准规定了诚信原则，而《瑞士民法典》（第 2 条第 1 款）采取了与日本《民法》相同的写法。诚信原则与权利滥用的适用关系并不十分明确。如果要说的话，在通过特别的权利义务关系（例如合同关系以及类似合同的信赖关系）而形成的针对人的、债权性的关系上，诚信原则多被论及，在不以这样的关系为前提的社会性问题领域、物权性问题领域，权利滥用则多被论及。[3]不过，对两者的适用范围没

---

[1] 参见我妻荣：《民法讲义 V₁（债权各论上）》第 41 页。

[2] 日本《消费者合同法》第 3 条第 1 款规定 "经营者在订立消费者合同的条款时，对消费者来说消费者的权利义务以及其他的消费者合同内容要保持明确且平易的同时，在劝诱签订消费者合同时，为了加深消费者的理解，努力提供有关消费者的权利义务以及其他的消费者合同的内容的必要信息。"——译者注

[3] 请参考我妻荣：《公共的福祉・信义则・权利滥用的关系》，载末川先生古希纪念论文集刊行委员会编：《权利的滥用（上）》，有斐阁 1962 年版，第 58 页等。

有必要进行严格地区分划定,且实际上,在一边确保个案具体结果的妥当性,一边论及"衡平""正义""法理"上,两者已得到灵活的运用。附带说一下,明治 8 年(1875 年)太政官布告第 103 号——《裁判事务心得》第 3 条规定:"民事裁判,无成文法律规定者,依习惯,无习惯者,应该推测条理进行裁判。"而现在的诚信原则正取代了条理而占据着一般原则性的地位。

*【合同的成立时间】 对合同的成立时间、成立过程的结构应如何考虑,在理论上是很麻烦的问题之一。在如买卖这样的"诺成合同"下,因为原则上只要有要约与承诺的意思表示的一致,合同即告成立,说得极端一点,"达成合意的瞬间",合同即成立并生效(权利与义务的发生),并不需要制作"合同书"。但是,这与合同当事人的实际意识具有相当大的偏差。[1]

2. 案件的经过

根据判决所认定的事实,本案的经过大致如下,虽有些烦琐,但为了说清谈判过程,还是作了如下较详细的说明:

> 原告 X 计划以等价交换的方式在案外人 A 所有的土地上盖一幢四层的分售公寓。在昭和 54 年(1979 年)该公寓开工的同时,开始募集购房人。牙医 Y 一直以来都在物色一套条件好的出租房屋,经不动产商的介绍,于同年 11 月 20 日初次与 X 进行了面谈。但 Y 告诉 X 说,因为作为分售对象的公寓一层的 102 室房间的面积太小,且不是租赁而是购买,所以自己还需要考虑一下,并委托经营牙科医院设备的两个专业公司对该公寓进行配置设计和估价。同年 12 月 27 日,X 向 Y 提出有很多

---

[1] 关于围绕"合同的成立"的问题,请参考河上正二:《〈契約の成立〉をめぐって(1・2完)》,载《判例タイムズ》第 655 号,第 11 页,第 657 号(1998 年),第 14 页。另外,作为近来的概括性研究,有泷泽昌彦:《契約成立プロセスの研究》,有斐阁 2003 年版。此外,从"预约"的角度所作的综合研究有椿寿夫编:《予約法の総合的研究》,日本评论社 2004 年版等。

人申请购买该公寓,希望Y早一些作出决定时,并暗示了可以降低价格。Y提出在面积上还不够用,如果可以使用二层的一个房间的话,面积上就没什么问题了。而X以二层的该房间因等价交换已归案外人A所有,自己无法做出决定为由拒绝了Y。于是Y提出再考虑考虑,希望等他的决定,并支付给X 10万日元(这笔钱意味着什么,没有判明)。昭和55年(1980年)1月中旬,Y虽然得出了若无二层的房间,牙科医院将无法在此营业的结论,但其认为使用二层一个房间的可能性还是有的,所以他没有拒绝交涉,并于同年1月下旬,就牙科医院需要大量用电、公寓的电容量问题询问了X。X告诉Y,现有设备远远不够满足Y所要求的用电量(单是入住隔壁101室的中国菜馆就需要相当大的电容量),需要另外设置变电室,为此相应需要花费额外的费用。其后X重新计算电容量,在没有确认Y的意向的情况下,决定在该公寓配备变电室,并指示建筑商变更设计。2月20日,X告诉了Y已变更了设计的事实,Y不但没有提出异议,反而在3月的时候,委托X制作向金融机构申请贷款所需的"估价书"。3月下旬,X与案外人A交涉后告知Y,该公寓二层的一个房间如果是租赁的话可以提供给Y,Y以买一层、租二层将来会有问题以及每月需支付的费用过多等理由,表明了拒绝的意向。3月末,Y以资金有困难为由拒绝了与X的购房交易。同年5月下旬,X通过与案外人A的协商,取得了二层的一个房间的所有权,所以,X再一次向Y提出,102室与二层的一个房间可以一并出售,但Y以无购买意向而拒绝。

接受Y的询问后,到X为了设置变电室而决定变更楼房设计时止,由于中止了工程而造成的钢材租赁费、工人工资的损失以及因变更设计而带来的工程造价的增加等,合计为420多万日元,X为此向Y提起了本案诉讼,请求损害赔偿。

3. 问题之所在

从案件的经过能够看出,到Y拒绝购买为止,在交涉过程中,X、Y进行了各种各样的对话。尤其是Y为了购买该公寓,询问了使用二层一个房间的可能性、扩大电容量的可能性，并委托 X 制作估价书等；而 X 为了能满足 Y 的意向也进行了一定的努力，虽然自作主张地决定变更了变电室的设计，但最终却与 Y 未能达成意思表示的一致（合同的签订）。在这种情况下，X 对签订合同的期待与信赖不值得法律保护吗？如应当得到法律的保护，那又是基于何种法律根据呢？反过来，从 Y 的角度来看，即便对是否购买还在犹豫不决，从某个阶段开始就要受合同的约束，这不会违反合同自由原则而导致不当的结果吗？

4. 裁判所的判断

作为第一审的东京地方裁判所昭和 56 年（1981 年）12 月 14 日判决（《判夕》第 470 号，第 145 页）对本案作出了如下陈述，部分地认可了 X 的损害赔偿请求：

> 开始进行交易并进入合同缔结阶段的双方与一般市民间的关系不同，因其建立了一种受诚信原则支配的紧密关系，无论最后合同是否签订，应该说双方都负有互不损害对方人格、财产的诚信原则上的义务。违反这一义务给对方造成损害时，即使合同未能签订，认定其承担作为合同责任的损害赔偿义务是妥当的。

控诉审判决［东京高裁昭和 58 年（1983 年）11 月 17 日判决］在基本支持了第一审的判断上，以下述判断为理由，驳回了 Y 的控诉：

> 即使是在合同最终未得以签订的情况下，基于以该合同的成立为目的而作了上述准备的当事人间已经产生的、类似合同关系的信赖关系，作为诚信原则上的责任，认定赔偿对方因相信该合同有效成立而蒙受的损失（所谓的**信赖利益**）*，是妥当的。

引人注意的是，控诉审选择了"基于类似合同的信赖关系的诚信原则上的责任"的表述，与明确提出了"作为合同责任的损害赔偿"的第一审判决，在措词上出现了若干不同。这可能是对合同成立前谈"合同责任"的做法有些许犹豫的结果。Y 在上告理由中强调谈判与签订合同的自由时认为：

一般来讲，欲通过谈判签订合同的人，为了在商业习惯所允许的范围内，以更加有利的条件签订合同，都会在自己承担责任的前提下进行一定的讨价还价。即使结果以合同未能成立而告终，双方之间互不发生任何债权债务，这也是理所当然的。

但是，最高裁昭和59年（1984年）9月18日判决（《判夕》第524号，第200页；《判時》第1137号，第51页）对此基本上未说明理由，就作出了以下的陈述，驳回了Y的上诉。

根据原审合法认定的事实关系，认可原审的由于Y违反了合同缔结阶段上的基于诚信原则的注意义务，而应承担损害赔偿责任的判断是妥当的。

*【**信赖利益与履行利益**】 正如我们已经学习过的那样，为了保护人们现有的权利状态（静的安全），侵权行为法的主要着眼点是恢复在假设现有状态为零的情况下，因侵权行为而造成的所谓负数部分（恢复原状）。相反，合同法的目的在于保障当事人所追求的财产移转的效果，使其实现从零到所谓正数的利益状态。易言之，合同法的目标是实现资本至少周转了一次后的财产状态。合同履行后将会带来的利益状态与合同未如期履行所形成的状态之间的差，被称为"**履行利益**"。与此相对，在合同无效或不成立的情况下，与合同得到履行相比，被认为更应一边以恢复原状为前提，一边将因相信了合同会有效成立而遭受的损害作为赔偿对象，这被称为"**信赖利益**"。如在不动产买卖等交易中，因实地调查所发生的费用或因从银行借了购房资金而导致的已经发生的利息等都构成信赖损害（相反，因转卖而本应获得的利益被认为是履行利益）。因为没有必要为债权人带来比合同有效成立且如期得到履行时更大的利益状态，所以，一般来讲，信赖利益的上限是由履行利益来界定的。不过，这样的区分只是相当方便的说法，若换个视角来看，"若合同被履行而本应获得的利益"与"因相信了合同有效而遭受的损害"，都起因于对有效合同的期待，其损害也都是因为对方的违法行为造成的，所以，其性质上的差别并不大。

5. 应如何思考

(1) 放弃谈判的责任

本案中的谈判过程十分曲折，如实地展示了在高额的房地产交易活动中，X 想尽早完成交易的焦虑与 Y 伴随着犹豫和期待的谈判情形（附带说一下，X 不是取得了许可证的"宅基地、房屋交易商[1]"）。裁判所好像认为，合同未能签订和损害发生的原因主要在于，Y 高估了自己的支付能力，尤其是抓住了 Y 继续谈判、似乎认可了 X 因变更设计而增加费用这一点，因而作出了违反诚信原则的判断（虽然从资料来看并不明确，但是，在此实施了五成的过失相抵）。在本判决作出的一年半之前，在一个双方当事人就房地产买卖的事实已经达成合意，只等以公证证书的形式来签订合同，而一方当事人放弃交易的案件中，最高裁判所作出如下的判决，维持了原审的判断［最判昭和 58 年（1983 年）4 月 19 日，《判夕》第 501 号，第 131 页；《判时》第 1082 号，第 47 页］：

> （考虑到本案的谈判过程）基于上述谈判结果，X 期待合同得以签订，并为此进行准备的行为是顺理成章的。在签订合同的准备工作已经到了这样的阶段时，认为基于诚信原则 Y 应负有不侵害 X 的期待、诚实地为使合同成立而努力这样的义务也是妥当的。因此，在由于 Y 的原因而使 X 不能与 Y 订立合同时，只要没有特殊的情况，Y 的行为对 X 构成违法［侵权行为！］。

这个判决与本判决一起，（责任的法律性质暂且不论）在判例上确立了合同缔结阶段产生诚信原则上的注意义务。

不过，对结果的妥当性的判断还是很微妙的。单从被认定的事实经过来

---

［1］ 所谓"宅基地、房屋交易商"，是指得到相关行政机关的许可，以宅基地、房屋的买卖或交换为业务内容，或者以宅基地、房屋的买卖、交换、租赁的代理或中介为业务内容的公司。宅基地、房屋交易商在进行交易时，不仅要遵守民法的规定，还要遵守《宅基地房屋交易商法》的规定。根据《宅基地房屋交易商法》第 35 条的规定，宅基地、房屋交易商负有把合同的重要事项以书面方式交付给顾客，并进行说明的义务。——译者注

看,不能否定,Y 最终拒绝缔约的意思表示有给人以过于迟延的印象,但在这种情况下,毫无保留地肯定购房人的责任,也不是没有疑问的。设想,在一方是巧妙且不屈不挠推销的经营者,另一方是仅持有极少信息的一般顾客的情况下,一般顾客为了作出准确判断,而陈述自己的期待,进行追根究底地询问,试图得到更加适合自己给付能力的结果,这未必是应受指责的行动。与此相对,经营者不断单方面地积极制造既成事实和看似免费的带有负担的行为,使顾客慢慢地难以从合同谈判中退出,最终成为顾客签订合同的枷锁,不得不说这才是让人应该担忧的事态。附带说一下,关于本案中的作为主要问题所提出的为扩大电容量而设置变电室一事,虽然这确实是因 Y 的询问而起,但也不是不能这样考虑:X 认为"不管是谁入住,现在的电容量都太小了;若在这时实施了电容量变更工程,对方就不好拒绝了"(102 室已有的电容量只有隔壁 101 室店铺预计使用电容量的 1/3 左右),所以就在未确认 Y 的意向的情况下,单方面实施了变更设计的行为。从结果上看,X 设置变电室扩大电容量,至少可以期待 102 室的购买行为可以招来与隔壁房间相当规模的其他店铺入住,所以,认为 X 是抱着"即使与 Y 不能成交,这钱也不白花"的打算而行动的也未尝不可(这里的过失相抵肯定包含了多种意义)。

(2) 从社会性接触中产生的责任

以前的合同法都以合同成立为前提,规定了合同解除(合同关系的消灭)时,对已履行部分的"清算"和对债务不履行的"制裁"的损害赔偿,但在理论上并不存在使合同成立——履行义务的发生时间与合同责任的开始时间相一致的必然性。从以交易为目的开始社会性接触时起,广义上的"交易关系"就已发生,并已经在积累起一些"小的约定(或者是部分合意)",这样来看的话可能会好些(举个浅显的例子,将此比作面对"婚姻"的男女之间的关系比较易于理解)。朝向合同最终成立的进展程度,我们将之称为"**合同的成熟度**"。解除该关系时,在考虑成熟度之上进行清算,双方互相负有避免使对方发生不必要的损害或**防止损害扩大的义务**。因此,对违反者实施一定的制裁,这样的想法是很自然的(是否将此看作是"合同责任的时间性扩张"只不过是"合同责任"这一用语的问题而已)。不过,既然履行义务尚未得以确定，期待合同成立而实施的准备行为，原则上应属于风险自担、责任自负的行为，应清算的项目和作为对对方不诚实的制裁而要求的损害费用（例如，因对方违反诚实谈判义务而遭受的不必要的费用支出等），也应该只限于一定的范围。另外，既然合同尚未成立，只要没有特殊情况，就不能强制进行现实的履行或"代替"履行的损害赔偿（从这一意义来看，与合同的成熟度联系起来立即认可履行利益的赔偿还需要慎重）。朝向合同成立的谈判过程是不断积累小的约定的这一想法，使人想起附停止条件的"亚合同"的存在。根据情况，对于这些亚合同，可以考虑会产生"预约"或"妨害条件成就"等责任，这些问题肯定又受合同形成的类型不同的影响。

（3）谈判过程中的责任与合同的成立

从以上理解来看，不管合同成立的时点如何，在诚信原则上，谈判当事人之间互相负有一定的责任。但是，通过肯定这样的责任，相反地可以把作为履行义务发生的适当时期的"合同成立时间"推迟到与当事人的意思更相符的时间点。在此，谈判过程中发生的100%的责任，即合同当事人认为"到了这种程度，被强制现实履行也是没有办法"的时候，未必单纯是关于该合同类型的要素达成了合意的时点，而是希望合同成立的当事人的确定意思能被读出的时点。作为现实的问题，该交易领域中的习惯和"合同书的制作"等成为合同成立的极其重要的标识。应当说，不拘泥于原则性的诺成合同主义，稍微着眼于合同被放入的"场合"和合同成立的"契机"来思考问题是必要的。

6. 支配合同法的诚信原则——以债务内容为中心

（1）合同之"前后"——从瞬间到过程

① 合同成立之前。朝向合同签订而发生的一定社会性接触、谈判过程以及先行性的社会关系，以前这些被认为在法律上处于中立领域里但不能否认，像本判决这样，至少在今天，在这些领域里，逐渐开始以"诚信原

则"这样的一般条款为媒介，（超出了与毫无关系的人之间的关系）正在形成具有一定内容的责任领域。经营者对于容易造成混淆的"**广告**"应负的责任，或在合同谈判时经营者对顾客负有的"**说明义务**""**信息提供义务**"等，也是在这一领域中展开讨论的问题群*。百货公司的食品柜前有腐烂的菜叶掉在地上，顾客踩到后滑倒受伤，或者使对方将无效合同当作有效合同予以相信，而支付了不必要的费用的情况，可否作为"缔约上的过失"而形成损害赔偿责任的讨论，也属于这一领域的问题*。

面对以上现象，有人解释为，在这样的现象中，基于诚信原则的新的关系规范得以产生和发展。这是裁判官一边以当事人的意识为媒介，一边利用诚信原则这样的"一般条款"而形成的*。但是，因为他律性的关系规范无法独立发挥作用，所以事先掌握当事人的积极的意思以何种形式与这种规范的根源有关联则更为重要。易言之，不仅要对与给付本身的履行义务的发生、变更、消灭相关的狭义上的合同之合意予以关注，对其周围的可以称之为"（部分）合意"或"同意"的内容也有必要给予法律上的考虑。

② 合同的履行。对于债务的履行，也不是单在形式上实施了履行行为即可。例如，返还贷款或支付房租时，如果做出了把钱扔到对方脸上的动作，那么这样的履行方式在诚信原则上不能评价为"金钱债务的履行"。债权人也一样。若债权人认为自己只享有权利不负担义务，而态度强硬地对对方的履行不进行必要的配合时，也会被课以诚信原则上的责任。[1]另外，对于轻微的不履行行为，以合同不履行为由行使解除权时，也有通过诚信原则进行抑制的情况。[2]

③ 合同履行之后。同样，即使当事人已就给付内容达成合意且得到了履行，其后如有持续性提供标的物本体作为母体的专用消耗品、在一定时间内提供替换用的零部件、对由合同得知的信息负有保密义务等，在合同履行后仍考虑一定的"**合同的事后效力**"的情况还有不少。易言之，以旧合同法所关注的"主要给付的履行义务"的发生、消灭为中心，合同的防守范围（应该被

---

〔1〕 请参考大判大正10年（1921年）7月8日，《民録》第27卷，第1449页（债权人的配合义务）；最判昭和46年（1971年）12月16日，《民集》第25卷第9号，第1472页（诚信原则上的收取义务）。

〔2〕 请参考大判大正9年（1920年）12月18日，《民録》第26卷，第1947页；最判昭和41年（1966年）3月29日，《判時》第446号，第43页。

理解为"合同上的债务")逐渐向"前后"大大地扩张,在此,不单是瞬间性的法律关系的变化,连变化的过程也开始被强烈地意识到了。有时候,回应情况变化的**再谈判义务**也被讨论*,这样的话,对于给付本体部分,似乎有必要来进一步考虑"将不确定性纳入债务之中"。

> *【说明义务、信息提供义务】 对于消费者与经营者所签订的合同,经常被讨论的问题里包含经营者的"信息提供义务"。在各种行业法规中规定**重要事项披露义务**的例子已有不少(《消费者合同法》第3条、《宅基地房屋交易商法》第35条、《分期付款销售法》第3条等),在判例上,以诚信原则等为根据,认定经营者的说明义务的也很多。当然,因为不告知一定的重要信息会构成"**以沉默的方式实施欺诈**",若故意提供与事实不符的信息,也可能会成为对方的撤销合同的事由(请参考《民法》第96条[1]),所以,反过来说,讨论其背后的信息提供义务,也是有可能的。如果以消费者和经营者之间在信息上存在的结构性差距为由,取消经营者欺诈中的"故意"要件的举证责任,或在经营者有"过失"的情况下,扩大消费者的撤销事由也是适当的话(《消费者合同法》第4条第1款、第2款[2]等),将会进一步强烈要求经营者

---

[1] 日本《民法》第96条第1款规定:"因欺诈或胁迫而作出的意思表示,可以撤销。"第2款规定:"由于第三人的欺诈而使当事人对对方作出意思表示时,只限于对方知道该事实的情况下,可以撤销该意思表示。"第3款规定:"前两款所规定的可以撤销的因欺诈而作出的意思表示,不能对抗善意的第三人。"

修改后的日本《民法》第96条第2款在原条文之上追加了对方应该知道时,可以撤销该意思表示。修改后的第96条第3款在原条文之上追加了不能对抗善意且无过失的第三人。——译者注

[2] 日本《消费者合同法》第4条第1款规定:"经营者在劝诱消费者缔结消费者合同的时候,对该消费者实施了以下各项所列举的行为,从而引起了以下各项所规定的误认,消费者由此作出消费者合同的要约或承诺的意思表示时,可以将其撤销。

"(一) 关于重要事项,作了与事实不符的告知。误认为被告知的内容是事实。

"(二) 关于物品、权利、服务以及其他成为该消费者合同目的的事项,对于其将来的价格、消费者在将来应该收取的金额以及其他在将来是否变动具有不确切性的事项提供了断定性判断。误认为被提供的断定性判断的内容是确切的。"

第2款规定:"经营者在劝诱消费者缔结消费者合同的时候,对于某重要事项或与该重要事项有关联的事项,通过告知对该消费者有利的事实,同时故意不告知关于该重要事项对该消费者不利的事实(限于根据该告知,消费者通常应该认为该事实不存在的情况),消费者误认为该事实不存在,因此作出了消费者合同的要约或承诺的意思表示时,可以将其撤销。但是,尽管该经营者欲将该事实告知该消费者,可是该消费者拒绝时,不在此限。"——译者注

对商品内容负有提供重要信息的义务。[1]

　　*【缔约上的过失】　　对于从违反合同成立前当事人负有的注意义务（过失）中推导出来的类似合同的责任，统称为"缔约上的过失"[2]。

　　*【关系性合同】　　"关系性合同"理论虽是作为意思理论的反命题被提出来的，但不如将其看作意思理论的补充为妥，尤其是在分析以继续性合同关系和信任关系为问题的合同时，会给我们带来有益的启发。[3]

　　*【再谈判义务】　　"再谈判义务"是指在长期且复杂的合同关系中，应该对应情况的变化来修改合同的内容，并请求当事人实施协调行为的义务。不过，虽然当事人被赋予了再谈判义务，但是从私法自治的观点来看，这个义务并不具有让当事人承担合同修改"结果"、或产生新的承诺义务的性质。[4]

---

〔1〕关于信息提供义务，请主要参考后藤卷则：《フランス契約法における詐欺・錯誤と情報提供義務（1）（2）（3・完）》，载《民商法雑誌》第102卷第2号，第180页以下；第3号，第314页以下；第4号（1990年），第442页以下。近期的文献有宫下修一：《契約関係における情報提供義務（1—12完）》，载《名大法政論集》第185—205号（2000—2004年）；宫下修一：《消費者保護と私法理論》，信山社2006年版等。

〔2〕关于其历史背景，请参考O・ベーレンツ：《歴史の中の民法——ローマ法との対話》，河上正二译著，日本评论社2001年版里的补讲7"耶林与'缔约上的过失'理论"。近期比较成熟的研究成果有潮见佳男：《契約締結上の過失》，载谷口知平、五十岚清编：《新版注釈民法（13）》，有斐阁1996年版，第84页以下；圆谷峻：《新・契約の成立と責任》，成文堂2004年版；加藤新太郎编：《判例Check契約締結上の過失》，新日本法规出版2004年版。

〔3〕关于关系性合同，请参考内田贵：《契約の再生》，弘文堂1990年版；内田贵：《契約の時代——日本社会と契約法》，岩波书店2000年版。另外，也请参考川角由和：《現代民法学における関係的契約理論の存在意義（1—4完）：内田贵教授的所说に対する一つの批判的評注》，载《島大法学》第37卷第4号，第95页以下；第38卷第1号，第89页以下；第3号，第27页以下；第39卷第2号（1994-1995年），第51页以下的批评性探讨。

〔4〕相关的文献较多，尤其应参考的有和田安夫：《長期契約の調整と再交渉義務》，载《姫路法学》第13号（1993年），第1页以下；北山修悟：《契約の改訂——資源開発契約を中心として》，载《法学協会雑誌》第112卷第1号（1995年），第73页以下；松井和彦：《過去志向の法システムと再交渉義務》，载《一橋論叢》第115卷第1号（1996年），第250页以下；石川博康：《〈再交渉義務〉論の構造とその理論の基礎（1）（2・完）》，载《法学協会雑誌》第118卷第2号第234页以下，第4号（2001年）第520页以下等（该连载已出版为书：石川博康：《再交渉義務の理論》，有斐阁2011年版）。

（2）合同之"左右"——附随义务与对第三人的效力

① 合同之左（附随的注意义务）。问题并不止于合同之"前后"。如果钢琴的卖方同意把作为标的物的钢琴安放到买方的客厅，而其员工在搬运钢琴的过程中将窗户玻璃或附近的花瓶打破，卖方就会被追究与合同履行相伴的"**违反附随的注意义务**"的责任。这是因为在诚信原则上，卖方负有在履行过程中注意不损害顾客财产的义务。这种义务的违反，并不是指应履行时而没有履行、想履行而不能履行这种消极的违反义务，而是指虽然积极地履行了义务，却因不当的履行方式而侵害了债权人利益时所发生的责任，因此，这被称为"**积极的债权侵害**"。在侵害对方的生命或健康时，也有可能被认定为违反**安全保障义务**[1][最判昭和58年（1983年）5月27日，《民集》第37卷第4号，第477页]。另外，履行债务时因履行失败，给债权人带来损害的，即便不是债务人自己而是其员工所为，一般也不能免除债务人的责任。因为，员工（履行辅助人）的不注意（过失），在诚信原则上被视为债务人自身的过失予以评价[大判昭和4年（1929年）3月30日，《大民集》第8卷，第362页]。这些都是根据诚信原则在主给付的周边构筑起来的附随性债务。总而言之，因为这也是是否实施了基于"**债务的本旨**"的履行的问题（请参考《民法》第415条），所以，对其区别没有必要进行严格的论述，但是应当认识到，在确定债务内容时，诚信原则与此密

---

[1] 关于安全保障义务，日本《民法》没有明文规定，但作为判例法理已得到认可，一般是指具有一定的法律关系者，相互负有应该保障不损害对方的身体、生命等诚信原则上的义务。最初认定了安全保障义务的是最高裁判所昭和50年（1975年）2月25日判决（《民集》第29卷第2号，第143页）。在该判决里，最高裁判所判定，国家对在执行公务中死亡的国家公务员负有安全保障义务。之后，该义务的射程不仅限于劳务关系，还扩展到医疗合同、就学合同、承揽合同等多方面。另外，关于违反安全保障义务责任的法律性质，在日本民法学界还存有争论，有见解认为是契约责任，也有见解认为是侵权责任，还有见解认为是介于契约责任和侵权责任之间的中间责任。最高裁判所一直是将其作为契约责任来处理的，认定该责任的消灭时效是10年（在日本的现行《民法》上，债权的消灭时效是10年，侵权行为的消灭时效是3年）。修改后的日本《民法》规定，债权的消灭时效为债权人知道可以行使权利时起满5年，债权人能够行使权利时起满10年（新《民法》第166条第1款）；因侵害他人的生命或身体而产生的损害赔偿请求权的消灭时效为5年（新《民法》第724条之2），死者的遗属没有自身的精神损害赔偿请求权[根据现行日本《民法》第711条的规定，侵权行为受害人的近亲属（父母、配偶、子女）享有自身固有的精神损害赔偿请求权]。——译者注

切相关。

② 合同之右（主体上的范围）。假设全家一起乘坐出租车时发生了车祸，孩子受伤了；买回来的食品因受细菌污染，家人吃后发生腹痛等情况，尽管旅客运输合同或买卖合同的当事人是父亲或者母亲，但基于该合同受到损害的人必须在合同责任以外来寻求救济的看法，明显是不当的。于是，在给付行为关系到第三人这一现象得到认可的情况下，基于诚信原则，合同的债务内容得到了扩大，通过**"伴有第三人保护功能的合同"**这种形式，出现了受合同法保护的当事人的概念扩张现象。[1] 易言之，合同法的防守范围在"左右"上扩大了。还有，对于脱离了狭义的合同关系和流通过程的受害人，也要对生产者课以严格责任性质的**"产品责任"** [《产品责任法》，平成6年（1994年）法第85号]，在对外关系上，也可以说是扩大了合同法上的保护范围。

(3) 债务与合同关联责任的全貌

这样看来，显然，甚至在单纯的一次性合同下 ["精炼型"（池田清治的观点，请参阅本章后所列文献）的情况就更不用说了]，关于合同法的防守范围，只考虑从"合同的成立"到"履行的完成"为止的以主债务为中心的权利与义务的发生、变更、消灭是不够的，还有必要一边不断意识到诚信原则的支配，一边来考虑比以前得到扩大了的"债务内容"。

如果将这种对"合同关联责任"的印象表示出来的话，如图5-1所示，中间的时间轴的上方，是合同当事人之间的问题领域，下方是关于第三人的问题领域。如果为防止误解而附带说明的话，图里的轨迹只意味着根据情况而发生变化，实际上不限定于平缓地上升或下降，也可能伴有波浪或阶梯状的变化。而各个阶段上的当事人的义务内容（也可以说成是广义上的"债

---

[1] 关于对第三人的保护功能，请参考北川善太郎：《契約責任の研究》，有斐閣1963年版，第288页以下；船越隆司：《契約の第三者に対する保護効》，载《法学新報》第71卷第6号（1964年），第1页；圆谷峻：《第三者の保護効を伴う契約についての一考察》，载《一橋研究》第22卷（1971年），第18页；田上富信：《契約の第三者に対する効力》，载远藤浩等监修、淡路刚久等编：《現代契約法大系（1）》，有斐閣1983年版，第103页；渡边达德：《契約の現代的展開と契約責任の拡大》，载《比較法雜誌》第22卷第2号（1988年），第57页；宫本健藏：《安全配慮義務と契約責任の拡張》，信山社1993年版等。

务")如同轮状（如图 5-2 所示），其内容本身是当事人意思活动的产物，与其说是由相关的他律性规范所决定的，不如说一边通过诚信原则得到补充，一边通过对当事人的"合意的解释"而确定下来的"债务"。

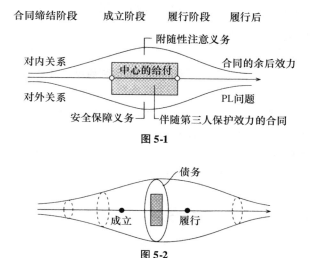

图 5-1

图 5-2

7. 其他诚信原则的适用情形

如上所述，在超出确定的可行使权利（债权和债务的内容）的场合，诚信原则涉及民法的各个部分。这就最终意味着，在确定相关当事人之间发生何种权利义务时，常常要受到诚信原则的审查。以下介绍几个诚信原则的适用情形和比较具体化的准则（详细内容将在各个领域进一步探讨）。

（1）禁止反言（estoppel）

"禁止反言"是来自英美法的一个原则，是指若 A 相信 B 所作的表示，并基于此变更了自己的地位时，不允许 B 其后以自己的表示是不真实的为由而推翻自己的表示。这是为了保护一方当事人对另一方当事人作出的外观所给予的信赖而形成的规则。在功能上,其与大陆法上的"**外观理论**"[1]具有相同的作用。从禁止主张与自己的先行行为相矛盾的权利和法律地位这一点来看,似乎也可以称为"**禁止与行为相矛盾的异议**"(*protestatio facto contraria*)。具体来讲,比如,共同继承人中的一人对继承的不动产进行了以单独继承为内容的登记,并将其处分给第三人后,主张超过自己继承份额部分的所有权的移转实际上是无效的,要求注销登记[最判昭和56年(1981年)10月30日,《判时》第1022号,第55页],或无代理权限而自称的代理人处分了本人的财产,通过继承而继承了本人的债权债务时,利用本人的资格对(无权代理行为)拒绝追认的,都被认定为违反诚信原则*。[2]还有,在消灭时效完成后,一度承认了债务,但又重新援用时效制度,意欲否定债务的存在,而被认定为违反诚信原则的案例也存在[最判昭和41年(1966年)4月20日,《民集》第20卷第4号,第702页]。其理由在于,即使是在不知道时效已完成的情况下,作为对方当事人"因为可能会认为债务人抱有已经不再援用时效的意思",所以这样的信赖和期待是值得保护的。

*【**无权代理与继承**】 像儿子自作主张地称自己是父亲的代理人,在将父亲的不动产卖给他人后,父亲去世,父亲的财产被儿子继承了的情况那样,在一个人将无权代理地位与因继承获得的本人地位集于一身时,就会出现这里的问题(也有父亲自作主张地处理了儿子的财产后,儿子继承了父亲的财产这样的相反情形)。应如何来协调这里的无权代理人的责任(请参考第117条[3])和作为本人的拒绝追认权(请

---

[1] 所谓"外观理论"在日本民法上称为"权利外观法理",又称"表见法理",是指有人出于应归责于自己的事由而作出不符合事实的外观,相信该外观是真实的从而对此进行交易者,应该得到保护的理论。——译者注

[2] 大判昭和17年(1942年)2月25日,《大民集》第21卷,第164页;最判昭和37年(1962年)4月20日,《民集》第16卷第4号,第955页等。

[3] 日本《民法》第117条第1款规定:"作为他人的代理人签订合同者,不能证明自己的代理权,并且又未能获得本人的追认时,依照对方当事人的选择,对对方当事人实施履行或者承担损害赔偿责任。"第2款规定:"对于作为他人的代理人签订合同者而没有代理权一事,在对方当事人知道或者因为过失而不知道时,或者无权代理人不具有行为能力时,不适用前款的规定。"

修改后的日本《民法》第117条除在语言表述上作了一些调整,基本内容与现行《民法》第117条所规定的一样,不过追加了知道自己没有代理权而作为他人的代理人实施代理行为时,即使对方当事人因过失而不知其无代理权,也不能免除无权代理人的责任。——译者注

参考第113条〔1〕）就成了问题，至少在无权代理人继承了本人的财产时，不能让其行使拒绝追认权。〔2〕

(2)"干净的手"的原则

"干净的手"的原则也是存在于已经阐述过的"违法原因给付"（见本书第4章）背后的思想。裁判所的门应当用"干净的手"来敲，对基于不诚实行为而取得的权利和法律地位进行主张，以及请求权利的实现或法律的救济，都是不能得到允许的。例如，出于同样的考虑，对于自己做了不贞行为而使夫妻关系发生破裂的人（有责配偶）的离婚请求应该予以抑制*。

*【有责配偶的离婚请求】　最高裁昭和62年（1987年）9月2日判决（《民集》第41卷第6号，第1423页）作出了如下陈述："离婚请求，即使根据诚信原则也应该是都能得到认可的，但是，与年龄和同居时间相比，在分居已有相当长的时间且没有未成年孩子的情况下，只要没有使对方配偶因离婚而陷入极端窘迫的状态等严重违反社会正义的特殊情况，就不得仅以是有责配偶提出的离婚请求为由，而不允许其离婚"（请参考本书补讲第11案件）。

(3) 对免责条款的限制

在经营者单方面制定对顾客不利的格式性合同条件（格式条款），意欲免除或限制自己的法律责任时，诚信原则成为这种格式条款的解释标准，使其相应内容归于无效。〔3〕当然，在个别事例上，利用诚信原则作为阻止援用合同条款手段的情况也有。〔4〕附带说一下，《消费者合同法》第10条规定："消费者合同条款与适用民法、商法以及其他法律上的与公共秩序无关

---

〔1〕　日本《民法》第113条第1款规定："没有代理权者作为他人的代理人签订的合同，如果本人没有对其进行追认，该合同对本人没有效力。"第2款规定："本人追认或拒绝追认时，如果没有对对方当事人作出，不能对抗对方当事人。但是，对方当事人得知该事实时，不在此限。"——译者注

〔2〕　关于这些问题，请参考安永正昭：《〈無権代理と相続〉における理論上の問題》，载《法曹時報》第42卷第4号（1990年→请参考补讲第2案件）。

〔3〕　大阪高判平成6年（1994年）8月10日，《判時》第1513号，第126页等。

〔4〕　最判平成10年（1998年）4月30日，《判時》第1646号，第162页；最判平成13年（2001年）3月27日，《民集》第55卷第2号，第434页等。

的规定（任意规定）的情况相比，属于限制消费者权利或者是加重消费者义务的，且违反《民法》第1条第2款规定的基本原则（诚实信用原则——译者注），单方面侵害消费者利益时，该合同条款无效。"[1]

（4）情势变更原则

合同签订后，当发生了当事人无法预见到的，诸如急剧通货膨胀或地价暴涨等经济情况的重大变化，而不能归责于当事人时，仍然要求履行合同上的债务则显失衡平。于是，在这种情况下，适用诚信原则，认定当事人有解除合同的权利以及对合同未履行的内容进行修改的权利［大判昭和19年（1944年）12月6日，《大民集》第23卷，第613页］，也和当事人达成合意时以"**行为基础丧失**"来否定合意效力的看法是相通的。[2]

（5）不安抗辩

不安抗辩，是指在买卖合同这样的双务合同中，合意约定合同的一方A先行履行（信用的提供），但因对方B的财产状况恶化，A即使按约定履行也无法期待B能按期履行对价给付时，作为例外，认为直到B提供了对价给付为止，A可以暂不履行，或者也可以请求B提供担保。[3] 多数情况下，这样解释的依据是强行要求先行履行会违反诚信原则。[4]

---

〔1〕这里指的是2016年修改前的日本《消费者合同法》第10条的内容。关于现行日本《消费者合同法》第10条的内容，请参考本书边码67下的相关脚注。——译者注

〔2〕关于情势变更原则，尤其请参考胜本正晃：《民法における事情変更の原則》，有斐阁1926年版；五十岚清：《契約と事情変更》，有斐阁1969年版；五十岚清：《契約と事情変更》，载谷口知平、五十岚清编：《新版注釈民法（13）》，有斐阁1996年版，第63页以下。关于行为基础丧失的经典作品，即卡尔·拉伦茨的研究成果，有K·ラーレンツ：《行为基础と契约の履行》，神田博司、吉田丰译，胜本正晃校阅，中央大学出版部1969年版（日语译本）。

〔3〕关于不安抗辩权，请参考神崎克郎：《信用売買における不安の抗弁権》，载《神户法学》第16卷第1—2号（1966年），第439页；清水元：《不安の抗弁権》，载远藤浩等监修、淡路刚久等编：《现代契约法大系（2）》，有斐阁1984年版，第79页；须永知彦：《履行期前における反対給付請求権の危殆化（1—2完）》，载《民商法雑誌》第111卷第3号，第395页以下，以及第4—5号（1994—1995年），第707页以下等。

〔4〕参见我妻荣：《民法講義 V_1》，有斐阁1954年版，第84页；浦和地判昭和60年（1985年）2月28日，《判時》第1159号，第154页；东京地判平成2年（1990年）12月20日，《判時》第1389号，第79页等。

(6) 破坏信赖关系的法理[1]

本来,把租赁的东西擅自转让、转借(转租)给他人的行为,自己作为承租人,这是"违反诚信的行为",所以,这成为出租人解除合同的理由(请参考第612条[2])。但是,在转让或转租的行为"有不足以将其认定为背信行为的特殊理由的情况"下,出租人的行使解除权不能被认可(其主张举证责任在承租人一方)。[3]可以说,这是来自诚信原则的解除权行使,再一次受到诚信原则限制的例子。相反,在认定信赖关系受到了破坏的情况下,无需"催告"即可行使解除权,尤其在租赁和雇佣这样的继续性合同关系上,其已作为合理的准则被确立下来了。

(7) 权利失效原则

长期搁置权利不予行使,在与对方的关系上当被认为是违反诚信原则时(除了消灭时效和除斥期间之外),该权利会有失效的情况。[4]例如,在一个承租人将承租权擅自转让给他人的案例中,经过很长一段时间(7年)后,出租人行使解除权,最高裁提出了"因为已有正当理由可以相信其权利(解除权)已不会被行使,所以有特殊情况认为之后行使该权利违反诚信原则时,上述解除不能被认可"这样的一般性见解。[5]

---

[1] 关于破坏信赖关系的法理,尤其请参考广中俊雄:《債権法各論講義》(第6版),有斐阁1994年版,第169页以下、第345页以下;广中俊雄:《契約法の研究》,有斐阁1958年版,第79页以下等。另外,关于学说、判例等的详细探讨,有原田纯孝:《賃借権の譲渡・転貸》,载星野英一编:《民法講座(5)契約》,有斐阁1985年版,第295页以下;原田纯孝:《民法六一二条》,载广中俊雄、星野英一编:《民法典の百年Ⅲ 個別的観察(2)債権編》,有斐阁1998年版,第397页以下。

[2] 日本《民法》第612条第1款规定:"承租人在没有得到出租人的同意时,不得转让其租赁权或者转租租赁物。"第2款规定:"承租人违反前款的规定让第三人使用或利用租赁物获得利益时,出租人可以解除合同。"——译者注

[3] 最判昭和28年(1953年)9月25日,《民集》第7卷第9号,第979页;最判昭和39年(1964年)11月19日,《民集》第18卷第9号,第1900页。

[4] 参见我妻荣:《行使を怠ることによる権利の失効》,载《ジュリスト》第99号(1954年),第2页。

[5] 请参考最判昭和30年(1955年)11月22日,《民集》第9卷第12号,第1781页;最判昭和41年(1966年)12月1日,《判時》第474号,第15页。不过,两个判决在结论上都否定了权利的失效。

(8) 排除背信的恶意者

《民法》第 177 条规定，关于不动产的物权变动（土地所有权的转移等），没有登记不能对抗"第三人"。一般来讲，"第三人"是指当事人与其概括继受人（继承人等）之外的人。但是，虽然形式上符合"第三人"的条件，但却是违法占有人或妨害完成登记的人，如果把这些人也包括在"第三人"内，是不合理的。判例认定"知道实际上物权已发生变动事实的人（恶意者），对该物权变动缺少登记一事进行主张，有被认为违反诚信的事由时，这样的背信的恶意者对于主张缺少登记没有正当利益，所以其不属于《民法》第 177 条所称的第三人"[1]。易言之，通过诚信原则的适用，"第三人"的范围受到了限定（请参考本书补讲第 5 案件）。

除了以上这些，还有诸如在信用交易这样的复合型交易上，买方把可以对卖方主张的异议（抗辩），用来向提供信用的交易公司这样的与卖方有合作关系者进行主张（**抗辩的对抗**）的讨论。[2] 同样，在超过了本来的合同关系的情况下，在调整多种网络或合作关系之间的利害关系时，也使用诚信原则。从这些例子中也可以看出，为了抑制当事人的自私行为，保护信赖关系和对方当事人的期待，获得结果上的平衡、实质上的正义，诚信原则在民法的不同层面上，对那些基于形式上的讨论可能会得出的过于苛刻的结果进行着修正。

8. 诚信原则从何而来

诚信原则起源的久远令人出乎意料。根据罗马神话，据说，在罗马建国后不久的"掠夺撒比尼女性"事件后，面对女性们投身于部族间的纷争所进行的不断调停，罗穆卢斯提倡，"让罗马的妻子们的爱情使基于血缘关系

---

[1] 最判昭和 43 年（1968 年）8 月 2 日，《民集》第 22 卷第 8 号，第 1571 页；最判昭和 43 年（1968 年）11 月 15 日，《民集》第 22 卷第 12 号，第 2671 页；最判昭和 44 年（1969 年）4 月 25 日，《民集》第 23 卷第 4 号，第 904 页等。

[2] 请参考第 4 章。另外还有最判平成 2 年（1990 年）2 月 20 日，《判时》第 1354 号，第 76 页；最判平成 23 年（2011 年）10 月 25 日，《民集》第 65 卷第 7 号，第 3114 页（消极结论）。

的'部族间的**诚信**'(bona fides)之花得以绽放吧"。将"诚信"作为罗马市民与其他部族之间交易的基本原则,祈祷生活的安宁与繁荣,把维纳斯作为其守护神来祭祀。就这样,在与"市民法"对峙的"万民法"(ius gentium)上,诚信成为至高无上的原理。另外,在奥古斯都帝统治期间发展起来的两大法学派之一的萨宾学派,在泛神论世界观的基础上重视自然法,经常将共同社会的"诚信"作为问题来讨论。据说与严格的制度性思考相对抗的萨宾学派的精神性神主穆奇乌斯·司凯沃拉,一有机会就对"根据诚实与信用"这一表述赋予极大的意义,并重视人与人之间的相互信赖与生活共同体上的各种关系,从而对"法务官法"和诚意诉讼带来极大影响。[1]

较具法学意义的诚信原则,萌芽于古罗马法的要求,即基于"一般恶意的抗辩"(exceptio doli generalis)与"善意和衡平"(bonum e aequum)进行判断的法务官法上的诉讼程序——"诚意诉讼"(actiones bonae fidei)。与严格的"市民法"相比,在被称为"名誉法"的法务官法上的诉讼中,在"诚实与信用"的名义下,基于个别的情况,实施了比较灵活的法律运用和法创造活动。严格的市民法与弹性的法务官法的关系,酷似英美法上的普通法与衡平法的关系,展示了法的世界中普遍蕴含着的紧张与互补的关系。

就这样,在与严格的市民法的紧张、对立关系中,诚信原则使法律得以具体化,并发挥着法的修正功能和创造功能,保卫正义与衡平,使法的内涵更加丰富。诚信原则绝不是一人独行的规则。假如允许法的解释者轻易地利用诚信原则等一般条款,把法预先分配好的权利义务关系一点儿一点儿含糊化,从考虑具体情形和模糊的共同体社会关系出发,满足于通过"直觉"摸索带有结果上的具体妥当性这样的"妥协点"(有时人们将此误解为"法律思维"),则无异于法的自杀行为。因此,一边意识着"诚信原则的统领作用",一边有必要在严密解释的范围内推导出尽量合理的结果,并进行准确的推论与理论的展开,即使在不得已的情况下适用"诚信原则"时,也被要求应提出比较具体的判断标准和各种标识,努力维护法的稳定。只有形

---

[1] O·ベーレンツ:《歴史の中の民法——ローマ法との対話》,河上正二译著,日本评论社2001年版,第74页、第119页以下等。另外,也请参考河上正二:《サビニアナとプロクリアナ——古代ローマにおける二つの法学派》,载《法の支配》第133号(2004年),第56页。

式上的理论整合性与实质上的结果妥当性互相配合，法作为社会安全阀的功能才能得以实现。

【参考文献】

关于诚信原则的整体，除鸠山秀夫：《債権法における信義誠実の原則》，有斐阁1955年版；牧野英一：《信義則に関する若干の考察》，载牧野英一：《民法の基本問題》，有斐阁1925年版；林信雄：《法律における信義誠実の原則——信義則の法理的並びに実証的研究》，评论社1949年版等经典名著以外，近来还有石田穰：《信義誠実の原則と法解釈の方法》，载星野英一编：《我妻榮先生追悼論文集：私法学の新たな展開》，有斐阁1975年版，第75页；远藤浩等编：《民法注解財産法（1）》，青林书院1989年版，第37页（山本敬三执笔）；菅野耕毅：《信義則および権利濫用の研究》，信山社1994年版；菅野耕毅：《信義則の理論——民法研究Ⅳ》，信山社2003年版；谷口知平等编：《新版注釈民法（1）》（改订版），有斐阁2002年版，第71页以下（安永正昭执笔）；石川博康：《信義誠実の原則》，载内田贵、大村敦志编：《新·民法の争点》，有斐阁2007年版，第54页等。

关于合同缔结阶段的诚信原则，除参见河上正二：《〈契約の成立〉をめぐって（1·2完）》，载《判例タイムズ》第655号，第11页；第657号（1988年），第14页；河上正二：《契約準備段階での信義則に基づく注意義務違反と賠償責任》，载《私法判例リマークス1995（上）》，第48页；河上正二：《銀行取引における契約成立段階の諸問題》，载《金融法研究》第11号（1995年），第3页以下；河上正二：《融資契約成立過程における金融機関の責任》，载《金融法務事情》第1339号（1994年），第6页；还请参见今西康人：《契約準備段階における責任》，载石田、西原、高木三先生花甲記念論文集刊行委員会编：《不動産法の課題と展望（上）：石田喜久夫、西原道雄、高木多喜男還暦記念論文集》，日本评论社1990年版；上田贵彦：《契約締結に対する信頼を損なった第三者の信義則上の責任》，载《同志社法学》2007年第7号（第58卷），第597页，以及在该文章里所刊载的其他文献。近来的概括性研究有潮见佳男：《契約締結上の過失》，载谷口知平、五十岚清编：《新版注釈民法（13）》，有斐阁1996年版，第84页以下；池田清治：《契約交渉破棄とその責任》，有斐阁1997年版；本田纯一：《契約規範の成立と範囲》，一粒社1999年版；圆谷峻：《新·契約の成立と責任》，成文堂2004年版等。

第 6 章

罗马法的继受与日本 《民法》

附条件解放奴隶遗嘱案件 ［古罗马时代（具体年代不详）］

【本章的课题】

在本章，来看一下我们的民法是如何产生并最终形成日本《民法》的。法因社会的需要而产生，在历史中被不断雕琢而得以继续发展。所以，在深刻理解法律规定的性质和意义、思考其面向未来的法的应有状态上，回到法的根源，持有将现代法状况相对化的审视目光，是有益的。日本民法的起源居然要追溯到两千多年前的古罗马。实际上，古罗马法在近代世界的法秩序中形成了一个大的"**法圈、法家族**"，虽然是间接性的，但也给日本《民法》的形成带来了不少的影响。东罗马皇帝优士丁尼编纂的《罗马法大全》经历了坎坷的命运，一直被承继到今天，由于其具有无与伦比的共有性、充满了带有说服力及衡平感的智慧，衍生出近代代表性民法典——《法国民法典》（Code civil）和《德国民法典》（BGB），令人叹为观止。

此外，明治维新后，向世界敞开门户的日本，走上了快速近代化的道路。作为其前提，以民法为首的基本法律制度的建设成为当时最重要的课题。最终，日本《民法》也在这一历史的洪流中，一边将以罗马法为根源的西欧大陆法作为范本，一边构筑了自己的民法体系。由西欧的法传统培育出来的"法"和"权利"观念，与日常的感觉肯定相去甚远，而且"将民法变成我们自己的东西"这一课题，恐怕现在也没有彻底完成。

以下，围绕一个富裕的罗马市民所作的附条件解放奴隶的遗嘱产生的纠纷，来开始进行阐述。

1. 前言

近代世界的法分为两大"**法系**"*。一个是继受了罗马法*、通过体系性的"**市民法**"(*ius civile*、civil law)而形成的系统;另一个是来源于中世纪英国"判例法"(case law)实务的"**普通法**"(common law)系统。市民法的传统涉及欧洲大陆各国和殖民地时代受其影响的国家(如南非),另外,也有像日本和韩国这样,后来自行"继受"(罗马式的)市民法的例子。普通法与市民法并不是完全没有关系的,而是在互相受到对方的影响下形成的。英格兰的普通法在布雷克顿时代与罗马法有过接触,例如,美国买卖法上的"信用"(good faith)范畴就对应于罗马法上的"*bona fides*"(诚实信用),而英美法上的"合同"(contract)与"侵权行为"(tort)的区别,对应于罗马法上的"*contractus*"与"*delictum*"。进一步来讲,英美法上的"**严格法**"即普通法与通过"拥有国王良心的人"即大法官而形成的"**衡平法**"(equity)之间的关系,酷似古罗马时代的严格的"市民法"与重视信用、公正的"政务官法"之间的关系。在法的严格的形式与实质性利益保护的夹缝之间所产生的紧张关系(乃至严格的个别准则与利用一般条款所做的裁量之间的对立),可以说与法系无关,在任何时代都存在。

下面提到的案件,是针对罗马市民法,利用信用的名义而实施个别救济的政务官的一个裁定。政务官法考虑自然法上的衡平,重视信用,要求灵活适用法律,因此也被称为"名誉法"(*ius honorarium*),其中的若干内容与罗马市民法一起,现在仍被编进我们的民法典中。

*【**法系、法圈**】 进行比较法研究时,"法系"经常被进一步细分为"法圈"[1]。虽然在大木雅夫等人的著作中"**罗马法圈**"与"**德国法圈**"被区别开来,但是,在与以普通法为中心的"**英美法圈**"相比较时,两者间的差异并没有那么大。"法圈"或"法家族"的分类本

---

[1] 关于"法圈",请参考ツヴァイゲルト・ケッツ:《比较法概论(上・下)》,大木雅夫译,东京大学出版会1974年版(关于原著,第3版是最新版),第107页以下;大木雅夫:《比較法講義》,东京大学出版会1992年版,第5章等。

身就是一个问题，因为实际上可以从诸如法秩序的历史性由来与发展、法秩序上的支配性的独特法学思维方式、具有特征性的法制度的存在、法源的性质与解释的方法、意识形态上的要因、法所发挥的功能等各种各样的视角来对"法圈"进行分类。日本法以其特殊的纠纷解决方式（重要的社会纠纷不是通过以法律规范为基准的诉讼，而是通过除此之外的方法得以解决的情况为多），常常被与中国法等一同纳入"**极东法圈**"。但是，从法制度的整体来看，日本法显然属于"欧洲大陆法圈"，在纠纷解决方式或行为方式上被认为具有特殊性的地方，来自于较为复杂的社会经济性、制度性因素。这样的见解是妥当的，应该认为，这未必只是来源于法观念和权利意识或关于法源看法的特殊性。

*【**法的继受**】　某个国家一揽子地将其他国家的法制度予以全面或部分采用的做法，被称为"法的继受"。后者被称为"母法国"，前者被称为"子法国"，两者之间产生"法系"关系。尤其是近代欧洲各国，对"罗马法的继受"十分关注。日本在律令制度上继受中国法，如后述，明治维新后继受欧洲大陆法，"二战"后在若干法领域继受了美国法。

2. 案件的经过等

（1）事情的起因

在古罗马，不承认奴隶有"法律上的人格"。只要未根据一定的方式成为被"解放的奴隶"，获得罗马市民权，就只是动物意义上的"人"，与用于农耕的四足兽一样，处于他人的所有或占有之下，生杀予夺的权力掌握在其主人的手里。因为奴隶是其主人占有性支配的"对象"，所以不具有对他物进行有效占有的能力。后来，在自然法的影响下，采取了奴隶保护政策，主人的生杀予夺权开始受到限制。但是，尽管如此，根据古罗马的市民法，奴隶还是没有私法上的"人"的地位，因此，主人与奴隶之间不可能成立具有拘束力的约定，例如，关于"解放"的约定，被认为是没有合同上的拘束力。另外，为使奴隶独立务农而给予其的"特有财产",也与最后所得的果实一起成为主人财产的一部分(不过,在主人容许的范围内,奴隶也积蓄了一些小钱)。

有个都市贵族 A 留有一份"遗嘱",允许他的奴隶 B 将其积蓄的若干金钱提供给 A 的继承人——A 的儿子 C 为条件(停止条件!)而解放 B ("通过遗嘱解放奴隶"以显示都市贵族的富足与宽大,似乎经常发生)。后来 A 死亡。但是,知道这一遗嘱内容的继承人 C 主张,"奴隶的东西就是主人的东西",没收了 B 积蓄的全部财产。已经没有了应当自行提供特有财产的 B,向政务官控诉了事情的经过,并针对新主人的无情,请求救济(当时也承认奴隶有向政务官提起诉讼的权利,限于此点,奴隶与单纯的"物"或"动物"还是有区别的)。

(2) 政务官的裁定

当时的政务官经过深思熟虑后,根据严格的市民法,在认为继承人的主张是正确的同时,又指出"因条件成就而应承受不利益的人,违反信用,故意妨害条件成就时,该条件应被看作已经成就",从而命令解放该奴隶。

根据乌尔比安的著作,相传在《十二铜表法》(公元前 451 年或公元前 450 年)中,就已经有规定认为,"某奴隶被命令'如果向继承人提供10 000 金这样的条件下可以成为自由人时,即便他被继承人转让,也能够通过向买主支付金钱而成为自由人'〔1〕,所以,奴隶对通过遗嘱而获得解放的期待,肯定从很早以前就得到了保护。在附条件下,被解放的奴隶在条件已成就却还没有得到确定的期间里,被称为"候补自由人"(*statuliber*),该奴隶通过这样的设定条件,而获得了对解放的一种"期待利益(*spes*)"。可以说,这个裁定是对解放奴隶的义务人违反信用、侵害期待利益的一种"制裁"。

其后,乌尔比安提出了"市民法上,因某条件的不成就而受益的人,为使该条件不发生而实施影响(妨害)时,以认为该条件已成就为妥"的权威见解,这作为《罗马法大全》(Corpus Iuris Civilis)的一个摘要(Digesta,"学说汇纂")而被记录下来(请参考乌尔比安 D. 50, 17, 161 和尤里安 D. 35, 1, 24)。就这样,包含在这个裁定中的思想被继承下来,最终形成了

---

〔1〕 请参考古罗马法学家乌尔比安的《法律集成》第 2 编第 4 段。

《法国民法典》第1178条、《德国民法典》第162条、《瑞士债务法》第176条等条款。附条件义务人违反**信用**，**故意妨害条件成就的行为**，造成侵害对方期待权的结果，不应该得以认可，所以，将该条件视为成就的判断，虽在历史的进程中受到反复推敲，但最终还是作为民法上的原则得以确立。

(3) 日本《民法》第130条

回过头来看一下日本的民法。日本《民法》第130条规定："因条件成就而承受不利益的当事人故意妨碍条件成就时，对方当事人可以认为该条件已成就。"在不经意之间，这一规定忠实地再现了当初罗马政务官提出的说法，这一事实在今日已无需多言。以前的学说将本条的制度宗旨解释为，"若无这一规定，妨碍条件成就的人作为侵害所谓附条件权利（第128条[1]）者，应该承担损害赔偿义务，民法进而为保护附条件权利人，规定对权利人而言得视为条件已成就"（鸠山秀夫观点）。另外，现在也有将此规定解释为，是为了规避《民法》第128条所规定的请求损害赔偿额的举证困难，而将请求履行的可能性予以明确化的见解。[2]但是，若想到本来这是为了推导出即使是得到了金钱上的损害赔偿也无法得救的奴隶的"解放"的理论的话，很容易理解第130条所要处理的是，规定了保护一般的附条件权利免受侵害的第128条所不能完全覆盖的问题。[3]

现在，《民法》第130条得到了广泛适用。例如：有判例[4]认定，某人就不动产买卖委托他人作为中介进行代理，并约定在一定条件下支付报酬，但在中介买卖交易即将成立之前，该人未通过作为受托方的中介而直接销售了不动产时，不能免除其支付报酬的义务。更进一步的适用是，在有条款规定一方违反和解条款时应支付违约金，而对方故意引诱该违反行为发生的情况下［最判平成6年（1994年）5月31日，《民集》第48卷第4号，第

---

〔1〕 日本《民法》第128条规定："附条件法律行为的各当事人，在条件的成就与否没有得到确定期间，不得侵害当条件成就时对方当事人从该法律行为应该得到的利益。"——译者注

〔2〕 参见四宫和夫、能见善久：《民法総則》（第8版），弘文堂2010年版，第317页。

〔3〕 请参考梅谦次郎：《民法要義卷之一総則編》（复制版），有斐阁1984年版，第338页以下。

〔4〕 最判昭和39年（1964年）1月23日，《民集》第18卷第1号，第99页；最判昭和45年（1970年）10月22日，《民集》第24卷第11号，第1599页。

1029 页*〕，或在承租土地上的建筑物的所有人，为妨害抵押权人实施抵押权，合意解除承租土地合同、放弃建筑物的土地使用权的情况下，《民法》第 130 条的法律意图也得到了 "类推适用"〔不过，判例上援引了关系更为密切的《民法》第 398 条，大判大正 11 年（1922 年）11 月 24 日，《大民集》第 1 卷，第 738 页〕。

实际上，这样的历史不仅限于《民法》第 130 条。以下对这一历史大潮进行介绍。

> ＊ 最判平成 6 年（1994 年）5 月 31 日讲的是：X 与 Y 之间成立了一个双方均不得制造、销售附有梳齿发卡的 "部分假发"，违反的话要支付另一方 1 000 万日元违约金的和解合同。X 委托 A 对 Y 有无违反行为进行调查，接受委托的 A 引诱 Y 实施了违约行为，使 Y 接受了附有梳齿发卡假发的给付。关于是否可以类推适用第 130 条，虽然学说上有不同见解，但最高裁对此给予了肯定。案件乍一看好像只是关于是否有违反约定的不作为义务的争议，但是，根据面对 A 所表现出来的 X 的参与形态，对于 X 的行为可以被评价为是违反信用、破坏条件的引诱行为。[1]

3. 欧洲对罗马法的继受

(1) 优士丁尼的法典编纂

欧洲对罗马法继受的起点是东罗马帝国的皇帝**优士丁尼**（527—565 年在位）自 529 年至 534 年下令编纂的所谓《**罗马法大全**》。《罗马法大全》由三部分构成，分别称为《**法学提要**》（Institutionen）、《**学说汇纂**》（Digesta 或 Pandekten）、《**敕法集成**》（Codex）。前两者于 533 年 12 月 13 日生效，最后的《敕法集成》收集了历代皇帝的敕法，经过改订，2 订版于 534 年 12 月 29 日生效。后来，又增加了《**新敕法集成**》（Novellen），作为第四部。这样，《罗马法大全》（以下简称 "大全"）全部得以完成。

---

〔1〕 另外，也请参考《平成 6 年度重要判例解说》，民事第 6 案件（冲野真已执笔）；《民法判例百选》（第 6 版），第 38 案件（冲野真已执笔）。

图 6-1　东罗马帝国的皇帝优士丁尼

"大全"的核心是《学说汇纂》（Digesta）。顾名思义，学说汇纂是由元首制时代所拥有的重要法律藏书的摘录（Digest→Digesta）构成的。恰如人们所言，《学说汇纂》正是罗马法学的"诺亚方舟"。全凭这一"方舟"，古典期的罗马法才得以从中世纪的黑暗时代幸存下来。据说《学说汇纂》是从长达 300 万行的 2 000 册书中摘录下来的，在当时的法务长官特里伯尼安纽斯的指挥下，仅用了三年的时间就完成了全部工作。摘录下来的文章片断都分别附有"登录记录"，并记载了出处与作者。例如，《学说汇纂》的第 1 卷第 1 部"正义与法"中最开始的文章片断，就有"乌尔比安著《法学提要教科书》第 1 卷"这样的登录记录，那里记载了当时头号法律家乌尔比安的以下有名的一段话：

> 正义是欲把每人应有的权利赋予每个人的持续的思想。法所命令之处，是高尚地活着，不侵害任何人，给予每个人其应有的东西。

优士丁尼帝在其即位后，立即开始了这一宏大事业，为法学点亮了明灯，并使之成型。他将当时法律学校第一学期的学生们命名为"年轻的优士丁尼"，以勉励法学生。对于那些相对于实务中的法已经落后于时代的原著，优士丁尼帝对其进行取舍，实施了"增删修改"*。同时，为了赋予各个准则以准确性，命令停止所有法学上的争论，甚至严格禁止对"大全"进行注释。

　　*【特里伯尼安纽斯的修改】　该"增删修改"借用了与法典编纂有很深关系的当时的法务长官的名字,被称为"特里伯尼安纽斯修改"或"Interpolatione"。罗马法学为去掉这一增删修改部分,恢复原来的面貌,花费了巨大的精力。不过,现在有说法认为,编纂者对原文实施的变更仅限于进行缩短、统一和解决古典期法学者的论争,整体上,古典期以后的实质性变更范围比曾经设想的要小得多。

(2) 波伦亚的法学派、注释学派与后注释学派*

　　11世纪末,长期被遗忘的《学说汇纂》被伊洛勒里乌斯(Irnerius,最后被提及的是1125年)用于波伦亚大学的法学基础教育。他是"三学"即语法学、修辞学、逻辑学的教师。那时,他所用的是"佛罗伦萨手抄本"(因其所藏地而得名),即使在今天该手抄本也仍是《学说汇纂》的标准教科书。从那时起,罗马法在欧洲一边作为"学术化"的法理论(霍阿克观点)发挥作用,一边也开始对各种法律关系产生影响。伊洛勒里乌斯及其后继者们,被称为"**注释学派**"(Glossatoren)。为了自己所处时代的需要,他们对罗马法诸命题以十分简短的注释笔记(这称为"Grossen")的形式进行了记录并留传下来,同时编写了简洁而有体系的概要。他们的全部注释工作成果,通过阿库修斯(Accursius,1263年逝世)被整理成《标准注解》一书,该书所收集的注释超过9.6万件。这样,罗马法作为"**书写的理性**"(*ratio scripta*)即以文字的形式得以传播的"法的理性"而得以广泛适用。

　　在波伦亚,继注释学派之后出现的是被称为"**后注释学派**"(Comment Toren)的一些人。其中,应当特别提到的名字是巴尔托路斯(Bartolus,1357年逝世)和巴尔都斯(Baldus,1400年逝世)。经过300年以上的岁月,通过持续发挥指导性作用的波伦亚法律学校,在欧洲,"法"成了大学的专门科目。

　　*【注释学派·后注释学派】　开始于12世纪的"注释学派",以从经院哲学初期的神学中发展出来的思考方法为手段,对编纂物(尤其是《学说汇纂》)实施了根本性的理论分析和加工。可以说,因其理论

性进化,作为"书写的理性"的罗马法之阐明与法学自身的深化,得到了进一步的发展。"后注释学派"是出现于13世纪中期至16世纪初期的学派,其有将罗马法成果应用于现实社会实践的强烈意图,最终把舶来的制度(不管是起源于罗马还是起源于日耳曼)改变为适合于同时代私法的形式。这两个学派的成果对欧洲大陆各国的法文化产生了决定性影响。

(3) 教会法

从伊洛勒里乌斯的时代开始没过多久,格兰西(Gratianus)在波伦亚开始了对**"教会法"**(canon 法)的学术性研究。教会法在婚姻、合同、诉讼法领域对罗马法进行补充的同时,受罗马法的强烈影响而得以发展。教会法学的成果被归纳在1317年的浩大的《**教会法大全**》(Corpus Iuris Canonici)中。

在欧洲,罗马法与教会法被一起传承下来,学完了这两部法的人被赋予所谓"两法博士"的称号。教会法在婚姻法领域排除了认可自由离婚可能性的古典期法律;在合同法上,贯彻了基于《新约全书》教诲的"禁止利息"和"约定必守"(pacta sunt servanda)的合同自由原理;在诉讼法领域也拥护通过行政组织形成的裁判制度。当时,教会法拥护的是"aequitas"即"公正、衡平"。英国法上的"equity"(衡平法),也可以追溯到教会法,其作为对来源于古日耳曼的、在人民集会上进行裁判的传统的普通法进行补充、订正的法律而发挥作用。

(4) 德国的"继受"

罗马法是一种"皇帝法"。德国皇帝认为自己是传统上的罗马皇帝的正当后继人(神圣罗马帝国!),希望通过罗马法的理论强化自己的地位,而对罗马法实施了庇护。并且通过在波伦亚接受教育的德国法学家的努力,罗马法得以有效地浸透到德意志帝国的实务当中(**罗马法的继受**)。法学家们在都市的裁判和行政上,以及在领邦的统治上,逐渐占据举足轻重的地位。例如,康斯坦茨的扎休斯(Zasius,1461—1535年)于1500年成为该城市的法律顾问,1506年成为弗莱堡大学的法学教授,很早就成为德国重要的罗马法学者之一。这样,1495 年,《帝室法院法》要求帝国最高法院的法官,在欠缺固有法时,有义务将作为"帝国共通法"的罗马法作为依据。

(5) 潘德克顿的现代性惯用

所谓"**潘德克顿的现代性惯用**"(Usus modemus pandectarum),即对《学说汇纂》进行适合现代的解释并予以适用的想法,受到了近代初期的改革倾向和近代自然法以及蓬勃兴起的国民意识等诸多因素的共同推动。在文艺复兴和改革的影响下,法国建立了所谓"**典雅法学**"(elegant 法学)。其代表性学者有**居亚斯**(Cujas,1522—1590 年)、**法贝尔**(Faber,1557—1624年)、**多奈鲁斯**(Donellus,1527—1591 年)等。他们与注释学派相对抗,对法源进行批判性探讨,有学者从历史性的角度,也有学者从体系性的角度,努力研究罗马法。尤其是多奈鲁斯,不仅在法国,还在德国、瑞士、荷兰、西班牙等国家也进行研究与教育,并先于**德国潘德克顿体系**的完成,发展了自《法学提要》以来的**阶梯式法典编纂**(Institutiones)体系,对欧洲各国的立法(特别是《法国民法典》)带来了巨大影响。后来成为他们的后继人而发挥了重要作用的是文纽斯(Vinnius,1588—1657 年)和那德(Noodt,1647—1725 年)这两个荷兰人,在荷兰,与格劳秀斯(Grotius,1583—1645 年)的大作《战争与和平法》一起,使从神学中解放出来的世俗的近代自然法开始兴起。德国的这一发展方向是由在哲学系执教的自然法学者推动的。普芬道夫(Pufendorf,1632—1694 年)的《论自然法与万民法》和《根据自然法论人类和公民的义务》、托马修斯(Thomasius,1655—1728 年)的《自然法与万民法的基础》、克里斯蒂安·沃尔夫(Christian Wolff,1679—1754 年)的《学术方法下的自然法》和《自然法与万民法提要》,就是这样诞生的。

当然,与罗马法的法学家相抗衡,对国家的法律传统和固有法传统的学术性关注,也激发了很多的研究。例如,像 1804 年的《法国民法典》* 和 1811 年的《奥地利普通民法典》*(ABGB)这样的最古老而且今天还在广泛适用的民事法典,就是从这种复杂的传统中发展而来的。虽然这些法典都以罗马法的形式进行编纂,但其中也包含了一定的自然法上的内容(如《法国民法典》中有来自习惯法的法兰克式,即北法兰克的内容)。

*【法国民法典】 在法的地域划分上,虽然法国分为传统上受罗马法影响较强的南部成文法地域和遗留下日耳曼—法兰克法传统的北部习惯法地域,但是,其实现法制统一的努力,自中世纪末开始就已存在。尤其是 17、18 世纪接受了自然法影响的多马(Jean Domat,1625—1696 年)和鲍迪埃(Robert-Joseph Pothier,1699—1722 年)建立了私法典编纂的学术性基础。法国大革命后,关于法典编纂的运动更加活跃,最终在拿破仑的主持下,《法国民法典》的编纂得以完成。

*【奥地利普通民法典】 奥地利法制统一取得实际进展是在 18 世纪后期以后。经过所谓的《戴蕾莎法典(草案)》(1766 年)、《约瑟夫法典(草案)》(1787 年)这样的预备性草案,最后的内容得以确定。在马丁尼(C. A. Martini,1726—1800 年)和他的弟子蔡勒(F. A. F. Zeiller. 1751—1828 年)等的影响下,该法典拥有立足于启蒙主义和合理的自然法的既简洁又富有灵活性的内容。

(6)"历史法学派"与近代潘德克顿法学

一般认为,德国的法学是由**萨维尼**(F. C. von Savigny,1779—1861 年)奠定其基础,由**普赫塔**(G. F. Puchta,1798—1846 年)和**温德沙伊德**(B. Windscheid,1817—1892 年)将其体系化,由**耶林**(R. von Jhering,1818—1892 年)最终完成的。

近代唯心论哲学认为,法是先验性的,是不需要历史经验的理性之产物,只不过是立法者将法所要求的内容置换成语言这样的设计产品而已。萨维尼反对这样的观点,开创了历史法学派。正因为如此,萨维尼在其著名的纲领性论文《论立法与法学的当代使命》(1814 年)中,反对蒂博(Thibaut)于同年提出的由国家以概括性法典编纂的形式进行立法的要求,以其立法内容轻易地被抽象化,其遵循的概念与实际生活相去甚远为由发出警告,同时呼吁有必要开展历史性的法学研究(**法典论争**)。在萨维尼看来,法与"语言"一样,不是人为地创造出来的东西,而是历史上存在的文化现象本身。所以,对萨维尼来讲,要确定法的真正的各种原理,历史性研究是不可缺少的,尤其对罗马法的历史研究则更为必要。萨维尼这一呼吁的成果是 19 世纪的"潘德克顿法学"(Pandektistik)。潘德克顿法学是试图将"罗马法"从其被"现代性惯用"后的混入物中"纯化"出来,并将其体系化的学问。萨维尼的《现代罗马法体系(全 8 卷)》(1840—1849 年)与《债法(全 2 卷)》(1851—1853 年)直至今天仍被作为经典法学书中的经典予以重视。另外,他的弟子普赫塔的《潘德克顿》(1838 年)是这一学派最初完成的教科书。更为重要的是温德沙伊德的《潘德克顿法(全 3 卷)》(1862—1870 年),因为其很多版本成了《德国民法典》的样本*。

*【德国民法典】 1900 年 1 月 1 日施行的《德国民法典》是罗马私法最终被赋予国家性质,并被纳入国家制定法中的法典之一。作为当时的指导理念被意识到的就是,在德国普通法领域中选出通过继受可以直接适用的罗马法。《德国民法典》"第一草案"在温德沙伊德的强烈影响下完成,虽然获得法律效力的"第二草案"所受到的来自温德沙伊德的影响有几分缩减,但是从整体来看,缩减极小。《德国民法典》还是一部以罗马法为基础的法典。[1]

图 6-2 耶林的头像

〔1〕 关于《德国民法典》的编纂,石部雅亮编:《ドイツ民法典の編纂と法学》,九州大学出版会 1999 年版中收有很多引人关注的论文。——译者注

耶林与其师普赫塔以及后期的温德沙伊德分道扬镳,表示出其坚持罗马法普遍主义的态度,意欲证明罗马法的一般真实性。耶林在指出盲目地欲推导出结论时的"概念法学"的危险性的同时,也提出探求法律政策、法社会学上的"法的目的"的必要性,以及也要赋予明确的法律形式的必要性。耶林也成为后来自由法理论的先驱*。相对于他的主要著作——《罗马法的精神(全4卷)》《法的目的》,《为权利而斗争》(1872年)[1]一书更为有名。耶林的主张即使是在以下表述中也得到了体现。即,"权利、法的目标就是和平,而斗争是实现该目标的手段","人以权利的形式维持自己的伦理性生存条件,并守护之,没有权利的人则沦落为野兽",因此,"为权利而斗争是权利人对自己自身的义务","主张权利是对国家共同体的义务"。出于对无理压制权利的愤慨,耶林对莎士比亚的《威尼斯商人》中的夏洛克悲剧和克莱斯特的《米夏埃尔·科尔哈斯》的愤慨之死投以温暖的同情的目光。

*【自由法】 相对于与现实脱节的形式性、固定性的概念法学和法实证主义,"自由法"是19世纪末至20世纪初提出的有一定影响力的主张,主导者有埃利希(Eugen Ehrich)、坎陀诺维奇(Hermann Kantorowicz)、福克斯(Ernast Fuchs)等。"自由法"是坎陀诺维奇在《为法学而战斗》一书中使用的词汇。他认为在国家制定法之外有独立存在的动态的"法",主张其作为产生、补充、批判国家法的基础发挥着作用,其内容来源于社会共有的确信。具体来说,其重视被广泛认可的在欠缺法律规定情况下的由法官自由发现、创造的法律。在这一思想下,虽然可以期待获得对社会变化灵活应对的实用性法律规范,但是也伴有来自带有领袖性的法官的恣意判断和国家的政策性判断在司法独立不明确的地方被直接带到裁判中的危险性。[2]

---

〔1〕 比较容易买到的日语译本有イェーリンク:《権利のための闘争》,村上淳一译,岩波文库1982年版。另外,作为对该书的解说有,村上淳一:《〈権利のための闘争〉を読む》,岩波书店1983年版,很有意义。——译者注

〔2〕 作为叙述关于包括自由法在内的法学的发展和法解释学上的问题的简洁且优秀的资料,推荐参阅矶村哲编:《現代法学講義》,有斐阁1978年版,第2章(石部雅亮执笔)、第3章(矶村哲执笔)。

4. 日本《民法》的产生

(1) 日本对欧洲法的继受

日本《民法》基本上是参考以欧洲为主的外国制度和规定，并对其进行若干修改而制定的（对欧洲法的继受！）。不过，从其制定的经过来看，日本《民法》也是一边参考很多国家的法律，一边经过反复琢磨的"比较法学的成果"（穗积陈重观点）。

诚然，在此之前，日本并不是没有"法"，众所周知，有7世纪末继受了中国（唐代）律令的《大宝律令》（701年）和该律令的修改版《养老律令》（757年）等，还有包括行政法和刑法在内的各种各样的法律规范。另外，江户时代的文学作品（例如，井原西鹤的作品《日本永代藏》等）中也常常会提到规范身份关系和私人间交易的习惯法。而且，引人关注的是，江户时代似乎有对平民间争议进行最终处理的"公事"制度。为了利用这一制度而赶往江户（现在的东京——译者注）的人们所住宿的"公事旅馆"的老板，据说根据其经验甚至开展了被视为职业性法律咨询的先驱性活动。在民法典的编纂过程中，日本实施了全国性的惯例调查[1]，但是，当时政府的首要想法是，学习欧美的法律，将日本打造成现代国家；修改所谓的《安政不平等条约》[2]，通过富国强兵政策，确保日本的地位。因此，未对日本固有的法律观念和法律秩序进行充分的反思，就急匆匆地推进了立法准备工作。这清楚地体现在，之后成为司法卿的江藤新平，命令箕作麟祥"尽可能迅速地（误译也不怕！）"翻译作为近代民法而被认知的《法国民法典》，并欲将其作为日本民法典这一事实之中。[3]江藤认为，日本要与诸外

---

〔1〕 明治10年（1877年）的《民事惯例类集》和明治13年（1880年）的《全国民事惯例类集》虽然不是很多，但民法典的编纂也参考了这些调查。

〔2〕 指安政5年（1858年），当时的日本政府与美国、英国、法国等国家所签订的关于通商贸易的不平等条约。——译者注

〔3〕 该翻译作为《法兰西法律书》于明治8年（1875年）出版。

国并立，国家的富强是必要的，富强的根本在于"国民的安心"，而安心的根本在于"端正国民的位置"，即完善政府与国民的关系、诉讼的法律、身份关系和财产法上的规定。应当注意的是，像日本那时制定民法典的方式，不但造成了法与现实社会的脱节和冲突，而且还把西欧近代民法典背景下的以个人的人权为中心的近代法思想从法律制度中剔除了，形成只是将"民法"这一新的技术性"制度"作为一种富国强兵的手段引入日本这一结果。汲取法的精神并使之扎根于日本的工作，则成为下一代人的课题。

(2) 旧《民法》的编纂

虽然，民法典的编纂工作于明治3年（1870年）的夏天就已开始，但当初的工作并没有最终实现立法。随着修改安政不平等条约的谈判进入新阶段的明治13年（1880年）6月，在元老院内设置了民法编纂局，并以此为中心再次开展立法活动。明治12年（1879年），为在司法省法学校培养裁判官而从法国招聘来的法学学者**古斯塔夫·布瓦索纳德**（Gustave Emil Boissonade，1825—1910年）[1]受托起草"民法草案"。不过，关于家族法（包括亲属法和继承法——译者注）的部分，出于斟酌日本传统风俗习惯的考虑，由几个日本委员负责起草。

虽然起草的工作进展得相当缓慢，但布瓦索纳德负责的财产法部分，包括财产编、财产取得编（继承除外）、担保编、证据编，于明治21年（1888年）由司法大臣提交给内阁府，进而包括"家族法"[2]在内的整体的最后方案，于明治23年（1890年）完成。草案经过元老院、枢密院的讨论，有关财产关系的规定于明治23年（1890年）4月、"家族法"于同年10月分别予以公布，实施日期被定为明治26年（1893年）1月1日（这就是被称为旧《**民法**》[3]的法律）。旧《民法》的结构包括财产编、财产取得编、债

---

[1] 关于布瓦索纳德，可查阅大久保泰甫：《ボアソナアド：日本近代法の父》，岩波新书1977年版，很有意义。最近的研究有大久保泰甫、高桥良彰：《ボアソナード民法典の編纂》，雄松堂1999年版。

[2] 指日本《民法》中有关家庭关系、继承关系的规定，而并非单独立法。——译者注

[3] 关于旧《民法》的内容，可查阅我妻荣编：《旧法令集》，有斐阁1968年版。

权担保编、证据编、人事编共五编，基本以《法国民法典》为范本，虽采用了罗马法以来的"阶梯式法典编纂（Institutiones）方式"，但基于布瓦索纳德的创意，其与《法国民法典》的三编结构稍有不同，尤其是财产编的内容，是在起草者布瓦索纳德的自然法式思考的引导下，以法国法为基础、参考了比利时法、意大利法等，并进行反复推敲而形成的。

在这个阶段，日本民法尚不存在"总则编"。例如，"代理"被规定在委托合同中（即使现在，在第104条的"通过委托的代理人"这样的表述里还留有其痕迹），关于"法律行为"的问题，将其与"合同"或"遗嘱"等具体行为联系在一起予以规定。还有，把继承作为"财产取得"的一种形态来处理，对于优先获得的满足型债权，将其定位为物权法上的"先取特权"这样的做法，体现了旧民法对功能性关联的重视。顺便提一下，德国法所强调的"物权行为与债权合同的区别""物权行为的独立性"理论，在这一阶段的民法中已经被作为"无益的东西"予以排除。

对于确定身份关系来说十分重要的《户籍法》，在明治4年（1871年）作为单行法予以公布，翌年开始正式编制全国性的户籍，明治6年（1873年），完成了全国户籍簿3万余册的编制（当时，借用开始进行编制的明治5年的干支纪年将其称之为《壬申户籍》）。在该户籍制度的适用过程中，通过户主所拥有的户籍上的申报权等，在实质上支持了旧有的"家"制度[1]，并形成了该制度下的身份关系*。另外，关于土地，于明治5年（1872年）采用了基于土地所有权的"地券"制度［这与明治7年（1874年）着手的"修改地租"活动也联动在一起］，其后，参考了《普鲁士不动产登记条例》的明治19年（1886年）的《登记法》（明治19年法第1号）承继了这一制度。

---

〔1〕 日本的"家"制度，是指以户主为中心形成的有秩序的家族集团。"家"由户主和其他家庭成员所构成，户主拥有户主权（包括对家庭成员的入户籍和退出户籍的同意权，对家庭成员的婚姻和收养子女的同意权，家庭成员的居所指定权等权利），其他家庭成员受户主所支配；"家"的财产只有长子才能继承，即所谓的户主继承权（继承户主的地位和财产）；户主权和户主继承权构成"家"制度的核心。在《民法》制定之前，日本所采用的户籍制度是以所居住的房屋为单位来登记户籍，即住在同一个房屋之内的人被登记在一个户籍上，之后根据户籍对"家"进行了定义，奠定了"家"制度的基础。——译者注

图6-3 布瓦索纳德

*【户籍制度】 发挥了居民登记、亲属登记、国民登记三种功能的日本"户籍制度",且不论其好坏,作为国民的身份确定制度,是世界上首屈一指的体系。也因为后来的"民法典"上的家族法是一种空白规定[1],未能提出明确的亲属关系上的权利义务和价值观,所以户籍制度对人们意识的形成具有很大的影响力。[2]

(3)"民法典论争"

旧《民法》(与以此为前提的《商法》一起)公布后,反对其实施的言论立即爆发。主张应按计划施行民商法的"断然实行派"与因不合日本国情而反对其实施的"延期派"之间的论争异常激烈,不但在学者之间,而且演化为政治问题,在第一次帝国议会上,对此也进行了讨论。在这一"**民法典论争**"中,意见对立的根本理由究竟在哪里,并非很明确。虽然有对政府冒进主义的批判(对立法技术上的幼稚和拙劣的批判),但在其他方面,也反映出了"法国法派"与"英国法派"在学问上的派系对立,进步派与保守派在政治性和思想性上的对立(出于反对修改安政不平等条约的方针,

---

〔1〕 日语原文是"白地规定",是指虽然是制定法上的条文,但却没有明确规定具体的权利义务内容。例如日本《民法》第766条第1款规定:"父母协议离婚时,关于应该由谁监护子女、父亲或母亲与子女会面以及其他的交流、监护子女所需费用的分担及其他关于监护子女的必要事项,由双方协商决定。在协商决定时,必须优先考虑子女的利益。"该款规定被认为是空白规定。——译者注

〔2〕 请参考水野纪子:《戸籍制度》,载《ジュリスト》第1000号(1992年),第163页以下。

井上毅和大隈重信的民族主义情绪高涨），还有基于封建家族主义看法的对立（民法违反日本的"淳风美俗"）等。总之，以明治22年（1889年）5月《法学士会关于法典编纂的意见》的发表为导火索，针对民法典掀起了激烈的争论。法学士会意见书中主要借用了德国历史法学立场，对被认为是立足于自然法思想的旧《民法》进行了批判。限于此点，日本的民法典论争也常常被比作是蒂博与萨维尼的"德国法典论争"（但是，问题似乎并不是那么简单）。

最终，根据明治25年（1892年）第三次帝国议会的《民法商法施行延期法律案》，旧《民法》《商法》被延期至明治29年（1896年）施行。结果，旧《民法》到明治31年（1898年）、《商法》到明治32年（1899年）为止，一直被束之高阁而未被施行［不过，《商法》中有关公司、票据、破产部分的规定于明治26年（1893年）得以施行］。

（4）现行民法典的编纂

明治政府于明治26年（1893年）2月，在内阁之下设置了"法典调查会"，以日本委员各3名为起草委员，从事《民法》《商法》的修改工作。当时，东京大学的教授**穗积陈重**（1855—1926年）、**富井政章**（1858—1935年）、**梅谦次郎**（1860—1910年）成为民法修改案起草工作的核心。穗积陈重留学于英国和德国，在明治14年（1881年）回国，是创设了法理学讲座的理论家，属于所谓的"延期派"［顺便提一下，其弟穗积八束（1860—1912年）是公法学者，他在与美浓部达吉的"天皇机构说"相对抗的同时，对布瓦索纳德的旧《民法》也提出了"民法出，忠孝亡"的责难，是有名的保守派雄辩家］。富井政章留学于法国，在明治16年（1883年）回国，受穗积陈重的影响，重视德国法学（反法国法的立场），也属于延期派。与此相对，梅谦次郎留学于法国和德国，在明治23年（1890年）回国，对布瓦索纳德的旧《民法》进行了很高的评价，属于断然实行派中很活跃的人物。梅谦次郎向里昂大学提交的博士论文《关于罗马法与法国法的比较研究》（Da la transaction, 1890），是至今仍被引用的优秀论文。没有梅谦次郎广博的知识和出众的协调能力，日本《民法》的迅速制定恐怕是不可能的。

旧《民法》的修改及其审议，是以极快的速度集中进行的（在约五年的时间里，进行了230次审议）。其中，总则、物权、债权三编在全部审议结束后，于明治29年（1896年）1月提交到第九次帝国议会上，在进行了若干修改后，于同年4月公布[1]；亲属、继承两编于明治30年（1897年）12月提交到第11次帝国议会上，于翌年6月公布。这样，现行日本《民法》于明治31年（1898年）7月16日正式施行，并先于《德国民法典》（1900年1月1日施行）迎来了施行一百周年。

图6-4　左起，依次为富井政章、梅谦次郎、穗积陈重

---

〔1〕 关于以民法调查会为中心的修改过程中的讨论，可查阅《法典調査会民法議事速記録》《法典調査会民法主査会議事速記録》《法典調査会民法総会議事速記録》《法典調査会民法整理会議事速記録》等（过去，因其复制品只由有限的大学保管，一般很难得以利用，现在其作为商事法务研究会《日本近代立法資料叢書》的一部分被复刊）。帝国议会的相关立法资料被汇编在广中俊雄编：《民法修正案（前三编）の理由書》，有斐阁1987年版；广中俊雄编：《第九回帝国議会の民法審議》，有斐阁1986年版里。关于立法资料，广中俊雄：《日本民法典编纂史とその資料——旧民法公布以後についての概観》，载《民法研究》第1卷第1号（1996年），第137页以下尤为详尽。另外，关于旧《民法》以来的民法变迁过程的条文集大成，请参考前田达明编：《史料民法典》，成文堂2004年版。

修改工作（为说服反对派）并没有像之前所宣传的那样大幅度地进行，反倒是维持了旧《民法》一半以上的内容。这意味着日本的民法在相当程度上，继受了经布瓦索纳德之手的以法国法为母法的制度和规定。[1]但同时，修改工作参考了约 20 个国家的立法、判例等，竭尽全力探索了适合日本的固有规则也是事实。所以，日本《民法》绝不是以法国法或德国法为母法进行的简单复制，而是在相当独立之思考的基础上形成的。这正是称其为"比较法学之成果"的缘由（请参考图 6-5 所示相关内容）。

　　对旧《民法》进行的主要修改有：第一，在其编别上。参考当时已经公布的《德国民法典》的"第一草案""第二草案"等，新设"总则"编，再加上"物权""债权""亲属""继承"形成了共五编的新结构。采用了德国型的所谓"**潘德克顿体系**＊"（顺便提一下，当初所参考的第一草案《德国民法典》与现行《德国民法典》的编别不同，其与日本《民法》一样，将"物权"编置于"总则"编和"债权"编之间），将相互共通的规则提取出来，作为一般原则渐次地往前面放，并作为"总则"归纳起来，形成"概念的金字塔"。这样的构造，虽然就个别问题之条文适用的汇集状态上有不便之嫌，但却有助于思考和法学教育上的方便以及通过体系性归纳使条文简化。第二，在总则编采用法人制度、法律行为制度等德国法学成果，也是一个突出的特点。第三，为简化规定，对很多包含在旧民法典中的被认为是不言自明的"定义"规定、"大原则"规定、合同"解释方法"规定、"分类"规定等，进行了整理、删减。不过，当时并不是因为否定了其作为规范的妥当性而进行删减的，所以，即便在今天，这些不成文的各原则仍具有重大意义。[2]

　　＊【潘德克顿体系】　这是一种将共通的概念和规则归纳为"总则"，将比较普遍的、抽象的规则渐次往前面放，构筑成概念的金字塔的体系性整理方法，在罗马法［尤其是《学说汇纂》（Pandekten）］的学术性处理过程中得以确立（关于民法的体系性结构，请参考图 6-6 所示）。

---

〔1〕明确指出这一点的是星野英一：《日本民法典に与えたフランス民法の影響》，载星野英一：《民法論集第 1 巻》，有斐閣 1970 年版。
〔2〕请参考《特集・条文にない民法の"原則"》，载《法学教室》第 152 号（1993 年），第 11 页以下；椿寿夫、中舍寛树编：《解説新・条文にない民法》，日本评论社 2010 年版。

过去，因为日本民法典的体系借助于德国潘德克顿法学的成果，所以对德国法学的影响进行了过大的宣传（为躲开"延期派"对旧《民法》的批判，这样的说明在战略上也是必要的）。不过，在对"债权行为"和"物权行为"未作严格区分、对侵权行为设定一般条款等基本问题上，与其说是德国法上的东西，不如说是法国法上的东西多些。另外，规定损害赔偿范围的《民法》第416条的渊源是英国判例法等情形，现在也是广为人知的。因此，说日本《民法》片面地继受了某国的法律制度恐怕是不确切的。并且，当时的《德国民法典》共2 385个条文、《法国民法典》共2 281个条文，而日本《民法》共1 146个条文，从这些数字来看，也不难想象，当时的立法者们追求简洁规则的苦心。

（5）学说继受

在日本《民法》的编纂刚完成之后，日本民法学的中心工作是为实际适用该法典而分析这一新制定的法典的内容，使其没有理论上的矛盾，即进行狭义的"民法解释学"。但是，因法典内容基本上是外来的东西，日本缺乏固有的学术性积淀，因此不得不广泛地依赖外国的学术成果。并且，基于多种原因（例如，以普鲁士为范本的宪法体制、具有指导性地位的法学学者穗积陈重的影响等），最多参考的还是既具有体系性又具有理论性的德国法学成果。这就造成了在法的解释上发生了奇妙的现象。例如，甚至对本来具有法国法历史沿革的条文，也按照德国式的体系和概念进行了重新构建和说明。模仿"法的继受"的说法，这一过程称为**"学说继受"**。[1]现在仍在继续提及的"物权行为的独立性理论"、损害赔偿上的"相当因果关系论"，这些理论就是这一时代的产物（两个理论会在物权法、债权法中学习）。

5. 新《宪法》与"家族法"的修改

日本现在的"家族法"，与其说是经历了明治时期民法典编纂成果的发展形态，不如说是在"二战"后发生根本性改变的新《宪法》下重新开始

---

〔1〕 关于"学说继受"，请参考北川善太郎：《日本法学の歴史と理論》，日本评论社1968年版，第24页。

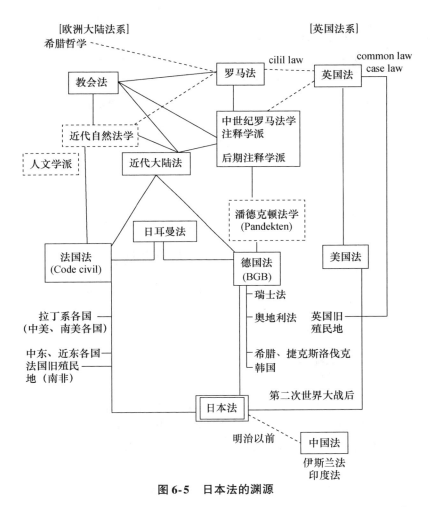

图 6-5　日本法的渊源

的理念上的大转变。不过，若说在内容上究竟深入到了何种程度，是否实现了具有实效性的明文规定，尚有疑问，其内容多是留有许多斟酌处理余地的一般条款性的空白规定。

在旧《民法》上，旧有的所谓"家"制度还得以保留。虽然承认所有家庭成员具有权利能力，却通过"长子单独继承制"将家产集中到"户主"手中，力图维持既有的家的经营。"户主"与其他家庭成员的关系是实质上的权力服从关系。从户主对家庭成员所拥有的"入籍同意权""婚姻、养子

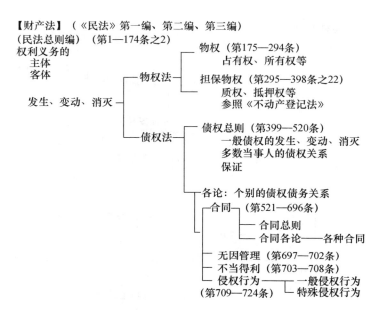

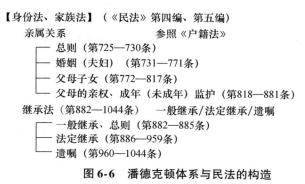

图 6-6　潘德克顿体系与民法的构造

女收养同意权"这种关于身份行为的同意权中即可看出,"家"制度获得了法律上的支持。易言之,作为近代财产法的旧《民法》,一边谋求将家产与权力("户主权")集中到"户主"手中来维持、延续既有的"家"的经营;一边将这样的"家产"转化为在摆脱了传统上的家庭束缚的户主的个人财产之基础上,保障其自由流通,并以这样的些许扭曲的方式,寻求财产法与家族法的整合性。就这样,这种和罗马时代旧的"家长制"与适合于频繁交易的法秩序之间和奇异性调和相似的情形,成为"二战"前日本家族法的特征。以"个人尊严"和"男女实质平等"为基础的近代家族法的确立（废除"家"制度、承认自由婚姻、子女等份继承等），是在经过大正民主运动和前所未有的战祸后，与新《宪法》（尤其是新《宪法》第24条[1]、第14条[2]等）一起终于才获得的宝贵财富。不过，遗憾的是，日本的家族法贯彻"家庭、当事人自治"（这虽有进步的一面）达到极端的地步，而对家庭内部的弱者的权利保护和人格权的保护，则考虑得未必充分（如果在情感世界里过多地使用空白规定，不是会使国家无法充分应对当事人的恣意和放纵，就是会招来国家过度干涉的危险）。对国家介入家庭纠纷应采谦抑主义[3]，自旧《民法》制定时起，这种观点就支配着日本的法典编纂者们的思想（"法不进入家庭"！），即使是经过了"战后"的修改工作，这样的情形仍未发生任何改变。正因为如此，在日本，即便能够论及家庭成员之间的感情和仁、义、孝等道德情操，却很难论及明确的权利义务关系。这是当今日本的一个很大的立法课题。[4]

6. 日本自身的东西

在日本，是把"自由的个人"置于社会制度的中心来谈论这些法主体之间的权利和义务。这一事实本身可能就是欧洲类型的民法典带来的社会观、秩序观的大转变。在这样的程度上可以认为，传统的日本社会的各种规则，不管是好是坏，都充满了对作为整体的成员的"作用期待"和对整体的"调和的要求"。例如，当发生某种利益冲突时，人们常说"彼此彼此"；

---

[1] 日本《宪法》第24条第1款规定："婚姻只基于两性的合意而成立，以夫妇拥有同等的权利为基础，通过互相的协助得以维持。"第2款规定："法律关于选择配偶、财产权、继承、住所的选定、离婚和结婚以及有关家庭的其他事项进行规定时，必须以个人的尊严和两性的本质性平等为基准。"——译者注

[2] 日本《宪法》第14条第1款规定："所有的国民在法律之下都是平等的，在经济上或社会关系上，不因人种、信念、性别、社会身份或出身门第而受歧视。"第2款规定："不承认华族及其他贵族制度。"第3款规定："授予荣誉、勋章及其他荣典，不得伴有任何特权。荣典的授予，其效力只限于现在接受授予或将来接受授予的这一代。"——译者注

[3] 日文的"谦抑主义"，主要是指刑事处罚应该作为最后的手段来使用，在必要的情况之外不得使用刑事处罚。在本文是指家庭内部的纠纷，国家只有在必要的情况下才能进行介入。日本的家族法学者们指出，在家族法领域采用"谦抑主义"，会不利于保护家庭内部的弱者（妻子、孩子和老人等），所以视其为一大问题。——译者注

[4] 请参照中田裕康编：《家族法改正》，有斐阁2010年版等。

遇到意见分歧时，与通过少数服从多数来判别是非相比，更倾向于寻求全体一致地得出结论。就算有各种各样的对立，只要事情能顺利进展即可，而将争议事项"付诸流水"，对于问题出在哪里，直到最后也回避去弄清楚。还有，基于一定的缘由，即便不存在债务关系，但感到有必要"报恩"，也会被期待要"尽情理"；即便是在主张权利上，明确追求自己个人利益的行为，常常被认为是"没有品位"而遭到厌恶，但任性的自我主张如其字面一样，一边作为"任性"受到消极评价，一边伴随着叹息而被接受。再有，是把彻底追究个人责任的行为作为一件"残忍"的事情，而尽量予以回避的倾向（不过，像上司把责任推卸于下属这样的责任，却意外地很容易被人们所接受）。人们为了相互"不使对方丢面子"而互相进行关照。对于不好的行为，与对其实施制裁相比，更倾向于要求当事人自己"知耻"。即使被误解，人们也以辩解为耻，而陷入只能通过行动来坚持自己信义的状态。总之，对语言和逻辑的信赖，在某个阶段以"空谈"开始，在"真心话"和"场面话"的世界里达到彼此互相认可。至少，日常的行为规范是极其模糊的，像"为人之道""诚实"这样的带有伦理性色彩的"规范"较多，如果不是这样的话，在其形式化的"规矩"的背后，隐藏着关于善恶美丑的价值评价的情况也屡见不鲜。人们被要求相互体谅对方的心情而行动（另一方面抱有让对方也能体谅自己的心情的"撒娇心理"），问题常常不是与金钱，而是与"体面"和"名誉感情"连在一起。

这样的感觉在多大程度上是真正的日本自身的东西，并不是很清楚。但是，思考众多被观察到的这种含糊的感觉，在"法"的世界中如何产生影响，有时是十分必要的。的确，像上面提到的社会，一方面可能是一个温和且舒适的世界，但有时，"个体"的责任和义务很含糊地被放置一边，常常造成"个体"被不合理的感情、面子和实力关系压制，或被不成文的规范束缚，使相对的"弱者"、不擅长发表意见的"谨慎的人"和性情温和的"善人"被迫做出不合理的"宽容"和"忍受"的结果。从正面探讨何为"公正"，确立（不单是共同体）社会成员的自觉和责任意识以及每个人的"个体"意识，对于现代日本来讲，恐怕应当说还是一个重要的课题。因为只有作为"个体"的自觉，拥有伴随着社会责任感的具有理性且强有力的意思的自由人，才是适合享受该社会上的自由利益的存在。

日本应该从民法的基本精神中学习的课题尚有许多。

【参考文献】

本章的论述基本以 O・ベーレンツ:《歴史の中の民法——ローマ法との対話》,河上正二译,日本评论社 2001 年版,第 29—62 页为基础。

作为介绍罗马法比较简洁充实的书籍有,原田庆吉:《ローマ法》,有斐阁 1955 年版;船田亨二:《ローマ法入門》,有斐阁 1967 年版;吉野悟:《ローマ法とその社会》,近藤出版社 1976 年版;ピーター、スタイン:《ローマ法とヨーロッパ》,屋敷二郎监译,minerva 书房 2003 年版;ウルリッヒ・マンテ:《ローマ法の歴史》,田中実、泷泽荣治译,minerva 书房 2008 年版等。另外,作为获得了很好评价的教科书的译作,有マックス・カーザー:《ローマ私法概説》,柴田光蔵译,创文社 1979 年版;ヴィアッカー:《近世私法史》,铃木禄弥译,创文社 1961 年版;シュロッサー:《近代私法史要論》,大木雅夫译,有信堂 1993 年版;クリンゲンベルク:《ローマ債権法講義》,泷泽荣治译,大学教育出版 2001 年版;クリンゲンベルク:《ローマ物権法講義》,泷泽荣治译,大学教育出版 2007 年版等。作为相对一般性的书籍有,石部雅亮、笹仓秀夫:《法の歴史と思想》,放送大学教育振兴会 1995 年版;星野英一:《法学入門》,放送大学教育振兴会 1995 年版;村上淳一:《〈法〉の歴史》,东京大学出版社 1997 年版;クヌート・W・ネル:《ヨーロッパ法史入門》,村上淳一译,东京大学出版社 1999 年版;五十岚清:《法学入門》(新版),悠々社 2002 年版较有启发性。

关于日本《民法》的形成,请参照星野英一:《日本民法典(1)—(4)》,载星野英一:《民法講義総論》,有斐阁 1983 年版;星野英一:《日本民法学の出発点》,载星野英一:《民法論集(第 5 卷)》,有斐阁 1986 年版;包括小柳春一郎:《民法典の誕生》,池田恒雄:《日本民法典の展開(1)——民法典の改正——前三編》;大村敦志:《民法典の展開(1)——民法典の改正——後二編》;水野纪子:《比較法的に見た現在の日本法——家族法》这几篇论文均载于广中俊雄、星野英一编:《民法典の百年 I 全般的観察》,有斐阁 1998 年版。此外还有大村敦志:《民法と民法典を考える——"思想としての民法"のために》,载广中俊雄编:《民法研究》第 1 卷第 1 号第 5 页以下,信山社 1996 年版;坂本庆一:《民法編纂と明治維新》,悠々社 2004 年版;岩村等:《日本近代法史》,载岩村等、三成贤次、三成美保:《法制史入門》,nakanishiya 出版 1996 年版,第 4 页以下。此外,与本章内容相关的其他文献还有西村重雄、儿玉宽编:《日本民法典と西欧法伝統》,九州大学出版会 2000 年版,其中也有很多引人关注的文稿。另外,关于平成 16 年(2004 年)将《民法》条文改为现代语[1]的法的意义,暂请参考中田裕康:《民法の現代語化》,载《ジュリスト》第 1283 号(2005 年),第 86 页;山本敬三:《民法講義 I》(第 3 版),有斐阁 2011 年版,第 27 页以下。

---

[1] 日本《民法》在 2004 年之前,条文是用汉字和片假名来表述的,鉴于比较难读,2004 年,在日本法务省的主导下,在不改变条文内容的基础上对该《民法》进行了将片假名改为平假名的"民法现代语化"的修改活动。——译者注

第 7 章

民法规范的成本与收益（法的经济分析）

提供搬家补偿费强化"正当理由"的案件［最高裁昭和 38 年（1963 年）3 月 1 日判决］

> **【本章的课题】**
>
> 　　与前几章的观点稍有不同，本章将就民法制度和规则在经济学上具有怎样的意义进行思考。虽然，现在的法学与经济学分别通过其独有的思维模式和分析工具在谋求发展，但这两门学科至少在对社会稀缺"财（富）"的分配或通过高效、经济合理性行动来增进社会福利这方面，探索着相同的课题。如果站在适用到众多的类似情形中的规则与制度之应有状态的角度来看的话，通过法律解决纠纷所带来的个别具体的正义内容，与经济合理性、经济效率性是有关系的。另外，多数情况下，法律制度也是人们经济活动和社会行动的前提或制约因素。实际上，法学与经济学的相互关系从近代社会科学初创时起就已经被意识到（例如，亚当·斯密的《格拉斯哥讲义》[1]），只不过在经历了长期岁月后，这两门学科发生了解体和分立而分别形成了各自完整的专门领域。
>
> 　　当然，人的全部生活行动和正义感情是无法只通过经济合理性和追求效率性或者对利润最大化的要求就能够说清楚的。人并不只是为了经济上的"利益得失"而行动的，这是我们通过经验已熟知的事情（有时，对那样的行为方式甚至心生厌恶），而且也存在很多在市场经济中难以成立的问题群。另外，即便可以简单地说**成本**或**收益**，但因其内容极其丰富，对此也不能一概而论。并且，对于成本收益的分析结果及

----

　　[1] 指亚当·斯密在格拉斯哥大学上课时学生们所作的笔记，后被编辑成书，也称为《格拉斯哥大学讲义》（Adam Smith's Lectures on Justice, Police, Revenue and Arms）。——译者注

> 其推导出的结论的意义，也会因为以何种（假设）条件和指标进行经济分析、设定何种目标以及以何为优先价值而产生较大的不同。
>
> 但是，只要很好地意识到这种界限，作为为实现一定的经济政策性目标而进行的预测，或通过修改制度来降低市场成本、增进人们的收益和促进经济活动合理性等这些目的的手段，经济分析是十分有益的工具，能赋予我们极大的洞察力（而且为了不轻易被看起来是合理的经济学上的解释所蒙骗，有必要掌握一定的关于法经济分析的知识）。
>
> 本章将请求腾退出租房屋诉讼案件中，作出认可出租人提出的提供"**搬家补偿费**"最终强化了出租人的拒绝更新租赁合同和主张腾退房屋这一结果的最高裁昭和38年（1963年）3月1日判决（《民集》第17卷第2号，第290页）作为导入问题的材料，来介绍一下法经济分析的部分内容。

1. 在阅读判决之前

① 本案件名为"请求腾退房屋案件"，是原告 X 对被告 Y 以终止租赁关系为前提，请求腾退出租房屋的案件。关于房屋租赁关系，不单要适用民法典的相关规定，还要适用作为**特别法**的《借地借家法》[1]［平成 3 年（1991年）法第90号］（关于一般法与特别法的关系，容后述）。案件发生时，旧《借家法》还在适用，其第1条之2规定，"建筑物的出租人，非需自用或无其他正当事由，不得拒绝续租或提出租赁的解约"（请与后述的《借地借家法》第28条进行比较）。

② 为理解本判决，有必要简单了解一下关于借地、借家法律的历史[2]（详细内容在债权各论中学习）。因**租赁**是特定人与特定人之间的**债权关系**，

---

[1] 是关于租用土地、房屋的法律。以下将租用土地、房屋的行为均直译为借地、借家。——译者注

[2] 关于《借地法》《借家法》的历史，请参考广中俊雄、星野英一编：《民法典的百年 I 全般的観察》，有斐阁1998年版，第231页以下（佐藤岩夫执笔）；佐藤岩夫：《现代国家と一般条项》，创文社1999年版，第269页以下及该文章中所刊载的各种文献。

在作为出租人的所有权人将标的物出售给他人后,承租人一般是不能向新所有权人主张其使用权利的(即"买卖破租赁"。《民法》第 605 条的规定是例外)。关于住宅用地,在日俄战争后,作为上涨地租的手段,已经发生了把住宅用地出售出去来威胁借地[1]上的建筑物的所有权人这样的所谓"地震买卖"问题。为应对这一问题,制定了《**建筑物保护法**》[明治 42 年(1909 年)法第 40 号]。"一战"以后,由于人口涌入城市,因住房不足而引起的居住问题严峻,为迎合时代的要求,国家制定了《借地法》[大正 10 年(1921 年)法第 49 号]和《借家法》[大正 10 年(1921 年)法第 50 号]。但当时的《借家法》仍然承认出租人的解约自由和拒绝续租的自由。在"二战"期间,以工厂劳动者为主的人口向城市集中的现象仍在继续,虽为应对房租高涨而制定了《**地租房租统制令**》[昭和 14 年(1939 年)],但出租人对拒绝房租上涨的承租人以提出解约来抵制该法规的规定。因此,昭和 16 年(1941 年)增加了《借家法》第 1 条之 2,大幅度限制了出租人拒绝续租或提出解约的理由,实现了保护承租人居住的目的。基于这一规定,出租人非需自用或无其他**正当事由**,不得提出解约或拒绝续租。在这个意义上可以说,采用正当事由条款的目的在于使战争期间的整体物价统制政策具有实效性。当时,需要自用虽被解释为是可独立作为解约、拒绝续租的事由,但"二战"后,却被理解为只不过是判断"正当事由"的理由之一[2],"正当事由"成了比较考量出租人与承租人利害关系的关键词,围绕是否具备"正当事由"的众多诉讼被提起。虽然实际上为了认定有无正当事由存在多种多样的因素[3],但其处理方式与住宅问题和住宅政策的变迁也密切相关,基本上是以保护承租人的居住权为基础予以展开。其后,经过昭和 41 年(1966 年)对《借地法》《借家法》的大修改,强化了对借地权和借家权的保护,借地权和借家权作为一种"财产权"的地位得以巩固(**承租权的物权化**)。但是,从住宅供给在一定程度上趋于稳定的昭和 50 年

---

〔1〕 指处于租赁状态的宅基地。——译者注
〔2〕 最判昭和 25 年(1950 年)2 月 14 日,《民集》第 4 卷第 2 号,第 29 页;最判昭和 26 年(1951 年)9 月 14 日,《民集》第 5 卷第 10 号,第 565 页等。
〔3〕 详细内容请参考铃木禄弥:《居住权論》(新版),有斐阁 1981 年版,第 137 页以下;星野英一:《借地借家法》,有斐阁 1969 年版,第 509 页以下等。

（1975年）起，开始出现对保护借地人、借家人的批评性见解[1]，平成3年（1991年）的《借地借家法》便是为促进城市周边的借地供应，推动城市中心部分的再开发，以使权利调整容易化为目的制定的。通过该法的制定，借地权、借家权的性质逐渐发生变化。设立无续租保护的**定期借地权**制度（《借地借家法》第22条）以及基于出租人事由可以订立附期限的建筑物租赁制度（根据《借地借家法》第38条的修改，导入**定期建筑物租赁**制度），就是这一时期的变化象征。

现在，根据《借地借家法》第28条的规定，出租人拒绝续租的要件如下，即"除建筑物的出租人和承租人有必须使用建筑物的事由外，考虑租赁建筑物以往的背景、建筑物的使用情况和建筑物的现状，以及作为腾退建筑物的条件、或是作为与腾退建筑物的交换条件，出租人向承租人提出了提供财产上的给付时考虑该提议，认为有正当事由"。所以，本案判决具有成为以上这些立法的导火线的意义。

2. 案件与裁判所的判断

（1）纠纷的经过

以生产销售点心为业的X，于昭和22年（1947年）3月从案外人A处买下了本案的土地和房屋。但自昭和2年（1927年）以来，Y就一直从A处承租该房屋，用于全家人（11人）的居住和开理发店，没有明确规定承租期限。X承继了A作为出租人的地位。昭和33年（1958年），X受经济不景气的冲击而陷入经营困境，为了偿还高额债务而避免破产，需要将本案土地和房屋以相当的价格（根据X的主张，为250万日元到300万日元）卖掉，遂向Y提出解约，要求其搬走。在该解约提出的前后，X与Y之间曾就大幅度上涨租金、介绍其他地方居住、提

---

[1] 较早的文献有，岩田规久雄：《借地借家法の経済分析》，载《季刊现代経済》第24号（1976年）；野口悠纪雄：《土地の経済学》，日本経済新闻社1989年版。较近的文献有，福井秀夫：《借地借家の法と経済分析（上・下）》，载《ジュリスト》第1039号，第76页；《ジュリスト》第1040号（1994年），第87页。较一般性地进行经济分析的文献有，濑下博之、山崎福寿：《権利対立の法と経済学——所有権、賃借権の効率性》，东京大学出版会2007年版。

供搬家补偿费、Y 直接买下的可能性等进行了交涉,但未达成合意。最终,Y 以家里人口众多,即使搬到他处重新营业也难以确保客源为由,拒绝腾退房屋,双方遂产生纠纷。

第一审(新泻地裁三条支部)判决虽驳回了 X 的请求,但原审(东京高裁)判决却进行了如下陈述,改变了一审判决:

> 在比较考量双方当事人的事由时,对于 X 于昭和 33 年(1958 年)8 月 13 日提出的本案房屋租赁的解约,因难以立即证明其已具备《借家法》第 1 条之 2 所规定的正当事由,因此应当说,其所提出的解约是不合法的。所以,X 以所提出的解约有效为前提而请求腾退本案房屋是没有理由的。
>
> 但是,从已经认定的 Y 的资产状况、家庭构成及关于其家业的性质等情况,以及 X 在要求 Y 腾退本案房屋时,向 Y 提出了可以支付相应的搬家补偿费,以此填补 Y 搬到他处所蒙受的财产损失的情况,可以认为,在上述所认定的双方当事人的事由之上,通过 X 向 Y 支付相应的搬家补偿费,即将支付相应的搬家补偿费作为强化条件,使 X 所提出的本案租赁解约具备了正当事由。而且 X 于昭和 37 年(1962 年)4 月 14 日……口头辩论日里,以支付 40 万日元搬家补偿费为强化条件再次向 Y 提出新的解约。在参照辩论的整体宗旨后,这一事实已很清楚,即可以认为 X 所提出的搬家补偿费数额已足够作为上述强化条件的搬家补偿费金额。
>
> 这样的话……从现在起,在满 6 个月的昭和 37 年(1962 年)10 月 14 日之后,应当说 X 与 Y 之间的本案房屋租赁合同即已终止(请参考《借家法》第 3 条→《借地借家法》第 27 条),届时,在 X 提供 40 万日元的搬家补偿费的同时,Y 应该搬离本案房屋,从而将其腾退给 X。

(2) 最高裁的判断

原判决在其认定的双方当事人的事由之上,通过增加被上告人(X)向上告人(Y)支付 40 万日元的搬家补偿费这一强制条件,认为判决所示解约的要求具备正当事由是适当的,不能认定其错误解释了

《借家法》第 1 条之 2 或缺乏理由而违法。

3. 本判决的意义与其后的变化

（1）是否为强制调解

本案是在比较双方当事人的事由的基础上，一边认为出租人不具备立即提出解约的正当事由，一边又通过把支付相应的搬家补偿费（财产的给付）作为强制条件加上去，从而肯定了提出租赁解约的一方具备正当事由，最终以支付搬家补偿费为交换条件而认可了腾退房屋的请求（这种以某一给付为交换条件而作出的一定给付的判决，被称为"交换给付判决"）。本来，在判断提出解约的一方是否具备正当事由时，通过引进"搬家补偿费"这样的金钱性补偿进行调整的方法，不仅是挂着裁判之名却具有非讼性质的"强制调解"，而且看起来像是违背为保护居住权而发展起来的判例动向。但是，本判决所示的方向被进一步推进［最判昭和 46 年（1971 年）6 月 17 日，《判时》第 645 号，第 75 页］，结果越发增强了金钱性补偿在实际解决借家纠纷问题上所发挥的作用。现在，就当事人明确提示金额的搬家补偿费，只要是在"没有根本性不同的一定范围内"，根据裁判所的酌情处理，也可以增加一定程度的金额。[1] 并且，提出解约后又提出提供搬家补偿费或提高搬家补偿费金额时，可以参考其提供的搬家补偿费及提高后的金额来判断"当初提出解约"是否具备正当事由。[2] 一般认为，这样的提议只要没有违反诚实信用，"到事实审的口头辩论终结时"之前，均可提出。[3] 这一理由在现行《借地借家法》第 28 条的适用上仍具有妥当性。

现在，搬家补偿费成为提出解约或拒绝续租之正当事由的一个要素，这在法律条文上也很明确，已无可辩之余地。但需要注意的是，搬家补偿费只是可以对出租人一方的事由"予以强调的因素"，并不是可以对此"进行替

---

〔1〕最判昭和 46 年（1971 年）11 月 25 日，《民集》第 25 卷第 8 号，第 1343 页；《民法判例百选Ⅱ》（第 3 版），第 68 案件（野崎幸雄执笔）。

〔2〕最判平成 3 年（1991 年）3 月 22 日，《民集》第 45 卷第 3 号，第 293 页；《民法判例百选Ⅱ》（第 4 版），第 67 案件（和田安夫执笔）。

〔3〕最判平成 6 年（1994 年）10 月 25 日，《民集》第 48 卷第 7 号，第 1303 页；《民法判例百选Ⅱ》（第 5 版），第 64 案件（内田胜一执笔）。

代的因素"。从根本上来讲,双方当事人对争议房屋的"需要程度"才是问题的关键。例如,以再开发或土地的有效利用为理由,在违反老年人的意愿下,强迫其搬离长期居住的房屋,这仿佛就像被拿钱打在脸上一样,这种被要求腾退房屋的情形,法律当然不能置之不问。

(2) 关于定期借家权的论争

但是,反过来想想看,法律上的正当性(至少是其中的一部分)可以通过金钱来维持也是事实,不管愿意与否,它都使我们意识到了法与经济的关联性。本案中成为问题的"搬家补偿费"是以何为根据的?"正当事由"给住宅市场带来了哪些影响呢?

作为该问题的鲜明写照的是"关于定期借家权的论争"[1]。以经济的观点进行若干分析,强烈地指出了《借地借家法》的"正当事由"条款扭曲了住宅市场的功能,虽其出发点是要保护部分贫困者,但结果却进一步降低了没有既得权的贫困者的生活水平。另外,借地借家关系的长期稳定,在另一方面也使出租方承担了由于正常租金的长期低水准化所带来的成本,从而抑制了住宅用地的供应。还有,终止租赁关系需要高额的搬家补偿费,这不仅会带来与此相对应的押金、礼金、续租费等的发生,而且会造成在发现更加有利的利用途径时,出租方的利益被承租人享有的结果(开发利润的分配),可以说,这抑制了出租人努力寻找转变房屋用途的愿望,造成了土地的低效利用。这样一来,不问有无正当事由,在约定的合同期限届满时,借家权确定性地终结,即"定期借家权"的构想,在满足社会多种需求的同时,作为使房租水平符合适当的实质性房租的方法,受到推崇。

不过,作为现实问题,用于居住的借家与用于经营的借家,在本质上其利用情形和效用是不同的,而且泡沫经济崩溃后,借家市场的前提随之消失,有无借家法的规制对借家的供应量会产生多大的影响,也不清楚。另外,承租人对于地域的喜欢程度和绝大部分生活利益有不适合经济性评价的

---

[1] 关于这一问题,请参考内田贵:《管見〈定期借家権構想〉——〈法と経済〉のディレンマ》,载《NBL》第606号(1996年),第6页;森本信明:《わが国の持家率の高さと借地借家法》,载《ジュリスト》第1088号(1996年),第35页;八田达夫:《〈定期借家権〉はなぜ必要か》,载《ジュリスト》第1124号(1997年),第53页;阿部泰隆:《定期借家権の法制度設計》,载《判例タイムズ》第959号(1998年),第60页。比较全面性的文献,请参考《特集・定期借家権構想の問題点》,载《ジュリスト》第1124号(1997年)。

一面，伴随搬家而发生的财产上和心理上的成本，有被过于低估的可能性。在解除合同会给承租人造成重大成本负担时，若出租人战略性地实施行动，"解约自由"也可能成为出租人实现其不正当的租金上涨的工具。基于当初未能预见的情况而调整租金，使其趋于正常水平，这不能通过解约或拒绝续租来解决，而应通过"请求增减租金"来实现（请参考《借地借家法》第32条）。即使作一般性的考虑，也不能一概地认为，保护承租人对借家合同关系的稳定及持续性期待的规则，是不合理的负担。在成为裁判所处理纠纷的解决标准的法律上，应当说，在综合考虑多种因素、斟酌双方使用该房屋的必要性作出判断时，"正当事由"作为媒介仍不失其重要性。

4. 法的经济分析之构想

不仅是在借地借家领域，在法学的世界里，法的经济分析也提出了许多新问题。以下将论述的中心转移到这一新的学术领域。

(1) 何谓法的经济分析

"法与经济学"或"法的经济分析"（Law & Economics，Economic Analysis of Law）是主要基于近代经济学（尤其是价格理论）上的**成本、收益分析**，来分析一定的法规范或制度选择，通过市场机制会对人们的经济行动或非经济行动带来何种影响或**刺激（诱因）**，尤其从经济效率性、**效益最大化**的角度探讨理想的规则或制度的应有状态的一门学问。20世纪60年代美国的科斯（Ronald Coase，1910年—　）提出了以"**交易成本**"为主的基本思想。该思想通过波斯纳（Richard Posner，1939年—　）、卡拉布雷西（Guido Calabresi，1932年—　）等得以发展，又通过应用新的经济学方法，获得了进一步发展。[1] 根据应用经济学欲达到的目标的不同，存有若干的方向性，

---

[1] 关于值得纪念的R·科斯的论文《社会的成本问题》（The Problem of Social Cost），可以在松浦好治编译的《〈法と经济学〉の原点》，木铎社1994年版的日语译本（新泽秀则译）里读到。关于卡拉布雷西的名著《事故的成本》（The Cost of Accidents），也有日语译本（小林秀文译：《事故の费用》，信山社1993年版）。理查德·A. 波纳斯（Richard A. Posner）的《法律的经济分析》（Economic Analysis of Law, Aspen 1992年版）已有第7版，基本在所有领域都采用了经济分析的方法。其他，也请参考G·カラブレイジ：《多元的社会の理想と法》，松浦好治、松浦に律子译，木铎社1989年版；R. ポズナー：《正义の经济学——规范的法律学への挑战》，马场孝一、国武辉久监译，木铎社1991年版。

主要有以下几种法的经济分析方法：一是通过经济分析，对现行的法制度予以说明或正当化时，排除价值判断进行实证性主张的方法；二是使用各种各样的法制度模型，模拟预测对一定的制度加以变更后会产生何种经济性影响的分析方法；三是在以福利经济学的成果为主要根据的同时，又以"经济效率性"为目标提倡理想制度的应有状态的分析方法*。

*【**法经济分析的经济学性质**】　本来，法经济分析可以被定性为"经济学"，也可以说，是经济分析理论在非市场活动中的法行动或法制度上的应用编。将法经济分析方法的不同，理解为所谓的"实证主义经济学"与"规范经济学"的方法被利用到经济分析上时所表现出来的方式的不同，或许更易于理解。**实证主义经济学**因为以弄清事实的经验性法则为目的，所以把构筑和验证可以说明现实的理论作为主要课题。可以说，这与事物的现象相关，无法掺入应为。[1]在此，关于经济主体的预定性行动的分析属于"事前分析"，对已存在并得以实现的经济变化的处理属于"事后分析"，如果将此应用到法制度上的话，该方法就成为不包含规范提案类型的法经济分析。与此相对，**规范经济学**是试图参照一定的标准对经济的发展方向予以最优化控制，或设计经济最优化体系的经济学［其先驱是因福利经济学而驰名的庇古（Pigou）］。原则上，价值的前提始终是规范经济学的出发点，在基于其含义而推导出应为的方案的过程中发现经济分析的意义（因价值前提作为条件是被从外部赋予的，并且就其伦理正当性未进行过争论，所以只不过是保有暂且的科学性）。规范经济学的分析方法成为包含规范提案的法经济分析，现在已经形成法经济分析的主流方法。这时，根据作为前提的价值中是只包含"效率性"，还是除此之外也包含其他东西会产生差异。

(2) 基本的工具概念

虽然法经济分析使用的理论和分析工具多种多样，但在最低限度内理解以下内容还是有益的。

---

〔1〕　日语原文是"当为"。德语 Sollen 的日译。——译者注

① **收益**" 和 "**成本**" 的观念。这两个概念基本上是指会带来令人满足的 "财富" 的增加与减少，但有时，时间上的或心理上的愉快、不愉快、烦恼等要素也会包含在内。在这里，尤其重要的是 "**交易成本**"。交易成本是指与他人交涉所产生的风险和交易所需要的成本，也包括收集信息所需要的 "探索" 费用等。在所谓的 "完全竞争市场"，交易成本被假定为零的情形较多。有名的 "**科斯定理**"（Coase theorem）指出，若交易成本为零或小到足以忽略不计时，无论法制度或规则的内容如何，通过任意的交易都可以带来经济效率性的结果，同时，在存在交易成本时，能使交易成本最小化的法律规则将被选用。与成本相关，"**外部成本（外部不经济）**" 的概念也常常发挥着重要的作用。因外部成本是不受生产成本和价格影响（因此当事人不用承担该成本）而发挥作用的社会性成本，所以，常常被当事人所忽略，成为整体上带来低效率状态的原因。因此，将这一外部成本纳入市场机制的制度性处理（**外部成本的内部化**）十分必要。想象一下，因工厂运转而造成的大气污染等情况，比较容易理解这一道理。另外，"**机会成本**" 的利用度也很高，被称为 "**放弃所得**"，在评估 "效益" 上是重要的成本概念，这既是由于将某物（例如时间）用于某种特定用途（例如精读本书）所牺牲的不能用于其他选择性用途［与他（她）约会或打工］的价值，即丧失机会所产生的成本。在考虑专职家庭主妇的家务劳动的经济价值时，不是把雇佣保姆所要花费的费用作为问题，而是把女性的平均工资作为问题来处理，这是着眼于该主妇选择专职家庭主妇所产生的 "机会成本"［最判昭和 49 年（1974 年）7 月 19 日，《民集》第 28 卷第 5 号，第 872 页］。

② "**效益（利润）最大化行动的假说**"。这是指从事经济活动的人，一边服从于各种活动所赋予的制约条件，一边寻求利润或效益的最大化而进行行动。根据经济学的理论，认为在完全竞争市场上，掌握完全信息的合理的经济人，如果采取符合利润最大化假说而行动的话，就会被 "看不见的手" 所引导，获得该场合下最高效率的唯一解决途径。与利润最大化假说相关，在有多种选择时对 "**边际收益均等法则**" 也需予以注意。例如，有 A、B 两个选择时，到 A 与 B 的效益达到完全相等的边际为止，对效益高的 A 或 B 所做的投资可以持续进行，所以处于边际状态上的 A、B 两个选择所带来的收益是均等的。

③ **"边际"**（marginal）概念在经济分析上，对于把握人的偏好行动发挥了决定性作用。该概念是由杰文斯（Jevons）、瓦尔拉斯（Walras）、门格尔（Menger）等提出来的（所谓"边际革命"），主要是增加一个单位的生产时，会使与其相对应的成本的函数（边际成本）发生多大程度的变化作为问题来研究。例如，完全市场上的各个企业为实现利润最大化，在给定价格的前提下，以边际成本相等为目标决定供应量（超出边际成本的追加性成本将不会创造出利润），消费者也以与其他选择的边际代替率相等为目标决定消费需要量。

④ 对**"帕累托最优"**（Pareto Optimality）这一想法也需要予以关注。这是评估作为判断资源最佳配置标准的"经济效率性"时所使用的概念，因是意大利经济学家帕累托（Vilfredo Pareto，1848—1923 年）所提出的，故而得此名。即，某一状态发生变化，在至少给一人带来收益的同时，不会给其他任何人带来损害。在这一前提下，变化后的状态与之前的状态相比发生了**"帕累托改善"**（帕累托优越），这样的改善得到全部实施时，如果在不减少任何人的效益的情况下，无法增加这个人的效益，这一状态对所有人来讲都是妥当的话，那么作为其结果所形成的资源配置被称为"帕累托最优"或"帕累托效率"。"帕累托最优"与被福利经济学作为前提的"完全竞争市场会实现私人的效率性"原则密切相关，意味着完全信息下的自由交易将带来帕累托改善，帕累托改善全部完成后（这种交易的轨迹被称为**"合同曲线"**），将获得效率性的解决办法。这也可以用来说明根据全体一致进行的制度改善等（**"卡尔多—希克斯标准"**认为，即使未达到全体一致，把获益者向利益受损者提供补偿的可能性作为一个考量要素，当总体上获得的收益比利益受损者受到的损失大时，就是有效率。在现在的经济分析中，该标准被认为是最基本的）。

⑤ 谈一下**"游戏的理论"**（game theory）。[1] 游戏，是指人的经济行为

---

〔1〕 关于"游戏的理论"，请参考クーター、ユーレン：《法と経済学》（新版），太田胜造译，商事法务研究会 1997 年版，第 58 页以下；武藤滋夫：《ゲーム理論入門》，日本经济新闻社 2001 年版等。关于"游戏的理论"的创始人冯·诺依曼（John von Neumann）及其理论的展开，W·パウンドストーン：《囚人のジレンマ——フォン・ノイマンとゲームの理論》，松浦俊辅译，青土社 1995 年版进行了饶有趣味的介绍。

按照规定的每个人的行动规则所进行的活动,通过对游戏形式作出的像**零和博弈**(zero-sum game)或(非)**合作性的 N 个人游戏**(non-cooperative N-person game)等不同安排,对由站在相反利害关系上的行动个体所构成的社会中的人的行为方式,进行理论上的澄清。在非合作性的 N 个人的游戏中,在其他人的战略被作为给定的条件表示出来时,剩下的最后一名游戏者,从自己的战略性行动的选项中选出获利最大的战略时,其行为为适当的最佳状态。这样的战略选择,对所有的游戏者来说都成立的战略组合,称为"**纳什均衡**"(Nash equilibrium),其作为最理想的解决办法被提出来。一边预料着其他犯人可能会发生背叛,一边为了获得最有利的结果而在坦白和沉默之间犹豫不决的全体犯人,有可能迎来作为不幸结局的"**犯人的两难境地**"(prisoners dilemma),以及牧羊人为实现自己的利益最大化而大量放牧,致使共有地上的牧草根绝的"**共有地的悲剧**"(Tragedy of the Commons),其成为说明合同拘束力和确立私有财产权的理论,受到关注并得以发展。

(3) 科斯定理

所需工具已备齐,接下来,让我们来探讨一下有名的"**科斯定理**"。

① 我们来具体研究一下,在工厂排放的烟雾污染了附近居民晾晒的衣物时,这一损害究竟应由工厂承担还是由居民承担的问题。科斯推导出了"如果将交易成本假定为零的话,无论是将污染者承担(工厂承担赔偿义务)作为原则,还是将被污染者承担(工厂无赔偿义务)作为原则,不管将哪一个作为规则来采用,社会性成本都不会发生变化"的结论。其论证过程如下:

例如,假设工厂排放的烟雾污染了附近 5 户居民在户外晾晒的衣物。如不采取适当的善后措施,5 户居民将分别发生 50 万日元的损害,合计 250 万日元。假设这时可供选择的消除烟雾损害的方法有两个:一个是在烟囱上安装价值 100 万日元的防烟装置;另一个是以每户 30 万日元的成本为居民们配备室内烘干机。

假设不考虑其他外部成本的问题,哪一个方法的效率较高是很显然的。如在烟囱上安装防烟装置,就可以用 100 万日元的费用,消除总计 250 万日元的损害,而且这要比花费 150 万日元(即 30 万日元/户×5 户)购买烘干机省钱。

那么，为了使这一解决办法最终得以实现，究竟让工厂和居民哪一方承担损害为好呢？如果让工厂承担赔偿责任的话，工厂就要从以下三个选项中选出自己的行动：一是不采取任何措施，污染后赔偿250万日元；二是花100万日元安装防烟装置；三是花150万日元给居民配备室内烘干机。从成本和收益的角度来计算，显然，工厂选择第二个选项安装防烟装置是合理的（成本最小）。

如果让居民来承担损害又如何呢？结果是一样的。如果让居民必须从默默忍受250万日元的损害、以150万日元购买烘干机、花100万日元购买防烟装置请工厂安装三个选项里进行选择的话，最终，居民还是会选择最为省钱的安装防烟装置。

易言之，不管法律如何分配权利，最终都会达成高效率的结果。不过，居民聚到一起商议、找出谈判对象、在谈判过程中花费时间、精力等的耗费（交易成本！）全部被假定为零，是该定理的独到之处。

② 科斯定理的意义与界限是很容易感觉到的。而且，这也是在一般的法经济分析上所发生的问题。以下让我们来看几个问题点。

第一，假设交易成本为零是不现实的，实际上，不用说，不将各种成本考虑进来的分析是没有意义的*。例如，关于侵权行为或交通事故的受害人与加害人可以预先不花费任何成本就掌握了全面信息从而进行事前谈判的假定本身就不太具有说服力。因为交易成本过大时，无法获得有效率的解决办法，所以要求选择适用可将交易费用最小化的法规则，而摸索这样的法规则也就成了重大课题。然而，科斯定理显示了法规则在交易成本不为零的现实社会中存在的意义。

第二，因科斯定理主要聚焦于总体上的社会性成本，对"所得的分配"缺少关注。虽可同样会导致安装防烟装置的结果，若工厂自行购买，则工厂的所得减少100万日元；若居民购买，则居民的所得减少100万日元。而且，对工厂而言的100万日元与对居民而言的100万日元，其价值绝不是相同的（对有钱人来讲，1万日元可能只是"小钱"，而对穷人来讲，则成了"命根钱"）。这样，不决定最初的所得分配应如何进行，以及权利归属哪一方，到什么时候都得不到正确的解决办法。

第三，该定理仅考虑了"成本和收益"等极少要素。比如因工厂排放的烟雾使得居民们生活得很不愉快，而如烘干机额外地增加了电费等没有被考虑进去的要素还有很多。将不愉快的感情予以量化是相当困难的，关于健康就更是如此。另外，虽说是成本和收益，例如，居民认为的"为了获得干净的空气，花这么多钱也不心疼"的金钱数额，与"为了忍受污染，如不获得这么多的补偿根本划不来"的金钱数额，未必是一样的。在这一情况下，后者的金额会变大。这作为**财富效应**而广为人知。

第四，金钱评价的问题。在经济分析中，为了使问题简单化或模型化，必须进行大量的"假定"和看起来并不合理但却不得不作的量化。所以，不管作得如何精密也只不过是"宏大的虚构"而已。所幸，作为成本，该定理选择了比较易于计算的东西，若选择了生命、健康、名誉、感情、或仅是不愉快的感情的话，成本的计算本身就会显得十分不可靠。本来，按照普通人的感觉，对生命标出价格并考虑生命存有市场，这一想法本身就会受到人们的抵制（不过，对丧失生命的高盖然性标出价格却是常有的，例如，越是危险的职业，其对价越高，保险费也高）。

*【**假定与虚构**】　假定与模型是非现实的，这一事实本身并不是问题。因为这正与物理学为论证运动法则而设定"真空状态"和"摩擦系数为零"的假设相似。对理论模型来讲，在某种程度上这是不可避免的。理论的价值在于能否更加普遍地说明情况，不会因假定的非现实性而受损。问题在于其与现实相结合时的调整方法。

(4) 事故法与"汉德公式"

另外，再介绍一下在事故法领域进行经济分析的有名的卡拉布雷西的部分论述。该论述的详细内容暂且不提，先看一下他设立了怎样的制度目标，为实现该目标，他提出了怎样的问题。作为事故法（损害赔偿法）的制度目标，他在提出正义和公平的同时，还提出了降低事故的成本。这里的"事故的成本"，是指"因事故而产生的损害"和"为避免事故而产生的成本"之和。降低事故的成本可分为三个范畴，各范畴被定为事故法的次要目标。一是因事故的数量与重大程度而发生的成本；二是因事故而造成的当事人的社会性、经济性地位劣化的成本;三是为达成降低前两个成本的目标而花费的运营成本。因这三个成本相互处于不可两立(trade off)的关系之上,所以,不能同时降低所有的成本。因此,作为制度设计者,探索最佳的成本组合成为当前的任务。而这时所面对的问题与传统上的法解释学所提出的问题有所不同。这些问题是:"谁是**成本最低的损害避免人**(cheapest cost avoider)?""将成本纳入市场机制,会不会自发形成最小成本?(外部成本的内部化!)""能否找出最佳行贿人(best briber),将交易成本控制在最低水平?""因边际效益递减,能否找出基本上感觉不到损害带来的痛苦的有钱人(deep pocket)?"

这一降低事故成本的目标,对"过失"的判断也带来影响。美国的汉德法官提出,把"为避免事故所付出的注意等成本(B)""发生事故的可能性(P)""因事故所造成的损害(L)"列出来,当 B < P × L 时,即"防止事故发生的成本小于事故损害与事故发生的可能性之乘积时,加害人承担过失责任"[称为**"汉德公式"(Hand Formula)**]。也就是说,能够预见到将发生巨额成本,如果以极小的成本能够防止时,应该投入该成本,而没有这样做的人,应当说是有过失的。根据事故的期待成本和注意成本的大小来判断"过失"的有无,以及决定适当的注意标准,这显然是极为粗略的,只有在极其有限的情形,才能够推测当注意成本大于事故的期待成本时,加害人可能会选择成本较低的一方而任凭事故或失败的发生(不过,这具有一定的真理性)。

5. 从合同法的经济分析开始

参考以上的方法,以近代法的基本原理、合同的解释、合同的规制问题为例,来作更进一步的思考。

(1) 支持交易市场的基本原理与作为正当化根据的"效率性"

思考一下,假设有某种稀缺资源或财产,将该财产对哪些人进行怎样的分配是最为理想的?从社会整体来看,发现该财产最大效益的人获得该财产会实现个体效益总和的最大化;从社会整体对资源的有效利用来看,这姑且可以说是一种"理想的"状态，一般来讲，在法经济分析的领域里，法秩序被看作是在把成本控制在最小的范围内，将便利与效益之和最大化的"诱因"的系统。这时，作为分配方法的制度性选择有若干可能性：

① 采用最原始的方法，由希望获得该财产的人们通过"斗争"来决定。但采用这种方法时，发现该财产最大效益的人未必会成为最终的胜利者，为获得财产而耗费的武装费用也不可轻视。另外，为使好不容易才获得的财产不被别人夺走而必须经常看管的情形，也会对该财产的使用方法带来制约，难以充分地发挥其价值。也许在想要获得的东西高度依存于个人的主观性价值的情况下（争夺恋人？），才比较适宜使用这种方法吧。

② 大家一起选出全能的国王，由他来决定最理想的归属人。用国王的权威来保障长期、稳定地持有财产。但问题是国王如何决定归属人。国王如果不能在所有成员中选出最能有效利用该财产而实现其价值的人，并将该财产交付于他，社会福利的总和就不会增加。这个工作绝非易事，在信息收集、分析、评估阶段，要花费极高的成本。而且，在任何时代都不可期待会出现全能的国王。无论多么圣明的国王，都会因其偶尔恣意的分配而引发不公平感，从而再度发生争端。

③ 暂且给予全体成员中的某人以一定的财产，承认他在此时对财产的排他的、绝对的支配权，之后通过市场上的自由谈判和交易来决定财产的归属。人们通过反复的谈判和交易，发现该财产更大效益的人将成为其所有人，直到发现更大效益的人不再以有利的交易条件提出进行交易为止，这一调整过程（"摸索过程"）将会持续进行。这样，可以期待的是，财产最终将会落入发现其最大效益的人的手中。易言之，通过每个人根据自己的偏好以实现个体效益最大化为目标而进行的行动，受神的"看不见的手"所引导，实现会给成员整体带来最大利益的均衡状态。但是，为了使该方法充分发挥作用：首先，作为前提，应当明确其财产支配权的内容，使其对来自他方的侵害能够获得充分保护；其次，谈判和交易没有制约，交易成本足够小，这样的市场的存在也是必要的。

实际上，通过认为资本主义自由经济市场选择了第三个办法，才可以对近代市民法的规则作出一定程度的说明。

① 自己责任与合同自由。一方面，通过"物权法定主义""物权公示原

则"和物权请求权来对物权进行保护,意味着把作为交易对象的权利内容明确化,保证物权持有人可以对财产进行自由的使用、收益、处分及对来自他人侵害获得的保护;另一方面,通过"合同自由原则"与"合同的拘束力",谋求财产在谈判当事人之间可以自由且顺利地转移,利用"价格"这一被单纯化了的共通的信号(货币制度),设法使财产价值在市场上更易于判定。另外,可以期待效益判断具有一定的成熟水平,并采用了作为市场交易活动前提的"行为能力"制度。进而,即便是行为能力人,为修复其因错误或基于不完整信息而做出的判断,设有"错误"无效制度[1];因为市场的偏好必须是自律性的,所以对不正当的影响力,还采用了对"欺诈、胁迫"的可撤销制度等。为确保在深思熟虑的基础上形成适当判断以及使不当劝诱行为徒劳无益,作为其措施还可以举出在各种消费者交易中的无条件合同解除权,即"cooling-off"(熟虑期)制度。这样,可以将以"自己责任、合同自由"为根本的合同法理解为是,通过自律的个人进行合理的选择和决定,以较低的成本交换财产,使市场趋于最优的均衡状态的制度性框架。

② "约定必守"。如上所述,"游戏的理论"说明了以下道理,即在所谓的"犯人的两难境地"情形中,与这种以相互不信任和背叛为前提的均衡状态相比,通过承认约定的拘束力,在一定程度上来保障交换的实现,这更能刺激当事人达成合意,实现更加高效的财产分配。易言之,为维持达成合意的当事人间的合作关系,需要采取一定的强制措施。

顺便提一下,追求高效率的合同的经济分析,给传统合同法理论带来的震撼性观点之一,就是"解除合同的自由"论。在被极其简单化了的交易模型中,遵守合同不是都会带来高效率的结果的,也有可能发生"违反合同具有效率性"的情形。这种讨论很早以前就被介绍到了日本[2] 在这种情况下,作为检测违反合同所得的利益是否超过损害额属于具有效率性的违反合同的手段,合同法中的基于债务不履行责任的损害赔偿制度中具有一定的

---

〔1〕 现行日本《民法》第95条规定,因错误所作出的意思表示为无效。但2017年5月26日通过的修改后的日本《民法》第95条规定,因错误所作出的意思表示可撤销这种讨论。——译者注

〔2〕 请参考樋口范雄:《契約を破る自由について》,载《アメリカ法》(1983年)第2号,第217页等。

意义。这样一来，何种程度的损害赔偿会带来更高效的结果以及由当事人作出的"损害赔偿额的预定"的应有状态等被广泛地予以讨论。不过，这会因每个人的偏好而千差万别，而且将合同所具有的"时间性因素"考虑进来时，人们的偏好每时每刻都会发生变化。并且，在仅限一次的财产交换过程中，既有只关心财产本身的价值而评估其效益的情况，也有将通过交换形成的相互间的社会关系，或将提高连带感作为主要效益的情况（重复游戏）。考虑到长期的信用丧失、合同制度本身的不稳定性和处理纠纷的费用等情况，无法单纯地决定"解除合同效率会更高"的情形。另外，在法学所面对的最困难的问题里，当存在多个最优状态时，不管实现其中的哪一个，当事人之间都会发生利害冲突的情况也不在少数。

③ 市场上的公平竞争与公平的风险负担。在以完全竞争市场为模型，通过市场系统，以实现"帕累托最优"的均衡状态为目标时，必须尽量排除妨害竞争的因素。因此，有必要提高市场透明度，在调整过程中将交易成本和风险管理成本控制在最小的限度内。在这个意义上，例如，在"风险承担"上，让成本最低的损害避免人（成本最低的风险管理人）承担风险，以及让"成本最低的信息收集人"承担错误无效的风险的效率性以及降低成本的诱导效果等问题都引起了关注。不过，因每个人的初始的能力和享有的资源不同，以何来判断公平，例如，认定谁为"成本最低的风险管理人""成本最低的信息收集人"，只能说还得依赖于一定的政策判断。

(2) "合同的解释"

合同是对将来的"交换"进行计划，其具有"信息交换功能"和"权利关系确定功能"。在进行经济分析时，使这两个功能能确实发挥作用，可以实现高效率。所以，关于"合同的解释"的经济分析，常常关注的是裁判官如何准确地把握当事人企图实现的经济效果，如何降低当事人之间不可避免的传达错误以及如何高效地确认责任的分担。从这一观点来看，合同法上的"任意规定"，在减少没有谈判与合意的情况下所发生的不确定性、节约对交易条件进行逐个谈判的成本上，体现了其存在的价值。所以，理想的任意性规定是把在完全信息下的对等的当事人，假设不花成本就可以决定的情况下将会作出的合意摹写下来（任意规定作为当事人意思的推定规定）。针对以上的原则，还设定了作为例外的处罚规则或违约规则。另外，使当事人有动机去采取最佳预防方法来减少信息传达上的错误十分重要，因此，可以考虑通过明示性的条款，对能利用较低成本避免传达错误、防止传达错误发生的人作出不利的解释（合同条款解释上的"制作人不利的原则"！），以及让成本最低的信息收集人承担民法上的有关错误的风险等，以此来激励在适当的信息下准确地制定条件。

151　**（3）合同的介入根据与效率性标准的关系**

① 关于国家进行合同介入时会产生的困难问题。如果说通过合同所实现的交易功能是促进财产在市场上的优化配置，那么，合同法的目的仅在于完善进行自由交易的平台。所以，国家为实现某种集体性目标而限制合同内容，将不基于当事人合意的义务作为合同上的义务，要求当事人承担，这是扭曲市场机制的，应予以极力排除（放宽限制！）。与这一极端自由主义比较融合的是以规制披露的形式所进行的介入问题。现实的市场与完全信息化的自由市场相去甚远，反倒是以合理性受到制约为前提的当事人，在不完全的信息下，通过不断进行的试探和讨价还价实施着交易，这里的"信息成本"对当事人的决定，具有决定性意义。所以，纠正信息的不对称，提高市场透明度，对准确地进行效益判断是很有必要的。不过，如果要求将花费巨大成本收集到的信息也无条件地披露给对方，则会产生与外部成本相对应的概念即"外部经济"，而搭便车（free rider）的出现将会阻碍适当收集信息的动机。所以，即便促进信息交换十分重要，也要仔细探讨应该强制什么样的信息在何种程度上予以披露。

② 由于会被完全竞争市场自然淘汰的"不当的"战略性行为，却在现实市场中大展拳脚，因此对此如何处理也成为问题。若欺负对方无知或精神状态异常以及利用自身的优越地位强行要求对方进行不利交易的行为不应该得到认可的话，那么就不得不需要在自由市场模型上增加一个对财富进行再分配的系统。作为保护消费者的典型问题在交易中表现出来的交涉力不均衡和不完全意思决定，已经超出了传统的错误和欺诈、胁迫制度所能纠正的范围，进入了一个更加微妙的阶段。虽多数的交易在一定程度上可能是"帕累托最优"的，但最终所得分配和资源分配带来的却是让人感觉明显不公正的

结果。现在，不禁疑问，合同内容的合理性与给付对价的均衡，是不是已经不能通过单纯的市场机制得到保障。因此，有时候有必要利用国家权力对市场活动进行限制或使其交出不当得利部分。

顺便说一下，在对免责条款进行限制上，经济分析还遇到了其他问题。对于认为由于国家对免责条款的介入最终会反映到价格上来，所以长期来看并不会对消费者形成保护的"价格论据"，有见解提出，根据市场状态的情形，国家介入对价格的影响是多种多样的，无法一概而论地认为对消费者是有利还是不利。

6. "法与经济学" 的可能性与界限

① 从以上的简单概述可知，作为法解释的原理，经济分析所展示出的内容十分有用。考虑到经济合理性在人类活动中所占据的重要性，这也不难理解。反过来讲，作为指导原理的"效率性"，到底在多大程度上具有规范上的重要意义，还存在很大的疑问。就算暂且不提技术上对成本、收益进行评价和量化存在困难，人类的活动不能单纯只依照经济的合理性、利害、得失和算计来判断，也是毋庸赘言的。而且，欠缺财富分配理论的效率性绝不会成为价值中立的标准，相反更容易肯定现状，使强者变得更强。易言之，在经济分析上，权利和资源的初期分配作为已知的条件容易被忽视，在市场的起点上，当每个人的能力和资源处于不平等的状态时，即使通过市场机制实现了"帕累托最优"状态，初期分配的不平等被直接反映到最优状态中，有时，强者以效率性为依据牺牲弱者的利益也会成为可能。这恐怕与大多数人的法正义感是相冲突的，因此，作为更高层次的要求，考虑对方利益的义务和适当性原则不得不登场。有必要重新唤起大家注意的是，在法的世界里，当与最终的所得分配相关时，或要求进行最大限度的伦理性判断时，就会被要求进行严肃的价值判断。

② 经济分析将每个交易看作是整个市场交易活动中的一部分或一系列调整过程中的一个环节，而不把每个交易的个别性质作为问题。但是，在法的世界里，首先被当作问题的还应该是眼前发生纠纷的当事人以及通过适用法律来实现的个别正义。所以，展示出经济分析的有用性的是在设定一定目

标后所进行的抽象的制度设计和政策论、立法论，或者是对丧失个性的大量交易关系所进行的分析，不一定直接关系到每个法律问题的解决或裁判官等在诉讼上所进行的法律讨论。

③ 与上述②内容有关联的法学家的宿命在于，要始终以现实中的"不确定性"和"不完全市场"为前提，有时还包括"市场难以成立的世界"，将这一环境中的"活生生的人"或交易当事人放在心上，一边以通过立法者及法学传统将一定的价值体系已纳入其中的法律规范为媒介，一边展开讨论。法经济分析所设定的各种假设和成本收益分析方法，确实具有很大的洞察力，但也仅此而已。

④ 尽管如此，应当指出的是，最近以来，经济分析工具本身越来越多样化，非市场的合同关系和持续性交易关系也开始成为经济分析的对象，对在市场机制不发挥作用的世界里的法，开始对其予以重视并进行处理。诚然，在事物的性质上，来自市场理论的类推的分析方法是有界限的，但这又反过来使分析方法变得更加丰富。

现在的法经济分析，规范性研究呈压倒之势。但是，像"人对法制度如何进行反应？""那样的反应作为经济活动应如何进行解释？"等价值中立的实证性研究，即使没有带来像将效率性放在首位的规范性研究那样的冲击，恐怕也会给法与法学带来更加丰富的研究成果。作为调整社会关系的"智慧和方法"的法和以"经济效率性"为中心的经济分析领域，在保持友好的分栖共存关系上，今后应继续进行相互交流。

【参考文献】

关于法的经济分析有很多文献。主要的日文文献有，林田清明：《〈法と経済学〉の法理論》，北海道大学图书刊行会1996年版；林田清明：《法と経済学》（第2版），信山社2002年版；松浦好治编译：《〈法と経済学〉の原点》，木铎社1994年版；浜田宏一：《損害賠償の経済分析》，东京大学出版会1977年版；小林秀之、神田秀树：《〈法と経済学〉入門》，弘文堂1986年版；N・マーキュロ、T・ライアン：《法と経済学》，关谷登译，成文堂1986年版；J・M・オリバー：《法と経済学入門》，河上正二、武藏武彦译，同文馆1986年版；A・M・ポリンスキー：《入門法と経済》，原田博夫、中岛巌译，CBS出版1986年版；平井宜雄：《法政策学》（第2版），有斐阁1995年版；M・ラムザイヤー：《法と経済学》，弘文堂1990年版；饭山昌弘：《〈法と経済学〉の諸相》，世界书院1997年版；G・カラブレイジ：《事故の費用》，小林秀文译，信山社1993年版；R・クーター：《法と経済学の考え方》，太田胜造编译,木铎社1997年版;クーター、ユーレン:《法と経済学》(新版),太田胜造译,商事法务研究会1997年版;内田贵:《契約の再生》,弘文堂1990年版,第74页以下;小林公:《合理的選択と契約》,弘文堂1991年版,第2章;T·J·ミセリ:《法の経済学》,细江守纪监译,九州大学出版会1999年版;太田胜造:《権利の法の経済分析》,载棚瀬孝雄编:《現代法社会学入門》,法律文化社1994年版,第226页以下;柳川范之:《契約と組織の経済学》,东洋经济新报社2000年版;细江守纪、太田胜造编著:《法の経済分析——契約・企業・政策》,劲草书房2001年版;エリク・ポズナー:《法と社会規範——制度と文化の経済分析》,太田胜造监译,木铎社2002年版;J·L·ハリソン:《法と経済》(第2版),上田纯子译,minerva书房2003年版;宍户善一、常木淳:《法と経済学》,有斐阁2004年版等。另外,作为批评方法论的川浜升:《〈法と経済学〉と法解釈の関系について(1-4)》,载《民商法雑誌》第108卷第6号,第820页;第109卷第1号,第1页;第109卷第2号,第207页;第109卷第3号(1993年),第413页也是不应忽略的。并且,森田果:《法律家のための実証分析入門(1)—(27)》,载《法学セミナー》第56卷第10号—第58卷第12号(2011—2013年),甚至可以称为是惊人的(该连载已出版成书:森田果:《実証分析入門》,日本评论社2014年版)。

第 8 章

民法上的一般法、特别法及法的解释

请求返还超出限定利率部分的利息案件［最高裁（大法庭）昭和 43 年（1968 年）11 月 13 日判决］

【本章的课题】

为了利用法律来解决纠纷，在审判时作为"法"可以援引的"法"的形式，称为**法源**（法流出的源泉）。其中不单有"民法典"这样的成文法源，也有习惯法、法理这样的不成文法源。事实上，判例也发挥了与法源相同的功能（是否应将判例法称为法源尚有争议）。在这些法中，一般将调整私人（市民）之间的法律关系的法称为"私法"，将调整国家与私人之间的特别的权力关系的法称为"公法"，还有"民法是私法的一般法"的说法。本章主要探讨"一般法"与"特别法"的意义和关系、被称为民法特别法的法律的内容、"法源"与**判例法**的作用等。

本章采用的案件来自以请求返还超出作为民法特别法之一的日本《利息限制法》所规定的限定利率部分的利息为案由的最高裁大法庭昭和 43 年（1968 年）11 月 13 日判决（《民集》第 22 卷第 12 号，第 2526 页）。这一判决被评价为"通过**反制定法性解释**而作出的判决"，事实上使当时的《利息限制法》的规定成为一纸空文。而且，在如何利用民事法来应对已成为重大社会问题的"高利贷""黑市贷款"时，它也是重要判例之一。以探讨此判决为契机，结合作为特别法的《利息限制法》的意义和其他相关法律，也来谈一下**法的解释方法**及法的解释的界限。

1. 在阅读判决之前

① 最高裁昭和43年（1968年）11月13日判决的标题部分写着"请求确认债务的不存在等案件"，当事人栏上写着"被告兼原告、被控诉人、上告人"Y和"原告兼被告、控诉人、被上告人"X。易言之，本案是合并了围绕同一贷款的两个案件的判决：一个是贷方Y以借方X的债务不履行为由，请求X腾退出其占有的作为贷款债权担保已成为Y所有的房屋的案件；另一个是X以已清偿债务（借款）和多还了借款为由，请求确认债务不存在、注销因担保而对房屋进行的登记、返还多还钱款的案件。如后述，对X超过《**利息限制法**》规定的限定利率交付给Y的金钱应如何进行法律处理成为问题的焦点，限于此点第一审与控诉审对此的判断完全相反，最终Y向最高裁提起了上告。

② 本判决是由最高裁判所"**大法庭**"所作出的判决。众所周知，最高裁判所是由15名裁判官组成的最高审级的裁判所、由裁判官全体构成的大法庭和由3名以上裁判官构成的**小法庭**进行审理裁判（《裁判所法》第9条）。裁判书上必须显示出每个裁判官的意见（《裁判所法》第11条）。因此，虽然作为合议体的最高裁的判决结论是由多数意见形成的，但反对判决结论的意见也要作为**少数意见（反对意见）**予以公开。另外，从不同的角度对各自的意见进行说明或补充的**补充意见**和一般性意见也得公开。现在的最高裁判所分为三个小法庭，每个小法庭由5名裁判官构成，其中的3名出席即可进行审判（《最高裁判所裁判事务处理规则》第1条、第2条）。但是，对法律、命令、规则、处分是否合宪进行重新判断时，或对此作出违宪的判断时，以及对宪法及其他法令的解释适用作出与之前最高裁判所的判决意见不同的判断时，必须由大法庭进行审判（《裁判所法》第10条）。因为本判决有可能形成推翻之前最高裁判所的判决结果，所以特别启动了大法庭审判。

从采用的如此复杂的程序来看，最高裁判所的判断，尤其是大法庭的判决，在司法上作为法的判断的重要性很高，对下级审判形成的影响力也极大。地方裁判所和高等裁判所的判断被以"违反判例"为由上告至最高裁

图8-1　日本最高裁判所大法庭

判所时，其判断被推翻的可能性很高。因此，下级裁判作出的判断不容易与以前的最高裁判所不同。事实上，最高裁判所的判断（判例）以近乎于法规范的形式影响着下级裁判所的裁判官。在日本，与英美法相比，因为"**先例拘束性**"（stare decisis）较弱，所以从正面称"判例"为"法源"存有一定的问题*，但事实上，不能否定判例具有很强的影响力（因此，称下级裁判所所作的判决为**裁判例**、**判决例**，称最高裁判所所作的判决为**判例**来进行区别）。不仅如此，稳定的判例还可能成为习惯法，填补立法的空白，将法的解释、运用具体化，有时还能创造法规范，具有极其重要的意义。现在，探讨民法是无法脱离判例的，不管是否将其作为法源，都应经常参考判例的立场*。

> *【**法源**】　作为裁判决定标准的法之诸命题，称为法源。第一位的法源无疑是由国会制定的"法律"（《宪法》第41条），政令、规则、条例等也相当于法律。《关于法的适用的通则法》第3条规定，在一定的情形下，"习惯"可以作为裁判的决定标准。对下级裁判所来说，"判例"事实上也具有很强的拘束力。即使在没有法律、习惯法、判例等的情况下，裁判所也不能拒绝审判，这时，"条理"（内含于实定法秩序中的基本的法的价值判断）就要考虑被参照。[也可参考明治8年

(1875 年）太政官布告第 103 号第 3 条］。然而，更应予以注意的是"当事人的合意可代替法律"（请参考《法国民法典》第 1134 条第 1 款、第 2 款）。

＊【判决理由】 成为判例内容核心的是推导出该判决主文的"**判决理由**"（ratio decidendi）。不过，何种理由为真正的"**判决理由**"，而应称之为"判例"，也是有问题的。从结论上来看，在与构成该案件的各项要素相对应的关系上，为了推导出作为结论的"主文"，阐述了所必需的最低限度的正当化根据的"**判决理由**"部分是重要的，此外的部分是"**附带意见**"（obiter dicta），没有资格成为判例、先例。但是，最高裁判所想以解决该案件为契机，对存在于下级审判与实务中的解释论上的对立作出结论，成为今后判断指南的情况也不在少数。因此，即便是附带意见，有时也具有不容忽视的重要性（尤其是"判决要旨"的写法一定要引起注意）。[1]

2. 案件的概要与裁判所的判断

(1) 事实的概要等

X 于昭和 31 年（1956 年）5 月 1 日按约定从 Y 处借贷 50 万日元，还款日期为同年 6 月 1 日，月利率为 7%，同年 5 月 4 日，Y 从 50 万日元本金中预先扣除 1 个月的利息 3.5 万日元后，向 X 交付了 46.5 万日元。当时，作为该借款的担保，对 X 所有的房屋分别设定了抵押权和以债务不履行为停止条件的租赁权，并进行了相应的登记（抵押权设定登记、租赁权设定请求权之保全的暂行登记）。另外，还约定在发生债务

---

〔1〕关于掌握"判例"的方法，请参考川岛武宜：《判例と判決例》，载川岛武宜：《〈科学としての法律学〉とその発展》，岩波书店 1987 年版，第 126 页以下［初次出版载小山昇等编：《裁判法の諸問題（下）》，有斐阁 1970 年版］。还有，川岛武宜：《判例研究の方法》，载川岛武宜：《川岛武宜著作集（第 5 卷）》，岩波书店 1982 年版，第 128 页以下也值得一读。另外，从肯定判例的法源性立场所作的条理清晰的论述的有五十岚清：《法学入門》（新版），一粒社 2001 年版，第 66 页以下。

不履行时，通过交出上述房屋来代替对债务的偿还（代物清偿），并进行了买卖预约的**暂行登记**（所有权移转请求权之保全的暂行登记)＊。

其后，X虽向Y以利息、损害赔偿金等名义共进行了18次合计79.5万日元的金钱支付，但Y以X到期没有完全清偿借款为由，于昭和33年（1958年）4月作出完结上述买卖预约的意思表示[1]，并实施所有权转移登记，要求X腾退房屋。对此，X认为Y的贷款利率超过了《利息限制法》所规定的限定利率，而其所支付的超过利息部分应充抵本金；基于充抵的本金计算，在Y完结"代物清偿预约"时，债务已全部得以清偿，理应不存在任何债务，并以此为由，提起了诉讼，要求确认债务已不存在、注销各项登记、返还其支付给Y的清偿了本金后的钱款等。

＊【金融上的"三种神器"】从本案的事实关系中可以看出，金钱消费借贷的贷款人为保全金钱债权、确保债权回收，进行了周密的考虑。本案稍微有些复杂，在此予以简要说明。第一，贷款人Y在借款人X的房屋上设定"**抵押权**"（第369条），并进行了登记（"担保物权"的取得），以防在债务得不到清偿时，通过行使抵押权可优先于其他债权人受偿。并且，只要对抵押标的物进行了短期租赁，抵押权人就无法主张优先权。（请参考旧《民法》第395条[2]、第602条），所以为使

---

[1] 日本《民法》第556条第1款规定："买卖一方的预约，自对方当事人作出完结买卖的意思表示时起，发生买卖的效力。"日本民法上，将买卖预约的当事人可以作出"缔结正式合同"的意思表示的权利称为"预约完结权"，只要一方当事人作出执行预约的意思表示，无须对方当事人作出承诺，买卖合同即成立。这一规定也准用于其他的有偿合同。——译者注

[2] 日本《民法》旧第395条（现已被废除）规定："没有超过第602条所规定的期间的租赁，虽然是在抵押权登记后进行的登记，但是可以利用该登记来对抗抵押权人。不过，在该租赁给抵押权人带来损害时，裁判所可以根据抵押权人的请求，命令解除该租赁。"根据日本《民法》第602条的规定，在处分财产上行为能力受到限制者或没有处分权限者，在将财产租赁给他人时，一般土地的租赁不得超过5年，建筑物的租赁不得超过3年，这样的租赁被称为"短期租赁"。另外，日本《民法》第605条规定："不动产的租赁，在对其进行登记的情况下，即使是对在其后取得该不动产的物权者，该租赁也发生效力。"也就是说根据该条规定，不动产的承租人只有在先于抵押权人对承租权进行了登记，才能向抵押权人主张自己的承租权。但根据旧第395条的规定，对于短期租赁，即使是在抵押权登记之后对承租权进行的登记，也可以对抗抵押权人，所以该条的规定对于抵押权人来说是很大的威胁。后因旧第395条被恶意滥用，遂在2003年修改《民法》中的担保法部分时将该条废除了。——译者注

Y 同时成为具有优先权的承租人，在合同中设定了附停止条件的租赁权；为使这个租赁权具有优先于第三人的效力（具有对抗性），进行了暂行登记（第 605 条）。因其与抵押权并用，所以，称之为"并用租赁权"。**暂行登记**虽为暂定性的登记，但通过将其变更为**本登记**（即正式登记），具有与自始就进行的**本登记**相同的保全顺序的效力（请参考《不动产登记法》第 105 条以下）。而且，为了避免裁判所通过拍卖程序对抵押标的物进行变现的繁琐过程，还作了以物（房屋）代替金钱进行清偿的约定（**代物清偿预约**，《民法》第 482 条）、又做了买卖房屋的**预约**（第 556 条），并在此基础上为保全所有权移转请求权而进行了暂行登记。据此，只要贷款人 Y 视需要行使了**预约完结权**，即便在此之前已有第三人取得了该房屋，亦可以优先主张自己的所有权。此处为保全债权、确保债权回收而实施的抵押权、并用租赁权、代物清偿预约的暂行登记，这三个办法被称为金融上的"三种神器"。不过，并用租赁权的效力现在在判例上受到了很大限制，劣后于具有实质性内容的租赁权。根据平成 15 年（2003 年）法第 134 号，废除了对短期租赁权的保护。另外，"代物清偿预约"也要服从于一定的立法限制（《暂行登记担保法》），对担保标的物不允许直接进行收取（详细内容在担保物权法中学习）。

（2）第一审、控诉审的判断与上告理由

第一审［东京地判昭和 39 年（1964 年）5 月 29 日］并未认可 X 的将超出限定利率部分的利息充抵本金的请求。其以存在剩余债务为前提，肯定了完结代物清偿预约之意思表示的效力（但是，对于贷款人 Y 作出完结预约意思表示后 X 所支付的 10 万日元，认可了 X 的返还请求）。

对此，控诉审［东京高判昭和 41 年（1966 年）9 月 9 日］认可了 X 的将超出限定利率部分的利息充抵本金的请求。其认为充抵本金计算的结果是，在 Y 作出完结预约的意思表示之前债务已获清偿，因此在认可了 X 的就多还的金额 20 余万日元的返还请求的同时，还认可了对各项登记的注销请求［并且需要注意的是，在该案一审判决和控诉审判决

之间，最高裁（大法庭）于昭和 39 年（1964 年）11 月 18 日作出了可将超出限定利率部分的利息充抵本金的判决（后述）]。

贷款人 Y 提出了以下两点主张：第一，原审判决错误解释了《利息限制法》，与最高裁（大法庭）昭和 37 年（1962 年）6 月 13 日判决相抵触；第二，即使以认可了用超出限定利率部分的利息充抵本金的最高裁（大法庭）昭和 39 年（1964 年）判决为前提，《利息限制法》旧第 1 条第 2 款、第 4 条第 2 款也"应解释为不管对充抵关系进行何种解释，总之，对利息、损害赔偿金、本金进行了充抵后，关于其超出部分的返还请求，不管以任何理由都不能予以认可"，并以此为理由而提起了上告。

(3) 最高裁的判断

（多数意见）债务人超出《利息限制法》的规定，任意地支付金钱消费借贷上的利息、损害赔偿金时，根据《民法》第 491 条的规定应该解释为，上述超出限定利率部分的金额充抵了剩余的本金。这已成为本裁判所的判例 [请参考昭和 35 年（1960 年）（才）第 1151 号、昭和 39 年（1964 年）11 月 18 日宣判的大法庭判决，《民集》第 18 卷第 9 号，第 1868 页]。上告理由书里引用的昭和 35 年（1960 年）（才）第 1023 号、昭和 37 年（1962 年）6 月 13 日宣判的大法庭判决，被上述判例所变更，与上述判例不同见解的论点不能予以采用……我们认为，虽然《利息限制法》第 1 条第 2 款、第 4 条第 2 款规定，债务人超过该法所规定的利率支付利息、损害赔偿金时，不能对超出部分请求返还，但这个规定是以在金钱消费借贷上本金债权的存在为理所当然的前提。之所以如此说，是因为没有本金债权的存在，就没有利息、损害赔偿金产生的余地，超额支付利息、损害赔偿金的情况也是不可能发生的。正因为如此，在消费借贷上的本金债权已因清偿而消灭时，不可能发生对利息、损害赔偿金的超额支付。所以，债务人超出《利息限制法》的规定，任意地继续支付利息、损害赔偿金，根据计算在用其超出限定利率部分的金额充抵本金，使本金获得全部清偿后，所支付的金额只能属于对已不存在的债务进行清偿而支付的钱款。这种情况下，不适用上述

《利息限制法》的规定，根据《民法》的规定，认为其属于不当得利而请求返还是妥当的。

（反对意见）债务人超出《利息限制法》的规定，支付利息、损害赔偿金时，根据该法第 1 条第 2 款、第 4 条第 2 款应当认为，不但债务人不能对超出限定利率部分的金额请求返还，而且上述超出限定利率部分的金额也不能充抵剩余的本金。

3. 问题之所在与如何理解

理解本判决所处理问题的意义，需要对《利息限制法》[昭和 29 年（1954 年）法第 100 号]的内容和与此相关的判例上的解释的变迁具有一定的认识（详细内容在债权各论"合同法"中学习）。

(1)《利息限制法》

先来了解一下《利息限制法》在根据平成 18 年（2006 年）法第 115 号进行修改之前的第 1 条和第 4 条规定的内容。

第 1 条第 1 款　以金钱为标的的消费借贷上的利息合同，其利息超过依下列利率计算而得的金额时，其超出部分无效。

本金不足 10 万日元时，年利率为 20%。

本金超过 10 万日元不满 100 万日元时，年利率为 18%。

本金超过 100 万日元时，年利率为 15%。

第 2 款　债务人任意支付了前款规定的超出部分时，尽管有前款规定，亦不得对此请求返还。

第 4 条第 1 款　因以金钱为标的的消费借贷上的债务不履行而预定应支付的赔偿额时，其赔偿额对本金的比率超过第 1 条第 1 款规定的比率的 2 倍（现行法为 1.46 倍）时，其超出部分无效。

第 2 款　债务人任意支付了前款规定的超出部分时，准用第 1 条第 2 款的规定。

第 3 款　关于第 2 款规定的适用，违约金视为预定的赔偿额。

易言之，之前的《利息限制法》已明确表示，基于第 1 条第 1 款和第 4 条第 1 款，虽说超出限定利率部分的利息或迟延损害赔偿金［以利息的 2 倍（现行法为 1.46 倍）为限度］本应该是无效的，但在债务人对其进行了"任意支付时"，则"不可请求返还"。

(2) 超出限定利率部分的利息可否充抵本金

围绕"不可请求返还"这句话的意思，首要的问题是对它如何理解。一方面，如果把它理解为既然是当事人任意支付的，那么无论是作为利息进行的有效清偿（作为一种**自然债务**＊，不充抵本金），还是作为一种违法原因的给付（第 708 条），当事人都已不能主张这种支付无效或者到裁判所请求救济；另一方面，如果理解为尽管其为无效，只是已"不能取回"，并不否定在尚有本金未清偿的情况下，可以用其充抵本金而使本金消灭。

① 充抵本金否定说。当初，最高裁大法庭否定了超出限定利率部分可以充抵本金［最大判昭和 37 年（1962 年）6 月 13 日，《民集》第 16 卷第 7 号，第 1340 页（有 5 名裁判官持反对意见）］。该立场不单是忠实于《利息限制法》的文义，而且还考虑到超出限定利率部分充抵本金最终会给债务人带来与接受该部分的返还相同的经济利益，这会使本金在还未清偿完时和已清偿完时之间发生不均衡，更重要的是，这会给贷款行业带来恐慌，使平民借贷发生停滞的危险等。

② 充抵本金肯定说。但是，像最高裁昭和 37 年（1962 年）判决这样的判断是否与时代相符，参照以保护债务人免受不当高利之害为目的的《利息限制法》的宗旨，其是否妥当，都存有很多疑问，因而该判决受到了很多批判。这样，仅两年后，最高裁（大法庭）昭和 39 年（1964 年）11 月 18 日判决［《民集》第 18 卷第 9 号，第 1868 页；《民法判例百选Ⅱ》（初版），第 3 案件（玉田弘毅执笔）］就推翻了最高裁昭和 37 年（1962 年）判决，并表明了以下的见解（横田正俊等 4 名裁判官持"反对意见"）：

> 即使债务人超出本法的限定，任意地支付了利息、损害赔偿金，但是上述超出部分根据作为强行法规的本法第 1 条第 1 款、第 4 条第 1 款已被认定为无效。因该部分的债务是不存在的，所以对该部分所进行的支付不产生清偿效力，因此，即便债务人指定其作为利息、损害赔偿金

进行支付,但对超出部分的指定是没有意义的,与对该部分未进行指定的结果是一样的,所以在本金还未清偿完时,通过适用《民法》第491条,应当对其进行充抵。

当事人之间如果没有特别合意(单就超出限定利率部分的利息来讲,关于利息的合意是"无效"的),在发生不足债务总额的清偿时,根据《民法》第491条,应按照费用—利息—本金的顺序进行**充抵**。一般认为,这种充抵方法应符合各项费用的经济性质和当事人的合理意思。[1] 多数意见认为,对无效的超出限定利率的利息部分的支付,基于这一规定进行处理时,可以充抵本金。在短短两年多的时间内,最高裁大法庭的态度就发生了改变。这一事实本身很值得关注*。多数学说认为,这一判例变更有利于保护债务人,对之抱有好感而予以支持。

***【自然债务】** 如果债务人是任意履行的,则该履行即成为有效清偿,债务人不能将给付的东西从债权人处取回(承认**给付保持力**),但若债务人没有任意履行时,债权人不能向裁判所提起要求履行的诉讼(**无请求力、诉求力**)。这样的债务被称为"自然债务"。在罗马法上,无"诉权"(actio)的债务本来被广泛认可,而被称为(人为的、非法律上的)"自然的债务"(naturalis obligatio),这就是"自然债务"的起源。将超出限定利率部分的利息看成是"自然债务",即"因《利息限制法》第1条第1款、第4条第1款规定,超出限定利率部分的利息或损害赔偿金无效,所以贷款人不能对这样的利息或损害赔偿金请求支付,借款人也没有必要应贷款人的请求予以支付。但是(虽是高利率,但用它救了急,作为感谢等)借款人自行放弃这种法律上的利益和权利向贷款人'任意地'支付时,作为裁判所对此不予干涉,但同时也不认可其后的取回要求"。关于该问题,石田喜久夫[2]有深入的分析。

---

[1] 矶村哲编:《注释民法(12)债权(3)》,有斐阁1970年版,第224页(山下末人执笔)。

[2] 石田喜久夫:《自然債務論序説》(民法研究第2卷),成文堂1981年版,第103页以下。

＊顺便说一下，在这两年多的时间里，对最高裁昭和 37 年（1962年）判决持"多数意见"的 9 名裁判官中有 7 名已经退休，而持"反对意见（少数意见）"的 5 名裁判官中只有 1 名退休，这对后来判决的变更恐怕也有一定的影响。

（3）可否对超出限定利率部分支付的利息请求返还

接下来要探讨的问题是，如认可支付的超出限定利率部分的利息可充抵本金，则在本金获得全部清偿后，对超出限定利率部分的利息仍继续进行支付时，对过多支付的部分最终可否予以取回（请求返还）。这也正是本案［最高裁昭和 43 年（1968 年）判决］所要处理的问题。

① 返还否定说。立法者似乎明显地采取了对多付部分请求返还的否定态度，不认可这种取回，正体现了该条法律的存在意义［请参考昭和 39 年（1964 年）最高裁判决中的奥野裁判官的补充意见］。根据对《利息限制法》修改前的第 1 条第 2 款、第 4 条第 2 款**文义**的忠实解释，这些条文规定的内容也可以解读为：不管怎样，在已经任意地支付了的情况下（不管其充抵对象为何、支付金额有多大），都不得请求返还。在此，对于在平民借贷中高利贷资本所发挥的社会性作用，立法者给予了一定的肯定性评价，这也是事实。并且，请求返还多付部分通常只发生于超出基于合法利率的本利合计额而进行了支付时，所以，《利息限制法》设立这一规定的意图是很明确的。[1]

② 返还肯定说。但是，如果不允许请求返还，就会在本金债权尚未清偿完的债务人和本金债权已消灭的债务人之间产生一种不均衡［这一点已被最高裁昭和 37 年（1962 年）判决所指出］。这对默默地持续支付高利的债务人来讲，不会构成真正的救济，还可能违背想要限制高利的**法律目的**。从结果上来看，因为对超出部分的支付行为，意味着在已完成对本金的充抵后，"本来债务已经不存在，但认为债务还存在而持续进行清偿"（非债清偿），所以，作为"一方受损而他方获利的情形"，可基于不当得利而请求返还（第 703 条以下、第 705 条）。诚然，并不是没有将此作为违法原因给

---

[1] 请参考我妻荣，《ジュリスト》，第 314 号（1965 年），第 10 页。

付（第708条）而不得向裁判所请求救济的解释余地，但因为违反限定、设定高利的原因主要来自于贷款人，所以无须否定债务人的返还请求。从以上考虑出发，最高裁昭和43年（1968年）判决倾向于认可返还请求，其结果是特意进行了实质上抽去《利息限制法》旧第1条第2款与第4条第2款的骨架（使其空文化）的解释。在昭和44年（1969年），有判例认定，在债务人将超出限定利率部分的利息和损害赔偿金"与本金一起一次性"进行清偿的情况下，也可以请求返还充抵本金后的剩余金额［最判昭和44年（1969年）11月25日，《民集》第23卷第11号，第2137页］。从这样的判断里也可以看出，为使按顺序的充抵和一次性清偿之间产生均衡，最高裁作出了一定的考虑。易言之，这时的《利息限制法》旧第1条第2款和第4条第2款最多已只具有以下的意思，即在确认超出限定利率部分的利息和损害赔偿金是被任意地支付的情况下，因为只要作为充抵对象的本金还存在，法律上就当然要进行充抵计算，所以没有认可返还请求的必要。

当然，对于这些判例理论，也可能会有其超过了法解释的界限，而"应等待立法上的解决"这样的批评。但是，从日本当时的立法状况来看，至少不可否定，难以期待迅速的立法性措施。最高裁顺应时代的要求，虽有一定的冒险，但通过理论上的解释处理了问题，总体上获得了肯定性的评价。伴随着中小企业的发展和平民借贷制度的完善，支撑对高利贷资本作出肯定性评价的社会条件已逐渐消失，这对本判决的理解也是一个很重要的视角（请参考后述广中俊雄的解释）。

4. 关于利息的一般法与特别法的规定

(1)《民法》与《利息限制法》

金钱的借贷是通过约定返还同种类、同质量、同数量的物而接受合同标的物所成立的"**消费借贷**"（第587条）。关于**金钱消费借贷**上的利息，《利息限制法》是《民法》的"特别法"，因此当有内容与《民法》上的相关规定抵触时，应优先适用《利息限制法》的规定。顺便说一下，《民法》上关于消费借贷的条文，没有关于作为"使用本金的对价"的利息的规定。所以,虽乍看起来民法上似乎以"无利息"为原则(历史上也有过对收取利息本身持批判态度的见解占据优势地位的时代),但基于私法自治以及合同内容形成上的自由原则,只要不构成违反公序良俗(第90条)的**暴利行为**,原则上,可以根据当事人的合意自由地确定利息和利率。现在,一般认为市场上的金钱消费借贷都是附利息的[另外,《民法》第404条和《商法》第514条[1]对于因法律的规定而发生的一定的债务,规定了"**法定利率**(民事年利率为5%、商事年利率为6%)"]。

在此应当注意的是,当关于利息和损害赔偿金的约定超过了《利息限制法》的限定时,既有只是违反了《利息限制法》限定的情形,也有作为暴利行为违反公序良俗,根据《民法》第90条而无效的情形(并且也请参考旧《借贷业管制法》第42条之2)。在前者的情况下,只有超出限定利率部分的利息无效,即利息被缩减到《利息限制法》第1条第1款或第4条第1款规定的限度内即可;而在后者的情况下,理论上则有因存在消费借贷合同本身整体无效或者至少利息部分整体无效的情况而导致最终无利息或利息被缩减至法定利率水平的可能(论及这一层次的裁判例实际上很少)。

(2)《利息限制法》与旧《借贷业管制法》

在关于《利息限制法》的最高裁判例理论被确定下来之后,平民对高利贷款的需求依然持续增长,最终成为严重的社会问题,即所谓的"工薪阶层信贷"(高利贷)[2]受害问题。高利贷经营人所实施的远远超过《利息限制法》所限定的利率的高利借贷以及其过于苛刻的债权回收方法等所形成的弊病,导致了借款人自杀乃至其全家集体自杀等众多悲剧发生(高利贷地狱)。针对这种事态,在1983年,所谓的"**高利贷二法**"得以颁布。即《关于管制借贷业等的法律》(简称为《**借贷业管制法**》)[昭和58年(1983年)法第32号]和《修改关于管理接受出资、受委托保管的存款以及利息

---

[1] 修改后的日本《民法》第404条取消了民事法定利率和商事法定利率的区别(日本《商法》第514条被废除),并将固定利率改为变动利率,在规定法定年利率为3%的基础上,又规定了每隔三年要按照法务省的规定进行调整。——译者注

[2] 日语原文为"サラリーマン金融(サラ金)",是指贷款业者向工薪阶层或家庭主妇等个人进行的小额贷款。这种贷款既不需要担保,也不需要保证人,但利息都很高,属于明显的高利贷。——译者注

等的法律的一部分的法律》（即《**出资取缔法**》的修改法）［昭和58年（1985年）法第33号］。

《借贷业管制法》（根据2006年的修改，现改称为《借贷业法》），虽然是以使高利贷经营合法化为目标的、行政管理性的"行业法"，但在该法的第43条［在2006年（平成20年）修改法中已被删除］中作出了以下的规定："依照借贷业经营人作为业务所进行的、以金钱为目的的消费借贷上的利息……的合同等，在债务人作为利息而任意支付的金钱数额，超出了《利息限制法》第1条第1款或第4条第1款所规定的利息或损害赔偿金的限制额的情况下，当该支付符合下述各项规定时，尽管有该款规定，超出限定利率部分的支付，视为是对有效的利息债务的清偿……"易言之，该规定宣告了在债务人"任意地进行了支付"*时，在符合一定要件的情况下，对违反《利息限制法》的利息所作的支付也看作是对有效的利息债务的清偿。旧《借贷业管制法》第43条成了修改前的《利息限制法》第1条第2款、第4条第2款的例外规定（特别规定）。因此，尽管超出《利息限制法》所规定的限定利率部分的利息支付在民法上为"无效"，但最终还是出现了在一定条件下可视为对"有效的利息等的清偿"的灰色地带。在《借贷业管制法》转为采用经营登记制度，实施由国家对经营人进行指导和监督的情况下，隐含很多问题的第43条带有给予借贷业经营人以恩惠的含义。因为如果不这样的话，感觉不到登记的任何好处的经营人，会干脆不进行登记而潜入地下经营，所以确保行政管制的实效性，成了制定旧《借贷业管制法》第43条的政策性根据。

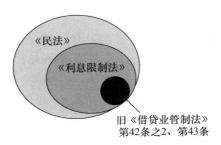

图 8-2

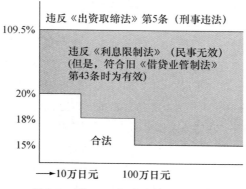

图8-3　至1983年为止的利息限制

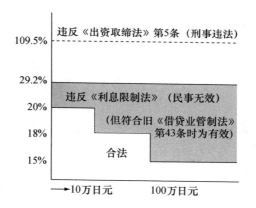

图8-4　至2006年为止的利息限制

想重新提醒大家注意的是，并不是根据旧《借贷业管制法》第43条，围绕《利息限制法》的判例理论得以放宽，只要利率在旧《借贷业管制法》所规定的利率范围内就可以视为合法。现将大家需要关注的重点整理如下：

① 因旧《借贷业管制法》始终都是只适用于作为事业而经营借贷业的经营人的法律，关于一般性的金钱借贷，适用《利息限制法》。

② 即使是旧《借贷业管制法》，也是以违反《利息限制法》的利息为无效这一原则为前提的（所以，关于超出限定利率部分的利息等，债权人的请求力、诉求力、强制执行力也是被否定的）。

③ 因超出限定利率部分的利息在民事上无效，所以，以此为内容制作公证证书或以此为被担保的主债权进行抵押权设定登记等都会被拒绝（请参考《公证人法》第 26 条、《不动产登记法》第 49 条第 2 项）。

④ 借贷业经营人在经营金钱消费借贷时，仅在符合旧《借贷业管制法》第 43 条规定的全部要件（有关贷款的合同文件以及贷款返还证书等的交付）时，才允许将"任意的"支付视为是对有效的利息和损害赔偿金的清偿。在经营人对符合要件的主张、举证失败或任意性不能得到确定的情况下，关于《利息限制法》的判例理论还是妥当的。

并且，围绕作为适用旧《借贷业管制法》第 43 条的前提的该法第 17 条和第 18 条所规定的文件是否交付，最高裁采取了极其严格的态度[1]，再加上要求披露交易经过[2]（拒绝披露构成侵权行为），试图维护债务人的利益。

*【任意支付】　旧《借贷业管制法》第 43 条上的"任意支付的"这一语句的含义，被解释为"是指债务人在认识到其支付的金钱将用来充抵基于合同的利息或赔偿金的预定所规定的赔偿金之上，根据自己的自由意思所进行的支付，不要求其认识到支付额超过《利息限制法》第 1 条第 1 款或第 4 条第 1 款的限制额的部分或其超额部分的合同为无效"[3] 所以，只要适用该法，可以说判例理论的一部分发生倒退，就会回到最高裁昭和 37 年（1962 年）判决的水平[4] 在不知民法上为无效而不情愿地支付利息的情况下，是否可以说这是"任意"的呢？这也有很大的疑问。暂且不论判决是否妥当，问题的焦点被集中在是否有"关于支付对象的认识"和是否是"基于自由意思"实施了支付。总之，经营人所作的带有暴力性的、威慑性的催还借款的行为，不能直接带来对方的任意支付，这是不言而喻的，需要对旧第 43 条进行

---

[1] 最判平成 11 年（1999 年）1 月 21 日，《民集》第 53 卷第 1 号，第 98 页；最判平成 16 年（2004 年）2 月 20 日，《民集》第 58 卷第 2 号，第 380 页；同日判决，《民集》第 58 卷第 2 号，第 475 页等。

[2] 最判平成 17 年（2005 年）7 月 19 日，《民集》第 59 卷第 6 号，第 1783 页。

[3] 最判平成 2 年（1990 年）1 月 22 日，《民集》第 44 卷第 1 号，第 332 页；伊藤进，《私法判例リマークス》第 3 号，第 69 页，《平成 2 年度重要判例解説》，民事第 6 案件（石川利夫执笔）。

[4] 参见森泉章：《利息制限法》，载星野英一编：《判例に学ぶ民法》，有斐阁 1994 年版，第 202 页以下、第 214 页。

慎重的解释和运用。最高裁后来又否定了以丧失期限利益条款为背景的超出限定利率部分的利息支付的"任意性"［最判平成18年（2006年）1月13日，《民集》第60卷第1号，第1页］，显示出其在该问题的处理上持积极态度。最终，通过2006年［平成18年（2006年）］的修改法——《借贷业法》，在两年半之内，使该法的上限利率与《利息限制法》一致，均为20%（若干空白预计通过行政指导来填补），在删除《利息限制法》旧第1条第2款、第4条第2款的同时，旧《借贷业管制法》第43条的问题也获得了立法上的解决。

（3）信用、高利贷问题与黑市贷款

根据对高利贷经营人进行刑事性、行政性制裁的《关于管理接受出资、受委托保管的存款以及利息等的法律》（简称为**《出资取缔法》**）［昭和29年（1954年）法第195号］的规定，利息超出日息0.3日元以上即年息109.5%以上的借贷成为国家管制的对象（自1983年制定《借贷业管制法》时的年息40.004%，到1999年对该法进行修改时的年息29.2%），这里出现了一定的差距。结果关于日本的利息、利率，当时存在着民事合法利率、民事违法但刑事合法利率和民事违法且刑事违法利率三种类型。关于对高利的限制，虽设置了民事、行政、刑事上的制裁，但这些制裁之间最终能否达成真正的协调尚有疑问。1983年"高利贷二法"制定后，围绕高利贷的问题不断发生。泡沫经济崩溃后，受经济不景气、银行借贷停滞、金融自由化等影响，没有可靠担保的借款人的贷款纠纷持续增加，终于在2006年，旨在废除灰色利率的法律修改［平成18年（2006年）法第115号］得以实现。

以上是与借贷业经营人相关的情况。关于信用行业也有同样的问题。现在，反倒是信用行业的问题更为严重。而且，除了正面的授予信用外，还出现了票据的贴现和借信用保证之名收取高额保证费，以及自称是对保证清偿的"求偿"而规避《利息限制法》和旧《借贷业管制法》规定的情况。[1]

即使在经济不景气的情况下，消费者金融、信用行业也属于业绩优异的

---

〔1〕 最判平成15年（2003年）7月18日，《民集》第57卷第7号，第895页认定了信用保证公司作为借贷业经营人的子公司，所收取的保证金和事务手续费，属于借贷业经营人必须遵守的《利息限制法》第3条规定的"视为利息"（另外，请参考修改后的《利息限制法》第8条）。

"胜方",其年贷款供应额实际上以超过 70 兆日元的水平得以发展(1999 年为 73 兆 1 252 亿日元、2000 年为 7 兆 35 868 亿日元),该规模可与国家的年度预算相匹敌。另一方面,轻易依靠毫无还款计划的借款和信用的社会风潮,常常使个人的财产状况极度恶化。2002 年度的个人自行破产案件数,最终突破了 20 万件。在这样的社会背景下,"打个电话即可融资"这样的便利和甚至连《出资取缔法》、旧《借贷业管制法》都忽视不管的未登记的高利贷经营人作为"黑市贷款人"而横行,这与过于严苛的催收一起构成了重大的社会问题,这已是众所周知的事实。[1] 2003 年(平成 15 年)7 月 25 日,国会通过了《借贷业管制法与出资取缔法的部分修改法》(俗称为《黑市贷款对策法》),其目的在于,第一,强化登记制度;第二,大幅提高惩罚规则;第三,管制违法广告、劝诱;第四,强化管制违法的催收行为;第五,使利息超过年息 109.5% 的贷款合同无效化。[2] 这里应当注意的是,《借贷业管制法与出资取缔法的部分修改法》第 42 条之 2 的规定,即:

> 在借贷业经营人进行以金钱为标的的消费借贷合同(包括以票据贴现、销售担保及其他类似方法实施金钱交付的合同)的业务中,当所定的利息(包括预定的关于债务不履行的赔偿额)超过了年利息 109.5%(若 2 月有 29 天,则该年为 109.8%,每日为 0.3%)时,该消费借贷合同为无效。

由于该条规定了一定的民事效果,所以成了《民法》第 90 条[3]的特别规定。

在长期实施超低利率的政策下,不仅是《利息限制法》规定的限定利率,而且连法定利率也不具有合理性。民法上的限制利息的应有状态,似乎

---

〔1〕 关于活生生的损害的实际情况,请参考行德峰史:《商工ローン 借りてはいけない》,WAVE 出版 1999 年版;宫本孝、中岛みなみ:《〈续〉商工ローン 借りてはいけない》,WAVE 出版 2000 年版,日本司法书士联合会消费者问题对策推进委员会编:《ヤミ金融被害者救济の实务》,民事法研究会 2003 年版等。另外,也请参考东京地判平成 14 年(2002 年)9 月 30 日,《判时》第 1815 号,第 111 页(川角由和,《私法判例リマークス》第 28 号,第 10 页的解说)。

〔2〕 请参考奥克彦,《ジュリスト》第 1252 号,第 85 页以下;田中幸弘:《いわゆる〈ヤミ金融对策法〉の成立と实务对応の必要性》,载《NBL》第 767 号,第 4 页;大村敦志:《消费者法》(第 3 版),有斐阁 2007 年版,第 275 页的解说等。

〔3〕 日本《民法》第 90 条规定:"以违反公共秩序、善良风俗为目的的法律行为无效。"——译者注

有必要与央行贴现率联动起来，进行根本性的重新评价。

5. 一般法与特别法

借此机会来简述一下作为私法的一般法的民法与民事特别法的关系。

提到"民法"时，最狭义的是指"民法典"（形式意义上的《民法》），但通常多指范围更广的、与民法典密切相关的各种各样的附属法令和相关法令的总体。与民法相关的各种法令，大体可以分为三个范畴。第一个范畴包括，已由"民法典"本身对其进行了预定的《不动产登记法》（请参考《民法》第177条）、《遗失物法》（《民法》第240条以下）、《提存法》（《民法》第459条）和《户籍法》（《民法》第739条）等（这些被称为**民事行政程序法**），以及确定民法典内容时所必需的辅助性法令（例如，对于《民法》第3条来说所必需的《关于计算年龄的法律》等）。第二个范畴包括，关于具有一定属性的当事人或其特定的行为类型，对民法上的基本规则进行修改、补充的各项法令（《一般法人法》《消费者合同法》《区分所有权法》《暂行登记担保法》《借地借家法》《分期付款销售法》《特定商业交易法》《动产、债权转让特例法》《产品责任法》《失火责任法》等）。《利息限制法》也属于这一范畴。通常被认为是"实质意义上的民法"或**民事特别法**的，就是指第一范畴和第二范畴的法律［关于主要的民事特别法，请参考表8-1所示相关内容］。第三个范畴包括，虽是第二范畴延伸上的法律，但着眼于私法中具有特定性质的主体或客体、行为类型、状况等，形成了独立于民法的作为一个整体的法领域的法律。《商法》和有关劳动、经济、知识产权等方面的各种法律法规就属于这一范畴，另外，就跨越国境的民事关系还形成了以《关于法律适用通则法》为中心的国际私法领域。

民法属于私法领域，原则上，它是针对在地域、人、物、事项等没有限定条件的一般私人生活关系的规则而设计的规范群，所以被称为"**一般法**"（"民法是私法的一般法"）。与此相对，针对具有特别属性的当事人或其特定行为等而预先设计的法规范，被称为民法的"**特别法**"。因特别法是作为特定情况下具有更合理性和适当性的规则而特意制定的，所以，就同一问题，当存在一般法与特别法内容相抵触的双重规定时，一般认为"特别法优先于一般法"。其结果是，例如，《国际海上物品运输法》《票据法》和《支票法》优先于商法典，商法典优先于民法典（请参考《商法》第 1 条）。另外，《分期付款销售法》《产品责任法》《机动车事故损害赔偿保障法》等优先于民法的各项关联规定。关于金钱消费借贷上的利息，之所以说《利息限制法》属于优先于民法所适用的特别法，就鉴于以上的意义。

不过，这种一般法与特别法的区别是相对的，民法典内部的总则与分则的关系，也可以说具有与此相同的关系（特别规定优先于一般规定）。所以，例如，关于因地震等而倒塌的建筑物的租赁关系，《罹灾城市借地借家临时处理法》就优先于规定土地、建筑物一般租赁的《借地借家法》，《借地借家法》就土地、建筑物的租赁关系又优先于《民法》而得以适用。不仅如此，在民法内部，也形成了合同分则中的租赁关系规定优先于合同总则中的相关规定，合同总则中的规定优先于债权总则的规定，债权总则的规定优先于民法总则的一般性规定而适用的关系（请参见图 8-5 所示相关内容）。尽管如此，由于是否存在一般法与特别法的关系在法律条文中未必总是很明确，因此有必要通过对各相关规定的要件进行解释来决定优先适用关系的例子也不在少数*。

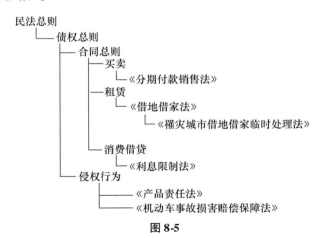

图 8-5

申言之，在法律规范中，不仅有互相排斥的规定，也有多种规则同时有序地适用（**重叠适用**）的情形（例如，《消费者合同法》第 4 条与《民法》第 96 条），更需要有依据衡平理念推导出"协调的解释"的情形。在市民社会逐渐多样化的今天，一般法与特别法的区别对民法的防守范围和确定领域来讲，可能逐渐变得不再那么重要。重要的反倒是对每个法令所应发挥的作用和功能，以及各个法令中作为受法律保护的利益而被考虑的要素，对它们应予以个别性的关注。

*【特别规定与一般规定】　　在此举一个饶有趣味的关于民法内部规定的适用关系的例子。假设某人死亡后，其遗产中有一幢此人出资与他人共同所有的别墅。《民法》上，死者的财产原则上应根据"遗嘱"进行分配（第960条等）；没有遗嘱时，由法定继承人按照法定继承份额来继承（第900条等）；无继承人时，可以将其分给"特别亲朋关系人"（第958条之3）。没有特别亲朋关系人时，其遗产最终归属于"国库"（第959条）。易言之，死者的财产，首先应根据死者的意向进行分配，归属于国库则成为最终的解决办法（一般性规定），由此承认了依照遗嘱处分的归属＞依照法定继承的归属＞特别亲朋关系人的归属＞国库的归属这样一系列的优先适用关系。那么，该遗产是"共有财产"，若死者无继承人时，他（她）的"持有份"将归属于谁呢？在深入地理解"继承人"（第886条以下）的概念，并对所继承的财产是"共有财产"这一特性予以足够重视的基础上，来读《民法》第255条[1]的话，从文义上似乎可以解释为"其他共有人"应优先于特别亲朋关系人。但最高裁平成元年（1989年）11月24日判决［《民集》第43卷第10号，第1220页；《家族法判例百选》（第7版），第56案件（山田诚一执笔）］采用了第958条之3[2]优先说。也就是说，归属于特别亲朋关系人＞归属于其他共有人＞归属于国库。虽然决定缺少依据，但判决是在揣测了死者的意思，灵活地评价了与死者"关系"的深浅，并考虑了意欲保护特别亲朋关系人的新规定［第958条之3由昭和37年

---

[1]　日本《民法》第255条规定："共有人中的一人放弃其持有份或死亡后没有继承人时，其持有份归属于其他的共有人。"——译者注

[2]　日本《民法》第958条之3第1款规定："在前条的情形下，根据与被继承人共同生活者、致力于被继承人的疗养看护者及其他与被继承人有特别亲朋关系者的请求，家庭裁判所认为适当时，可以将清算后剩余的继承财产的全部或部分分配给这些人。"——译者注

(1962年)法第40号追加]的宗旨上,作出了该条应优先于之前的规定来适用(后法优先于前法!)的判断。

表8-1 《民法》的主要修改以及与《民法》相关的特别法一览表

明治10年(1877年)	太政官布告66号《利息限制法》
明治29年(1896年)	4月27日,公布《民法》(前三编)
明治31年(1898年)	6月21日,公布《民法》(后二编)
明治31年(1898年)	《法例》[明治31年(1898年)法第10号]
明治31年(1898年)	《民法施行法》[明治31年(1898年)法第11号→明治31年(1898年)7月16日施行]
明治32年(1899年)	《不动产登记法》[明治32年(1899年)法第24号]
明治32年(1899年)	《提存法》[明治32年(1899年)法第15号]
明治32年(1899年)	《失火责任法》[明治32年(1899年)法第40号]
明治32年(1899年)	《商法》[明治32年(1899年)法第48号→明治32年(1899年)6月16日施行]
明治35年(1902年)	《关于计算年龄的法律》[明治35年(1902年)法第50号]
明治38年(1905年)	《工厂抵押法》[明治38年(1905年)法第54号]
明治42年(1909年)	《立木法》[1][明治42年(1909年)法第22号]
明治42年(1909年)	《建筑物保护法》[明治42年(1909年)法第40号]
大正10年(1921年)	《借地法》[大正10年(1921年)法第49号]、《借家法》[大正10年(1921年)法第50号]→最终成为《借地借家法》
大正11年(1922年)	《信托法》[大正11年(1922年)法第62号]
昭和8年(1933年)	《身份保证法》[昭和8年(1933年)法第42号]
[昭和21年(1946年)]	《日本国宪法》制定并施行[昭和22年(1947年)5月3日]
昭和22年(1947年)	12月22日,民法亲属、继承编的大修改[→昭和23年(1947年)1月1日施行]总则编中新设诚实信用原则、禁止滥用权利规定等
昭和22年(1947年)	《户籍法》[昭和22年(1947年)法第224号]
昭和29年(1954年)	《利息限制法》[昭和29年(1954年)法第100号]
昭和30年(1955年)	《机动车损坏赔偿保障法》[昭和30年(1955年)法第97号]
昭和36年(1961年)	《分期付款销售法》[昭和36年(1961年)法第159号→昭和36年(1961年)12月1日施行]

---

〔1〕 日本的"立木"是特指在《立木法》上,将生长于一块土地上或一块土地的一部分上的树木视为独立于土地的不动产,对其进行登记后可以单独作为交易对象的树木,其所有人可以申请所有权保存登记。——译者注

(续表)

昭和 37 年(1962 年)	《民法》修改,失踪宣告期间(第 30 条、第 31 条)、推定同时死亡(第 32 条之 2)、特别亲朋关系人制度(第 958 条之 3)等
昭和 37 年(1962 年)	《建筑物区分所有权法》[昭和 37 年(1962 年)法第 69 号]
昭和 41 年(1965 年)	《借地法》《借家法》的大修改
昭和 46 年(1971 年)	《民法》修改,最高抵押制度(第 398 条之 2 以下)
昭和 51 年(1976 年)	《民法》修改,离婚恢复旧姓(第 767 第 2 款以下)
昭和 51 年(1976 年)	《访问销售法》[昭和 51 年(1976 年)法第 57 号]→最终成为《特定商业交易法》
昭和 53 年(1978 年)	《暂行登记担保法》[昭和 53 年(1978 年)法第 78 号]
昭和 55 年(1980 年)	《民法》修改,配偶继承份额的修改(第 900 条)、贡献份额制度(第 904 条之 2)
昭和 62 年(1987 年)	《民法》修改,特别养子制度(第 817 条之 2 以下)
平成 3 年(1991 年)	新《借地借家法》[平成 3 年(1991 年)法卯号→1992 年 8 月 1 日施行]
平成 6 年(1994 年)	《亲属法修改草案》(夫妻异姓、非婚生子的继承份额、离婚事由的修改等)
平成 6 年(1994 年)	《产品责任法》[平成 6 年(1994 年)法第 85 号→平成 7 年(1995 年)7 月 1 日施行]
平成 7 年(1995 年)	《关于受灾区分所有建筑物的重建之特别处置法》[平成 7 年(1995 年)法第 43 号]
平成 10 年(1998 年)	《动产、债权转让特例法》[平成 10 年(1998 年)法第 104 号→平成 10 年(1998 年)10 月 1 日施行]
平成 11 年(1999 年)	《民法》修改,成年监护制度的修改(第 7 条以下)→平成 12 年(2000 年)4 月 1 日施行;《任意监护合同法》[平成 11 年(1999 年)法第 150 号];《监护登记法》[平成 11 年(1999 年)法第 152 号]
平成 12 年(2000 年)	《消费者合同法》[平成 12 年(2000 年)法第 61 号→平成 13 年(2001 年)4 月 1 日施行]
	《金融商品销售法》[平成 12 年(2000 年)法第 101 号→平成 13 年(2001 年)4 月 1 日施行]
	《特定商业交易法》[平成 12 年(2000 年)法第 120 号]
平成 13 年(2001 年)	《中间法人法》[平成 13 年(2001 年)法第 49 号→平成 14 年(2002 年)4 月 1 日施行,2008 年 12 月 1 日废止]
	《电子消费者合同、电子承诺通知法》[平成 13 年(2001 年)法第 95 号→平成 13 年(2001 年)12 月 15 日施行,平成 29 年(2017 年)法第 45 号修改]
平成 15 年(2003 年)	《民法》修改,担保物权(第 306 条以下);《民事执行法》的修改

(续表)

平成 16 年(2004 年)	《不动产登记法》的全面修改[平成 16 年(2004 年)法第 123 号→平成 17 年(2005 年)3 月 7 日施行] 《民法》修改,民法的现代语化[平成 16 年(2004 年)法第 147 号→平成 17 年(2005 年)4 月 1 日施行] 《信托业法》[平成 16 年(2004 年)法第 154 号→平成 16 年(2004 年)12 月 30 日施行]
平成 18 年(2006 年)	《一般社团、一般财团法人法》[平成 18(2006 年)法第 48 号→平成 20 年(2008 年)12 月 1 日施行] 《关于法律适用的通则法》[平成 18(2006 年)法第 78 号→平成 19 年(2007 年)1 月 1 日施行] 《信托法》修改[平成 18(2006 年)法第 108 号]
平成 19 年(2007 年)	《电子记录债权法》[平成 19 年(2007 年)法第 102 号]
平成 23 年(2011 年)	《民法》修改,亲权的丧失(第 834 条以下)
平成 25 年(2013 年)	《民法》修改,非婚生子女的继承份额(第 900 条第 42 页)

6. 关于法的解释

最后谈一谈"法的解释"。前面已经指出,可以认为,本判决通过"解释"已使《利息限制法》旧第 1 条第 2 款、第 4 条第 2 款的规定在事实上成了一纸空文。可能有人会认为法的解释是畅通无阻的、解释者的喜好会左右结论。这种想法一半是对的,一半是不对的。之所以如此说,是因为虽然法的解释,的确最终会在很大程度上受解释者自身的价值判断影响,被当作法理论的东西也带有使解释者想要的结论正当化的手段的意义,但同时解释者也被要求在相当程度上受到法的语言技术、法的解释方法以及传统概念结构的限制下进行解释活动。

法是人们通过语言而得以共同享有的规则,人们通过将法作为自己的行为规范予以遵守来谋求维护社会秩序。所以,即便有通过"解释"使法的含义、内容得以明确化的情形,但也不允许无视一般的语法以及法学家群体对法所共有的约定,否则有可能否定共有规则本身存在的意义。以下对法的解释技术加以若干说明。

(1) 法的解释

① **文理解释、论理解释**。在法的解释中，首先应受到尊重的方法就是**文理解释、论理解释**（也被称为**文义解释**等）。这是根据条文所使用的语言的意思和语法，以逻辑上不存在矛盾的形式进行解释的一种理所当然的解释态度。在民主社会，将人们通常对公布的法律内容怎样理解、怎样开展行动作为解释的标准，对于维护人们对法的信赖来说是至关重要的。不过，法律规定中，文义和语言本身就带有暧昧性和多义性的情形也不在少数，更何况是与日常用语相差甚远的专业用语，其与人们所抱有的语义和观念之间会产生差异，无论是谁都会作同样理解的意义和内容，并不一定能够通过解释推导出来（这当然不是理想的状态），再加上，一旦立法时所设想的社会基础发生变化，也会出现所发生的问题无法完全适用该条文的情形。所以，即使实施文理解释、论理解释，时常参照实际情况对该规则所包含的意义进行重新思考，也是解释过程中不可缺少的工作。从这个意义上来讲，法是"有生命力的东西"。另外，还应当理解的是，像日常的语言要根据上下文改变其含义一样，即使是相同的语言，依每个条文所设定的目的不同，其意思内容也不得不发生变化。刑法上的"过失"与民法上的"过失"未必相同（概念的相对性），同为"第三人"，每个条文对其所设定的范围也会发生变化（例如，请试比较一下《民法》第94条第2款的"第三人"与《民法》第177条的"第三人"的范围[1]）。说到底，文理解释、论理解释是解释工作的出发点。

---

〔1〕 日本《民法》第94条第2款规定，因虚伪表示而导致意思表示无效的，不能对抗善意的第三人；第177条规定，关于不动产物权的取得、丧失与变更，如果没有进行登记不能对抗第三人。这两个条文都规定了不能对抗第三人，这里的"第三人"一般被解释为"当事人之间的法律关系成立后才对该法律关系发生利害关系的人，但不包括当事人及其概括承继人"。该解释得到判例和学说的一致赞同。但在对条文的具体解释上却发生了不同。关于《民法》第94条第2款所规定的"善意的第三人"，判例认为只要是"善意"即可，所以即使该善意的第三人因过失而不知当事人之间作出的意思表示是虚伪的意思表示也受法律保护（多数的学者不赞同判例的立场，认为有过失的第三人不属于《民法》第94条第2款规定的"善意第三人"）；关于第177条所规定的"第三人"，判例认为只是恶意的第三人属于该条文所规定的受法律保护的第三人，不过恶意的第三人是"违反诚信原则的恶意第三人（背信的恶意第三人）"时不应受法律的保护，所以该条文里的"第三人"只是不包括"违反诚信原则的恶意第三人"，但包括"恶意的第三人"（通说也是该见解，но近来对此进行批判的学者也不在少数）。——译者注

② **依立法者意思的解释**。解释过程中发生疑问时，探求立法阶段对该条文所赋予的意义，是很有益的工作。如能知道立法时希望通过何种形式保护何种利益，对相反的利益给予了何种考虑，立法者（起草者）为何选择了这样的表述等，法的宗旨（**立法宗旨**）就会更加明确。若现在对立法时希望通过法律实现的政策性判断和想要保护的价值仍然应当予以支持的话，那么根据立法者的意思进行的解释，作为对该条文的解释就是适当的。不过，应当注意的是，过大地评价立法者的意思会带来对法与现实的差异视而不见的危险。立法者也是"时代之人"，会受到立法当时能够预想到的情形的制约，而且社会观念、主流价值观、法感情等也会随着时代的发展而发生变化。因此，作为解释者，在研究立法讨论的同时，对如果立法者将新的变化加进条文会作出怎样的表述进行**合理的立法者意思推测（历史性解释）**，以及若现在该条文仍可作为人们的规则予以保留的话，又居于何种意义进行思考，这些工作也是有必要的。之所以需要这样做，是因为不进行法律修改，这也可以看作是各个时代的国民［立法者］通过不作为的立法对该条文不断地注入了新的时代气息。

③ **目的论解释**。与文理解释、论理解释一样重要的是**目的论解释**。这是在思考法律或法律条文的目的和宗旨（法的目的、制度宗旨）之上，以服务于其所欲实现的价值或理念的形式对法律进行解释的方法。该解释方法似乎有更好地实现"立法者意思"的一面，但是作为结果常常会在抑制严格的形式上的文理解释、论理解释上发挥作用。因此不能否定，当对法的宗旨、理念、目的的理解不够充分时，有可能会造成恣意的判断。诚然，通过严格的"概念"和富有逻辑性的"内涵"的不断积累，以"一事一议"的方式可能会抑制恣意的判断。但是，法并不是自身可以"独自发展"的，若将法当作以服务于人们的利益为目的的规则的话（法是人为了人而制定的），则应该将目的论解释放在解释工作的核心位置上。

对于目的论解释来说，其保险阀无疑是对法的宗旨、理念、目的的正确理解以及对文义、逻辑结构的不断积累的准确性。所以，在解释法律的时候，有必要经常对如下问题进行考虑：第一，该规定以什么为理由、要保护谁的、何种利益（**立法宗旨、制度宗旨**的把握）；第二，到现在为止，该规定是如何发挥其功能的（功能性考察）；第三，当事人间的利益是否得到了适当的平衡（利益考量与结果的妥当性）；第四，是否实现了法体系上的制度性平衡；第五，由于采用了一定的解释方法，能够预料到对将来会有何种影响（作为行为规范的评价）；第六，是否会破坏法律构成上的结构，并在此之上仔细斟酌该条文所规定的要件、法律效果的射程。

(2) 具体的解释方法

以上所述的法的解释，最终要通过若干的解释方法来实现。虽限于篇幅，无法对详细内容进行深入阐述，但还是想通过若干条文来探讨如下几个解释方法。

① **相反解释**。《民法》第 146 条规定，"时效的利益不得预先放弃"。那么，时效完成后可否放弃时效利益呢？因条文规定了"预先"，那么若反过来"如果时效完成后可以放弃"的话，这就是在作相反解释（判例是这样解释的）。法律越是对要件进行限定性规定，相反的解释就越会在力学的作用下发挥作用。

② **类推解释**。《民法》第 94 条第 2 款规定，虽"与对方通谋而实施的虚伪的意思表示无效"，但不得以此对抗善意第三人（不得向善意第三人主张无效）。那么，在虽无预先通谋，但"对与事实不符的结果进行了事后容忍或追认的情况下"，作出同样的判断是否妥当？如果考虑到对那些无过错的只是信赖了虚假的外观的第三人进行保护的必要性，以及应归责于真正的所有人的事由，而认为可以作出与适用第 94 条第 2 款相同的处理，就是类推解释的结果（判例是这样解释的）。之所以这样判断，是因为应予考虑的利益因素类似，给予相同的结果符合当事人间的衡平，所以会被认为是妥当的。判例上有名的类推解释、类推适用的例子有《民法》第 478 条（对债权准占有人的清偿）的类推、对《民法》第 722 条第 2 款（过失相抵）的类推等。（→请参考本书补讲第 6 案件、第 7 案件）。

③ **扩张解释**。《民法》第 85 条规定："本法所称'物'，指有体物。"那么，无形的能源（例如，电）就因其不是"物"而不能作为财产获得保护吗？假设只要有可管理性，无体物也能与"物"一样成为法的保护对象的话，第 85 条就是扩张解释。前面的最高裁平成 15 年（2003 年）7 月 18 日判决也对"视为利息"概念进行了扩张解释。

④ **限制解释（缩小解释）**。《民法》第 177 条规定，不动产（土地、建筑物）的取得、丧失及变更不进行登记，"不得对抗第三人"。易言之，即使购买了土地，若不在登记簿中对此进行登记，就不能主张所有权。那么，对于违反诚实信用原则妨害登记的第三人是否也不能主张所有权呢（请参考日本《不动产登记法》第 5 条[1]）？若采用"所谓的背信恶意人不属于第 177 条的第三人"的结论的话（判例），这就成了限制解释的例子。对于聪明的读者来讲，关于《利息限制法》第 1 条第 2 款、第 4 条第 2 款和旧《借贷业管制法》第 43 条所规定的"任意地"，还留有怎样的解释可能性，应该很容易想象得到吧！

(3) 反制定法性解释

所谓"反制定法性解释"，被认为是"虽与民法典及其他制定法的某条文规定的内容相反，但形式上却以与该条文无关的方式进行的逻辑上可成立的解释"[2]。前面的关于《利息限制法》的判例理论正适合称为"反制定法性解释"。这样的解释是否能被作为"解释"予以认可尚有疑问。关于这一点，下面的论述指出了一个方向，值得仔细思考。

> 立法者误认为或忽视了基于法理念的法的原理和事物的本质而制定了法规，或因后来的技术及社会经济的发展，使社会状态发生了根本性变化，使法规变得不合适时……法规的修改、违反法规的新制度的创设，就是反法律的规范创造……虽然这样的规范创造本来就需要慎重（当然，立法性对应是最好的），但在法规的形式性适用已对眼前的事态造成不堪忍受的结果时，在以交易上不可避免的要求、事物的本质、法的各项原理为基准的理由说明上，特意进行反法律的规范创造也是无奈之举。[3]

诚然，《宪法》第 76 条第 3 项规定："所有裁判官都应根据其良心独立

---

〔1〕 日本《不动产登记法》第 5 条第 1 款规定："以欺诈或胁迫妨碍申请登记的第三人，对没有进行登记一事不得进行主张。"——译者注
〔2〕 参见广中俊雄:《民法解釈方法に関する十二講》，有斐閣 1997 年版，第 75 页。
〔3〕 参见矶村哲:《法解釈方法論の問題》，载矶村哲编:《現代法学講義》，有斐閣 1978 年版，第 104 页。

地行使职权，只受宪法和法律的约束。"在三权分立思想下，司法轻率地无视法律，通过违反明文规定的解释进行新的规范创造，是欠妥当的。通过巧妙的解释，司法以反制定法的形式来解决问题，这也减弱了对必要的立法的激励。所以，若可以进行反制定法的解释的话，也仅限于在该规定的形式性、逻辑性适用显著欠缺结果的妥当性，以及立法部门明显怠于进行法律修改的极其有限的情形下。[1] 否则，就有可能会造成扼杀法的确切性乃至法所保护的个人自由，而使人们丧失对法的信赖的结果。对那种"用花言巧语把黑的说成白的"的解释态度必须特别予以注意。在这一意义上，对于围绕超出限定利率部分的利息最高裁所采取的行动，在以其是"超过限度的解释"而予以批判的基础上，那种强烈要求通过立法进行修改的意见，作为忠实于司法的谦抑主义的见解，是可以引起广泛共鸣并得到理解的。

但是，对于例外情况的认可过于僵硬，对紧张的时代经济性要求视而不见的态度，不禁会让人产生司法作为"法的守护神"其行为是否妥当的疑问，这也是事实。即使从正面反对法的明文规定是很难的，但若通过逻辑上能够允许的、来自其他规定的协调性解释，使设置于法的缝隙地带的"避难装置"可以运作的话，以此来避免发生与现实不相符的事态，这作为司法竭尽全力的紧急避难性行为也应当予以肯定。

【参考文献】

关于《利息限制法》《借贷业管制法》有很多文献。系统的研究有，大河纯夫：《利息の制限》，载星野英一编：《民法講座5（契約約）》，有斐阁1985年版，第277页以下；大河纯夫：《貸金業規制二法の成立と金利規制問題》，载《法律時報》第55卷第9号（1983年）；加藤一郎：《サラ金と利息制限法》，载《法学教室》第29号（1983年）；椿寿夫：《サラ金規制立法をめぐって》，载《民法研究Ⅱ》，第一法规出版1983年版，第307页以下［初次出版于《法律時報》第51卷第5号（1979年）］；大森政辅：《貸金業規制法43条と利息制限法（上・下）》，载《NBL》第284号、第285号；石川利夫：《利息制限法違反の効力》，载《民法の争点Ⅱ》，有斐阁1985年版，第13页以下；小野秀誠：《利息制限法と公序良俗》，信山社1999年版；长尾治助：《判例貸金業規制法》，法律文化社1999年版；鐮野邦树：《（叢書民法総合判例研究）金銭消費貸借と利息の制限》，一粒社1999年版，尤其是第250页以下；森泉章编著：《新・貸金業規制法》，劲草书房2003年版等。关于2006年

---

〔1〕 也请参考广中俊雄：《新版民法綱要（第1卷総論）》，创文社2006年版，第75页以下。

（平成 18 年）修改后的《借贷业法》，请参考上柳敏郎、大森泰人：《逐条解説貸金業法》，商事法务 2008 年版。

关于本判决的评释、解说，请参考野田宏，《最高裁判所民事判例解説〈昭和 43 年度〉》，第 92 案件；野田宏，《金法》第 531 号，第 23 页；野田宏，《ジュリスト》第 415 号，第 89 页；广中俊雄，《ジュリスト》第 415 号，第 87 页（收于广中俊雄：《民法論集》，东京大学出版会 1971 年版，第 142 页以下；广中俊雄：《契約法の理論と解釈》，创文社 1992 年版，第 189 页以下）；广中俊雄：《民法解釈方法に関する十二講》，有斐阁 1997 年版，第 95 页以下；川井健，《民法の判例（ジュリスト増刊）》（第 2 版），第 153 页；谷口知平，《民商法雑誌》第 62 卷第 3 号，第 123 页；星野英一，《法学協会雑誌》第 87 卷第 11、12 号，第 99 页；吉原省三，《判例タイムズ》第 237 号，第 59 页；石川利夫，《昭和 43 年度重要判例解説》，民法第 4 案件；石川利夫，《銀行取引判例百選》（新版），第 54 案件；品川孝次、須田晟雄，《上智法学》第 12 卷第 2、3 号，第 127 页；尾中普子，《日本法学》第 35 卷第 1 号，第 127 页；高木多喜男，《民法判例百選Ⅱ》（第 3 版），第 2 案件；高桑昭，《民事研修》第 141 号，第 30 页；大河纯夫，《民法判例百選Ⅱ》（第 4 版），第 2 案件；大河纯夫，《民法判例百選Ⅱ》（第 5 版），第 56 案件；鹿野菜穂子，《消費者取引判例百選》，第 76 案件；西村信雄，《法学セミナー》第 154 号，第 12 页；神田博司，《金判》第 143 号，第 2 页；中马义直，《ジュリスト》第 664 号，第 56 页。关于新法，请参考《特集・貸金規制の課題と判例法理》，载《ジュリスト》第 1319 号（2006 年），第 2 页以下等。

关于民法的解释方法，尤请参考星野英一：《民法の解釈の仕方とその背景》，载星野英一：《民法論集第 8 卷》，有斐阁 1996 年版，第 189 页以下等。广中俊雄：《民法解釈方法に関する十二講》，有斐阁 1997 年版也是很具体且具启发性的文献。尤其是后者，就"反制定法性解释"进行了最深入的探讨（该书第 75 页以下）。另外，关于裁判官在法的形成上所起到的作用，请参考田中英夫编：《実定法学入門》（第 3 版），东京大学出版会 1974 年版，第 231 页以下，关于在法律适用上裁判官的良心问题，请参考小粥太郎：《民法の世界》，商事法务 2007 年版，第 202 页以下。

第 9 章

民法所体现出的宪法价值

自卫官合祀案件［最高裁（大法庭）昭和 63 年（1988 年）6 月 1 日判决］

【本章的课题】

本章就民法规范所体现出的价值，尤其是宪法上的价值问题进行探讨。宪法作为国家的根本大法，是专门调整国民与国家的基本关系的法律，该法的直接"调整对象"是国家、政府。该法对国家权力的行使，赋予了一定的职责和正当性。所以，在国家的组织形式和权力行使的应有状态以及法的制定活动及其内容等方面都必须要始终遵守宪法。在这一意义上，宪法被赋予作为各种法的"最高法"的地位。同时，宪法所显示的价值作为应该在国民之间共有的崇高价值也得以被宣告，该价值获得了一定的普遍性，对此价值的尊重也应当成为私人间行为规范的渊源之一（理论上，就**宪法规范是否可以直接适用于私人之间**，尚有争议）。诚然，在尚无宪法的时代，民法就已存在，其中孕育的各种价值也反映到了宪法当中，所以，在实质上不能说二者哪个优先，但是，在法制度上，原则上是民法根据宪法而制定、适用和存续，宪法还提供了**民法解释上的指导方针**。因此，当民法上发生了价值对立的问题时，宪法上的价值顺序问题也常会出现。如同"二战"后在新《宪法》的"个人尊严"和"男女实质平等"理念下对《民法》亲属、继承两编进行的大修改那样，《宪法》上的若干价值也在《民法》中得以体现。这对诸如《刑法》《刑事诉讼法》以及行政法律规范等其他法规来讲，也是一样的。尽管如此，不用举调整"言论自由"与对"隐私权"（与自己有关的信息控制权）进行保护这样的例子，宪法所显示的各种价值已经在社会中发生相互冲突的情形并不在少数，围绕宪法的各种价值的解释也已提出了各种各样的问题，甚至有不少带来了个别法解释层面上的微妙对立问题。

本章采用的案件是作为"自卫官合祀案件"而被众所周知的最高裁大法庭昭和63年（1988年）6月1日判决（《民集》第42卷第5号，第277页；《判時》第1277号，第34页）。本判决作为最高裁大法庭作出的关于宪法上的"**政教分离原则**"的判决，不仅在学界，而且在社会上也引起了激烈的争论。不过，其本质是围绕个人的**人格利益保护**之应有状态而发生的民法上的"侵权行为诉讼"。以下探讨这个判决在民法上具有何种意义，与宪法上的何种价值相对立，进而思考民法规范或其适用时的各种价值对立的问题。

1. 在阅读判决之前

最高裁（大法庭）昭和63年（1988年）6月1日判决的案件，名为"请求撤销由自卫队等所提出的合祀手续等案件"，上告人（被告、控诉人）为国家，被上告人为去世的自卫队队员的原配偶。"合祀"一般是指神教上，将两位以上的神灵合在一个神社中一起进行祭祀；本案中是指将殉职自卫官与旧军队战亡者合在一起，作为各地护国神社所供的神来予以供奉。虽然"合祀本身"是由神社实施的行为，但本案中，因对合祀的"申请"或对合祀的"协助申请行为"被看作是由自卫队（国家）机关实施的行为，所以，作为被怀疑可能违反了宪法上的**政教分离原则**（《宪法》第20条第3项）的问题而受到了很大的关注。进一步说，作为合祀申请的前提，需要向死者家属索取殉职者的除籍誊本和殉职证明书以及其他信息等，事实上，是让死者家属对合祀予以配合，这是否不当地侵害了个人的信教自由（《宪法》第20条第2项）也成为问题。广而言之，或许可以说，在日本，对宪法所保障的"**思想、信仰、良心的自由**"（《宪法》第19条）强加负担的一种社会结构"（蚁川恒正观点）在本案中体现出来了。另外，把作为死者主要家属之一的原配偶的"**追求幸福权**"（《宪法》第13条）纳入射程之内也是可能的。

若想了解在私法层次上是如何处理以上这些宪法上的价值时，本判决正是求之不得的好素材。不过，若谈到纯粹的私人间的信教自由、思想自由、追求幸福权的话，不仅是对配偶的这些自由和权利，而且对死者本人及其亲属（父母和子女等）以及神社的这些自由和权利的调整都将成为问题，这就不得不论及要求每个人都要有宗教性的宽容。在这一意义上，如果把问题的焦点不放在国家或其相关机关的"合祀申请"行为上，并且不让关于政教分离原则的宪法理论介入其中时，将会触及极其敏感的问题。

在阅读本案件之前，了解一下宪法上的**政教分离原则**是很有用的。国家与宗教的关系因各国历史条件不同而有很大的差异。日本在反思过去由国家神道对少数宗教上的人士进行镇压和军国主义思潮所带来的弊端之后，在保障个人信教自由的同时，为确保其实效性，以明确的形式提出了政教分离原则，即国家不具有宗教色彩，对任何宗教都必须采取中立态度，不允许发生因个人加入或不加入一定的宗教而从国家那里接受一定的利益或不利益的情形。不过，不用举像渗透到市民社会中的基督教、新年首次参拜、结婚以及葬礼这样的例子，宗教与一般社会习俗拥有密切的关联，很难使国家政策与宗教完全分离的情形是很多的。因此，以前的判例基本上是遵循以下的见解而得以发展的，即：

> 虽然政教分离原则要求国家在宗教上采取中立态度，但并不是完全不允许国家与宗教有关联……鉴于（其）行为的目的和后果……[对照各个国家的社会性、文化性诸条件] 在被认为是超过了相当限度时，该行为不应被允许。……[《宪法》第20条第3款所规定的宗教活动是指] 应限于国家与宗教的关联超过上述相当的限度，该行为的目的具有宗教性意义，具有对宗教形成援助、助长、促进或压迫、干涉效果的行为。[对其进行判断时] 不能只拘泥于该行为的外形的一面，必须对实施该行为的场所，一般人对该行为的宗教性评价，行为人实施该行为的意图、目的及宗教性意识的有无、程度，该行为对一般人造成的后果、影响等各种情形予以考虑，基于社会常识进行客观的判断。[1]

---

[1] 最大判昭和52年（1977年）7月13日，《民集》第31卷第4号，第533页，"津奠基仪式诉讼"。

不过，这种限定性的政教分离与基于**目的、效果标准**的判断*，乍看起来似乎是常识性的，其实是一把"双刃剑"，操作方法并不容易。之所以如此说，是因为对国家的宗教中立性稍微有一点疏忽，就含有带来很大的思想浪潮的危险，而且，基于"社会常识"的判断，有时会压迫宗教中的少数人。总之，这取决于裁判所的态度，但至少过去的很多裁判例是否严格地适用了该标准，是存有疑问的。到目前为止，最高裁认为，地方政府在市体育馆的开工典礼上按照神道的仪式举行奠基仪式，支付神官报酬、仪式费用的行为是"基于世俗目的"的行为，符合《宪法》的规定（津奠基仪式诉讼），但另一方面，对于在靖国神社、护国神社举行的例年大祭活动中，县政府敬奉玉串[1]费等费用的行为，最高裁认定为："不能说是习惯性社会礼仪……属于宗教活动。"[2]还有对于高等专科学校的对因信仰上的理由而拒绝选修剑道必修课的学生，以体育科目不合格为由而做出留级处分、退学处分的行为，最高裁认为，学校的处置行为超出了裁量权的范围，属于违法行为。[3]

另外，还需要注意的是，对于政府"正式参拜靖国神社"的问题*，以上这些判例见解也提供了理论上的支柱。

*【**目的、效果标准与莱蒙检验**】　　将目的、效果当作问题来看的观点起源于美国的莱蒙检验（Lemon test）。其内容是，为使政府行为符合宪法，必须同时满足以下三个要件：① 该行为具有世俗目的；② 主要效果并不会对宗教产生促进或抑制作用；③ 不会促进政府与宗教的过度关联。[4]（详细内容请在宪法中学习）

*【**正式参拜靖国神社问题**】　　现在内阁成员正式参拜靖国神社在日本国内仍然是具有很大争议的政治问题。在其背后，超出单纯的政教

---

[1] 所谓"玉串"，是指日本神社献神用的带树叶的杨桐树枝，在其上缠以白纸。——译者注

[2] 最大判平成9年（1997年）4月2日，《民集》第51卷第4号，第1673页，"爱媛玉串诉讼"。

[3] 最判平成8年（1996年）3月8日，《民集》第50卷第3号，第469页，"耶和华的证人拒绝剑道案件"。

[4] Lemon v. Kurtzman, 403 U.S. 602 (1971).

分离原则的适用问题，存在着对过去与国家神道和神权天皇制相联结的军国主义的日本所实施的侵略战争采取何种态度的问题。之所以如此说，是因为靖国神社将作为为天皇而战的亡灵当作神予以祭祀的地方，与军事性荣誉紧密联系在一起，发挥了激励国民奔赴战场的作用，这是难以否定的事实。对背负这样的历史的神社，国务大臣正式进行参拜的政治意义显然超过了对一般阵亡者的追悼，因而引起了广泛争议。几个亚洲邻邦对靖国神社问题的批评性反应，起因于对过去残酷战争侵害的记忆，不应将其作为干涉内政而予以无视。[1]

2. 案件的经过

（1）根据认定的事实，案件经过如下：

虔诚的基督教徒 X（原告、被控诉人、被上告人）的丈夫 A 是自卫队队员，于昭和 43 年（1968 年）1 月，在执行公务时因交通事故而死亡。X 作为丧主虽然出席了自卫队准备的佛教形式的葬礼，也出席了 A 的父亲 B 筹办的佛教形式的葬礼，但之后根据自己的信仰，将 A 的遗骨存放在基督教会的纳骨堂，在其信仰下过着追慕亡夫的生活（顺便说一下，去世的 A 本人没有特定的信仰）。然而，自卫队的退休人员等以"为实现和睦与相互扶助、增进福利"为目的而组织的社团法人自卫队队友会山口县支部联合会（以下称"县队友会"）Y_1（被告、控诉人），早先就打算在县护国神社对出身于山口县的自卫队队员进行合祀，在自卫队山口地方联络部（国家，以下称"地联"）Y_2（被告、控诉人、上告人）的配合与支持下正在努力争取实现这一目的时，因基本获得了县护国神社的认可，遂于昭和 47 年（1972 年）3 月，以 Y_1 会长的名义向县护国神社提出了包括死者 A 在内的 27 名山口县出身的殉职自卫队队员的合祀申请。同年 4 月，该神社将上述殉职自卫队队员等作为新的"供奉的神"进行了合祀。地联职员参与了这一过程，主要表现是向九州各地联发送

---

[1] 请参看《紧急特集·靖国神社公式参拜》，载《ジュリスト》第 848 号等。

了关于合祀实施情况的咨询文件、将对此的回答文件交给了县队友会会长、与县护国神社的神官长进行商谈、起草《祭祀实施准则》、开展募集经费的活动、备齐合祀所需资料等事务性工作。另外，县队友会的办公室就位于地联的楼房内，因没有专职办公人员，地联职员基本代行了其全部事务。

在县队友会 Y_1 进行本案合祀申请的过程中，尽管 X 作出了拒绝将死者 A 合祀的意思表示，但事实上 Y_1 无视了 X 的意思并申请了合祀，故 X 得知此事后提出了抗议。X 的意向并未得到认可（不过，A 的父亲 B 对合祀持欢迎态度，本诉讼被提起后，B 向 Y_1 提交了旨在不要取消合祀的请愿书）。接受申请的县护国神社，还是举行了"定神祭奠"仪式和仪式后将祭奠食品分发给参加者饮用以及安魂大祭奠的活动（神社向 X 发了通知，对此，虽然 X 再一次表明了拒绝的意思，但地联职员反而对其实施了说服工作等）。事后，该情况被媒体曝光，虽最终县队友会会长向县护国神社提出了取消供奉的请求，但已决定实施供奉的护国神社并未同意这一请求。

X 认为，由于该合祀申请行为是 Y_1 与 Y_2 一起计划、共同实施的行为，所以 Y_2 参与该申请行为违反了《宪法》第 20 条第 3 款的规定，并且，上述行为侵害了 X 或死者 A 的宗教性人格利益，因此 X 请求 Y_1、Y_2 对其所遭受的精神损害予以赔偿，并请求 Y_1 取消本案合祀申请手续。

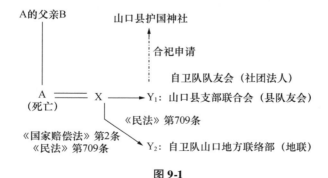

图 9-1

（2）问题之所在

本案的问题在于，围绕对死者 A 在护国神社进行合祀的 Y_1、Y_2 实施的申请以及由护国神社实施的合祀，应对 X 遭受的精神损害如何进行法律救济。在对该问题进行判断时，其中包含了作为前提需要探讨的几个论点。之所以如此说，是因为一般来讲，在宁静的宗教环境下，以自己的方式对亡夫进行凭吊，原配偶的这种心情是完全可以理解的，但对是否将其看作是应由法律进行保护的利益（**保护法益**）、对何种情形下的侵害有必要进行法律介入，这是需要另行探讨的问题。

① 关于对死者 A 进行凭吊及凭吊的形式等，原配偶 X 享有独占的、排他的决定权、管理权吗？换言之，Y_1 的合祀申请和县护国神社的"合祀"行为是否构成了对 X 的这些权利的侵害？

② 作为本案合祀直接起因的县队友会 Y_1（私人团体）的合祀申请与地联 Y_2（自卫队机关）职员之间的互相协作行为，是否应作为"共同行为"受到整体性评价？

③ 地联 Y_2 的职员实施的行为作为违反宪法的"政教分离原则"或侵害个人的"信教自由"的行为是否带有强烈的**违法性**？换言之，"违宪性"在考虑私法的效果上具有何种意义？

（3）第一审判决

第一审的山口地裁判昭和 54 年（1979 年）3 月 22 日判决（《判時》第 921 号，第 44 页）以下述理由认可了 X 的损害赔偿请求：

① 本案申请是由 Y_1、Y_2 一起计划并进行分工而筹备实现的合祀申请，可以看成是二者的共同行为。② 因本案合祀申请导致了 X 的亡夫被合祀，使 X 的"在宁静的宗教环境下维持信仰生活的法律上的利益"即"宗教上的人格权"受到了侵害。③ 合祀申请作为县护国神社实施合祀行为的前提具有根本性的宗教意义，且是助长、促进该神社的宗教的行为，属于《宪法》第 20 条第 3 款所禁止的宗教活动。④ Y_1、Y_2 共同实施的本案合祀申请行为违反宪法，违反日本社会公共秩序，应该说在对私人的关系上也属于违法行为（侵权行为）。

另外，关于向 Y_1 提出的取消本案合祀申请的请求，认为 Y_1 已向县护国神社提出了取消供奉死者 A 的申请，遂驳回了该请求。

（4）控诉审判决

控诉审广岛高裁判昭和 57 年（1982 年）6 月 1 日判决（《判时》第 1046 号，第 3 页）否定了 Y_1 具有**诉讼当事人能力***，取消了第一审判决。以 X 对 Y_1 的本案诉讼和**附带诉讼***不合法为由，驳回其起诉，但关于向 Y_2 提出的请求，则基本原封不动地引用了第一审判决，对此予以认可，驳回了 Y_2 的控诉。

*【**诉讼当事人能力（当事人能力）**】 诉讼上的当事人能力是指在民事诉讼法上，可以成为"当事人"（在诉讼中有起诉、被起诉的资格的人）的一般性资格，除自然人、法人（《民事诉讼法》第 28 条）外，规定了代表人和管理人的"非法人社团、财团"（请参考《民事诉讼法》第 29 条）也成为诉讼当事人。在不具有这一当事人资格的情况下，诉讼会被驳回。本案中，县队友会 Y_1 因只是社团法人自卫队队友会的地方组织，所以将其列为当事人不符合法律规定而被驳回（易言之，X 本应以社团法人自卫队队友会为诉讼对象）。X 主张，县队友会 Y_1 不单是一个地方组织，其作为与本部相对独立的团体，具有独立的组织和财务，根据少数服从多数的原则自主决定其事业活动，以独立的财务对此予以贯彻执行，因此，其是具有民诉法上的当事人能力的"无权利能力社团"。[1]但该主张并未被认可。

*【**附带诉讼**】 在民事诉讼法上，一方（控诉人）提出了控诉（上诉）时，被控诉人附带着提起的控诉（上诉）被称为附带诉讼。请参考《民事诉讼法》第 293 条。

（5）上告理由

Y_2 在上告理由中主要提出以下主张：

---

[1] 请参考最判昭和 39 年（1964 年）10 月 15 日，《民集》第 18 卷第 8 号，第 1671 页等。

① 原审判决所言的"宗教上的人格权",其内容不明确,不能说是值得受法律保护的利益。② 要说对信教自由存有侵害,需要有强制的要素,但本案并没有这样的要素。③《宪法》第 20 条第 3 款是所谓的制度性保障规定,违反这一规定的行为并不立即就构成对个人的信教自由的侵害,在私法上也构不成违法。④ 本来合祀申请行为就不属于宗教活动。

3. 裁判所的判断

(1) 最高裁判决 (多数意见)

最高裁(多数意见)以下述理由"撤销原判决,取消第一审判决","驳回了 X 的请求"。

① 关于是否应将本案合祀申请行为评价为 Y_1 和 Y_2 的共同行为,最高裁认为:

县护国神社所实施的对包括死者 A 在内的 27 名殉职自卫队队员的合祀,基本上是由接受了死者家属要求的县队友会,为实现这一合祀,而努力与该神社反复进行磋商等,使该神社作出了对殉职自卫队队员合祀的决定,并使合祀最终予以实现的行为。这样看来,尽管县队友会有赖于地联职员的事务性协助,但以县队友会自己的名义实施的本案合祀申请,应当说实质上也是县队友会的单独行为,不能将此作为县队友会与地联职员的共同行为,而认为地联职员也实施了本案的合祀申请。

② 关于在本案合祀申请过程中,协助 Y_1 的 Y_2 的行为是否属于《宪法》第 20 条第 3 款规定的宗教活动,最高裁认为:

本案的合祀申请行为是将殉职自卫队队员的名字及其殉职的事实明示于县护国神社,并表明合祀愿望的行为。虽然这是与宗教有关联的行为,但却不带有作为合祀前提的法律意义。[在本案合祀申请过程中,对 Y_1 予以协助的 Y_2 职员的具体行为] 与宗教的关联是间接性的,从其意图、目的也可以推知,是希望通过实现合祀来提高自卫队队员的社会地位并鼓舞士气……所以，硬要说的话，不仅要说其宗教意识淡薄，而且从其行为形态来看，难以认定一般人会评价其是由国家或其机关唤起的对特定宗教的关心、援助、助长、促进，或是压迫、干涉的行为。所以，虽然不能否定 Y_2 职员的行为与宗教有关联，但也不能以此来认定该行为属于宗教活动。

③ 关于是否存在侵害 X 的法律利益的行为，最高裁认为：

在本案中，对于是否有特别事项可证实本案提出的合祀申请（可以看作是对神社的合祀实施了事实上的强制）影响力一事在没有进行主张、举证的情况下，判断是否存在对法律利益的侵害，只要对合祀行为本身是否侵害了法律利益进行探讨即可……合祀本身是由县护国神社实施的，所以对法律利益的侵害是否成立，应当作为该神社与被上告人（X）之间的私法上的关系进行探讨……有人认为自己的信仰生活的安宁因他人的宗教行为而受到侵害，就会因此产生不愉快的感情，希望不要有这样的事情发生，即使这种心情是理所当然的，但若将这种宗教上的感情作为被侵害利益可以立即请求损害赔偿或请求停止侵害等法律救济的话，反倒会导致妨害了对方的信教自由的结果，这是显而易见的。应当说，对信教自由的保障要求是：无论是谁，对于抱有与自己的信仰互不相容的信仰的人基于其信仰所作出的行为，只要该行为不是由于带有强制性或会带来损害而妨害自己的信教自由，就要对该行为宽容以待。这在追慕、祭奠死去的配偶等情况下也是一样的。因为以何人为自己的信仰对象、根据自己信仰的宗教追慕何人以及进行何种寻求自己灵魂安宁等的宗教行为的自由，对任何人来说都是受到保障的。原审所认定的作为宗教上的人格权应该在宁静的宗教环境下过自己的信仰生活的利益，并不具有可立即作为法律利益予以认可的性质。

另外，本判决还分别附有长岛裁判官的补充意见，高岛、四谷、奥野裁判官的补充意见，岛谷、佐藤裁判官的意见，坂上裁判官的意见和伊藤裁判官的反对意见。虽稍微有些繁杂，但为了理解每个裁判官见解的微妙不同，以下特意阐述一下各见解的要点。

(2) 补充意见、意见

① 长岛裁判官的补充意见。长岛裁判官认为，"关于对故人的追慕、祭奠，在近亲属中应使配偶的意向特别优先于父母或子女的意向的法理并不存在，而且如果信仰相异的近亲属在对死者的追慕、祭奠上，以对其他近亲属所采取的宗教行为产生不快为由，请求法律救济的话，显然会达到不可收拾的地步"，而要求近亲属在宗教上要相互宽容。因不能认定县护国神社实施的合祀行为对 X 有强制、禁止、限制或压迫、干涉的作用，所以认为 X 的法律利益"并未受到侵害"。另外，关于 Y_2 职员的行为，"在本案一系列的合祀申请过程中，无论怎样进行斟酌，对于 Y_1 自己作出的提议、用自己的费用、以自己的名义所提出的本案合祀申请，都无法将其评价为是同 Y_2 职员一起实施的共同行为"，Y_2 职员的具体行为"本身并不是独立的、以宗教意义为目的的行为自不待言，其与县护国神社实施的本案合祀行为的关联也不过是一种间接的、次要的关系……不属于《宪法》第 20 条第 3 款所规定的宗教活动"。不过，从宪法政教分离规定的宗旨出发，"在本案合祀申请的过程中，Y_2 职员的行为也有需要更慎重的地方，尤其是在本案合祀行为完成后，某 Y_2 职员的言行不免有些过分，作为公务员应当自我约束"。其关于这一点的论述，与高岛、四谷、奥野裁判官之补充意见相一致。

② 高岛、四谷、奥野裁判官的补充意见。同多数意见一样，本案合祀申请是 Y_1 的单独行为，"不能评价为这是 Y_2 职员与 Y_1 的共同行为，Y_2 职员也实施了本案合祀申请"，在这一过程中的"Y_2 职员的具体行为，从其形态等来看，还说不上是《宪法》第 20 条第 3 款规定的宗教活动"。但是，作为国家或其机关，"不管其是否属于《宪法》第 20 条第 3 款规定的宗教活动，对超出必要之上的与宗教行为关联的行为应持慎重态度……在坚持宗教中立性的同时，对可能会引起少数宗教人士等将此怀疑为是国家或其机关的宗教活动的言行，以及有可能会被看作是对特定宗教的关照的言行，要进行自我约束，应该尽量不做有可能招致对其宗教中立性产生疑惑的行为"。本案合祀申请过程中，Y_2 职员的行为"虽说是间接性的，也与宗教具有关联……但最好要更慎重些"。

③ 岛谷、佐藤裁判官的意见。在本案合祀申请上，Y_2 职员"实施物质

与精神两个方面上的配合与支援的言行,是可被充分推知的",即使没有对护国神社直接做工作的事实,但"在对本案一系列行为进行整体考察时,应当认为 Y_2 通过 Y_1 对县护国神社是做了工作的",本案合祀申请上的一系列行为"应当评价为是 Y_2 职员与 Y_1 的共同行为"。因此,"县护国神社并不是基于自己的意思单独作出合祀决定的,正是因为有 Y_2 职员和 Y_1 所做的工作,县护国神社领会了其意向才作出了合祀的决定","本案中,Y_2 职员的行为是以在县护国神社对殉职自卫队队员进行合祀这一宗教活动为目的的行为,应当说属于上述条款(《宪法》第20条第3款)所禁止的宗教活动。"但是,"违反政教分离原则的国家或其机关的宗教活动,只要没有侵害私人的权利或法律利益,当然在对私人的关系上也不构成违法",因为"作为宗教上的人格权或宗教上的隐私权,X 所进行的主张不能作为法律利益予以认可",所以在最终的结论上赞同多数意见。

④ 坂上裁判官的意见。"在对死去的近亲属进行追慕、祭奠等问题上,无论这是由谁实施的,我们都具有仅依不违反自己意思的宗教方法予以实施,来保持自己的有关信仰和心灵的宁静的法律利益,这样的解释是妥当的,可以说这是宗教上的人格权的内容之一"。"关于对自己的死去的近亲属,他人以违反自己意思的宗教方法进行追慕、祭奠等,其结果侵害了我们自己的心灵的宁静时,应当说基于我们自己的宗教上的人格权,可以请求法律救济"。不过,"由某近亲属所实施的或按其意思进行的追慕、祭奠等方法,即使对其他近亲属来说违反了自己的意思,对此也必须要求宽容以待,只要没有应优先保护该近亲属的心灵的宁静的特别事项,对其人格权的侵害,作为应当予以忍受范围内的侵害,应否定其违法性"。另外,"作为侵害行为,X 所主张的本案合祀申请是 Y_1 的行为,不能将此评价为是 Y_2 职员与 Y_1 的共同行为……还不能说这是属于《宪法》第20条第3款规定的宗教活动"。并且,合祀后的"Y_2 职员的言行不免有过分之感,作为公务员应当自我约束"这一点上,作出了与高岛、四谷、奥野裁判官的补充意见相同的论述。

(3) 伊藤裁判官的反对意见

"本案虽包含……像信教自由、政教分离原则这样的宪法上的论点,但其争论点在于有无侵权责任,最终是一个有必要在被侵害之利益和加害行为之状态的相关关系上进行考察的问题。"本案的问题无非是"原判决所示'在宁静的环境下度过信仰生活的利益'可否成为被侵害之利益"。"在现代社会,不因来自他人的己所不欲的刺激而使心情烦乱的利益,即心灵安宁的利益也可成为侵权行为法上的被侵害之利益","在考虑基本人权,尤其是与精神自由相关的问题时,有必要站在保护少数人的立场上。""在本案中,虽然可能会有 X 在宗教上的洁癖过强的批判……但应当说,这里有对少数人来讲应予保护的利益,认可宗教上的心灵的安宁,至少是受侵权行为法所保护的利益,这一点是妥当的。虽然也能说这样的心灵的安宁是人格权的一种,但作为利益,还不能说是十分稳固。与通过以信仰为由而使他人承受不利或对特定宗教进行强制等而被侵害的信教自由相比,不得不承认,该利益作为法律利益应受保护的程度还很低。虽如此说,但这并不能成为否定宗教上的心灵的安宁属于侵权行为法上的法律利益的根据,这一点自不待言。"

"在考虑本案加害行为的状态时,将具体的合祀申请行为与到作出该申请时的一系列行为分开来看是不妥的,有必要在整体过程中进行综合把握。"如将这一系列行为进行整体把握的话,"应当说本案合祀申请行为与本案合祀具有密不可分的关系",可以认定,本案合祀申请与本案合祀乃至与对 X 的法律利益的侵害之间存在因果关系。并且,从一系列的事实关系来看,"如原判决所言,将本案合祀申请行为看作是 Y_1 与 Y_2 职员一起计划并共同实施的行为为妥"。这意味着"Y_2 职员就是在将县队友会的行为作为自己的行为予以利用的意图下进行了活动,应将 Y_1 的行为视同为 Y_2 职员的行为"。

"政教分离规定的目的在于对信教自由的实质性保障,但因其是所谓制度性保障规定,不是直接保障私人的人权的规定,所以,在对私人的关系上,违反这一规定的国家或其机关的行为也不能立即被认为是违法。但是,在作出 Y_2 职员的行为违反政教分离的规定,属于宪法上不得实施的行为的判断时,应当说,上述行为因为违反了宪法秩序,所以是侵害性程度很高的行为"。那么,Y_2 职员的行为是否属于宪法禁止国家所进行的宗教活动呢?其一,"本案合祀申请与本案合祀具有密不可分的关系";其二,其目的不止是提高自卫队队员的社会地位和鼓舞士气这种世俗性目的的,"而是以利用神道将自卫队殉职者的灵魂作为供奉的神予以祭祀作为直接目的";其三,在其效果上,"对神道实施特别对待而予以偏袒,可以将此看作是对神道的援助、助长",并且,"因为具有上述性质的本案合祀申请,是由 Y_1 与 Y_2 职员一起计划、共同实施的,所以,认定与宗教的关联超过了适当限度是妥当的","应当说 Y_2 职员的行为属于《宪法》第 20 条第 3 款所规定的宗教活动……虽然还不能说 X 的被侵害利益作为值得受法律保护的利益是充分稳固的,但侵害该利益的 Y_2 职员的行为状态属于不可容许的。另外,X 应该容忍的理由并不存在,所以,Y_2 职员的行为在对 X 的关系上,也应当说是违法的。"因此,认定 Y_2 的侵权行为责任是妥当的……同意认可 X 的诉讼请求的原审判决。

4. 问题

现在,让我们再一次对本案所涉及的问题进行具体阐述。首先请参考各位裁判官的意见,然后分别进行以下探讨。

① 认定了谁的何种行为是"加害行为",谁是"受害人"?
② 所被要求的"宗教性宽容"(容忍),是谁与谁之间的?
③ 被当作侵权行为上的"被侵害利益"的究竟是什么?"在宁静的环境下凭吊故人"是值得法律保护的利益吗?
④ 原配偶的"反对的意向"应得到何种程度的尊重(应如何考虑其与 A 的父亲 B 的意向的关系)?
⑤ 是否应该对合祀申请行为与合祀行为严加区别?
⑥ 对于 Y_1 与 Y_2 的行为,应该认为具有何种关系(有无共同行为性质)?
⑦ 能说 Y_2 的行为是"宗教活动"吗?
⑧ 所谓《宪法》第 20 条第 3 款是"制度性保障规定",具有何种意义?
⑨ 宪法规范在私人之间也应当适用吗?
⑩ 在高岛、四谷、奥野、长岛裁判官的补充意见中,对本案 Y_2 职员的言行提出的"自我约束"要求,具有何种意义?
⑪ 每个意见中的宪法判断与"津奠基仪式诉讼判决"的判断标准具有何种关系?

⑫ 关于"对少数人的保护"的伊藤意见，意味着什么？

⑬ 伊藤意见中所说的"在被侵害利益和加害行为状态的相关关系上进行考察"指的是什么？

5. 分析

正如我们已学过的那样，侵权行为责任成立的要件是，加害人因"故意或过失"，"侵害了他人的权利或受法律保护的利益"，由此（存在因果关系）使受害人发生了"损害"（《民法》第709条）。下面，在对前面所列问题予以留意的同时，具体探讨一下侵权行为责任成立要件适用于本案时所产生的问题。

(1) 当事人（加害人、受害人）

① 加害人、受害人。在本案的讨论中，对谁的何种行为被看作是"加害行为"、被看作是"受害人"，意见并不明确。这与本案所认为的"损害"是指什么这一点有关。从第一审原告X的主张中也能读出，将死后的A的"信教自由"受到侵害作为问题，作为继承人之一的X代之请求损害赔偿这样的意思。诚然，虽说是已去世的死者的人格利益，但也有不能忽视的利益（如死者的"肖像权"和"名誉权"等）。假设A在生前对自己死后的凭吊方式和供奉方法作出了明确的意思表示，不难想象，原配偶等死者家属（最能确切地推知死者意思而进行代言的人）会主张对此应予以尊重（不过，继承法上的"死者的意思"并不是全能的）。但是，因作为精神活动自由的信教自由具有只属于活着的人的人格利益之性质，所以，对于A所受到的损害这一点，可以暂时从本问题中予以排除，现在本案的论点最终集中在了原配偶X自身的精神损害上。从第一审原告X的主张中就能明显看出，"与被作为神供奉的人具有密切的生活关系，且感情极深的配偶，享有不将亡夫在违背自己意思的情形下作为供奉的神予以祭祀的自由，并将此作为自己固有的宗教上的人格利益来享有"。X请求对因"尽管予以拒绝……但A还是被合祀"所造成的"强烈悲痛"进行救济，并对该主张是否妥当进行了

论证。不过，这一被侵害利益的内容，从第一审判决理由里被表述出来之后，在原审、最高裁的判断中发生了一些变化。之所以如此说，是因为原审是作为"宗教上的人格权"进行论述，该利益是"在宁静的宗教环境下度过信仰生活的利益"。最高裁的多数意见认为"不能将该利益立即认定为法律利益"。但本案问题的核心，并不是宗教上的一般性的心灵之安宁等，而是在违反该配偶的意思下所实施的合祀申请和合祀行为具有何种意义，对此有必要重新唤起大家的注意。换言之，这里提出的问题是，"关于死者的祭奠方法，难道最应受到尊重的人格利益不归属于配偶吗"？那么，假设将这样的因对人格利益造成了侵害而给 X 带来的"强烈悲痛"作为损害的话，应认定谁为"加害人"呢？通话所说的"应怪谁"呢？可以把这作为责任设定上的因果关系问题进行思考。

② 责任设定上的因果关系。实际上，以"没有 A 就不会有 B"这种方式呈现出来的**事实上的因果关系**的要素，在围绕事态的环境中存在无数个。侵权行为法从造成一定结果（损害）的众多原因中，对于足以构成问责的事实行为（包括不作为）进行政策性的取舍、选择、评价，将一些行为作为违法的"加害行为"予以指出，让该行为人承担救济损害的责任，并不限于构成损害的直接或最近的原因的加害行为人才是责任人。所以，造成"强烈悲痛"的直接原因是"合祀本身"，即便这是合祀实施人县护国神社的行为，但这并不等于说合祀申请人 Y_1 及其协作人 Y_2 的行为就完全是讨论范围之外的问题。在这一意义上，"因合祀本身是由县护国神社实施的，所以，对法律利益的侵害是否成立，应作为该神社与 X 之间的私法上的关系进行探讨"的最高裁多数意见的逻辑未必妥当，这不仅是与护国神社的关系，也可能是对以 A 的父母为主的各种人之间的关系的潜在性的问题。对这一点即使不进行否认，也应在这里将明显与合祀申请有关联的 Y_1、Y_2 作为当事人，来讨论对法律利益的侵害是否成立。从这一意义来看，不但对合祀行为与合祀申请行为严格区别而只关注前者的做法是不恰当的，而且最终对合祀申请行为与构成其前提的申请准备及合作行为严格区别来进行讨论的做法也是不恰当的。

③ 共同行为性。在考虑责任设定上的因果关系问题时，关于 Y_2 职员的行为与 Y_1 行为的"共同行为性"的讨论发挥了重要作用。多数意见认为，

"应当说本案合祀申请实质上是 Y_1 的单独行为,不能将此作为 Y_2 职员与 Y_1 的共同行为而认为 Y_2 职员也实施了本案合祀申请",从而否定了共同行为性。与此相反,岛谷、佐藤、伊藤裁判官却对其给予了肯定。从 X 在第一审请求中援用《民法》第 719 条(**共同侵权行为**)的规定来看,可以认为,X 是把构成该条第 1 款规定的共同侵权行为作为问题。根据现有判例的立场,这一问题可以根据有无**客观的关联共同性**来决定。为实现"合祀"这一目的而实施的合祀申请行为与构成其前提的为了申请而进行的准备及合作行为,应作为一个整体予以评价,这是没有任何问题的(多数意见对 Y_2 职员参与的程度是否给予了重视?)。假定按照多数意见进行思考,即使将本案合祀申请作为 Y_1 的单独行为,但从认定事实中所展现出的 Y_2 的行为来看,该行为构成《民法》第 719 条第 2 款规定的"教唆"或"帮助"的可能性很大。[1]

(2)保护法益

本案的最大问题在于是否存在对侵权行为法所保护的利益的侵害(广义的"侵权")。

①"信教自由"与"宗教上的人格权"。关于被当作"保护法益"的利益,本案最高裁的判决中,主要以 X 的"**信教自由**"为中心,对于 X 在与他人的关系上是否存在"在宁静的宗教环境下度过信仰生活的法的利益"这一点进行了论述。正如前面已经指出的那样,这样设定问题本身就存有问题,但目前还需要先对从这一观点开始的讨论进行一下探讨。

多数意见认为,在与他人的关系上,"只要不是因受强制或会带来损害而妨害自己的信教自由",就要求宽容以待,否定了其法律利益性(长岛裁判官的补充意见对此进行了详述)。相反,积极认定 X 的"宗教上的人格权"的坂上裁判官认为,"关于自己的死去的近亲属,在他人以违反自己意思的宗教方法进行追慕、祭奠等,侵害了我们自己心灵的安宁时,应当说基于我们自己宗教上的人格权,可以请求法律救济"。同时他也承认了一定的优先权,通过与其他近亲属(A 的父亲)的利益对比,而将此作为"应容忍限

〔1〕 请参考星野英一:《法学教室》第 96 号,第 22 页以下。

度内的侵害"，否定了 Y_2 行为的违法性。总之，需要注意的是，这里设定了所谓的调整"自由"与"自由"之间的冲突课题，形成质询个人的"信教自由"和对"他人"应抱有的宗教上的"宽容"或"容忍限度"的结构。

② 容忍限度。"**容忍限度**"这一表述，常常在环境污染和妨害生活类侵权行为（噪音、煤烟、侵害光照权、破坏环境等）上，作为违法性的判断标准而被使用。人们的活动，既有行使权利的一面，也有发生妨害他人生活或给他人带来损害的另一面。这虽可以作为"权利滥用"问题处理，但也有人认为，应当扩大被救济的受害人的范围而实施更加灵活的处理方法，以"超过他人容忍限度的侵害行为违法"，在判断违法性上开始讨论该问题。[1]"容忍限度"论，重视对加害行为的种类、行为状态、加害行为有无持续性、程度，被侵害利益的种类、地域性、地理条件和各当事人居住的先后关系，各种行政规制的标准和遵守状况等各种情况进行综合评价之上的利益衡量。这样的处理方法，虽在酌情判断时具有缺少决定性要素的一面，但在把值得保护的、形成中的带有微妙性的利益作为侵权行为法上的救济对象时，也很有必要对容忍限度予以讨论。关于本案 X 作为 A 原配偶的精神利益，也是出于这样的考虑提到了容忍限度。

这样的问题设定与判断结构，在伊藤裁判官的"心灵的安宁的利益也可成为侵权行为法上的被侵害利益"的反对意见上，也是一样的。使伊藤的意见在结论上与多数意见相背离的原因，除此之外，还有积极保护少数人的人格利益的必要性、对加害行为的恶性状态的考虑（相关关系判断），以及在与国家的关系上"没有应容忍的理由"的这些判断。伊藤的这种判断十分微妙。假设至少在"私人之间"围绕"在宁静的宗教环境下度过信仰生活的法律利益"发生了争议的话，那么，与他人的"信教自由"之间的冲突是无法回避的，这样就不可避免地被要求互相要作出一定的"宽容"（可能会有"吃柿子的人"甚至对"法隆寺的钟声"都感觉不快这样的事情[2]）。即使不将上述的见解一般化，也可能陷入以下的讨论里，即尤其是在与"其

---

[1] 请参考几代通：《不法行为》，筑摩书房1977年版，第80页以下等。
[2] "柿くへば鐘が鳴るなり法隆寺"是日本著名俳句诗人正冈子规写的俳句，大意是说路过法隆寺，到茶屋喝茶正要吃柿子时，听到了法隆寺的钟声响起，该钟声的余音让人感到了秋天的到来。该俳句在日本脍炙人口。本文作者借用该俳句，举例说明即使是法隆寺的钟声，也有可能会使吃柿子的人感到不快。——译者注

他近亲属（特别是父母子女）"的意向的关系上，对于死者的凭吊方法，无法以"信教自由"为后盾认为应该使配偶的意向总是优先于他人，最多是将各自的想法作为事实上的"不快"，将其视为互相应该忍受的事情，不能说这确实是应受法律保护的利益。不过，即便是像上面所述的那样进行思考，相同的讨论在与"国家"的关系上究竟是否同样妥当，也还是存有疑问。若考虑"信教自由"本来就是使信仰宗教的少数人免受国家压制信仰的自由而被讨论的话，就会发现，对于国家所作出的具有违反宪法嫌疑的行为，用对他人的宽容来否定个人的精神痛苦具有的应受法律保护的利益性，是有些不合道理的。

③ 隐私权与人格利益。"心灵的安宁的利益"是隐私权问题的一部分。较多情况下，**隐私权**是作为"私生活不被随意公开的利益"或"与自己有关的信息由自己控制的权利"而被讨论的。隐私权是**人格利益**的核心内容之一，现在被作为"有不被打扰的权利"[1]而进一步扩大了其外延，据此，作为容易受伤害的人，相互之间负有的为对方考虑的义务，也开始在法律的世界里逐渐得到认可。[2]隐私权不仅像生命、身体、健康、贞操、名誉、自由等那样作为民法或刑法上的受法律保护的利益而被明示，而且也作为受《宪法》第13条的"个人尊严"的思想所支持的人格利益而被讨论。不过，由此出发，为了保护人格的自由发展，能否以概括的形式将应受到保护的免受第三人侵害的人格上的各种利益的整体作为"一般性人格权"进行构建，尚有争议。[3]但这种具体人格上的各种利益作为应由法律保护的对象，无疑

---

[1] 有关不被打扰的权利，例如，关于查询、公布犯罪前科的最高裁昭和56年（1981年）4月14日判决（《民集》第35卷第3号，第620页）、最高裁平成6年（1994年）2月8日判决（《民集》第48卷第12号，第49页）等。另外，也请参考原告的请求最终被驳回了的最高裁昭和63年（1988年）12月20日判决（《判時》第1302号，第94页）。在该判例中，对于火车上播放的商业宣传，火车上的"被囚住的听众"个人的"不听的自由"是否可以得到民法的保护成为问题。请参考樋口阳一、佐藤幸治、中村睦男、浦部法穗编：《注釈日本国憲法上卷》，青林书院新社1984年版，第291页上的佐藤幸治的观点。

[2] 作为裁判例的综合分析，请参考竹田稔：《プライバシー侵害と民事責任》，判例时报社1991年版。

[3] 请参考五十岚清：《人格権論》，一粒社1989年版；五十岚清：《人格権法概説》，有斐阁2003年版；齐藤博：《人格権法の研究》，一粒社1979年版；藤冈康宏：《人格権》，载山田卓夫、藤冈康宏编：《新・現代損害賠償法講座》，日本评论社1998年版，第221页以下等。另外，也请参考广中俊雄：《債権各論講義》（第6版），有斐阁1995年版，第453页以下、第459页以下的分类。

已广为人知。

尤其像在**姓名权**＊、**肖像权**＊和**性骚扰**＊等问题中可以看到的那样，关于精神上的人格利益，可以说，在以"违反本人意向"的形式被不当践踏的情形下，以及加害人的恶意和不当意图得到认定的情形下，追究侵权行为的责任变得容易了。在与他人的生活空间不得不相互保持密切关联的现代社会，认为个人的"心灵的安宁"也会因情况不同而成为侵权行为法所保护的利益是妥当的。顺便提一下，作为私人间的"信教自由"问题，虽情形稍有不同，但在以所信仰的宗教不同为理由而拒绝接受输血的诉讼中，最高裁平成 12 年（2000 年）2 月 29 日判决（《民集》第 54 卷第 2 号，第 582 页，"'耶和华的证人'之信徒拒绝输血案"[1]）所作的以下论述也有一定的参考意义。

> 患者以接受输血违反自己宗教上的信仰为由，明确作出拒绝伴有输血的医疗行为的意思表示时，这种作出意思决定的权利，作为人格权的内容之一，必须给予尊重。A 从宗教上的信仰出发，具有在任何情形下都拒绝接受输血的坚定意思，期待接受不必输血的手术，并到 B 处住院，C 医生们对此也都知道。在本案这样的事实关系下，当 C 们作出难以否定手术时会发生除输血之外无其他救命方法的判断时，C 们应向 A 说明，在遇到这种情况时，B 将采取实施输血的方针。在 A 仍继续留在 B 处住院的基础上，是否接受由 C 们实施本案手术，应听从 A 本人所作的意思决定是妥当的。

这里所显示的是，违反本人明确意思的行为，即使客观上对本人可能有

---

[1] 该案件的内容大体是：患有肝癌的 A 是"耶和华的证人"之信徒。该宗教在任何情况下都不接受他人的血液进入自己的体内，所以 A 要求在不输血的情况下进行手术治疗。很多医院都拒绝了 A 的要求。A 最后找到了 B 医院，该医院的 C 医生曾经为"耶和华的证人"之信徒做过不输血手术，但 B 医院自身采取的是在必要情况下实施输血的方针。A 及其亲属将免责书交给 C 医生要求做不输血手术，开始，C 医生答应了 A 的要求，但在手术前进行检查时，发现 A 的症状已变得很严重，如果不输血，可能无法成功地完成手术，但若告诉 A 可能需要输血，A 一定会拒绝接受手术，所以在没有将可能需要输血一事告知 A 及其亲属的情况下，C 医生进行了手术。如其所料，手术中发生了大出血，不输血的话 A 会很危险，因此，C 医生最终实施了输血。A 的手术成功了。A 事后得知进行了输血手术，认为该手术违背了自己的宗教信仰，给自己带来了精神上的痛苦，因此以医院违反了说明义务为由，提出了请求精神损害赔偿的诉讼。——译者注

利，但也可能构成侵害人格权的侵权行为。[1]

＊【姓名被正确称呼的利益】 例如，最高裁昭和 63 年（1988 年）2 月 16 日判决（《民集》第 42 卷第 2 号，第 27 页）是关于电视台用日语的发音方法念了某韩国籍的外国人名字而被当成问题的案件，最高裁认为，"与其说将所有不正确的称呼行为都作为具有违法性的侵权行为是不应该的，不如说即使是不正确的称呼行为，只要没有明知违反他人的明确意思仍故意不正确地称呼或带有侵害意图地进行不正确称呼等特殊情形，作为不具有违法性的行为而获得容忍"，这暗示着根据具体受法律保护的利益稳固程度的不同，保护的应有状态也会发生变化。[2]

＊【肖像权】 人应有使自己的肖像（照片、绘画、雕刻等）不被他人随意拍摄、使用而获得保护的权利。对此实施了违法侵害时构成侵权行为 [东京地判昭和 51 年（1976 年）6 月 29 日，《判时》第 817 号，第 23 页等]。虽然肖像权与报道自由和言论自由的关系常常发生问题，但一般解释为至少在报导和言论不具有公共性的情况下，在未获得本人同意时，是具有违法性的。[3]

＊【性骚扰】 性骚扰（sexual harassment）是指以违背他人意志的形式而对其实施性举动，也被称为性骚扰等。它分为根据对方的反应而课之以经济性、精神性的利益或不利益的"对价型骚扰"和在职场等场所制造性方面的不快氛围或环境的"环境型骚扰"。尤其是环境型性骚扰问题，因程度不同，加上对方所受的侵扰、不快、厌恶感也会受其主观的影响，因此，难以作出客观判断的情形不在少数。但至少在本人已表明拒绝或不快时仍向

---

〔1〕关于本案，请参考潮见佳男，《平成 12 年度重要判例解说》，民法第 5 案件；新美育文：《生命か信仰か——患者の自己决定権の意义とその限界》，载《法学教室》第 248 号，第 11 页（2001 年）等。

〔2〕关于本判决，请参考齐藤博，《判评》第 312 号，第 24 页；齐藤博，《昭和 63 年度重要判例解说》第 74 页等。另外，较为一般性的文献，请参考川井健：《氏名権の侵害》，载伊藤正己编：《现代损害赔偿讲座 2》，日本评论社 1973 年版，第 223 页。

〔3〕请参考最大判昭和 44 年（1969 年）12 月 24 日，《刑集》第 23 卷第 12 号，第 1625 页。

其继续重复特定言行的情形下,较容易被认定为性骚扰。[1]

(3) 违法的侵害行为

① 宗教活动。如上所述,本案中作为问题被提出来的有:关于地联 Y_2 的行为是否带有"违法性",是否可以把该行为认定为违反《宪法》所规定的"政教分离原则"的"**宗教活动**"? Y_2 违反了尊重并拥护宪法的义务(《宪法》第99条)的行为,虽然可在"过失"的判断结构中进行探讨,但因"公务员实施的违法行为……给他人造成损害时"可以作为申请国家赔偿的原因(《国家赔偿法》第1条第1款),所以,在本案中的 Y_2 的行为也很有可能被认定为与申请合祀有关的行为,属于《宪法》第20条第3款所规定的宗教活动,其违反了"政教分离原则",并给 X 的宗教利益造成了实质性损害,可以认可国家赔偿。因此,本文暂且将是否带有"违法性",是否具有"过失"这两种判断结构的差异放在一边,先来探讨一下地联 Y_2 的行为是否属于宗教活动。

虽然原审和最高裁都认定"申请合祀"本身属于有利于促进神社宗教(即神道的宗教活动)或与宗教有关的行为,但最高裁还是以合祀是"神社基于自主判断而决定的事项"为理由认为,申请合祀"并不具有作为合祀前提的法律意义"。并在此之上作出了申请合祀是县队友会的单独行为,Y_2 职员在对集资的配合与殉职者名单的收集等方面只是实施了帮助行为,"与宗教的关联是间接的","其宗教性意识也是淡薄的";作为行为状态,"也难以认定一般人会评价该行为是唤起了人们对特定宗教的关心,或者对其进行了援助、助长、促进,或者是对其他宗教具有压迫、干涉效果的行为",所以"不能以此认定该行为属于宗教活动"。关于这一认定,多数意见的内部似乎也有疑问,高岛、四谷、奥野三位裁判官也发表了国家机关对宗教活动必须慎重,要"自我约束"的警告意见;伊藤裁判官自不必说,在结论上支持了多数意见的岛谷、佐藤两位裁判官也表示,神社的合祀行为是基于 Y_2 的强烈推动而实施的,Y_2 的行为属于宗教活动。是否属于宗教活动这一

---

[1] 关于这一问题,包括文献情况,水谷英央《セクシュアル・ハラスメントの実態と法理》,信山社2001年版一书介绍得十分详细。

问题与对事实的评价尤其有关，因而不能轻易论述，但各见解似乎基本上都以"津奠基仪式诉讼判决"的标准（目的、效果标准）为根据。因此，依据所阅读的"认定事实"，对 Y_2 职员未直接参与作为宗教活动的"申请合祀"的最高裁的判断，还是存在提出异议的余地。

② 制度性保障。最高裁多数意见多次强调指出，因《宪法》第 20 条第 3 款关于政教分离的规定是"所谓的**制度性保障**规定"，所以"并不是对私人信教自由本身进行直接保障的规定，而是通过规定国家及其机关不可实施行为的范围，将国家与宗教的分离作为制度进行保障，以此来间接地确保信教自由"，只要没有像限制私人的信教自由或强制参加宗教行为等那样的直接侵害私人信教自由的行为，"在对私人的关系上就不应认定其当然违法"。其意思或许是说，由于宪法的政教分离规定无非是为了保障信教自由而间接地规定了一般制度应有状态的公益性规定或程序性规定而已，所以，其并不是直接对每个国民赋予权利或利益的规定（这种利益只是一种"**反射性利益**"）。本来，将关于"信教自由"的宪法规定定位于"制度性保障"（Institutionelle Garantie）的德国法上的见解似乎是要明确，根据这一规定应获得保护的主体不仅包括"个人"，也包括机关、教会这样的"制度性"（institutionell）组织，但其意思并不明确。总之，在今天，既然为了保障国民的信教自由而规定了政教分离，尽管是间接的，那么不因国家的宗教活动使心灵的安宁受到破坏的利益，即使不能说该利益是严格的权利，但认为该利益可以成为某些法律的保护对象，难道这不是自然的解释吗？[1]

③ "违法性"的相关关系判断。最后对伊藤裁判官意见中所提到的对违法性的相关关系的判断进行若干说明。"关于侵害权利"这一要件所侵害的不仅限于字面那样的，作为"权利"得以确定的权利，这在很早以前的判例上[2]就得到了确认，我妻荣博士的**违法性相关关系说**是在继承了将侵害权利要件置换为"具有违法性之行为"的学说（末川严太郎）后才登台亮相的。根据我妻荣博士的观点，有无违法性应在对被侵害利益与侵害行为的状态进行相关性、综合性考察之后进行判断，具体来讲，当被侵害利益是生

---

[1] 请参考原田尚彦，《ジュリスト》第 916 号，第 34 页。
[2] 所谓的"大学汤案件"，参见大判大正 14 年（1925 年）11 月 28 日，《民集》第 4 卷，第 670 页等。

命或健康这样的受法律保护的重要利益时，即使是由轻微过失造成的侵害，也可以认定其违法性；相反，即使被侵害利益还不能说是一种稳固的受法律保护的利益，但当侵害行为的状态带有十分强烈的恶性时，仍然能认定其带有违法性。[1]虽然，判例未必基于这一结论，但伊藤裁判官的意见正是根据我妻荣的理论，从被认为是违反了宪法的 Y_2 的侵害行为中发现了强烈的恶性。而且在伊藤的意见中，保护少数人利益的观点被突出地放在了首位。这是担忧如果依照一般的社会常识谈论宽容的话，少数人的轻微利益很可能易遭到践踏。

（4）另一个判断标准

① 死者姓名的优先管理权。现在，让我们从另一个角度试着思考一下本案的问题，即关于对已成为故人的死者的"姓名"管理权问题。之所以如此说，是因为最近围绕死者的"器官""遗骨""牌位"乃至"坟墓"这样的有形物，已经发生了优先管理权的问题，那么对死者的"姓名"也可以考虑树立一定管理权的观念。

关于这一点，蚁川教授的下列论述颇有意思：

"神道上的合祀，说到底无非是对死者的姓名进行祭祀的行为"，"正因为如此，谋求实现合祀的 Y_1、Y_2 必须向护国神社明示作为祭祀对象的死者的姓名，具体来讲，必须向护国神社提交殉职自卫官的除籍誊本和殉职证明书"。并且，"最能体现出个人的自我同一性的明显标志"的"个人的姓名，归属于与该个人生前过着最为密切的精神性共同生活的人（遗属）"，"象征死者姓名的除籍誊本和殉职证明书，非遗属不能取得"，"正因如此，Y_1、Y_2 为了拿到这两个文件就必须获得遗属的协助"。作为遗属的原配偶 X 被置于"一边抗拒合祀这一要求，一边却（迫不得已地）协助了该要求的这一悖论"的处境，"在合祀诉讼中的原告的窘境，是'二战'后日本社会到处强加给个人的普遍窘境"，"这一构造就是对生活在现代社会的个人，普遍地强行赋予了'思想自由'之负担的机制本身"。[2]

---

[1] 请参考星野英一：《権利侵害》，载《ジュリスト》第 882 号等。
[2] 蚁川恒正：《日本・国・憲法——思想の自由に鑑みて》，载《公法研究》第 59 号（1996 年），第 234 页。

在此先不去探讨，围绕被当作他人的言论"工具"的人的"思想自由"所产生的宪法上的讨论，而是专以民法为中心，思考死者姓名管理权的归属问题。

② 祭祀承袭权。作为需要注意的问题，有必要谈一下**祭祀承袭权**。因为这一问题与在近代继承法上被赋予特殊地位的祭祀承袭的相关规定有密切关系，很有可能与过去的封建性"家"制度和传统性"家产"承袭问题相混同。《民法》第897条规定，"家谱、祭具和坟墓的所有权"不按普通继承的一般原则，由"依照被继承人指定的应主宰祭祀祖先者"承袭，在没有被指定的主宰祭祀祖先者时，由"按习俗应该主宰祭祀祖先者"承袭；在习俗不明确时，由"家庭裁判所指定"的人来承袭。因旧民法将与祭祀祖先相关联的"家"的继承放在了继承法的中心位置，所以祭祀承袭财产也被赋予了一种家产继承特权的观念。所以，在"家"制度已被废止的今天，对于作为与因袭性的国民感情和习俗相妥协之产物、《民法》第897条在与家产继承分开之下而残留下来了。所以，在"家"制度已被废止的今天，这一规定需要慎重对待。[1]至少在"战后"的新《宪法》下，作为社会的最小构成单位，原则上是"个人"，即使把家庭作为集团来看时，也已不再是传统意义上的"家"，而是以"夫妇"及其所生"子女"构成的"家庭共同体"，因此应该以此为大前提，用新的观点来审视祭祀承袭问题。虽从规定的内容亦可察知祭祀承袭人必须由个别的判断予以决定，但若考虑到《宪法》第13条、第24条所确定的近代家庭的应有状态，应当说，当死者为未婚子女时，其亲权人为最有力的候选人；在死者已婚的情况下，则生存的配偶为最有力的候选人。在多数情况下，这与葬礼上的"应作为丧主的人"也是一致的。

③ 遗体、遗骨的所有权。[2]遗体、遗骨、遗发等虽是有体物，但并没有作为"物"的经济上的意义，与遗像和牌位上的名字一样，只是用来作

---

〔1〕 关于本条，请参考谷口知平、久贵忠彦编：《新版注释民法（27）》，有斐阁1989年版，第126页以下（小胁一海执笔）。

〔2〕 作为对问题的整体性探讨，有星野茂：《遺体・遺骨をめぐる法の諸問題（上・下）》，载《法律論叢（明治大学）》第64卷5—6号，第173页；第66卷3号（1992—1993年），第105页。

为象征或追慕死者的对象而已。虽然以前的判例就尸体和遗骨的所有权,认为其与活着的人相分离的身体的一部分(头发等)一样,作为有体物,可以成为所有权的标的物,其所有权属于"继承人"[大判大正10年(1921年)7月25日,《民錄》第27卷,第1408页]。但这一判断正是来自于实施家产继承的时代,家产继承人与习俗上的丧主基本上是一致的这样的时代背景,现在已无法原封不动地对此予以维持了。本来,关于**人体由来物**,只要是可施以排他性管理的有体物,就不能完全否定其成为所有权客体的可能性,但将其与一般的"物"等同而论的做法是不太妥当的(同样对冷冻保存的精子、卵子和受精卵与"人"同样对待也不妥),至少在现行法上应当说,尸体和遗骨、遗发等不过是出于埋葬、祭祀、供奉等有限目的,才(原始性地)认可"习俗上的主宰祭祀者"对其有一定管理权这样的特殊财产而已[*]。东京高裁昭和62年(1987年)10月8日判决(《判时》第1254号,第70页;《判夕》第664号,第117页)、最高裁平成元年(1989年)7月18日判决[《家月》第41卷第10号,第128页;《平成2年度主要民事判例解说》第170页(金野俊男执笔)]等,将遗骨的所有权作为属于"按习俗主宰祭祀者"的权利,准用了《民法》第897条的规定。但是尽管如此说,还是留下了谁是合适的习俗上的主宰祭祀者仍不明确的一面。之所以会这样,是因为对被继承人意思的推测、共同生活关系、其他继承人等利害关系人的意向、事实上管理墓地等这些各种各样的因素都会被考虑进去。[1] 关于这一点,东京高裁昭和62年(1987年)10月8日判决的下述内容很值得关注:

> 丈夫死亡后其生存配偶当然成为其祭祀主宰人,这是根据将法定夫妇(及其子女)作为亲属关系形成上的一个原初形态(所谓的核心家庭)的我国民法的法之宗旨[《民法》第739条第1款(婚姻登记)、第750条(夫妻的姓氏);《户籍法》第6条(户籍的编制)、第74条第1项(婚姻登记上的夫妻的姓氏)]。和近来我国的习俗……应解释

---

〔1〕关于裁判例的趋向,请参考辻朗:《祭祀财产の承継者》,载《判例タイムズ》第598号(1986年),第143页;羽生雅则:《祭祀承継および遺骨に関する裁判例》,载《自由と正義》第40卷第2号(1989年),第49页以下等。

为在法律上也应当这样予以承认。在这种情形下，亡夫的遗体乃至遗骨属于上述祭祀财产是理所当然的，所以配偶的遗体乃至遗骨的所有权（其实质是为祭祀而排他地对其进行支配、管理的权利）不是按照普通的遗产继承，而是原始地归属于主宰其祭祀的生存配偶，次之，则应由其子女予以承继，这样的解释是妥当的。

本判决在探求因婚姻而建立新户籍所象征的民法的法之宗旨的基础上，将夫妇与子女构成的核心家庭设定为现代家庭关系的"原初形态"，即"基础单位"，在想要认可按照生存配偶、子女的顺序对遗骨享有优先的排他支配管理权这一点上，最为引人注目。[1]这一结论亦符合将法定继承份额额外多分配给配偶，之后将子女作为第一顺序的继承人使之继承财产这样的继承法之理念。并且，祭祀的观念已发生了巨大变化，现在，"家制度"型的祭祀祖先已开始衰退，可能正在向以新的家庭共同体为基础的"**近亲属追忆型祭祀**"进行着转移。[2]

顺便提一下，关于**死亡申报**的"申报义务人"，《户籍法》第87条第1款规定有：A. 死亡时事实上共同居住在一起的亲属；B. 其他的共同居住在一起的人；C. 房东、土地所有人或房屋、土地的管理人。该条列举了共同居住在一起的亲属以外的人，并规定应"依其顺序"进行申报（但同时也规定了"可不依顺序进行申报"的情形，所以，并不是十分严格的前后顺序关系）。虽旧《户籍法》第117条将"户主"规定为第一顺序的申报义务人，但《关于伴随日本国宪法的实施民法上的应急措施法律》将其从申报义务人中删除。死亡申报的统一表格通常与"死亡诊断书"连在一起。在向地方政府户籍课提交死亡申报后，即可获得"火葬许可证"（开具对象为"申报人"），将其提交给火葬场实施火葬后获得"火葬证明书"，而该"火葬证明书"就直接发生"埋葬许可证"的效力。因这一"许可"意味着解

---

〔1〕关于本案，请参考《昭和62年度主要民事判例解说》，第172页（原健三郎执笔）；泉久雄：《遗骨的归属》，载《法学教室》第120号（1990年），第114页；柳胜司，《名城法学》第40卷第1号（1990年）第125页；星野茂，《法律时报》第60卷第10号（1988年），第117页；山口纯夫，《判例タイムズ》第667号（1988年），第69页的各判例研究。另外，也请参考石川利夫：《遗骸·遗骨》，载《判例タイムズ》第688号（1989年），第115页的解说。

〔2〕参见井上治代：《墓と家族の变容》，岩波书店2003年版，第24页、第271页。

除了对随便掩埋遗骨的一般性禁止，所以这与对遗骨的支配、管理权是性质完全不同的两件事，但却提供了探求遗骨管理权之所在的线索*。在此也认可了组成生活共同体的"共同居住的亲属或家属"具有一定的优越地位。

> * 法国的有关"生命伦理"的法律法规（1994年）首先在《法国民法典》中采用了"人体""肉体"的用语，规定"人体、人体的各个部分、由人体产出的物不得成为财产权的对象"[1]。

> *【葬礼的丧主】　　虽主宰祭祀的人在多数情况下也应成为葬礼的"丧主"（主办葬礼的人），但作为事实上的问题，一般来讲，"丧主"在代表遗属的同时，还被当作是"死者的代理人"。当死者生前指定丧主时，根据其遗愿进行选择；若没有指定，则由作为"与死者关系最密切的人"或"最能察知死者遗愿的人"的死者的配偶来做丧主；在配偶已死亡等情况下，由作为子女代表的长子或长女担任；没有子女时，由死者的父母来做丧主的情形较多。

④ 器官移植的承诺权人、拒绝权人。与此相关联，关于围绕器官移植的"承诺权人"或"拒绝权人"之范围的探讨，也十分引人关注。《关于器官移植的法律》[平成9年（1997年）法第104号、最终修改于平成21年（2009年）法第83号]沿袭了由该法废止的《关于角膜和肾脏移植的法律》[昭和54年（1979年）法第63号]第3条的立场，在尊重死者生前意思的同时，将对"其亲属（遗属）"进行的说明和其亲属的无拒绝意向作为认可移植的条件，并将对作为移植前提的脑死亡判定的拒绝权也同样赋予了亲属（该法第4条、第6条）。不过，该法对"亲属、遗属"的内容并未予以明确规定，指导方针也只是表明了原则上应获得"配偶、子女、父母、孙子女、外孙子女、祖父母、外祖父母和共同居住的其他亲属"所有人的同意。对这一遗属的全体意见应由"应成为丧主或主宰祭祀的人"进行汇总的想法，有必要作进一步的探讨。关于这一点，在很多外国器官移植法中都已经有了一定顺序的明文规定，其中多数采取了配偶、成年子女、父母、兄弟姐

---

[1] 请参考《法国民法典》第一编第一章第二节第16-1条第3款。关于人体由来物，ジャン、ピエール、ボー：《盗まれた手の事件——肉体の法制史》，野上博义译，法政大学出版局2004年版，比较引人关注。

妹、祖父母、外祖父母这样的顺序*。

> *【器官移植的承诺权人】 例如，美国的《统一人体捐赠法》（1987 年模范法）第 2 条规定，脑死亡者的人体捐赠拒绝权的优先行使顺序为：A. 配偶；B. 成年子女；C. 父母；D. 兄弟姐妹；E. 祖父母、外祖父母；F. 死亡时的保护人。德国的《器官摘除移植法》（1997 年）第 4 条规定了可同意摘除器官的最近亲属顺序为：A. 配偶；B. 成年子女；C. 父母；D. 成年兄弟姐妹；E. 祖父母、外祖父母，并且最近亲属在器官提供人死前最近 2 年内与其有个别接触时，该最近亲属有决定权。另外，韩国的《器官移植法》第 3 条（2000 年 2 月施行）规定的顺序是：A. 配偶；B. 14 岁以上的直系卑属；C. 直系尊属；D. 兄弟姐妹；E. 四亲等以内的亲属。另外，日本的《尸体解剖保存法》[昭和 24 年（1949 年）法第 204 号] 第 7 条也规定了需要"遗属"的同意。作为尸体的"认领人"，使用了"死者的继承人及其他与死者具有相当之关系的认领人"的表述（该法第 15 条）。但如果将遗体管理权的主体定为主宰祭祀人的话，那么，目前在认定解剖同意权归属和认领人时，首先考虑与死者共同生活的遗属也是妥当的。

综上所述，虽然有些不明确，但与死者人格相关的特殊财产，原则上应将对其的排他性管理交给最能察知死者遗愿的、实质上与死者组成了共同生活实体的主要亲属（尤其是配偶、子女），关于对作为其象征的死者姓名的管理，可以认为上述观点也是妥当的。如果站在与宪法上的"信教自由"和"隐私权"不同的层次上，采取聚集了（将尊重"个人尊严"和作为其自由意思之结合的法定夫妇关系作为理念性背景）民法规范中所蕴含的调整具体利益的形式，将对死者姓名的管理权作为"优先权"存在而能得以认可的话，那么无需将在与他人关系上的"宽容"作为问题，就可以认定"违反当事人的意思"随便地侵犯这样的优先权是不能得到允许的。

6. 民法与宪法规范

在此，对于民法与宪法的关系进行一般性的、简单的探讨*。

(1) 民法与宪法的互补性

在以"个人尊严"为基础这一点上，民法和宪法均立足于相同的基本思想，宪法的基本人权的范畴在民法上也作为应获得保护的重要价值予以认可。另外，宪法上的关于保障财产权的规定，与民法上的"所有权"效力和"合同自由原则"也是相呼应的。在漫长的法的历史中，得到了追求个人自由、个人人格发展的人们的支持，作为久经锤炼的法的智慧之集成的民法规范，在提供社会基本秩序框架这一点上，确实可以与宪法相提并论。当然，既有民法所培育出的价值，通过宪法而被高声宣告的情形，也有根据"战后"宪法精神对民法典本身进行的重新认识［《民法》第四编（亲属编）、第五编（继承编）就是根据《宪法》第 24 条和第 13 条进行的全面修改］，还有因与宪法的关联，在《民法》中加入第 1 条和第 1 条之 2 ［现第 2 条］的规定的情况。从这些情形来看，可以说，民法与宪法正如汽车的两个轮胎一样相互协力共同构筑了社会的根本秩序。

尤其在与人权规定的关系上，作为具体调整规范的民法之应有状态，被提出的问题还有很多。例如，对男女退休实施分别对待的"**男女分别退休制度**"就业规则条款，因违反《民法》第 90 条而被认定为无效的案件［最判昭和 56 年（1981 年）3 月 24 日，《民集》第 35 卷第 2 号，第 300 页］正是与《宪法》第 24 条所规定的"男女实质平等"相关联的；限制共有物分割请求的《森林法》第 186 条因违反《宪法》第 29 条第 2 款而被认定为无效的案件［最判昭和 62 年（1987 年）4 月 22 日，《民集》第 41 卷第 3 号，第 408 页］也迫使法学界对"财产权"的保障方法进行反思。另外，因**非婚生子女的继承份额**为婚生子女的一半的规定是否违反《宪法》第 14 条所规定的"法律上的平等"原则而发生争议的案件[1]，就夫妇、父母子女之间的基本财产关系提出了根本性的问题＊。民法正是承担着参照宪法的理念，并

---

［1］ 虽东京高判平成 5 年（1993 年）6 月 23 日，《家月》第 45 卷第 6 号，第 104 页；《高民》第 46 卷第 2 号，第 43 页认为其违宪，但最大决平成 7 年（1995 年）7 月 5 日，《民集》第 49 卷第 7 号，第 1789 页判定其合宪→请参考本书补讲第 13（1）案件，之后最大决平成 25 年（2013 年）9 月 4 日，《民集》第 67 卷第 6 号，第 22 页判定其违宪→请参考本书补讲第 13（2）案件。

慎重地斟酌现行制度及其派生性效果，通过确立更好的规则，为宪法理念的实现作出贡献的任务。

(2) 宪法规范在私人间的适用

是应该认为《宪法》的规定可以作为直接调整私人间关系的规范予以适用（直接适用说），还是应该认为适用于具体问题的规定只不过是根据宪法规定的宗旨进行解释或以像《民法》第90条那样的一般条款为媒介而发生的间接的效果而已（间接适用说）尚有争议。一般认为，以前日本的通说、判例普遍采用间接适用说。[1]本案中的"制度性保障"的讨论与此也有关系。虽然，两者的差异最终在多大程度上会影响结论并不清楚，但如果要说的话，因间接适用说不主张将宪法上的内容直接适用于私人之间，所以，就要求按照各个私法关系的特殊性，根据权利的性质和案件的具体情况，寻求个别的适当的解决办法。成为先例的"三菱树脂案件"[2]判决［最大判昭和48年（1973年）12月12日，《民集》第27卷第11号，第1536页］，围绕拒绝雇用是否对**思想、信仰、良心的自由**造成了侵害作出了如下判断：

> 《宪法》的上述各个规定［第9条、第4条］与该法第3章关于对其他自由权性质的基本权的保障规定相同，在与国家或各级政府的统治活动的关系上，以保障个人的基本自由与平等为目的的规定，属于专门调整国家或各级政府与个人之间的关系的规定，并不是预定用来直接调整私人间关系的规定。根据基本人权观念的确立及其发展的历史沿革，并从宪法基本权利规定的形式、内容来看，这也是十分明显的。［对于私人间权利、自由的矛盾、对立的调整］采用了原则上交给私法自治解决，只有在一方对另一方造成的侵害（状态程度）超过了社会可容忍

---

〔1〕 详细内容请参考芦部信喜：《憲法学Ⅱ人権総論》，有斐阁1994年版，第279页以下。

〔2〕 该案件的内容大体是：1963年，三菱树脂公司Y以试用期3个月、期满后有解雇的权利为条件雇用了大学毕业生X。当时在招聘面试时，Y曾问过X是否参加过学生运动，X回答说没有参加过。但后来Y方作了调查，发现X参加过学生运动，所以在试用期满后，以此为由解雇了X。X以Y的解雇行为侵犯了被雇佣人的思想、信仰自由为由，提起了确认自己拥有雇佣合同上的被雇佣人地位的诉讼。——译者注

的限度时，法才予以介入并对其进行调整的方针。［在私人之间］根据不同情形，通过对规定私法自治的一般性限制的《民法》第1条、第90条和关于侵权行为的各项规定等适当地运用，在尊重私法自治原则的同时，对于超过社会容忍限度的侵害，保护基本的自由和平等的利益，谋求其间的适当的调整方法的途径还是存在的。

但是，认为这样的见解只有在限制基本权利的方向上才发挥作用是草率的。并且，樋口教授认为，"《民法》第1条之2（现第2条）所指的'个人尊严'与'男女实质平等'组合起来，具有《宪法》第24条所要求的容纳之意，同时与宣布'对个人的尊重'的《宪法》第13条相对应，该条是具有更广射程的规定"，他指出实现、调整宪法理念的实体法上的根据存在于民法之中，据此，"在以《民法》第90条为媒介'力求调和'宪法价值时，应该可以从'社会意识'对'实体法'这一假设的对立图中解脱出来"[1]。

另一方面，最近也出现了如下见解，即认为宪法规范不仅禁止国家对私法自治领域的介入（宪法具有只要国家没有充分理由将介入予以正当化，就不得侵害基本权利这样的**防御权性功能**）；还要求国家负有**保护基本权利的义务**（国家为保护个人的基本权利免受他人侵害而应采取积极措施的义务）和**支援基本权利的义务**（国家为使个人的基本权利更好地获得实现而采取积极措施的义务）。在此理解之上，该见解主张，即使是在私法的领域里，只要宪法规范具有国家制定法的性质，那么就承担着国家对于个人基本权利进行保护并采取支援措施作出规定这样的体系上的任务。[2]

---

［1］樋口阳一：《憲法・民法90条・〈社会意識〉》，载樋口阳一等编：《日独憲法学の創造力（上卷）——栗城壽夫先生古稀記念》，信山社2003年版，第137页以下，尤其是143页以下。

［2］山本敬三：《憲法と民法の関係——ドイツ法の視点》，载《法学教室》第171号（1994年），第44页；山本敬三：《基本法としての民法》，载《ジュリスト》第1126号（1998年），第261页；山本敬三：《基本権の保護と私法の役割》，载《公法研究》第65号（2003年），第100页；山本敬三：《憲法システムにおける私法の役割》，载《法律時報》第76卷第2号（2004年），第59页；户波江二：《国の基本権保護義務と自己決定のはざまで》，载《法律時報》第68卷第6号（1996年），第126页。

(3) 民法与宪法的分工[1]

民法提供了市民生活世界的基本框架，构建了利益调整的具体规则。与此相对，宪法主要以国家为规制对象构建了国家体制、提供了规范国家与国民关系的基本框架，并且通过"**违宪立法审查权**"，为市民社会的法秩序提供了一定的立法政策和法律解释的方向与指导理念。这两部法律都是以实现更好的社会为目标而相互作用的，论述两者的优劣几乎没有任何意义。宪法所体现的价值为具体问题领域里的规范调整整体提供了一定的方向性和秩序，宛如绘画中的远近法上的"消失点"，是俨然地存在于实体性规则背后的理念、思想、哲学。确实可以说，宪法上的价值的若干内容正体现于民法中。即使是以实现宪法上的价值为共同目标的情况下，实体法上的技术与制度的组合也不是完全一样的。换言之，并不是从宪法的理念中演绎性地推导出一定的规则。

图 9-2　达·芬奇《最后的晚餐》上的"消失点"在耶稣的背后

*【**提高非婚生子女继承份额的问题**】　法制审议会民法部会于平成6年（1994年）7月提出了提高非婚生子女继承份额的草案（法务省民事局参事官室"关于婚姻制度的民法修改纲要"之第十）。这样的修改草案与近

---

　　[1]　关于民法与宪法的关系，尤其是《特集·民法と憲法——民法から出発して》，载《法学教室》第171号（1994年）上所载的文章十分珍贵。另外，也请参考星野英一、樋口阳一：《対談·社会の基本法と国家の基本法》，载《ジュリスト》第1192号（2001年），第2页以下；山元一等：《特集·憲法と民法——対立か協働か両者の関係を問い直す》，载《法学セミナー》第646号（2008年）。

来外国的立法动向相一致，同时也是为了满足日本于 1979 年批准签署的《公民权利和政治权利国际公约》（所谓联合国人权公约 B 公约）第 24 条和 1994 年批准的《儿童权利公约》第 2 条所规定的撤销因出生而形成的对非婚生子女的歧视这样的要求而提出的，"作为立法论"是应该获得支持的。其后，最高裁（大法庭）平成 25 年（2013 年）9 月 4 日决定［《民集》第 67 卷第 6 号，第 1320 页；《宪法判例百选 I》（第 6 版），第 29 案件］认为，非婚生子女的继承份额是婚生子女的 1/2 的《民法》规定，至少在平成 13 年（2001 年）7 月时违反了《宪法》第 14 条第 1 款的规定，并作出了该规定违宪的判断。根据最高裁的该决定，《民法》第 900 条第 4 项所规定的有关非婚生子女继承份额的内容被废除了［根据平成 25 年（2013 年）法第 94 号修改］。尽管如此，不能否认，在将日本家庭财产管理的应有状态和婚姻生活共同体的居住环境、费用承担的现状作为前提予以考虑时，作为现行《宪法》的"解释论"，是否可以认为关于非婚生子女继承份额的《民法》规定已经"违宪"，尚存疑问。[1]

【参考文献】

关于自卫官合祀诉讼判决，自第一审判决以来就有很多的解说和评释发表。其中，关于第一审判决的评解有，小林直树，《法学セミナー》第 292 号，第 10 页；佐藤功，《法学セミナー》第 294 号，第 42 页；笹川纪胜，《宪法判例百选 I》，第 20 案件；若原茂，《愛知学院大学論叢法学研究》第 23 卷第 2 号，第 1 页；泷泽信彦，《判评》第 252 号，第 166 页；熊本信夫，《ジュリスト》第 692 号，第 93 页；相泽久，《Law School》第 10 号，第 65 页；横山耕一，《判例タイムズ》第 385 号，第 74 页；横田耕一，《Law School》第 46 号，第 4 页；平野武，《宗教法研究》第 2 号，第 28 页；播磨信义，《山口大学教育学部研究論叢》第 29 卷第 1 部，第 59 页；林修三，《時の法令》第 1044 号，第 53 页及第 1045 号，第 54 页；笕康生，《法律のひろば》第 32 卷第 8 号，第 55 页；田上穰治，《法と秩序》第 48 号，第 8 页；山口立，《防衛法研究》第 2 号，第 55 页；大宫庄策，《法令解説資料総覧》第 11 号，第 175 页；大宫庄策，《獨協法学》第 13 号，第 83 页；种谷春洋，《昭和 54 年度重要判例解説》第 9 页；津山昭英，《法学セミナー》第 321 号，第 26 页。

---

〔1〕 请参考水野纪子等：《（座談会）非嫡出子の法的地位をめぐって》，载《ジュリスト》第 1032 号（1993 年），第 34 页；加藤一郎：《非嫡出子の相続分について》，载《ジュリスト》第 1042 号（1994 年），第 62 页；泉久雄：《家族をめぐる問題》，载《法学教室》第 171 号（1994 年），第 14 页；吉田克己，《家族法判例百選》（第 7 版），第 28 案件等。

关于原审判决的评解有，横田耕一，《法学セミナー》第 331 号，第 16 页；横田耕一，《法学教室》第 23 号，第 101 页；村上重良，《法学セミナー》第 334 号，第 16 页；中野昌治，《愛知学院大学宗教法制研究所紀要》第 30 号，第 165 页；林修三，《時の法令》第 1163 号，第 57 页；青山武宪，《Law School》第 52 号，第 132 页；川口冨男，《季刊実務民事法》第 1 号，第 254 页；鸭野幸雄，《法学セミナー》第 337 号，第 35 页；山田雅夫，《訟務月報》第 29 卷第 1 号，第 1 页。

关于最高裁判决的评解有，《ジュリスト》第 916 号——《特集：自衛官合祀訴訟大法廷判決》里所收的以下文章：芦部信喜等：《（座談会）自衛官合祀と信教の自由》、高桥和之：《政教分離と殉職自衛官の合祀》、原田尚彦：《合祀訴訟と当事者能力》、齐藤博：《宗教の自由と私法上の人格権》；《法律のひろば》第 41 卷第 9 号——《特集：自衛官合祀最高裁判決をめぐって》里所收的以下文章：河村吉晃：《自衛官合祀最高裁判決の経緯と概要》、大石义雄：《政教分離原則と個人の信教》、林修三：《信教の自由といわゆる宗教上の人格権の問題を中心として》、户波江二：《信教の自由と〈宗教上の人格権〉》；此外，还有濑户正义，《最高裁判所判例解説民事（昭和 63 年度）》第 187 页；林修三，《時の法令》第 1338 号，第 85 页及第 1339 号，第 80 页；青山武宪，《法と秩序》第 104 号，第 38 页；芦部信喜，《法学教室》第 95 号，第 6 页；横田耕一，《法学セミナー》第 404 号，第 14 页；平野武，《民商法雑誌》第 99 卷第 6 号，第 851 页；星野英一，《法学教室》第 96 号，第 12 页及第 97 号，第 88 页；小林孝辅，《青山法学論集》第 30 卷第 3 号，第 129 页；森英树，《法学セミナー》第 405 号，第 116 页；大石真，《法学教室》第 101 号（《判例セレクト，88》），第 12 页；栗城寿夫，《昭和 63 年度重要判例解説》第 21 页；户松秀典，《判評》第 362 号，第 27 页；小林直树，《法律時報》第 60 卷第 10 号，第 52 页；笹川纪胜，《法律時報》第 60 卷第 10 号，第 58 页；赤坂正浩，《憲法判例百選Ⅰ》（第 6 版），第 47 案件；大村敦志，《法学教室》第 358 号，第 128 页等。

第 10 章

现代社会上的民法

老龄化、高度信息化、国际化、民法（债权法）修改

【本章的课题】

呈现现代社会特征的诸多要素实在是丰富多彩。不用特意列举，从我们身边的各种电气产品、汽车、手机等与 IT（信息通信）产业相关产品、核技术、生物技术、人工生殖技术等事物就可以知道，科学技术的飞速发展给我们的日常生活带来了巨大变化。这些变化在给我们带来令人惊叹的便利性同时，也不断将从未意料到的新风险带到我们的生活中来。支持技术发展的相关硬件方面的竞争将转移到软件方面，尤其是服务与信息被赋予了相对重要的作用。众所周知，因高度信息化而出现的信息战略和信息管理目前已成为极其重要的课题。一方面，社会的网络化和组织化正处在发展进程中；另一方面，（至少在表面上）个人的多样选择和个性受到了尊重，社会的多样化得到了发展。众多社会问题已逐渐从物质性方面开始向个人的内心世界转变的事实是无法否定的。并且，生活环境和医疗技术的发展带来了历史上少有的长寿社会，少子老龄化社会的到来已被讲了很久。另外，随着人们可以很容易地跨越国境开展活动，出现了很多超出国家范围的交易活动、侵权行为以及身份关系。人们活动的影响已不再局限于地域，例如全球规模的环境问题已经开始被意识到。

这样的高度技术化、IT 化、服务化、信息化、网络化、多样化、少子老龄化、国际化等种种变化带来了新的法律问题，这也必然要求在民法的世界中给予新的应对。在本章，对其中迫使民法作出变化的老龄化、高度信息化、国际化进行探讨，另外也考察一下日本民法（债权法）的修改动向。

第 1 节　老龄化社会的应对

1. 老龄化的现状

（1）老龄社会

随着技术的急剧发展，就像与此统一步调一样，超老龄化社会问题变得更加鲜明了。老人在家庭和社会中占据应有地位、度过比较短暂一生的状况，如今在小家庭和长寿社会里完全变了样。从全世界来看，"老龄化"也是一个正处于发展进程中的现象，尤其在日本的发展极其迅速，这在世界上也是史无前例的。根据总务省的国情调查，截至平成 24 年（2012 年）10 月，日本的总人口为 1 亿 2752 万人，其中 65 岁以上的所谓"老龄人"人口为 3 079 万人（占总人口的 24.1%）。日本已经进入"超高龄社会"（65 岁以上的男性人口为 1 318 万人、女性人口为 1 762 万人）。65 岁到 74 岁的老龄人口为 1 560 万人（占总人口的 12.2%），75 岁以上的老龄人口也达到 1 519 万人（占总人口的 11.9%）。[1]人口稠密的一代人也已迎来了 65 岁，最近，老龄化比率的上升很是显著。根据平成 24 年（2012 年）国立社会保障、人口问题研究所公布的对日本未来人口的推算，日本的总人口走向长期减少的阶段，65 岁以上的老龄人口占总人口的老龄化比率在平成 25 年（2013 年）为 25.1%（4 人里有 1 人），预测平成 47 年（2035 年）将达到 33.4%，3 人里就有 1 人是 65 岁以上的老龄人，这样的社会即将到来。另外，在平成 54 年（2042 年）以后，老龄人口将会减少，但是老龄化比重会上升。据说，平成 72 年（2060 年）将达到 39.9%，国民的 2.5 人里就有 1 人是 65 岁以上的老龄人（并且，国民的 4 人里有 1 人为 75 岁以上的老龄人！）。老龄化加剧当然会给国民生活的各个方面带来重大影响，因

---

〔1〕 根据日本总务省的国情调查，到 2018 年 1 月 1 日，日本的总人口数是 1 亿 2 659 万人，其中 65 岁以上的人口为 3 522 万人，占总人口的 27.8%；65 岁以上的男性人口为 1 529 万人，女性人口为 1 993 万人。另外，65 岁到 74 岁的人口为 1 766 万人，75 岁以上的人口为 1 756 万人。——译者注

此,需要迅速采取制度性的应对措施。[1]

确实"老龄"是每个人最终都要经历的人类自然状态,而绝不是特别的存在。但是,伴随着年龄的增加,精神上、肉体上活动能力的衰退人与人会存在显著的差别,只以"是老龄人"这一理由制定特别规则进行统一规范还是有很多困难的。直到最近,还没有把老龄人生活作为一个独立的问题领域看待,也不是不无道理的。

一个重大的问题是,如何支援身心功能都已降低的老龄人的生活,保护其财产,使其安心地颐养天年。一方面,虽然有个体上的差异,但一般来讲,老龄人随着年龄的增加,因身心功能下降而导致判断和谈判能力衰退;因逐渐远离社会性、经济性活动而导致知识和经验的陈腐化等,其作为民事上的财产管理主体或交易主体的能力下降已无法避免;另一方面,因为老龄人存有晚年积蓄,拥有一定数目的财产而容易成为奸商的目标,一旦其财产受到损害,也不是那么容易恢复等,所以其十分需要社会的保护。不仅如此,面向老龄人提供的新服务和新商品的开发,使得老龄消费者市场在现代交易社会中具有重要意义,一般来讲,对其交易环境的营造也是一个重大课题。另外,以独居老人和以老龄人租赁住宅为主的老龄人居住稳定的保护以及老龄人就业、生存价值、养老金、医疗、看护、扶养、确保安全等各种各样的老龄人问题堆积如山。在此基础上,再加上**合计特殊出生率**(是指根据15岁至49岁的女性在各个年龄的生育率的合计,相当于假如一位女性一生持续生育的情况下,按照该年度的各个年龄的出生率计算,其所生孩子的数量)的降低的少子化趋向,更加剧了问题的严重性。

---

〔1〕关于问题状况的概观与统计数据,请参考日本内阁府:《高龄社会白书(平成25年版)》,财务省印刷局2013年版;冈崎阳一、山口喜一监:《高齡社会の基礎知識》,中央法规1998年版等。还请参考河上正二:《高齡化に伴う消費者問題》,载《ジュリスト》第1034号(1993年),第42页;石川稔:《高齡者の財産管理と取引上の保護》,载《ジュリスト》第1059号(1995年),第171页;江口公典:《消費者法の展開と高齡者保護》,载河野正輝、菊池高志编:《高齡者の法》,有斐閣1997年版,第207页以下;经济企画厅国民生活局消费者行政第一课编:《高齡者の消費者契約·消費者取引における高齢化問題に関する調査》,大藏省印刷局1998年版;永岑光恵、原塑、信原幸弘:《振り込め詐欺への神経科学からのアプローチ》,载《社会技術研究論文集》第6号(2009年),第177页;山下純司:《高齡消費者の保護の在り方》,载《法律時報》第83卷第8号(2011年),第49页;《特集·高齡者と消費者法》,载《现代消费者法》第15号(2012年);板东俊矢:《消費者被害としての高齡者問題》,载《法学セミナー》第694号(2012年),第94页等。发生于2011年3月11日的东日本大震灾,岩手县、宫城县、福岛县这三个县从2011年3月11日到4月11日的一个月内所收容的死者之中,知道年龄的有11 108人,其中60岁以上的人为7241人,占了65.2%。仅从这一个数据,也可以看出来同样的地震,相对来说给老龄人带来的损害要大得多。关于国际上的情况,请参考联合国的《世界人口前景:2010年修订本》(World Population Prospects: The 2010 Revision)。

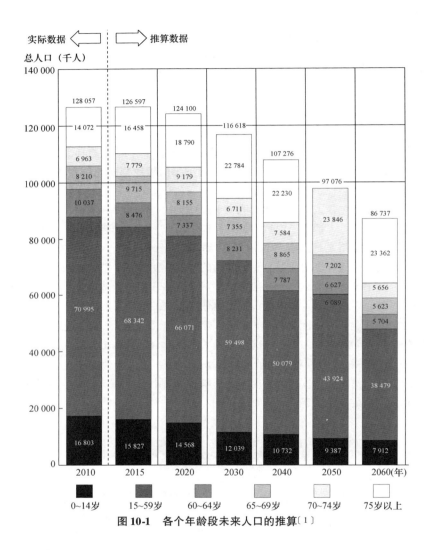

图 10-1　各个年龄段未来人口的推算[1]

---

〔1〕 2010 年的数据来自于总务省"国情调查",2010 年的总数中包含年龄不详者。2015 年以后的数据来自于国立社会保障、人口问题研究所作出的《日本的将来人口推算［平成 24 年（2012 年）1 月的推算］》中假定的中等出生、中等死亡的推算结果。请参见日本内阁府:《高龄社会白書》（平成 25 年版）。

(2) 对老龄消费者的关照

老龄人的"消费生活"也不例外，出现了各种各样的不正常现象。一般来说，"消费者"是个人为了消费生活而购买多品种且少数量的商品的群体。虽然"老龄人"在消费生活的层面上也是作为"消费者"的一员出现在市场上的，但是一直以来老龄人作为消费者的特殊问题及对老龄消费者进行保护的必要性成为讨论的课题。与其说那些不正常现象都出现于老龄人的"消费生活"，不如说因为是老龄消费者，那些问题通过被放大的方式变得更加深刻。在这个意义上，可以说老龄人是最具显著弱点的典型消费者。从家电产品、自动售票机、取款机和自动取存机的利用到爬阶梯，在最普通的日常生活中，很多老龄人都会遇到困惑和危险。在老龄消费者事件中，经常见到跌倒、误吞食物等事故，这些也都是因为其身体能力衰退的明显倾向。还有，在商品交易世界，老龄人作为防老积蓄的一定数目的财产或安定的年金收入，受到瞄准这些财产的不当商业销售战略的攻击。以前的"丰田商事事件"[1]"原野销售方法"[2]里的大多数受害人都是老龄人，这种情况现在也依然存在，房屋翻修欺诈[3]和接连不断

---

[1] 所谓的"丰田商事事件"是指，丰田商事公司从1981年开始做买卖黄金的生意。其在电视广告上大力宣扬黄金升值的确定性以及不用交税、换钱自由等好处，并通过电话劝诱顾客，在感觉对方有点儿动心后立即登门拜访，利用各种手段让顾客购买黄金。但事实上，该公司在与顾客签订黄金买卖合同并收取货款后，却不把黄金直接交给顾客，而是和顾客又签订了关于黄金的委托保管和租赁合同，由该公司代替顾客保管其购买的黄金。同时，丰田商事公司用租赁的顾客的黄金来进行投资，答应顾客5年里支付其货款15%的租赁费。这样，丰田商事公司从顾客那里收取了现金，却不用把黄金交给顾客，而只是把名为"纯金家族合同证券"的证券交给了顾客。实际上丰田商事公司没有黄金，只是用这种"假实物的销售方法"（也被称为"纸张销售方法"）来骗取顾客的金钱。到1985年该公司会长被受害人刺杀、公司倒闭时止，有3万多人上当受骗，被骗金额高达2000亿日元，而其中60%的受害人是老龄人。顺便提一下，这个丰田商事公司与著名的丰田汽车公司没有任何关系，只不过是使用了"丰田"这一名称而已。——译者注

[2] 所谓的"原野销售方法"是在日本经济高速发展的20世纪60年代到80年代盛行的一种销售不动产的欺诈方法。为了把本来像荒野一样没有多少价值的土地卖给顾客，商家谎称该土地周围有开发计划或将要建设新干线等，今后该土地一定会升值，来骗取顾客的信任，把土地以高于实际价格10—35倍的价格卖给顾客。——译者注

[3] 所谓的"房屋翻修欺诈"是近年在日本出现的一种欺诈顾客的行为。从事房屋翻修的公司到顾客家进行拜访，尽管该顾客没有翻修房屋的意思或者没有翻修房屋的经济能力，但房屋翻修公司以其免费检查房屋为由，对顾客谎称该房屋地板下聚集了很多湿气，或是该房子大梁等已被白蚁蛀蚀，不修的话恐怕房屋会损坏等，从而使顾客答应委托其实施实际上不必要的房屋翻修工作。——译者注

的销售[1]、理财欺诈中的老龄人受害事例，强有力地讲述了这期间的事情。投诉到全国消费生活中心的有关消费生活的咨询件数，在 2005 年以后，虽然从整体上来看其总数处于减少的状况，但来自 70 岁以上老龄人的咨询件数反而每年都有上升的趋势。2008 年之后，70 岁以上老龄人投诉到全国消费生活中心的咨询件数，每年都超过 10 万件，尤其是利用登门销售和电话劝诱销售发生的理财劝诱纠纷较多，基金型理财商品、公用事业债券、未上市股票等产生问题的商品多种多样*。所谓"剧场型"的汇款欺诈和"二次受害"在受害老龄消费者中也很显著（汇款欺诈的受害人的 6 成以上是老龄人）。在商品日趋复杂、多样化、（商家的）手段也日趋巧妙的情况下，在"消费者"中，作为最容易受伤也最容易被瞄准的人群之一，老龄人有必要受到特别的关照。

　　* 作为劝诱理财使老龄人受害的商品，包括外国货币（伊朗里亚尔、苏丹镑、阿富汗阿富汗尼等）、二氧化碳排出权、水资源的权利、带有温泉的有偿养老院的利用权、绿色电力证书、柬埔寨的土地利用权、有关风力发电的土地权利、医疗机构的债券、黄金、基金型理财商品等多种多样，其中也有毫无实体的商品。作为交易形态，有登门销售、电话劝诱销售，也有以邮寄小册子为契机、利用巧妙的劝诱语言接近老龄人的。通过现行法来应对也不是不可能，但实际上，由于受害范围涉及广泛的地域，只靠某一个地方政府无法处理；难以找到经营者甚至无法与其取得联系；对违法行为的证据收集也很难进行；是不是《特定商业交易法》[2]的适用对象也很难判断等。还没有比较有效的措施得到运行，因此有必要采取综合性对策。

---

　　[1] 所谓的"接连不断的销售"也是近年在日本很盛行的一种销售行为。恶劣的商家通过登门拜访或利用电话等方式，将顾客不需要的商品或将超出其所需范围的商品大量卖给顾客后，该商家或其他的恶劣的商家还会到该顾客家来，接连不断地把各种各样的商品卖给该顾客，其中很多的受害者都是老龄人。——译者注

　　[2] 日本现行《特定商业交易法》所适用的特别交易包括以下几种：登门拜访销售、通信销售、电话劝诱销售、连锁销售交易、特定的持续性服务的提供、提供工作诱引销售、登门拜访收购。另外，消费者没有订货，但商家却把商品发送到消费者家里，要求该消费者购买该商品的销售方式（在日本称之为"消极选择"）也受该法调整。——译者注

(3) 伴随老龄化扩大的风险

一般来看,将上述要因推导出的经济上和身体上的风险放到老龄人身上,有了显著扩大的趋势。

① 人到了老年,身心活动能力都会下降,容易被社会孤立,再加上既有知识变得陈旧,以及对健康及将来的经济生活的不安等,很多情况下无法期待老龄人会对一些问题作出妥切的处理(**耐受性、应对能力、自我防卫能力的欠缺**)。例如,由于吞咽能力的衰退,像"蒟蒻果冻"和"年糕"这样的东西也成为危险的食物,所以他们会成为那些假装亲切的巧妙劝诱的牺牲品。

关于商品的标示,市场上的物品泛滥着外语、外来语和很小字体的文字,这虽然是微不足道的事,但对于老龄人来说,有可能会使其想找到本来所需要的东西会变得很困难。还有,由于收集信息的绝对性不足,对于商品的对价性评价也很难如意。在提示危险的文字很小或很难理解的时候,这等同于没有提示。看似容易的机器操作和自动装置,对老龄人来说,与便利相比,却是产生困惑和敬而远之的时候更多。因为不论是在经济上还是在身体上,其恢复受损害的能力都已降低,所以一旦发生事故或损害,恢复原状极其困难,会造成无法挽回的后果。特别是对身体的损害,只能那样恶化下去,使老龄人陷入"卧床不起"的事例也是不少的(**恢复受害能力的欠缺**)。

② 具有财产状态的特异性。在一般的消费者里,相对而言,作为其晚年积蓄(命根钱),老龄人拥有一笔可处分财产的情况很多。[1] 盯上这些财产的恶劣商家,利用老龄人特有的身心不安感,即对将来经济状态的不安,通过很可疑的增值销售法来蛊惑老龄人"理财",还有在假装亲切、强行且巧妙的销售攻势下,不得不说老龄人一方的防卫能力自然就到了极限。老龄人通过自己劳动来获得收入本已很难,在遇到侵害时会立即陷入生活资金困窘之态,这也是很容易就能推测到的。如果没有得到紧急救济,很有可能会立即发展成为关系到老龄人健康和生命的问题。

---

〔1〕 请参考总务省:《家計調査〈二人以上世帯〉(平成23年)》等。

③ 特有的心理状态问题。在考虑到老龄人至今所接受的教育、社会环境、家庭关系、邻里关系等，以及老龄人会考虑不伤害对方而不能毫无顾虑地拒绝对方的请求；因为寂寞而被对方的亲切语言所感化，在不安中感到困惑，因此即使不由自主地作出了对自己不利的意思表示，也有对他们绝对不能责难的一面吧！并且，老龄人出于自尊心，非常讨厌自己被骗的事实被揭露，不仅是把受害当成耻辱，还有本来就没有感觉到是受害的情况。根据老龄人的**受害意识欠缺**和维权意识较低，提出"比较难听到作为受害人的声音"的意见也不少。但是，从现在开始，不能单纯地把它作为老龄人"自我启发的不足""自作自受"等来处理，不管怎么说，受到责难的应该是，利用老龄人心理上的弱点和为对方考虑的心态而意欲取得不当利益的行为不端的商家。

④ 在交易过程中，老龄人对于从商家那里接受了怎样的说明以及如何被卷入侵害的**有关具体事实的记忆变得很不清晰**的情况不在少数。即使能够克服上述的受害人意识欠缺问题，但在想要解决问题时所需材料准备不齐的情况也很多。当然，因为缺乏自己处理解决纠纷的能力，所以在其所受到了侵害还没有显露出来时，伤害却被接二连三地扩大的情形也有。这些也是由老龄人的**认知能力**、**处理问题能力**在生理上的衰退所带来的不可避免的结果。

（4）老龄人的个体差异

如前所述，老龄人问题的难以处理在于老龄人之间存在着显著的个体差异。婴幼儿经过未成年人到成年人的过程，虽然也有个体差异，但却没有那么极端。因为未成年人自己也没有拥有多少财产，（暂且不谈年龄）对统一设立保护未成年人的规定的抵触也很少。与此相比，"衰老的方式"在程度上和过程上正是千人千样，未必能够根据年龄来规定。这样一来，目前不得不以对应个体差异的方式来处理问题。这样的处理方式的难度，拿针对商品的危险性预防设备的必要性来看也很清楚，对于衰老的哪一阶段需要哪种程度的预防设备，每个人及其每个时期都会有所不同。并且，每个人的衰老进展形态也是各式各样的。即便如此，也不是说保护得越多越好。之所以如此说，是因为超出了必要的保护，反而可能会因为商品操作的复杂化、安全装置的过剩化而造成阻碍老龄人行动自由，剥夺了老龄人适应社会性危险的能力这些后果。商品的价格变得很高，对一般的老龄消费者而言恐怕会高不可攀。再加上不管有多么优良的预防设备，如果老龄人已得了重度痴呆症，那么一个人已不可能回避生活中的危险，只通过提供信息的方法来支援老龄人的认知能力，其效果明显是有限的。

（5）怎么办才好呢

针对老龄消费者所特有的这些问题没有"特效药"。但在处理问题时，至少有必要把几种方法组合起来考虑。一方面，像给孩子用的课桌随着孩子的成长可以改变其高度一样[1]，对于提供给老龄人的商品，不仅要求通过商品的多样性和对商品的追加选择权来弹性地适应其能力，还要求提供关于此方面的充分信息，而使老龄人可以买到适合其需要的商品，扩大其实质上的选择幅度；另一方面，无论如何都需要支援者、支援机构来承担关注老龄人日常状况的工作，对什么是各个时期的老龄人最需要且最适合的问题进行探讨、调整和考虑。以顾客的平均状态为前提的定型化问题处理方法，大体上意味着"舍弃"老龄人。在老龄人的周围配置负责巡视的支援者，这在制度上会产生很大成本。所以，对此首先要考虑其家庭成员和亲属，其次是该地区相关部门及福利工作者，在这样做有困难时，才有必要考虑把志愿支援者组织起来并强化合作。考虑到老龄人二次受害的情况很多，有必要采取完善受害人名单、加强个别提醒和进行彻底指导、密切与消费者中心和警察的联络等对策。还有，对于在欺诈性劝诱中所使用的工具（虚假办公室、网络电话、租赁电话、存款账号等），有必要针对本人进行彻底的确认工作，为了做好对受害后的老龄人的保全工作，需要采取迅速的应对措施。

老龄化不仅是私法领域的问题，而且是必须通过医疗、福利、雇佣、社会保障等各方面的协力合作来共同完成的课题。作为世界共同认可的统计数据："（65 岁以上的）老龄人"中有 5% 患有痴呆症。所以，如果按这样推算下去的话，估计最终会在 50 个日本人里，有 1 人患有痴呆症（总人口的 40% ×0.05）。卧床不起或身心衰弱可能性较高的 75 岁以上的所谓"后期老

---

〔1〕 这里指的是孩子在家里学习时使用的课桌。在日本，孩子在家里学习时使用的课桌多为随着身高的增长可以进行调节的。——译者注

龄人口"[1]，到平成30年（2018年）将超过总人口的12%。[2] 老龄人的看护问题绝不能乐观。老龄人已不是少数例外的存在了。谁都会"变老"，这是一个普遍性问题。曾经竭尽全力地支撑社会的人们，希望放下重任安度宽裕的晚年，这是作为社会上的一员理所当然的愿望。但是包括人员、物资上的问题，想要对这一具体课题设计出具体蓝图，绝不是容易的事。尽管要花很多时间，作为自己的问题，大家也必须要一起动脑筋认真考虑。

要在居住、交通、消费生活这些基本方面为老龄人建设一个能使其自立的、容易生活的、安全安心的社会环境；为老龄人提供一个能有效利用其经验和智慧的场所。这不仅是老龄人保护的理论，通过配合"援助"理论，想办法使老龄人能够作为社会所需要的人员被纳入到社会中去。以前，期待"家庭"能像一个蚕茧一样，把所有的问题都包裹起来，但伴随着小家庭化的发展，包含兄弟姐妹在内的可称为"冷漠社会"的社会状况正在进一步发展。以"3·11"（2011年东日本大震灾）为契机，社会团结和人们之间的纽带关系又再次被提起，这绝不是偶然的事。今后的老龄人保护问题，完全取决于一定的社会性机制在多大程度上能够弥补以前家庭的功能。从虐待老龄人等侵害里保护老龄人，这自不待言，不管如何赶时间，在老龄人还没有上完公交车门口的台阶就发动公交车的行为，一定要慎行。此外，支撑老龄人自身的生存价值也是很有必要的。现在，全体社会都发展得很成熟，也许应该考虑迎接减速的时代了！对老龄人来说，舒适的生活环境和社会环境绝不是无用的或是奢侈的，应该认为其结果会带给我们宽松的日子，也会带给我们财富。

2. 对意思能力、判断能力衰退者的援助

(1) "成年监护制度"的建立

为应对老龄人能力下降的现状，在民法上，建立一个由适当的建议人或

---

〔1〕 日本把老龄人分为前期老龄人和后期老龄人。前期老龄人是指年龄在65岁到74岁的老龄人，后期老龄人是指年龄在75岁以上的老龄人。——译者注

〔2〕 根据日本总务省于2018年6月20日公布的确定下来的调查数据，2018年1月1日后期老龄人的人数已占总人口的13.9%。——译者注

援助人参加的、在保护老龄人的同时对其自立活动进行援助的制度，成为一个重大课题，这已不用多说。民法上的有关**成年监护的法律**规定的修改［平成11年（1999年）法第149号、第150号、第151号等］，正是为了回应这一课题。所谓"成年监护制度"，主要是援助、保护判断能力不足的成年人（痴呆症老龄人、智力障碍者、精神障碍者等）的制度。"**监护**"一词具有多义性，广义上有"作为某人的后盾对其进行辅助"的意思，在专以"成年人"为对象的情况下，（与未成年监护相对比）被称为"成年监护"。不过，因狭义上的"监护（人）"是指对日常性欠缺判断能力（即"**事理辨识能力**"）的人进行保护的机构（《民法》第7条以下）或在未成年人无亲权人的情况下以及亲权人无财产管理权的情况下代为对未成年人进行监护教育、财产管理的保护机构（《民法》第838条以下），所以，有时候并不容易分辨。一般来讲，可能称其为"援助需保护的成年人的制度"比较不易造成混乱。

虽然一个人通常在"成年"（满20岁）[1]之后，在法律的世界里原则上就获得了单独地、完整地实施有效交易的能力（**行为能力**），但同时也要承受由此产生的所有权利义务（《民法》第3条），但是对于那些因判断能力不足等理由而难以承受风险的人，有必要对其给予一定形式的援助和保护。[2] 即使在《民法》修改前（成年监护制度的修改），也有为此而建立的禁治产、准禁治产制度，依照裁判所宣告认定的保护机构，接受宣告的人（禁治产人、准禁治产人）单独、完整地实施有效法律行为的法律上的资格（即行为能力）被施加了限制（这一制度与未成年人保护制度一起被称为"无行为能力人制度"）。为了能适应老龄化社会发展的需要，1999年实施的成年监护制度改革对这一制度进行了重新评价，体现了立法者希望其成为灵活实用的好制度的意图。

---

［1］根据日本现行《民法》第4条的规定，满20周岁为成年。但2018年6月13日第196次国会通过的《修改民法的一部分的法律案》［平成30年（2018年）法第59号，该修改法案将于2022年4月1日起施行］，将成年的年龄修改为"满18周岁"，同时将结婚的年龄修改为男女均为18周岁。——译者注

［2］作为近期的例子，有案例认定，患老年痴呆症的老龄人作为连带债务人签字、盖章的贷款合同书、抵押权设定合同书未正式成立，否定了贷款合同等的效力。参见东京地判平成10年（1998年）10月26日，《金法》第1548号，第39页。

（2）旧"禁治产、准禁治产制度"的问题点

那么，旧制度究竟哪里有问题呢？[1]

① 规定得过于严格与僵硬。由于判断能力低下以及需要保护的程度因人而异，而旧制度在实现对能力的必要援助上，规定得未免有些过于僵硬。而且，由于鉴定等需要相当数量的费用和一定时间等，旧制度并不能轻易就可利用。此外，因"禁治产"这一类型可以撤销禁治产人所作出的全部法律行为，所以，禁治产人在日常生活中容易被社会敬而远之。相反，因"准禁治产"是以本人具有的判断能力为前提的，所以在规定上存在对保护机构（辅佐人）的代理权和撤销权没有作出任何规定等不周之处，在保护的实效性上尚存疑问。

② 关于"**身上监护**"[2]的考虑不够充分。该制度在修改前，只对持续处于精神失常状态下的禁治产人的监护人课以疗养监护的义务（修改前《民法》第858条），作为回应身心方面都需要援助的人的需求的法律基础，旧制度还不够充分。

③ 作为一个略显微妙的情况，是社会上存在的对在户籍上公示[3]和以"（准）禁治产"命名所产生的心理上的反感。

此外，经常被指出的问题还有以下几个方面，即如何实现由法人或多数监护人监护的问题；为保证监护活动的适当性，如何确保有关监督监护人制度的实效性问题；本人预先在合同中委托他人在自己丧失能力后作自己的监护人的问题，也就是以合同为基础的"监护"（所谓的"任意监护"）问题。

---

[1] 探讨这一问题的文献较多，暂且请参考河上正二：《無能力者制度の現状と問題点》，载《金融法務事情》第1352号（1993年），第7页；法务省民事局参事官室：《成年後見制度の改正に関する要網試案補足説明》（第1部1）等。

[2] 对于日本成人监护制度中的"身上监护"，有学者认为，其包含对被监护人进行直接看护或照料等事实行为，但大多数民法学者认为，"身上监护"是法律行为，指由监护人办理的有关被监护人生活、医疗、看护等方面的合同和手续，例如住院时合同的签订以及办理住院手续等，不包括直接进行看护和照料的行为。——译者注

[3] 在旧的成人监护制度上，老龄人被宣布为禁治产人或准禁治产人后，会在其户籍上注明。——译者注

(3) 各国立法动向（尤其是德国）

老龄化社会已经到来的问题，在世界各国均已被认真地考虑。关于所谓的"成年监护制度"，国外也不断进行了改革。[1]例如，德国在1990年的民法典修改中引进了"照管（Betreuung）制度"（1992年开始施行）。该制度为"成年人中因精神病或身体性、精神性、心理性障碍而不能处理自己全部或部分事务的人"设置了"照管人"，目的是援助这些人的活动。德国照管制度的基本思想和政策目标是"促进和援助老龄人的自立生活"，在此，"必要性原则""补充性原则"以及"对个人照管的强化""对本人意思的尊重"被设定为其制度目标，原则上不对本人的行为能力进行限制。德国立法机关灵活运用了之前就有的、与限制行为能力分开的"残疾人监护"制度上的经验，作为一元性的结构来把握行为能力，通过视需要设置的个别照管人的"保留同意权"来限制其行为能力，力求制度的弹性运用。

(4) 日本有关成年监护制度的思想

① 在学习外国先例的同时，日本制定了以克服上述旧制度问题点为目标的成年监护制度的基本方针："以协调'尊重自己决定'的理念和'保护本人'的理念为宗旨，根据每个人的判断能力和所需要保护的程度，设计使灵活、弹性成为可能且便于利用的制度。"这些方针是为了最大限度地考虑本人的意思和现有能力，使残障人士在家庭和居住区域内尽可能地过上普通人的生活［平常化（normalization）[2]］。

---

〔1〕 请参考须永醇编：《被保護成年者制度の研究》，劲草书房1996年版。特别是，关于德国法还请参考田山辉明：《成年後見制度に関する調查報告書 ドイツ編》，东京都社会福祉协议会权利拥护中心、Step1995年版；上山泰：《ドイツ世話法改正について》，载《法律時報》第71卷第2号（1999年），第54页。

〔2〕 指以建设让残障人士和老龄人都能够和其他人同等生活的社会福利环境为目标的一种思想。这种思想最初被写入丹麦的《智力障碍人法》，后在欧美各国得到推广。——译者注

② 具体来讲，下述各点成为重要的修改点。[1]

第一，使之前的无行为能力人制度弹性化。作为符合日本国情的立法政策，新法在有效吸取德国型的一元制度的长处，将一定类型的制度作为备选方案的基础上，提出了力图使制度内容弹性化的方针。即将之前"禁治产、准禁治产"的类型表述改为中立的"**被监护、被保佐**"予以保留，同时针对处于轻度痴呆症、智力障碍、精神障碍等状态的人新创设了"**被辅助**"类型；各类型的内容（作为保护机构的监护人、保佐人、辅助人的职务范围、代理权、撤销权等）可根据当事人的申请或同意进行灵活设定（请参考表10-1所示的相关内容）。易言之，在根据本人的判断能力将其分为三个类型的基础上，又按照其各自的判断能力和需要保护的程度在各类型中进行个别调节。还规定即使是相当于禁治产类型的现在的成年被监护人，对于日常生活范围内的行为，由本人自己来负责任而不能对其行使撤销权（《民法》第9条）。另外，因为这样的制度必然会给社会交易带来不安定因素，所以，公示制度变得很重要。关于这一点，相应地废除了之前在户籍上进行记录的方式，取而代之的是建立了到指定法务局进行登记的制度[《关于监护登记等的法律》，平成11年（1999年）法第152号]。

第二，关于申请权人的权限和保护机构的构成与权限等内容，虽然具有相当高的技术性，但旧制度的不周之处得到了相当程度的改善。尤其是监护活动也开始可以由法人或多数监护人来完成（《民法》第859条之2），根据有关福利关系的法律规范，将行政机关的首长追加为申请权人。[2]另外，虽然有偿老人院等设施的经营者是否可以成为成年监护人也是一个问题，但通过选任时加入的种类、内容、本人与应成为成年监护人的人之间的"利害关系"等事项对此问题进行了处理（《民法》第834条第4款）。

---

[1] 关于成年监护制度，请参考小林昭彦等编著：《新成年後見制度の解説》，金融财政事情研究会2000年版；小林昭彦等编：《〈一問一答〉新しい成年後見制度》（新版），商事法务研究会2006年版一书里的立法负责人的解说；《特集・新しい成年後見制度》，载《ジュリスト》第1172号（2000年），第17页以下等。另外，作为其基础的"纲要试案"可在《金融法务事情》第1513号第25页以下（1998年）等中查阅。还有，关于其内容和背景，请参考该"纲要试案"的"补充说明"和《成年後見問題研究会報告書》以及《特集・成年後見制度の立法の課題》，载《ジュリスト》第1141号（1998年）中所载的论文。

[2] 请参考《精神保健和精神障碍者福利法》第51条之11之2、《智力障碍者福利法》第27条之3、《老人福利法》第32条等。

表 10-1　法定监护制度概要

		监护	保佐	辅助
要件	成为监护对象的人（是否具有判断能力以及判断程度）	因精神上的障碍，日常性缺乏事理辨识能力的人（第7条）	因精神上的障碍，辨识事理能力显著不足的人（第11条）	因精神上的障碍，辨识事理能力不足的人（第15条第1款）
手续	申请权人	本人、配偶、四亲等内的亲属、检察官（第7条、第11条、第15条第1款） 任意监护中的受托人、监护人、监督人（《任意监护合同法》第10条第1款） 市长、镇长、村长（《老人福利法》第32条等其他法律法规）		
		未成年监护人、未成年监护人的监督人、保佐人、保佐人的监督人、辅助人、辅助人的监督人（第7条）	监护人、监护人的监督人、辅助人、辅助人的监督人（第11条）	监护人、监护人的监督人、保佐人、保佐人的监督人（第15条第1款）
	是否征得本人同意	不需要	不需要	需要（第15条第1款）
关系人的名称	本人	成年被监护人	被保佐人	被辅助人
	保护人	成年监护人	保佐人	辅助人
	监督人	成年监护人的监督人	保佐人的监督人	辅助人的监督人
同意权、撤销权	对象	日常生活行为以外的行为（第9条）	第13条第1款规定的行为；基于第13条第2款的审判行为（第13条第4款）	第13条第1款规定的行为中，在请求范围内家庭裁判所规定的特定法律行为（第17条第1款）
	手续	监护开始的审判（第7条、第838条第2项）	保佐开始的审判（第11条、第876条）第13条第2款的审判	辅助开始的审判（第15条、第876条之6）+赋予同意权的审判（第17条第1款）
	撤销权人	本人、成年监护人（第120条第1款）	本人、保佐人（第120条第1款）	+本人的同意（第17条第2款） 本人、辅助人（第120条第1款）

第 10 章　现代社会上的民法

(续表)

		监护	保佐	辅助
代理权	对象	关于财产的全部法律行为（第859条）	在请求范围内家庭裁判所规定的特定法律行为（第876条之4第1款）	在请求范围内家庭裁判所规定的特定法律行为（第876条之9第1款）
代理权	手续	监护开始的审判（不需要本人同意）	保佐开始的审判＋赋予代理权的审批（第876条之4第1款）＋本人同意（第876条之4第2款）	辅助开始的审判＋赋予代理权的审批（第876条之9第1款）＋本人同意（第876条之9第2款）
保护人的义务	身心关照义务	实施关于成年被监护人的生活、疗养看护、财产管理的事务，关照本人的身心状态和生活状况的义务（第858条）	实施保佐事务，关照本人的身心状态和生活状况的义务（第876条之5第1款）	实施辅助事务，关照本人的身心状态和生活状况的义务（第876条之10第1款）

第三，重视保护机构在履行职务时对被保护人的身心照顾（请参考《民法》第858条）。考虑到**财产管理**（关于签订合同和支付费用的职责）**与身上监护**（关于医疗或住宅的确保、入住或退出老人院、看护或维持生活及教育、康复训练等方面的职责）的密不可分的关联性，明确规定了成年监护人在"对成年被监护人进行生活、疗养看护以及财产管理时"，根据其代理权、财产管理权的权限范围，"尊重成年被监护人的意思，并且必须要顾及其身心状态和生活状况"（第858条；同时，《民法》第876条之5第1款，第876条之10第1款对保佐人、辅助人也作出了同样的规定）。另外，作为个别规定，还对处理本人居住的不动产制定了需要获得家庭裁判所许可的规定（第859条之3、第876条之5第2款和第876条之10第1款中的准用规定）。尽管在成年被监护人接受手术和其他治疗时，保护机构的同意权常常成为问题，但这并不是成年监护中所特有的问题，因此将这一问题作为与患者对医疗处置的同意权（自己决定权）相关联的问题，以其他更为一

般的方式慎重探讨，从而放弃了在成年监护制度中导入对此的预先规定（其宗旨并不是否定该问题的重要性）。

与身上监护相关联的需要予以注意的问题是，作为成年监护人的人，没有被要求必须事实上从事看护、照顾活动等。对于可以带来安心晚年生活的新成年监护制度，虽然有一部分人期待其可以保障实现事实上的身上监护活动，但这是误解。成年监护制度只对判断力衰退者予以援助（或者代替本人作出意思决定），并不是承诺对身体进行具体的照顾。[1]也就是说，成年监护人在对本人身心予以最大限度地考虑，以处理本人财产管理上的事务为其职责内容，而并非以像更换尿布、喂饭这样的看护和身边照顾为其职责内容。如果法律将这样的事实行为作为成年监护人的职责内容予以强制要求，当其违反这一义务时以损害赔偿责任予以处理的话，必将导致过于严厉的后果。对此，若考虑到即使是真正的父母子女间的扶养义务（第877条以下），也不一定要求实际领回扶养，而仅停留在提供"扶养费"这一金钱负担的程度上的现实[2]，就很容易明白了。请想象以下的情形：利用"多数成年监护人"制度要求长子对老人的财产进行管理，如果其配偶担任身上监护的成年监护人，法律上强制要求其提供诸如看护这样的不收取报酬的劳动，而其他兄弟姐妹则只承担金钱负担，那么正因为这种情形在旧习下的家庭关系中很有可能会发生，所以，必须对此予以明确地否定。即使是将事实上的身上监护行为作为职业性服务予以安排（因为成年监护人进行有偿实施时会成为"利益冲突行为"，所以，有必要至少通过《民法》第860条配置特别代理人或监护人的监督人），但这也不过是基于爱与厚意作为事实上的行为而予以实施的（在继承和财产分割时，作为事后的有偿评价值得加以探讨）。

第四，关于以合同为基础的**任意监护制度**。将未来可能发生的判断力衰退时的监护活动预先通过合同委托给他人，即便不采取特别的法律措施，根据合同自由原则也是完全可能的。不过，在作为委托人的本人的判断能力衰

---

[1] 关于这一点，请参考水野纪子：《成年後見人の身上監護義務》，载《判例タイムズ》第1030号第97页以下；水野纪子：《〈相続させる〉旨の遺言の功罪》，载久贵忠彦编：《遺言と遺留分》，日本评论社2001年版第159页以下，特别是第178页的脚注（26）。

[2] 请参考大阪家审昭和59年（1984年）3月31日，《家月》第37卷第1号，第129页等。

退后合同才生效这一点上容易发生问题，比较好的做法是，为确认本人的意思而采取"公证证书"的方式，并建立监督受托人的体制。《关于任意监护合同的法律》［平成 11 年（1999 年）法第 150 号］的制定，对此给予了回应。与法定监护情形相比，虽然在由本人预先指定监护人这一点上任意监护合同可以直接反映本人的意向，但若所委托的内容发生了变动，就有必要切换到法定监护上来，最终接受裁判所的监督。在这一点上，与尊重本人意向选定成年监护人的法定监护制度没有太大差别。虽然有部分人认为，在任意监护的情形下，事实上的身上监护等行为可作为任意监护人的职务内容，但这明显是不妥当的，因为任意监护合同只是"事务处理的委托合同"或"赋予代理权的委托合同"（该法第 2 条），是按照法定监护制度上的职务内容设计出来的性质相同的内容。易言之，具体的看护服务等事实行为并未包含在任意监护人的职务内容中。[1] 当然，民法上，因合同的内容形成原则上是自由的，在任意监护合同法的范围之外，当事人就事实行为签订合同并不是不可能的，但是，一个人要为某个他人终生实施身边照料的"债务"，恐怕带有一种近似于"奴隶合同"的违法性。

3. 围绕老龄人合同的法律环境建设

(1) 老龄人的合同

关于新制定的成年监护制度在解决商品交易中发生的各种老龄人受害问题上到底能发挥多大作用，并没有人们期待的那样乐观。因为新成年监护制度并没有充分克服鉴定等所需费用、支付监护人报酬等问题，在对没有足够资产的老龄人财产的保护上还存有障碍。即使通过成年监护制度可以使援助老龄人的能力成为可能，但老龄人合同所伴有的各种问题并未一并得到解决。

① 对合同上的受害进行保护。想象一下由于推销员的不当劝诱，使孤身生活的老龄人签订了不需要、不急用的合同，或购买了没有价值的商品而

---

〔1〕 参见小林昭彦：《新成年後見制度の解説》，金融财政事情研究会 2000 年版，第 247 页。

遭受损害的情形，在这种情形下，如果有根据成年监护制度任命的监护人、保佐人、辅助人的存在，其事前针对商品的选择进行了适当的建议，或行使代理权与商家进行了交涉，或根据情况行使了撤销权撤销合同，或在问题得不到解决时向消费者中心进行了咨询的话，可能形势就会大为改观。但是作为实际问题，无法期待成年监护人每时每刻都待在老龄人身边，关于日常性咨询，充其量只能由家庭护理员等实际实施照料的人于事后提出的可能性更大。即使老龄人受到的损害能够寻求法律层面的救济，但若没有完备的保护顾客的合同法上的实体性规定的话，其权利主张也不会如愿。而且如果老龄人本人没有意识到受害，或者羞于暴露受害事实而拒绝寻求救济，成年监护人无视其本意而采取行动也是有困难的。可以很容易地想象，对老龄人合同受害的救济有多困难了吧！再加上由于《**看护保险法**》的施行（2000年），之前在此方面所采取的"措施"制度被废除，转换成由需要看护的本人在接受看护保险金后，用该保险金购买看护服务这样的利用合同的方法。以此为契机，老龄福利服务也成了伴有市场风险的"商品"，而这一情形使本来的问题进一步扩大。[1]

这一时期制定的《**消费者合同法**》［平成12年（2000年）法第61号］对于《民法》上的有关合同的一般性规则进行了补充和修改，在经营者通过不真实的表示等引起消费者误认时，或通过威胁性劝导行为使消费者签订了不需要、不急用的合同时，该法使消费者于事后撤销合同成为可能（该法第4条）。还有关于不公平的合同条款无效（该法第8条以下）的规定，在对老龄消费者的损害救济方面也发挥了重要作用。易言之，老龄消费者并不是"因为老龄"而受到保护，而是作为具有典型弱点的"消费者"而被保护的。考虑到老龄人的个体差异和所处境况的多样性，仅以"因为是老龄人"为理由，就将其作为交易上的特别保护对象的做法未必妥当。之所以如此说，是因为虽然他们在生理年龄上为老龄人，但这与其是否需要保护并不总是一致的，消费生活中"值得保护的"交易主体并不仅存在于老龄人群中，有时，缺乏经验的年轻人、女性、身心有残疾的人、外国人等也会处于

────────

〔1〕 关于看护保险的问题，暂请参考《特集・公的介護保険制度の運用と課題》，载《ジュリスト》第1131号（1998年）；《特集・介護保険制度下の介護サービスと消費者契約》，载《国民生活》第28卷第9号（1998年）；《特集・介護保険制度と消費者》，载《国民生活》第29卷第9号（1999年）；川村匡由：《介護保険総点検》，minerva书房1998年版等。

类似的状况，所以把保护仅限定在老龄人身上缺乏积极的理由。并且可以想到的是，以老龄为理由"给予保护"，相反地（来自对方的敬而远之等）会妨碍老龄人自由地参与社会交易。因此，应该通过对所有消费者与经营者进行交易时，市场上应有的最基本的规则予以明确，来援助作为"具有典型弱点的消费者"的老龄消费者。这样就可以使成年监护制度与《消费者合同法》一起，一方面通过援助老龄人作出正确判断，另一方面提供有助于对受害老龄人进行事后救济的方式，在对老龄人问题进行法律应对时，两者起到如同汽车双轮一样的重要作用。

② 不当拒绝签订合同与确保居住。此外，还有**不当拒绝**与老龄人签订**合同**的问题。与有无成年监护制度无关，在老龄人单独行动的情况下，交易对方出于警戒，拒绝签订合同的情况时有发生。虽然通过规定与日常生活相关的小额交易有效的办法可以使这种情形得到一定的改善，但这还是一个有待人们的意识发生改变的问题。

更为严重的是用于居住房屋的租赁问题，针对老龄人用火不注意会发生火灾或老龄人可能会在该房屋中老死而发生的不愿意租房给老龄人的情况，只要成年监护人不能自行与老龄人同住，或公共经营的老龄人住宅还不够完备，这种情况就不容易处理。《关于确保老龄人居住稳定的法律》［平成13年（2001年）法第26号］正是以这样的确保居住稳定为目标而制定的法律，但基础设施的建设迟迟没有赶上老龄化的速度。[1]

③ 老龄人财产的管理。防止老龄人因与社会隔离以及知识、经验等的陈旧化所造成的风险测算发生错误，以及由此蒙受的损失（财产保护、财产管理），是今后的重大课题之一。关于老龄人的日常性金钱管理和资产运用，可以在一定程度上期待成年监护制度发挥作用。但是，在多方面进行金钱管理比较困难的情况下，就不得不需要事实上的"转托代理"，将业务委托给家庭护理员、养老院的管理人、管理公司和金融机构等，但是若对此疏于监督，成年监护制度就容易流于形式化。这里虽不能详论，但有效利用所谓的

---

〔1〕 关于确保老龄人居住稳定的问题，请参考丸山英气编：《高龄者居住法》，信山社2003年版，其论述较为详细。

"信托"制度是极具魅力的方法之一。[1]不过,获得有能力的管理人是要花费一定成本的,若资金来源仅限于本人所有的财产的话,这一方法似乎还不是万能的。家庭裁判所等公共机关会有多大空间来实施何种程度的细致监督,也会对此造成影响。恐怕也许应当说,最终由行政服务来廉价地提供最低限度的包括存折在内的所必须的财产管理服务,是目前所能想到的最佳捷径。总之,监护制度能否充分发挥作用,取决于以下几点,即完善交易上的实体规则,拥有在被监护人身边进行实际照顾、总是能随时随地提供咨询服务的人力资源,完备国家、地方政府对此进行支持的体制和物质资源以及相关人员的热情和意识等。成年监护制度和《消费者合同法》也只不过是围绕老龄人的法律环境建设的第一步而已。在这一领域,民法要与福利及社会保障制度联合起来,才有可能实质性地处理相关问题。

(2) 商品的适合性、安全性、灵活性

另一个有必要探讨的问题是,是否应对那些以老龄消费者为主要顾客的"商品"或商业行为,着眼其商品特性、交易特性等施以特别法上的应对措施。例如,针对"老龄人住宅""有偿老人院"和"老龄人护理商品"(尿布等护理用品、护理用器械、洗澡服务等护理、安全器具)等以老龄人为对象的商业行为,对照该商品或服务的特性制定特别规则,以补足仅适用于一般消费者的规则所造成的不足。

人老后,身心功能都会降低,在社会上也容易受到孤立,再加上所掌握的知识陈旧化以及对健康和将来经济生活的不安感等,在很多情况下难以期待其对问题施以适当的处理。虽说如此,但却不能一概地说对他们给予的保护越多越好。之所以如此说,是因为超出必要的保护,反而会使他们感觉商品的操作功能越发变得复杂,安全装置的过剩反应也可能阻碍其本人的行动自由。还有,可能会越来越剥夺老龄人对社会危险的适应力。在这种情况

---

[1] 参见新井诚:《財產管理制度と民法・信託法》,有斐閣1990年版;新井诚:《成年後見法と信託法》,有斐閣2005年版,这两本书比较热心地追求有效利用信托的可能性。关于地方政府所应发挥的作用,也请参考野田爱子、升田纯编著:《高齢社会と自治体》,日本加除出版1998年版;《特集・成年後見制度と地域福祉権利擁護事業》,载《判例タイムズ》第1030号(2000年)。

下,不仅商品本身的价格变得很高,而且无论配置多么先进的防范装置,只要老龄人罹患了痴呆症,单独一个人时几乎不可能避开危险。

如前所述,在处理问题时,无论如何都有必要将若干方法组合在一起。这是指风险交流[1]成本的增加以及要求社会以不同于只要在约定时间里提供具有特定性能的商品就足够了这样的传统商品提供合同完全不同的观念,来理解商品的适应性问题,这些绝非易事。但是,仅以能力稳定的平均顾客为前提的、定型性的大批处理,则基本上意味着对老龄人的舍弃。

高科技带来的便利也是一把双刃剑。老龄人无法自如使用的家用电器和住宅安全系统反倒是危险的。恐怕对于大多数的老龄人来讲,与多种多样的性能相比,提供简单的、可安心使用的、用于一定目的的、便于操作的、可适当运作的、经久耐用的、可信赖的商品才是众望所归。以方便老龄人使用和确保安全为设计理念的商品,能够得到高新技术的支撑是最理想的,并且,有必要充分提供那样的商品的信息以及在吸取老龄人意见的基础上进行充分的追加验证。

(3) 有偿老人院

虽然在现阶段解决正在形成的以老龄人为对象的全部商业行为是不可能的,也是不适当的,但对于在一定程度上已明确问题所在的有偿老人院事业,被认为已经到了应该制定特别法的时期。正因为**有偿老人院合同**是以"终身居住与护理服务"这一极其特殊的给付为目的的合同,所以才会有传统民法难以把握的问题。这里只简单指出其特殊性质与问题所在。[2]

① 有偿老人院合同虽在入住阶段具有市场性特征,但在入住以后,却

---

[1] 风险交流(risk communication)是指为了适当管理风险,社会各阶层通过相互对话、共同思考、相互合作,试图对多样信息及看法予以共有的活动。——译者注

[2] 关于有偿老人院合同,请参考丸山英气、前田敬子:《検証有料老人ホーム》,有斐阁1993年版;下森定编:《有料老人ホーム契约》,有斐阁1995年版(关于笔者将"老人院合同"看作是随着时间而变化的包含有分支性债务的"框架合意"的见解,请参考该书)等。关于有偿老人院的经营失败,请参考津地裁平成7年(1995年)6月15日判决,[《判时》第1561号、第95页;河上正二:《社会保障法判例百选》(第3版),第113案件]。另外,指出了带有护理性质的分售公寓应如何调整多数债务之间的效力这一课题的文献,请参考中野妙子:《東京高判平成10(1998)·7·29判時1676号55頁判例研究》,载《ジュリスト》第1182号(2000年),第101页;玉田弘毅:《高齢者向けケア付き分譲マンションの法律関係に関する一考察——いわゆる複合契約の問題を中心として》,载《清和法学研究》第6卷第2号(1999年),第29页。

具有了如下的特殊性质，即，入住后的老人院作为由入住人集体形成的"消费共同体"变成了带有自我完整性且极其封闭的社会。若说得极端一些，这只是一个在封闭的社会中，由入住人将所带来的资金共同进行消费的社会而已（不能期待生产和获得利润）。所以，入住后的最大问题在于，如何安全地管理入住人所带来的资金，对这些资金进行有效且有计划的消费，以长期稳定的形式完成当初的合同目的。

② 具有高额消费的商品性、提供复合性服务的特性以及复杂的费用体系与对价关系的不透明等问题。入住时一次性缴纳的费用通常为两三千万日元到数亿日元的水平，一般来说该金额是很高的，因此被评价为"像购买了一张巨额预付卡一样"。尽管如此，判断其将要购买的标的物最终是否与其支付的对价相称，对入住人来讲是极其困难的。不仅因为对将来的情况变化无法简单预测，而且因为合同的标的物是提供包括住房和居住环境在内的长期饮食和护理等复合性服务，其对价关系的透明度明显很低。在入住前，能够提供关于老人院生活的正确且整体性的信息（所形成的印象与现实不是很脱节）作为入住人进行判断的材料，这在预防入住后的不满与纠纷的意义上，也是一个重要的课题。此时信息的提供方法变得极其重要。还必须预先充分了解当知道是与所期待不相符的商品而解除合同时的清算方法。

③ 由于老人院的生活原则上是被预定为终身的，所以合同期限只能是长期且不确定的。若将不断入住的新成员考虑在内的话，作为经营者就要预先做好持续提供半永久性服务的准备。从事业的性质来讲，从设置老人院时起，就强烈要求老人院一方，包括伴随建筑物老化而发生的重建问题在内，在设计未来的长期计划时要尽可能保持慎重。在事实上由入住人构成的集体本身是终生命运共同体，若考虑到入住人解除合同、寻求新的交易对象的难度，反倒是有必要寻求积极应对各种情况变化的灵活性。

④ 对给付内容进行恰当判断的困难性。像对一般性服务进行判断一样，何为适当给付，其客观标准不能一概而论。在尽可能实现定量化的同时，对无法实现定量化的部分，只能参照达成合意的合同目的，斟酌给付的时间、期间和形式，尤其是效率性和约定的成果，以及是否具有作为前提条件的经营老人院的资格、当事人所处的状况等来进行综合性判断。但是，正因为与老龄人的生活、健康、安全相关，在对根据情况进行的灵活处理予以认可的

同时，维持应遵守的最低"水准"和服务的"规格"，提出这样的观念也是很重要的。

⑤ 有关一旦开始了的合同关系就难以解除的问题。诚然，入住人一方希望解除合同关系时，限制其自由而不当地将其束缚在合同上是无意义的。但是，老人院经营者单方面解除合同对入住人来讲，则很有可能会出现与字面所体现的一样的生死存亡的问题。入住人针对老人院一方的债务不履行所提出的解除也是一样的。由于在考虑入住老人院时，多数入住人是将之前的住房处理掉，或不得不投入大部分养老资金，因此通过解除合同关系来解决问题只会使老人流落街头。所以，在对整体制度进行考虑时，一方面，在进入正式合同关系前，有必要通过体验式入住等手段，使当事人可以最大限度地进行认真考虑，使当事人在受到决定性经济打击之前可迅速地撤离合同；入住后，反倒是应该尽量维持长期稳定的关系。当解除合同关系的情况不可避免时，应要求老人院经营者通过与公共机构的合作，对入住人退出后的生活给予考虑。

⑥ 顾客在利害判断能力上的劣势和衰退的进展，在这里也会产生重要的问题。入住人随着年龄的增长，不管其情愿与否，都会经历判断能力和活动能力的降低。若考虑到合同为终身有效，在合同的最终阶段，虽有程度上的不同，谁都将不可避免地迎来无能力状态。要求入住人承担的注意义务的程度应该随着能力的降低而逐渐放宽，老人院一方应承担的注意义务的程度则应该成反比例地不断提高。另外，从入住人的角度来看，因为站在债权人的立场，对应该获得的给付内容进行仔细研究和交涉的能力、监视能力和保卫自己利益的能力都将不断衰退，所以，对此采取监护性的补充手段也是很重要的。

有偿老人院合同是将老龄化问题归集到一起的合同领域，但根本性的问题在于老人院作为营利性团体这一现实，最终撞上了"福利与市场原理"相克这一问题上。入住人的年龄不断增长，当达到需要高密度、高额护理的阶段时，就会出现更为严重的状况。本来这一事业就具有所谓的"恶魔性结构"，一方面越是施以良心性的护理越会因花费金钱而承受巨大的经营压力；另一方面，具有可以大力消减成本的可能，入住人若早死，则周转率会提高，一次性收取入住费用的则可大赚特赚（经营稳定），对此我们绝不可视而不见。老人院的营利活动自应有其界限，在一定的情况下，将老人院的经营与社会保障和福利行政相联结，是不可避免的。

4. 老龄人的生活

（1）老龄人雇佣问题

在考虑老龄人的生活时，相对而言，考虑较多的是雇佣、医疗、护理、养老金等问题。尤其是雇佣问题，保障具有劳动意愿和劳动能力的多数老龄人的就业机会，利用其尚存的劳动能力，满足老龄人的自我实现欲望，这些与弥补其逐渐衰退的能力、使其重回社会（normalization）和创造生存价值等其他众多问题相关联，所以老龄人雇佣合同与一般的雇佣合同具有不同的意义。正因为如此，仅根据自由市场上的雇佣关系来对这一问题进行处理，大体上是不适当的。

（2）老龄人护理问题

随着老龄人身体的衰弱，护理问题会变得越来越严重。在很多情况下都与医疗问题相关联，这一点也需要留意。前面已经指出有偿福利和护理服务都与合同问题相关联。医疗技术的发展最终使看护和护理的期间有所延长，随着老龄人口比率的增高，对看护、护理本身的需求也会增大。因此，从社会整体上对护理需要进行抑制的方法（康复、预防、医疗保险系统的重新考虑）以及确保承担提供这种服务的人才和护理机器的开发等成为重要的课题。当然，也必须尽快建立**老人医疗**体制，充实专门的老人医疗机构，开展基于老人病特色的医疗活动。老龄人的情况，与其说是其身体上的特定部位发生了病变，不如说是由于其身体功能的整体下降，因某个疾病引起的并发症或导致恢复迟缓、健康受损的长期化、慢性化的情形更多。因此，与一般医疗体制的专业分工不同，它需要可以迅速应对并发症的综合诊疗功能、长期收纳慢性患者的功能和进行看护、护理、康复等特殊功能，而且还需要使这样的老龄人医疗机构形成网络化，这些无论如何都是必要的。

(3) 老龄人扶养问题

关于常常成为民法上的问题的**老龄人扶养**问题，也有必要予以一定的探讨。谁都希望能够在家庭与社会协力合作的环境下，确保过上安心的晚年生活，但是，当护理成为老龄人离不开的问题时，对此进行很好的处理却没有那么简单。有时也会成为精神上的巨大负担，发展成虐待老龄人的情形也不少见。对老人护理方面的奉献应该在对老龄人的遗产进行分割等情形中得到反映，这是自不待言的，但关于法定扶养问题本身，也需要进行一定的反思，坦率地承认因具有血缘关系就强制一直处于疏远状态的近亲属进行扶养的法定结构，存在一定的局限；广泛地认可基于当事人自发意思的合同扶养（这并不是很容易的事情*），而在无法期待这种扶养的情况下，寻求公共扶助是最理想的方式。即使在老龄人扶养问题上尽量考虑通过近亲属实施的家庭护理来解决，这对老龄人本人和社会来说都是最好的，但如果不与公共服务机构的援助相结合，尽量不使扶养人的负担超出其所能承受的范围的话，则最终甚至连最基本的关系都可能崩溃，这一点也应该给予充分的考虑。

最后引用格林童话中的"老爷爷与小孙子"的一段对话来结束看不到答案的本节。

> 很久以前，有一个年纪很大的老人，耳聋眼花腿打晃儿。吃饭时已不能端坐在饭桌旁拿好勺子，喝汤时不是把汤洒到桌布上，就是汤从嘴里流出来。对此，老人的儿子和儿媳都很厌恶。于是，老人最终沦落到只能坐在暖炉后的角落里吃饭的境地。老人的儿子将老人的食物放到用土做成的小盘中，还不让老人吃饱。用悲伤的神情眺望饭桌的老人，眼里流出了泪水。一天，由于老人的手颤抖，小盘没有拿住，掉到地上摔碎了。年轻的儿媳凶狠地训斥了他，老人对此也只能默默地叹气。儿媳花了一点儿钱给老人买了一只木碗。老人只能用这个木碗吃饭了。当大家一起坐下来吃饭时，4岁的小孙子在地板上把搬来的木片聚集到一起。父亲问道："你在做什么？"孩子说："我在做一只小桶。等我长大后，爸爸和妈妈就用这只小桶吃饭。"听到这番话，儿子和儿媳对视良久，最后哭了起来。之后，把年迈的老人搀到饭桌上来。从此，一家人重新开始坐在一起吃饭了。老人稍微掉些食物时，他的儿子和儿媳也不

再说什么了。

但是，实际情况却是十分严峻的，只以这样的宽容也无法全部能承受得住。谁都会有衰老的时候。在这一问题上，人的智慧与努力、合作与宽容，正经受着最严峻的考验。

* 东京高裁平成2年（1990年）7月16日判决（《判时》第1358号，第101页）处理的案件是：有位老人委托关系很好的邻居照顾自己的"三顿饭"，作为回报让其以低廉的房租住到自己的公寓里来。之后老人与这一邻居的人际关系陷入冷淡，最终达到了提出腾出房屋和请求相当于租金的损害赔偿金的地步。[1]

【参考文献】

除本文所列举的文献外，笔者的论文还有《成年後見制度と高齢者の契約》，载《国民生活》第28卷第7号（1998年），第8页；《成年後見制度における類型論》，载《ジュリスト》第1141号（1998年），第23页；《高齢者をめぐる契約の諸問題》，载《国民生活》第29卷第6号（1999年），第8页；《意思無能力者の署名を代行するなどした配偶者の不法行為責任（東京高判平成14・3・28判時1793号85頁の判例評釈）》，载《私法判例リマークス》第27号（2003年），第6页等。

正像社会所显示出的高度关注一样，关于老龄化社会的文献很多。作为概括性的文献近期有，国民生活中心编：《高齢者のサービスニーズと消費者問題》，中央法规1995年版；石川恒夫、吉田克己、江口隆裕：《高齢者介護と家族——民法と社会保障法の接点》，信山社1997年版；升田纯：《高齢者を悩ませる法律問題》，判例时报社1998年版；经济企画厅国民生活局编：《高齢者の消費者契約》，大藏省印刷局1998年版；大河纯夫、二宫周平、鹿野菜穗子编：《高齢者の生活と法》，有斐阁1999年版；河野正辉、菊池高志：《高齢者の法》，有斐阁1997年版；第一东京律师会司法研究委员会编：《高齢者の生活と法律》，日本加除出版1998年版；新井诚、佐藤隆夫编：《高齢社会の親子法》，劲草书房1995年版；新井诚、西山铨编：《成年後見と意思能力》，日本评论社2002年版；前田泰：《民事精神鑑定と成年後見法——行為能力・意思能力・責任能力の法的判定基準》，日本评论社2000年版；高村浩：《民事意思能力と裁判判断の基準》，新日本法规2002年版；熊谷士郎：

---

[1] 关于这一不幸案件的判决，请参考玉田弘毅：《高齢化社会における私法問題》；玉田弘毅、吉田忠雄、入江信子、安藏伸治：《高齢化社会の法律・経済・社会の研究》，信山社1996年版，第151页以下；安永正昭：《判評》第387号。一般性的文献，请参考上野雅和：《扶養契約——老人扶養をめぐって》；远藤浩等监修、淡路刚久等编：《現代契約法大系（7）サービス・労務提供契約》，有斐阁1984年版，第275页以下。

《意思無能力法理の再検討》，有信堂2003年版；山口浩一郎、小岛晴洋：《高齢者法》，有斐阁2002年；《特集・消費者としての高齢者を支援する》，载《実践成年後見》第49号（2014年）等。从实务角度描写成年监护人执行职务状态的有酒井寿夫：《成年後見と訴訟——高齢者の被害救済と成年後見人の実務》，民事法研究会2003年版较引人关注。

另外，也请参考高村浩：《成年後見制度と高齢者の消費者被害》，载《神奈川大学法学研究所研究年報》第18号（2000年），第33页；织田晃子：《契約法における消費者保護と高齢者》，载《私法学研究（駒沢大学）》第24号（2000年），第81页；松本恒雄：《未成年者と高齢者の保護》，载《法学セミナー》第474号（1994年），第98页；《特集・高齢者との銀行取引上の諸問題》，载《銀行法務21》第44卷第4号（2000年），第48页；永田均：《漸次的意思能力喪失と金融取引の有効性》，载《法学新報》第108卷第9、10号（2002年），第323页；ペーター・ハナウ，米津孝司译、吉田美喜夫解说：《高齢化社会における労働法上の諸問題》，载《立命館法学》第234号（1994年），第276页；佐藤进：《高齢化社会と高齢者福祉をめぐる法的諸問題》，载《自由と正義》第45卷第10号（1994年），第5页；中川淳：《高齢化時代の法的問題（特集・現代の家族と法的問題）》，载《法律のひろば》第47卷第2号（1994年），第18页。

第 2 节　高度信息化的应对

1. 信息化

现在的高新技术使人们强烈地意识到，无形的"信息"开始成为有价值的"财产"的核心或本质之一。例如，将作为书籍的辞典与电子辞典相比较的话，实际上，显然作为书籍的辞典的价值本身就在于信息。"信息化"的意义大抵来源于人们对信息意识的变化。现在，众所周知，有体物的主要属性集中以"信息"的形式逐渐成为交易和保护的重要对象。所谓的**"知识产权"（无体财产）**现在大有凌驾于有体财产之上的势头，在法的世界中担当着重要的角色。[1]并且，以计算机为代表的科学技术的发展，为这一信息的支配和移动的现有状态，带来了堪称"信息革命"的巨大变化。

2. 伴随高度信息化的诸问题

现代的"信息革命"被认为可与"产业革命"相匹敌（彼得·德鲁克观点）。通过互联网而实现的信息通信技术（IT）的发展，正逐渐给经济结构、社会结构、人们的生活习惯乃至人际关系带来巨大影响。计算机终端和多功能手机的普及以令人吃惊的势头发展，根据《信息通信白皮书（2003年版）》的记载，日本互联网的利用人数与前一年度相比增加了24%，为6 942万人，实际上互联网的人口普及率已超过了50%。[2] 政府通过高度信息通信网络社会战略本部（IT战略本部），正式实施了被称为"e-Japan战略"的制度改革，不但在基础设施的建设上，而且在各种服务和应用软件的开发和利用促进上，都倾注了一定的力量。此外，在2000年的所谓"千禧年项目"中，将实现**"电子政府"**作为目标，力求达到各种申请和物资调

---

〔1〕 关于知识产权制度状况的简洁概览，请参考中山信弘：《21世紀の知的財産制度をめぐる諸問題》，载《司法研修所論集》第106号（2001年），第1页。
〔2〕 根据日本总务省公布的2017年《信息通信白皮书》，到2016年年底，日本互联网的利用人数为1亿零84万人，互联网的人口普及率为83.5%。——译者注

配的电子化以及各种行政事务的电子化。在与国民的关系上，税务申报事项等已经实现了在线化，户籍誊本、居民证书申请、结婚登记、护照申请等的在线化也是迟早要实现的。通过赋予国民每人一个 11 位数的居民证号码，借助计算机来管理居民的住所、性别、出生日期等信息的"**居民基本信息网络系统**"已于 2002 年 8 月开始运行，这也是与各种行政手续在线化步调一致的结果。

结果我们社会生活中的大多数必要信息正在成为"电子信息"，通过磁性被记录下来，并予以集中管理，变成谁都可以轻而易举获得的信息（看起来是这样的）。交易活动中，经由互联网的"电子商务"也正在开始增多。现在，越过中间流通的网上商品交易、火车票与飞机票的预订、银行 ATM 机的存款交易、书籍订购、网上信息收集等，已成为人们极为司空见惯的日常行为。另外，通过网上的主页或公告栏，谁都可以成为大范围的信息发布者和信息获得者；等等。信息的动向仅在这 10 年左右的时间就发生了巨大的变化。

虽然这仅是一种"工具"，但对于这种急剧变化，制度性基础建设的应对要求却是很迫切的，已成为当今的重要法律课题。这里大致有三个类型的问题群：

第一，在实施各种信息交换时的"**本人确认**"，将交换、保管、管理的信息作为"**财产**"予以保护，对"**个人信息保护**"的强化，关于新合同类型之交易规则的确立，不可避免的数据乱码和错误风险的分配，**安全性**的确保和网络化的复合性交易关系的处理（尤其是结算和风险分配）等，成为建设好使利用人可以在高度信息化的社会中安心生活的制度性基础设备的问题群。当然，对于如何保护难以应对电子化的人的问题也再次浮现出来。

第二，有必要将以往的以书面或面对面形式开展活动的各种手续和法律制度，修改为尽量适合非面对面的进行**电子信息交换**的 IT 化的形式，例如，必须对各种书面交付义务、署名要求、文件保存义务以及关于异地之间的通知到达规则等进行重新考虑。

第三，作为与国际化关联的事项，还有解决与 IT 有关的事故和纠纷的国际性规则的形成，以及如何与既有的国际规则进行调整的问题。正因为互联网轻易即可跨越国境，所以，对与外国规则的整合提出了强烈的要求，很多模范法、指南、模范格式条款等已成为探讨的对象。

以下就与民法相关的若干交易问题来看一下所产生的部分变化。

3. 电子交易与民法

电子交易包括通过类似于利用信件进行信息交换的"电子邮件"（E-mail）进行的交易、利用由不特定的通信人参加的电子公告栏或聊天工具等进行的交易、利用带有商业目的的网页进行的交易、利用标准化格式数据的计算机相互间通信（EDI）进行的交易等，各种交易有其特殊的出现问题的方式。

(1) 本人确认与电子认证

正像已经被讨论的社会中的电话"匿名性"问题一样[1]，在经由网络的信息通信上，当事人相互无法确认对方是否真是网络上所表示出来的"本人"的情形很多。而且，因为是连声音都没有的、单纯的电子数据的移动，所以，容易发生所谓的"冒充"问题，而且若对事后发出的否认信息进行有效应对也是极其困难的。这些应当是很容易理解的。另外，收到的信息是否在中途被篡改也成为一个问题。因此，为了便于安心地进行交易和信息交换，需要在确认对方的真实性和确认内容的真实性上付出前所未有的努力。最简单的做法是，通过个人识别号码与密码的组合机械性地对本人进行确认。这种方法虽然已经在金融交易等活动中得到广泛普及，但还是不能确保信息内容的完整性。为了回应这一要求，**《关于电子署名和认证业务的法律》**[2][平成12年（2000年）法第102号，以下简称《电子签名法》]规定：在本人实施了一定的"**电子署名**"的情况下，推定该电子文件真实成立。

这一"电子署名"（**电子认证技术**）与通常的"署名、盖章"的印象相

---

[1] 围绕电话问题的文献情况，请参考河上正二：《電話を設置する——情報通信社会と民法》，载《法学教室》第208号（1998年），第65页等。

[2] 关于该法，请参考辛岛睦、范田耕一郎、小林善和：《Q&A 電子署名法解説》，三省堂2001年版。

差甚远,是一种应用了密码技术(RSA)的安全锁系统。因密码用的"钥匙"是由相当多位数的质数及其乘积组成的一组数列,通常是以一对一的对应关系存在的组合,所以像"符契"那样的利用是可能的。因为将文章加密的钥匙 K_1 与为解读而公开的一对一对应的解密钥匙 K_2 是不一样的,所以被称为"非对称公开钥匙方式"等。A 将通过自己的加密钥匙 K_1 加密的文件与解密钥匙 K_2 一同发送给 B 后,B 可以通过解密钥匙解读加密文件,同时还可以确认,这是由只能以一对一对应关系而存在的由加密钥匙 K_1 的使用人 A 发来的文件(实际上,未加密的"平文"也同时被发送,并对此附加了一定的验证手续)。因加密文件被篡改后就无法进行解密,所以,其内容的完整性就有了保证*。虽然,这样似乎首先可以确认送达的文件是由持有 K_1 这一加密钥匙的人封装的,但问题在于,持有 K_1 这一加密钥匙的人是否确实就是 A 本人。因此,若足以信赖的第三方机构(认证机构)可以确认加密钥匙 K_1 的持有人是 A,并将该证明书发给 B 的话,B 就能够安心了。实际上,这一结构与正式印章的印章登记制度[1]十分相似(在利用纸张的情况下,在文件上署名、盖章后,通过附加印章证明书的方式,即可强有力地推定该文件是由保管正式印章的本人制作的文件)。不过,电子署名的认证机构并不是公共机构,而是国家认定的民间认证机构(预计将来会由地方政府实施个人认证服务)。这样,在电子署名的情况下,只要密码具有适当的强度,必要的符号和机器及其他物件能够得到适当的管理,该电磁记录就被推定为"真正成立"(或者说某信息被认为是表达了制作该信息的制作人的意思),由此该电子署名就被赋予了**形式性的证据力**。不过,即使是通过这一办法,也不能说"确实是本人实施的电子署名",所以关于"由本人实施"这一点,不能否定这只是**事实上的推定**。另外,以上只是关于个人情况的认证,在交易主体为公司等法人的情况下,关于电子化商业登记,法务

---

〔1〕 在日本办事,到处都要求盖印章,而且不要求刻有全名的印章,只要刻有姓氏就可以。大街上就有卖刻好的各种姓氏的简易版印章。由于一般的印章很容易买到,容易产生冒名顶替的问题,所以日本规定了一个"正式印章的印章登记制度"。所谓"正式印章"是指唯有自己才有的独创印章,一般会找专门人员来刻,并把姓和名都刻上。刻好正式印章之后,要到自己的住所所在地的市县等行政机关去办理印章登记手续,之后在需要证明自己所持的印章是自己的正式印章时,可以到登记的行政机关开印章登记证明。在日本,从事买卖房屋、遗产继承等重要行为时,都要求加盖正式印章并出示印章登记证明。——译者注

省会作为认证机构发行包括记载代表人在内的证明书,所以,通过附加了这个证明书的电子署名,法人代表的代表权事实上就得到了公共机构的证明。

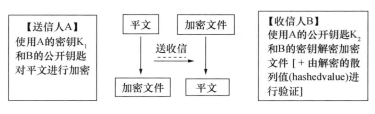

图 10-2

＊【密码被破解】 因在密码被解读的情况下,电子署名可以丝毫不差地被伪造,所以,会发生被第三人广泛"冒充"的危险。电子署名的密码技术依靠制作署名钥匙与验证钥匙组合的认证机构或技术提供者的技能,依照密码制作当时的技术水平,如果该密码不具有通常应有的安全性,这些机构或技术提供者就要承担责任。不过,密码与密码解读技术日新月异,随着技术的发展,只能在斟酌该密码的用途、目的等的同时来进行具体的考虑。

（2）书面交付的代替手段

现在的合同原则上只根据"要约"与"承诺"这一当事人的意思表示一致而成立（**诺成主义**）。但是,像《分期付款销售法》和《特定商业交易法》那样,在合同成立的过程中,当事人要承担一定的书面交付义务的情形也不在少数（请参考《分期付款销售法》第 4 条、《特定商业交易法》第 4 条）。这样的义务规定,通过明确合同上的给付目的和权利义务内容,可使经营者向顾客提供充分的信息,促使顾客慎重地签订合同,同时还具有在事后出现纠纷时使证据保存变得容易的功能。还有,根据不同的情况,书面交付义务对于签订了不需要、不急用的合同的顾客来说,还起到能够无条件解除合同（cooling-off）的熟虑期间起算点的作用（请参考《分期付款销售法》第 4 条之 4 第 1 款、《特定商业交易法》第 9 条第 1 款）。但是在网上交易的情况下,书面交付是不可能的,最多只能实现事后的交付。意欲应对这一问题的是《IT 书面统一完善法》,其正式名称是《关于完善有关书面交付等信息通信技术相关法律的法律》[平成12年（2000年）法第126号］。通过此法，在多达50部的法律中规定了"交付"和"通知"等，原则上打开了通往电子化的道路。

例如，《分期付款销售法》第4条之2规定："……代替书面交付，根据政令的规定，获得该利用人或购买人或接受服务人的承诺后，可将应在该书面记载的事项，通过使用电子信息处理系统的方法及使用其他信息通信技术方法，依照经济产业省令的规定进行提供。在这种情况下，视为该分期付款销售经营者进行了该书面的交付"，对该书面应记载事项进行提供时，"在记录到达购买人或接受服务人使用的电子计算机备置的文件中时，视为已到达该购买人或接受服务人"。也就是说，这一规定是对通过在顾客的计算机屏幕等画面上表示出的可以代替书面的交付所做的照顾。因为已被记录到文件当中，所以，可以打印出来，在信息提供和作为证据的书面意义上，可以以此代替。但是，如果顾客拒绝这样的提供方法，坚决要求提供"纸张"书面的话，就必须按照顾客的意愿行事。

（3）意思表示的到达规则

在民法上规定，当A向处于不能立即作出回复状态的"异地人"B传达一定的意思时，原则上只有当A的意思表示"到达B处时"才发生法律效力。这被称为关于意思表示发生效力的**到达主义**（第97条）。因为是"到达时"，所以即使实际上对方并不"知道"其内容，（例如，像信件被投递到对方的信箱中时那样）达到对方"可知状态"即可。但是这一原则有一个例外，关于"合同"的**承诺通知**，《民法》规定"发出通知时即成立"，采用的是**发信主义**（第526条第1款）。[1] 这被认为是为了应对合同迅速成立的要求和考虑到承诺未到达要约人时双方当事人的利害关系的结果（详细内容在债权各论中学习）。但是，由于网上电子交易与传统邮寄的情形不同，信息于瞬间即可到达，所以，是否可以不必拘泥于发信主义，及是否可以参照对话者间约定的规则进行处理就成了一个问题。对此，《关于与电子消费

---

〔1〕 修改后的日本《民法》删除了现行《民法》第526条第1款的规定。也就是说，关于合同的承诺通知，统一适用《民法》第97条所规定的到达主义。——译者注

者合同和电子承诺通知相关的民法特例的法律》[1][以下简称为《电子消费者合同法》，平成13年（2001年）法第95号］就规定异地者之间发送合同**电子承诺通知***时，不适用发信主义（该法第4条）。另外，前述"书面交付""书面通知"的概念与"到达"的概念有微妙的不同。若考虑到"书面交付"和"书面通知"是为了满足向顾客提供信息和使顾客保存证据而实施的法律要求，则仅要求单纯地"到达"顾客处是不够的，还必须要求该信息达到可在计算机屏幕上表示出来、可打印的状态。

*【**电子承诺通知**】 该法律中的"电子承诺通知"是指"针对合同要约的承诺通知。该通知是在电磁性方法中，通过意欲对合同要约进行承诺的人所使用的电子计算机等（指电子计算机、传真装置、电报或电话机）与发出了该合同要约的人所使用的电子计算机等相连接，利用电信线路发信的方法所发出的信函"（请参考《电子消费者合同法》第2条第4款）。

(4) 错误规则的修改

若通过终端的简单操作即可在瞬间成立大量交易，则可能因为一丁点儿的敲错键盘、操作错误、画面的读取错误以及画面上的偶然误导而造成预料不到的重大后果。民法上，在表意人发生错误，作出了与其真实意思不同的意思表示，且该表示是与行为的重要部分（即"**要素**"）相关的表示时，以发生错误为理由主张该意思表示无效的行为是被认可的（第95条本文[2]）。但在表意人被认为有"重大过失"时，不能主张无效（第95条但书）。

在电子交易的情况下，若敲错键盘或误点击时，结果会如何呢？**《电子消费者合同法》**第3条规定，对于消费者作出的电子合同的要约或承诺的意思表示，如果发生要素错误时，在符合下述两种情形之一的情况下，即可不适用《民法》第95条但书的规定：

---

〔1〕《关于与电子消费者合同和电子承诺通知相关的民法特例的法律》通过平成29年（2017年）法第45号修改为《关于与电子消费者合同相关的民法特例的法律》。

〔2〕现行日本《民法》第95条规定"基于错误而作出的意思表示为无效"。但修改后的日本《民法》第95条规定"基于错误而作出的意思表示可以撤销"。——译者注

①"消费者在使用电子计算机发信时,并没有(与该经营者就电子消费者合同进行要约或承诺的意思表示)的意思时";②"消费者在使用电子计算机发信时,有(作出与该电子消费者合同的要约或承诺的意思表示不同的意思表示)的意思时"。所以,在消费者因错误操作机器等错误地对合同要约发出承诺通知时,原则上认可消费者的错误行为不产生法律效力。但同时作为该原则的例外,又规定了"作为该电子消费者合同对方的经营者(包括接受其委托的人),在发出该要约或承诺的意思表示时,利用电磁性方法,通过画面(计算机屏幕等),采取一定的方法要求消费者确认自己是否有意就消费者合同作出要约或承诺的意思表示时,或者该消费者向该经营者表明无需采取这样的确认方法时,不在此限"。换言之,经营者只要采取上述的措施,就可以主张该消费者具有"重大过失"(裁判所是否支持其主张是另一个问题)。网上接连出现的精心设计的**确认画面**,不仅是出于经营者的好意,而且还发挥着阻止消费者主张错误无效的作用。正因为轻率地访问网页实在是太容易了,所以对于画面上的信息及应确认的内容,消费者到底能够做到什么程度就不得而知了。

(5)电子结算与电子货币

现在,电子交易上的结算状态也发生了巨大变化。电子的资金移动、集中结算,电子货币的使用等现金只在观念上被使用的情形急剧增多。像电话卡一样代替现金的预付卡、信用卡以及银行在线连接的终端机(ATM 和自动提款机)等早已得到使用,而在推进"电子货币"的构想时,出现了以所谓与"货币"相分离的网络共同体之间的合同为基础的价值表象信息的交换。虽然"电子货币"有多重含义,但通常是指根据利用人预先提供的资金(发行保证金)所发行的电磁性记录,在利用人之间进行支付和更新而实现电子性结算的方式或该磁性记录本身。

关于其本质未必明确,有时可认为是在多数当事人之间发生的类似一定金钱价值的连锁性支付指示,有时也可以认为是转移价值所用的新媒介。总之,因电子货币只是数字数据,所以,无法识别伪造的电子货币。IC 卡的盗用、无权交易的应对,实施转让行为时的支配移转问题(防止双重使用),乃至电子货币发行人的破产和对电子货币的强制执行等,这些与本来的现金货币的不同之处必须进行明确，进而，还会碰上"什么是私法上的金钱"这一根本性课题。[1]

（6）名誉损害与服务商责任

与侵权行为法相关联，这里探讨一下所谓的**服务商责任**问题。互联网上的网页或公告栏等"以不特定人接收为目的"的通信服务，称为"**特定电子电信服务**"。在使用这些通信服务发出的无责任的信息中，包含有侵害他人肖像权和其他具有高度保密性的个人名誉权的信息。因发信人是匿名的，所以，受害人将加害人予以特定并寻求救济是极其困难的。尽管其终归像"公共厕所的涂鸦一样的东西"，但考虑到其可传播到更广范围地区的潜在能力，对此绝不能置之不理。虽然通过抗议言论等来否定其内容并不是不可能的，但一旦利益被侵害，其恢复起来没有那么简单。作为受害人，可以对连接服务的提供者（网络服务提供商：ISP）提出删除信息或披露发信人信息的请求，根据情况也可以追究网络服务提供商自身的损害赔偿责任。尽管如此，作为服务商虽然提供了公告栏等场所，但因为时刻监视每个公告栏上的信息内容，判断其是否会侵害他人的权利是不可能的，而且可能还会与法律对个人言论自由、通信秘密的保护相抵触，所以即使认为某个发出的信息是有问题的，对其是否删除也不得不慎重考虑。最终服务商可能会被信息发布人与主张权利受侵害的人双方追究责任。"**服务商责任限制法**"，正式名称为《关于限制特定电信服务提供人的损害赔偿责任及发信人信息披露的法律》［平成13年（2001年）法第137号］就是为了处理这一情况而制定的。[2] 该法律规定了服务商对于存在问题的信息，在没有采取删除措施或发送预防措施时的责任，以及相反地实施了删除措施时的免责要件，还规定了应将有问题的信息发信人的信息披露给受害人时的条件，试图明确服务商的责任内容。

---

〔1〕 关于电子结算，参见岩原绅作：《電子決済と法》，有斐阁2003年版，既周到又详细。关于"电子货币"，较优秀的理论性探讨有，森田宏树：《電子マネーをめぐる私法上の諸問題》，载《金融法研究》第15号（1999年），第51页；还有《金融法研究资料编（14）》（1998年）。

〔2〕 关于该法，请参考饭田耕一郎编著：《プロバイダ責任制限法解説》，三省堂2002年版。

4. 小结

除上述内容外，高度信息化要求民法进行改变和修改的问题还有很多。户籍和登记簿的电子信息化、带有确定日期的电子认证、各种申报和通知的电子化等，给至今为止的权利关系的确定方法带来了很大的影响。但是与此相比，更需要注意的是，在肆意泛滥的信息洪流中，对于作为权利主体的个人所应承担的，伴随其意思决定和行使选择权所产生的责任的要求达到了前所未有的强度。当然，作为血肉之躯的个人，适当地处理、利用这个庞大信息的能力和时间是有限的。因此，如果个人不能将自己真正需要的信息进行筛选，获取并掌握自由使用的技术，在这种高度信息化的社会会有一定危险。在网络世界这一新的自由空间中，为了保护"人的原本面目"，法律究竟应该发挥何种作用，对此还需要进行认真的探讨。

【参考文献】

关于围绕高度信息化、电子社会的法律问题，近来出现了很多文献。尤其请参考中里实、石黒一宪编著：《電子社会と法システム》，新世社 2002 年版；《特集・電子取引》，载《ジュリスト》第 1183 号（2000 年）；内田贵：《電子商取引と法[1-4（完）]》，载《NBL》第 600-603 号（1996 年）；《特集・インターネットと法》，载《法律時報》第 69 卷第 7 号（1997 年）；内田贵：《電子商取引と民法》，载《別冊 NBL》第 51 号；内田贵：《IT 時代の取引と民事法制》，载《法学協会雑誌》第 118 卷第 4 号（2001 年），第 481 页；藤原宏高：《サイバースペースと法規制》，日本経済新聞社 1997 年版；高橋和之、松井茂记编：《インターネットと法》（第 3 版），有斐阁 2004 年版；平田健治：《電子取引と法》，大阪大学出版会 2001 年版，山本丰：《電子契約の法的問題——消費者契約を中心に》，载《ジュリスト》第 1215 号（2002 年），第 75 页；中山信弘等编：《電子商取引に関する準則とその解説》，商事法务 2002 年版；西村总合法律事务所网络媒体实践小组编著：《IT 法大全》，日经 BP 社 2002 年版；堀部政男编著：《インターネット社会と法》（第 2 版），新世社 2006 年版；驹谷升一等：《情報とネットワーク社会》，Ohm 社 2011 年版；サラバーズ（日本情報倫理協会）：《IT 社会の法と倫理》（第 2 版），Amazon 2014 年版；酒匂一郎：《インターネットと法》，信山社 2003 年版；山田茂树：《インターネット消費者被害の実務》，民事法研究会 2014 年版等。

第3节 国际化的应对

1. 国际化

通信手段和运输手段的发展，拓宽了以经济生活为中心的人们的活动领域和物流范围，使跨越国境的人际交流和财物流通更加活跃，在各方面推进了国际化。不用说前面已经提到的通过互联网实施的电子交易，在现代，连国际婚姻、国际交易、海外旅行等都已不再是稀奇的事情。与此同时，各种纠纷也就轻易地跨越了国境。

需要再次唤起注意的是，本书主要阐述的对象是作为日本"国内法"的日本《民法》。因为日本民法典终究是作为日本裁判所处理发生在日本境内的民事纠纷的法律规范，所以在纠纷的主体或客体超出了国境或跨越了国境的情况下，有必要从不同的角度来摸索应适用的规范和解决纠纷的程序。

2. 涉外法律关系与国际私法

国际社会现在已基本上形成了以国家为单位的固有法律秩序。这时，在发生了超越国境的、涉及多种法律秩序的、私法上的生活关系（**涉外生活关系**）时，其民事纠纷应以何种规范（**准据法**）和程序进行解决则成为问题。围绕涉外生活关系的民事纠纷被起诉到日本的裁判所时，作为日本的裁判所，首先，要判断其是否有处理该案件的司法上的权限，即裁判权（**裁判管辖权**）；其次，要确定该涉外生活关系应适用于哪个国家的法律（**准据法**）。而**国际私法和国际民事诉讼法**（将二者合在一起称为**广义的国际私法**）正是解决这一问题的法律领域。在涉外法律关系上，规定法律适用关系时的中心法源，以前称作《**法例**》[明治31年（1898年）法第10号] 的法律，但该法已因平成18年（2006年）法第78号《关于法律适用的通则法》（以下简称《**法律适用通则法**》）的实施而改头换面。此外，还有一些特别法和特别规定，如《票据法》第88条以下、《支票法》第76条以下、《关于遗嘱方式的准据法的法律》[昭和39年（1964年）法第100号]、《关于扶养义务的准据法的法律》［昭和61年（1986年）法第84号］等，它们与所处理的这些问题的特性相适应。随着国际化的发展，这些国际私法规则的统一化也开始变得十分重要。应当注意的是，这些法律原则上是规定法律适用关系的**间接规范**，并不是用来直接推导出关于权利义务关系结论的规范（直接规范）。但实际上一边考虑有可能适用的法律的性质和适用结果的妥当性，一边进行细微调整的情况也是有必要的。并且，在国际私法上，根据成为问题的生活关系和纠纷类型，在对**行为性质**进行严格判断的同时，对于何为最适当的准据法的判断进行了多层的持续不断的积累（翻开手边的国际私法教科书[1]，看一下其目录的各论部分，几乎达到了难以与民法教科书相区分的程度）。反过来想想看，不仅限于涉外案件，可能应当说，日本《民法》时常通过国际私法这个过滤器，才开始被日本裁判所认可，作为适用于国内案件的规范。

3. 统一私法的动向

国际私法原则上是通过适用某一有关联的国家的私法，来间接地调整涉外生活关系的法律。与此相对，从很早开始，就存在着统一各国私法的实体性内容从而形成**万民法**的动向。当然，由于将各国的法律全部统一化、平均化，在事实上是不可能的，因此需要国际私法与统一私法携手来调整国际性的民事法秩序。

对统一规则要求较大的交易法领域以及票据、支票等支付领域，对制定统一私法很早就倾注了许多努力。尤其以罗马的私法统一国际协会（UNIDROIT）和维也纳的联合国国际商业交易法委员会（UNCITRAL）的活动最为有名。[2]国际上已经签署的有《统一船舶碰撞某些法律规定的国际公约》（1910年）、《统一海难救助若干法律规则的公约》（1910年）、《统一提

---

〔1〕 关于国际私法，请参考樱田嘉章：《国际私法》（第6版），有斐阁2012年版；溜池良夫：《国际私法讲义》（第3版），有斐阁2005年版；山田镣一：《国际私法》（第3版），有斐阁2004年版；道垣内正人：《ポイント国际私法（总论）》（第2版），有斐阁2007年版；道垣内正人：《ポイント国际私法（各论）》（第2版），有斐阁2014年版。

〔2〕 请参考曽野和明：《グローバルな取引への法的现代的対応——世界の変化とUNCITRAL 40年の軌跡》，载《国际商取引学会年报》第10号（2008年），第193页等。

单的若干法律规则的国际公约》（1924 年）这样的堪称"万民法"的公约，也有作为统一私法被制定并逐渐被众多国家批准实施的公约。海牙的《国际货物买卖合同成立统一法公约》（Convention Relating to a Uniform Law on the Formation of Contracts for the International Sale of Goods，简称为 ULF，1964 年）和其后的维也纳的《联合国国际货物销售合同公约》（United Nations Convention on Contrads for the International Sale of Goods，1980 年）［就此公约，日本于 2008 年公布加入，2009 年 8 月 1 日在日本生效］等即属于后一类，它们已经在国际交易中被广泛利用。还有民间存在的事实上的统一规则和标准合同条件等，对事实上的商业习惯法（lex mercatoria）的形成作出了贡献。传统上，重要的国际关系规范均以国际习惯法的形式产生，并依靠各国的一般性习惯以及认定该习惯为国际性规则的法律来确定和支持。从这一意义上讲，将事实上的统一规则与作为多国间的公约继而发展起来的规则合并起来，对于法律规范的国际性协调将会发挥重要的作用。另外，虽然有地域性差别，但可以预见在已形成巨大经济圈的政策地域进行的统一相关交易法的动向，终将对今后的国际性私法统一带来巨大影响。

这样就不得不认真地探讨一下作为国内法的民法应如何改变，才能与这样的世界性发展趋势、全球化标准相协调。实际上，日本制定的重要的民事立法——《产品责任法》《消费者合同法》以及关于成年监护的法律等，若排除世界潮流的影响是无法想象的。在近来围绕活跃的债权法修改活动中，对国际性公约等的关注也是很显著的，国内法与国际法之间的障碍会越来越少。今后还需要对国际私法统一规则的制定动向予以关注。

【参考文献】

关于整体的动向，也请参考内田贵：《市場のグローバル化と法の統一》，载《司法研修所論集》第 103 号（2000 年），第 1 页。另外，关于与国际性商业交易相关的重要条约，包括对其进行的介绍和种种问题点，请参考山田镣一、佐野宽：《国際取引法》（第 3 版补订 2 版），有斐阁 2009 年版；松冈博：《国際関係私法入門》（第 3 版），有斐阁 2012 年版；泽田寿夫等：《マテリアルズ国際取引法》（第 3 版），有斐阁 2014 年版；北川俊光、柏木升：《国際取引法》（第 2 版），有斐阁 2005 年版；高桑昭：《国際商取引法》（第 3 版），有斐阁 2011 年版；高桑昭：《国際取引における私法の統一と国際私法》，有斐阁 2005 年版；江头宪治郎：《商取引法》（第 7 版），弘文堂 2013 年版的相关部分；新堀聪、柏木升编：《グローバル商取引と紛争解决》，同文馆 2006 年版等进行了简明易懂的论述。

关于包括调整欧盟地域内的私法（尤其是合同法与民事责任）在内的诸问题，请参考ハイン・ケッツ：《ヨーロッパ判約法》，潮见佳男、中田邦博、松冈久和译，法律文化社 1999 年版；オーレ・ランドー：《ヨーロッパ判約法原則（1—3）》，潮见佳男、中田邦博、松冈久和监译，法律文化社 2006—2008 年版；フォン・バール：《ヨーロッパ不法行為法（1・2）》，窪田充见编译，弘文堂 1998 年版；川角由和、中田邦博、潮见佳男、松冈久和编：《ヨーロッパ私法の動向と課題》，日本评论社 2003 年版；川角由和、中田邦博、潮见佳男、松冈久和编：《ヨーロッパ私法の展開と課題》，日本评论社 2008 年版所载相关文稿；ユルゲン・バセドウ编：《ヨーロッパ統一判約法への道》，半田吉信、泷泽昌彦、松尾弘、石崎泰雄、益井公司、福田清明译，法律文化社 2004 年版等。

另外，与民法相关的最近的主要统一规则及其参考文献有：

① 联合国国际贸易法委员会：《担保交易立法指南（草案）》的参考资料包括：冲野真已：《UNCITRAL〈担保付取引に関する立法ガイド〉（案）の検討状況（1—3 完）担保作業部会の動向》，载《NBL》第 759 号（第 19 页）、第 761 号（第 41 页）、第 763 号（2003 年第 45 页）；冲野真已：《UNCITRAL〈担保付取引に関する立法ガイド〉（案）の検討状況・続報》，载《NBL》第 770 号（2003 年），第 6 页；池田真朗、石坂真吾：《UNCITRAL〈担保付取引に関する立法指針〉作成作業について》，载《NBL》第 748 号（2002 年），第 19 页。另外，也请参考早川真一郎：《国際取引と担保》，载国际法学会编：《日本と国際法の100年（7）国際取引》，三省堂 2001 年版，第 66 页以下。

② 联合国国际贸易法委员会：《联合国国际贸易应收款转让公约》的参考资料包括：池田真朗、星野英一、高木新二郎（他）：《UNCITRAL 国際債権譲渡条約について》，载《金融法研究》第 18 号（2002 年），第 63 页；池田真朗、北泽安纪、国际债权流动化法研究会：《〈資料〉注解・国連国際債権譲渡条約——UNCITRAL 総会報告書をもとに（1—4 完）》，载《法学研究（慶應義塾大学）》第 75 卷第 7 号第 156 页、第 8 号第 138 页、第 9 号第 162 页、第 10 号（2002 年）第 198 页；池田真朗：《債権連鎖譲渡論——UNCITRAL 国際債権譲渡条約草案と民法・債権譲渡特例法》，载《法曹時報》第 54 卷第 1 号（2002 年），第 1 页；池田真朗：《個別報告 UNCITRAL 国際債権譲渡条約について》，载《金融法研究・資料編》第 17 号（2001 年），第 150 页；池田真朗、北泽安纪、国际债权流动化法研究会：《〈資料〉UNCITRAL 国際債権譲渡条約草案作業部会最終案試訳》，载《法学研究（慶應義塾大学）》第 74 卷第 3 号（2001 年），第 232 页；早川真一郎：《UNCITRAL 債権譲渡条約について》，载《国際私法年報》第 3 号（2001 年），第 1 页。

③ 联合国国际贸易法委员会：《电子签名示范法》方面的参考文献包括：内田贵：《電子商取引と法——UNCITRAL〈電子商取引モデル法〉および通産省〈電子商取引環境整備研究会中間報告書〉を中心として（1—4）》，载《NBL》第 600—603 号（1996 年）；大仲末雄：《電子商取引における電子署名（1・2 完）：グローバル化と国内法の関係》，载《神戸学院法学》第 32 卷第 2 号第 573 页、第 3 号（2002 年）第 825 页；新堀聡：《グローバル商取引法各論——電子商取引に関する

UNCITRALモデル法（1—6）》，载《JCAジャーナル》第 51 卷第 6 号—11 号（2004年）。

④ 联合国贸易法委员会：《联合国国际贸易法委员会跨国界破产示范法》方面的参考文献包括：山本和彦、伊藤真：《UNCITRAL 国際倒産モデル法について》，载《金融法研究》第 15 号（1999 年），第 91 页；山本和彦：《UNCITRAL 国際倒産モデル法》，载《ジュリスト》第 132 号（1998 年），第 92 页；山本和彦：《UNCITRAL 国際倒産モデル法の解説（1—8 完）》，载《NBL》第 628—639 号（1997—1998 年）；山本和彦：《新たな国際倒産法制（1—5 完）：UNCITRALモデル法との比較を中心に》，载《NBL》第 698—704 号（2001 年）。另外，贝濑幸雄：《国際倒産法と比較法》，有斐阁 2003 年版中，将 EU 国际破产条约与 UNCITRAL 国际破产模范法进行了比较论述。

⑤ 联合国国际贸易法委员会：《联合国贸易法委员会仲裁规则》方面的参考文献包括：2003 年的《仲裁法》是按照 UNCITRAL 仲裁模范法的内容制定的，关于二者的对应关系，请参考近藤昌昭等：《仲裁法コンメンタール》，商事法务 2003 年版；三木浩一：《UNCITRAL 国際商事仲裁モデル法 2006 年改正の概要（上・下）》，载《JACジャーナル》第 54 卷第 6 号第 2 页、第 54 卷第 7 号（2007 年）第 12 页。

⑥ 联合国国际贸易法委员会：《国际商事合同通则》方面的参考文献包括：曽野和明、広瀬久和、内田贵、曽野裕夫译：《ユニドロワ国際商事契約原則》，载《NBL》第 754 号（2003 年），第 66 页；曽野和明、広瀬久和、内田贵、曽野裕夫：《UNIDROIT 国際商事契約原則》，商事法务 2004 年版；広瀬久和译：《ユニドロワ国際商事契約原則（全訳）》，载《ジュリスト》第 1131 号（1998 年）。关于 2004 年的修改，请参考内田贵：《ユニドロワ国際商事契約原則 2004：改訂版の解説（1—5完）》，载《NBL》第 811 号第 38 页、第 812 号第 71 页、第 813 号第 69 页、第 814 号第 64 页、第 815 号第 45 页。

⑦ 联合国国际贸易法委员会：《联合国贸易法委员会特许权披露义务示范法》方面的参考文献包括：小冢庄一郎：《ユニドロワのフランチャイズ開示義務モデル法（上・下）》，载《国際商事法務》第 30 卷第 9 号第 1189 页、第 10 号（2002 年）第 1367 页；小冢庄一郎：《ユニドロワにおけるフランチャイズ・モデル法の作成》，载《上智法学論集》第 45 卷第 3 号（2002 年），第 31 页；小冢庄一郎：《フランチャイズ契約に関するユニドロワのモデル法草案（上・中・下）》，载《NBL》第 708 号第 6 页、第 710 号第 30 页、第 712 号（2001 年）第 66 页。

⑧《联合国国际货物销售合同公约》方面的参考文献包括：甲斐道太郎、石田喜久夫、田中英司、田中康博编：《注釈国際統一売買法—ウィーン売買条約Ⅰ・Ⅱ》，法律文化社 2000 年版、2003 年版；能见善久：《ウィーン売買条約（CISG）の試訳》，载《NBL》第 866 号（2007 年），第 13 页；曽野裕夫、中村光一、舟桥伸行：《ウィーン売買条約（CISG）の解説（1—4 完）》，载《NBL》第 887 号第 22 页、第 888 号第 44 页、第 890 号第 82 页、第 891 号（2008 年）第 65 页。简洁的文献请参考曽野和明：《ウィーン売買条約の加入に向けて》，载《ジュリスト》第 1131 号（2007 年），第 2 页；曽野和明：《ウィーン売買条約と国際契約法》，载《同志社法学（第 60 卷）》第 1 号（2008 年），第 323 页；中村秀雄：《国際動産売買契約法入

門》，有斐阁 2008 年版等。

⑨ 其他：横山润：《国際的な子の奪取に関するハーグ条約》，载《法学研究》第 34 号（2000 年），第 3 页；早川真一郎：《子の奪い合いについての一考察》，载中川良延等编：《日本民法学の形成と課題——星野英一先生古稀祝賀（下）》，有斐阁 1996 年版，第 655 页；早川真一郎：《国際化と家族法》，载《現代法律実務の諸問題〈平成 10 年版〉〔日弁連研修叢書〕》，第一法規 1999 年版，第 767 页；早川真一郎：《子の奪い合い紛争の解決》，载《家族〈社会と法〉》第 18 号（2002 年），第 134 页。

第4节 民法（债权法）修改的动向

(1) 修改民法典活动的背景

最近产生了把明治以来的民法典修改为适应社会变化的、具有现代结构的、在今后一百年左右能够得以维持的民法典这样的新的时机（学界内部，在稍早些时候就已存在为适应社会的变化，从根本上来修改财产法部分的动向）。确实，在民法领域里，特别法很多，积累了大量的判例法，只是读一下民法典，难以看清什么是我们社会生活的基本规则。至少为适应社会实情来整顿民法典，为不使民法典自身的本体部分流入特别法而使民法典空洞化，出现把规则恢复到《民法》中来，再次构筑作为私法源泉的民法典这样的活动并不是不可思议的。因此倒不如说到现在为止，日本立法机构对于民法典自身的修改所抱有的消极态度是有问题的。

并且，有必要注意民法典的修改与国民的司法参与、司法制度的改革和"法律是市民的"这样的口号是有关系的。像在导入裁判员制度等的活动中已经看到的那样，应该为了市民制定易于接近、易于理解、透明度很高的法律。这样的要求应作为很重要的因素列出来。司法制度改革审议会的意见书（2001年）里写道："21世纪的司法，必须是通过解决纠纷，设定预测可能的透明度很高的公正规则，在对违反规则的行为进行准确认定的同时，对权利、自由受到侵害者给予确切且迅速的救济；……为了实现易于理解的司法，必须把成为司法判断基础的法令（规则）的内容制定成为对国民来说是易于理解的。尤其是基本性法令，应该将其制定成具有以下特色的规范，即对于国内外的利用人来说，它们不仅是裁判的规范，而且作为行为规范也是易于理解的，并且一般来说是容易参照、预见可能性很高、适应于国内外社会经济形势的适当的内容。"

(2) 经济的全球化和国际性协调

修改民法典最大的要因是经济全球化和国际性协调的要求。像已在前文提到的那样，最近诸外国修改民法（债权法）的活动和统一法律的活动很活跃。随着有体动产（即物品）等跨越国境交易活动的积极展开，尽量在统一规则下进行交易为好，所以指向平均化、统一化的立法改革在很多国家都很盛行。为了以公约形式实现上述目标，《国际货物买卖合同成立统一法公约》于 1964 年生效，继其后，1972 年的《国际货物买卖统一法公约》，1980 年的《联合国国际货物销售合同公约》发生效力，到现在得到很多国家的批准，日本也在 2008 年加入了《联合国国际货物销售合同公约》（2009 年 8 月开始生效）。也就是说，关于日本企业与公约加入国的企业进行交易签订的国际买卖合同，只要当事人没有构成排除该公约的合意，《联合国国际货物销售合同公约》就被适用。并且，维也纳联合国国际贸易法委员会（UNCITRAL）关于时效的相关公约和以法的统一为目标的罗马的私法统一国际协会（UNIDROIT）的《国际商事合同通则》（2010 年最后修订）等也很重要。在日本，以前就有创设国际性统一法律的要求，实际上在航空运输和货物运输等方面也取得了相当的成功。如果非要说的话，《民法》中有关物权方面的规定和有关家庭方面的规定与人们生活的土地、地域有着密切的关系，所以它们有成为"故乡的法"的倾向。但是《民法》中有关债权和合同方面的规定拥有通过交易圈的扩大被平均化和统一化的可能性，这一点是容易得到理解的。

　　欧洲终于实现了经济的统合，在区域内的市场上，消费者无论从哪里都可以自由地购买物品，但是，在欧盟要求区域内的消费者不管是从哪里买的物品都应该得到同样的保护，欧洲议会公布了统一指令，对各国提出要确保消费者合同上的利益得到最低限度的保护，并把此内容规定在国内法中。这个指令是迈向统一交易法的最初一步，各国不得不探讨把当时的 EC 指令的内容纳入国内法中。以前传统的国内法中，例如拿破仑制定的《法国民法典》、19 世纪潘德克顿法学以来的《德国民法典》都不得不遵照欧盟的要求，接受一定程度的改观，因此有关债权法修改的活动在欧洲突然变得活跃起来也是很自然的事情。在此之后，欧盟确立了制定欧洲统一合同法的目标，欧洲各国的学者们聚集在一起，试着整理《欧洲合同法原则》（PECL）（2000 年整理出了 Part Ⅰ、Ⅱ，2003 年整理出了 Part Ⅲ），"欧洲私法的原则、定义、模范准则、共同参考框架草案（DCFR，2009 年）"的制定工作等也在持续中。其中，有关债权让与的国际规则的制定应该予以关注。

(3) 各国的修法动向

还应该关注各国在制定新民法典（债权法）上的动向。加拿大的新魁北克民法典早在 1994 年起就已实施，荷兰在 1992 年制定了新民法典，从而刷新了旧法典；德国在 2002 年全面修改了民法（债务法部分），法国也就债务部分以及时效部分作出了修改草案等，与此相关的立法讨论正在进展中。在修法过程中，法国采取了比较保守的姿态，但是在德国，尽管有很多学者反对，还是实现了相对大胆的改革。也许德国有主导欧盟境内统一交易法讨论的打算。设置在意大利帕维亚大学的"欧洲私法学者协会"也公布了《欧洲合同法典草案》（俗称"Pavia 草案"），可以说民法大修改正是时代的潮流。

(4) 日本的应对

① 对立法的助跑。处在这样的时代，日本的立法该如何应对？众所周知，日本的民法典是在法国人布瓦索纳德以《法国民法典》为基础，比较其他各国的法律制定出原案（旧民法），再由日本学者参考"德国民法典第一草案"进行修改而制定出来的。日本的民法典就像是以《法国民法典》和《德国民法典》为双亲诞生的孩子，"父母"在不停地变化，"孩子"却保持不变是否妥当，这样的焦虑也不是无法想象的。这几年在日本，有关各外国民法修改动向的论文在飞速增加，民法修改讨论的学术会、研讨会等也已多次举行，债权法修改的时机高涨也不是偶然的。

此外还应留意的是，中国正在急速推进市场化，作为法律的基础设施正在积极进行新民法典的编纂工作。到目前为止，中国先是制定了相当于民法典总则的《中华人民共和国民法通则》（1986 年）和相当于契约法的《中华人民共和国合同法》（1999 年），之后又制定了《物权法》《侵权责任法》，再一次着手重新修改《合同法》等。[1] 中国在比较世界各国法律的同时，积极吸收最新成果，致力制定新的民法典。正因为中国很少有像欧美那样的民事法的理论研究以及实务传统，反倒是很容易导入崭新的制度。韩国、中

---

〔1〕 在原著第 2 版增订本出版时，中国的《民法总则》还未得以制定，所以没有被提及。——译者注

国台湾地区也同样对新合同法寄予了极大的关注。日本支援发展中国家的法律建设也时常成为人们的话题，在那些国家里（应该说通过日本人）也在摸索着理想的民法典的应有状态。在亚洲的经济社会里，到现在为止发挥了某种领导作用的日本，原地踏步是否妥当的危机感很强，甚至有人认为灵活运用日本至今的法的运用经验，建立指向新时代的民事法的平台，并将其在国际社会上宣传，是"关系到日本在国际上的存在感这样的国家战略问题"（内田贵观点）。也就是说，要由日本提出有可能成为国际标准的交易规则，日本应该掌握制定共通民事法的领导权。在实务上也有观点指出，在日益显示出重要性的亚洲市场上开展涉外交易，在指定应适用的准据法时，陈旧的日本法不会成为选择的对象，这将使日本变得不利。

② 法制审议会的活动。法务省在完成泡沫经济崩溃后的悬案，即有关担保执行的法律修改后，从 2003 年起，为修改债权法持续进行了各种各样的准备工作。根据（2006 年 1 月）相关报纸的报道，法务省在相当早的阶段就表明已把修改债权法当成其工作议题。不过，指向修改的正式活动是从 2009 年 10 月 28 日法制审议会总会上法务大臣发出如下咨问才开始的，该咨问的内容是："关于民事基本法典之民法中的债权关系的规定，从谋求应对该法制定以来的社会、经济变化、使一般国民易于理解等目的出发，有必要以与国民日常生活及经济活动密切相关的合同规定为中心进行重新修改，所以请提出其纲要。"（咨问第 88 号）法制审议会迅速组建了民法（债权关系）部会（会长：镰田薰教授），从 2009 年 11 月到 2011 年 3 月开始了修改要点的整理（虽然中间发生了"东日本大震灾"），并在 2011 年 5 月作出了"中间论点的整理"（列举应该讨论的要点），向公众征求意见；从 2011 年 7 月起开始了第 2 阶段的审议，以 2013 年春天整理出"中间试案"、2014 年夏天整理出"纲要试案"为目标，正在全力进行调查和审议。[1]从"中间试案"的制定到立法，今后的路程还很漫长，但工作正在扎扎实实地进行。

---

〔1〕 在该书第 2 版增订本出版时，关于日本《民法》（债权关系）修改的审议活动刚进行到公布了"中间试案"（2013 年 2 月 26 日）阶段，其后，2014 年 8 月 26 日公布了"纲要暂定案"；在 2015 年 2 月 10 日公布了"纲要案"；在 2015 年 2 月 24 日举行的法制审议会第 174 次会议上"纲要案"原案被采纳为《民法（债权关系）修改纲要》，并于 2015 年 3 月 31 日作为"修改法案"提交到第 189 次国会上。但因日本国内的一些政治日程问题，该修改法案被搁置两年，直到 2017 年 5 月 26 日第 193 次国会终于审议通过，并于 2017 年 6 月 2 日得以公布。新《民法》将在 2020 年 4 月 1 日开始施行。——译者注

几个学者团体预先组织了自主的研讨会，并公布了其研究成果，其中"修改债权法的基本方针"（"NBL"别册第 127 号）作为在法制审议会上的讨论资料在事实上起到了重要的作用。[1]关于这次《民法》的债权法修改活动，虽然就其程序和内容上存在很多批判，但对于以制定更好的民法为目标进行反复讨论一事没有异议。

③ 修改债权法的必要性。一般来说，人们对于"制定符合社会实际状况的民法典""使之成为由市民参与制定的、为了市民的、易于理解的民法典""准备应对经济全球化的民法典"这些目标没有异议，但对于通过怎样的程序、以什么样的内容来实现该目标，却有着各种各样的意见。实际上不如说，那些选择沉默的从事法律实务和法学教育的人，对民法的"根本性修改""全面性修改"予以消极性评价的可能性更高。

尽管已经变得有些陈旧，但到现在为止仍在很好地发挥着作用的民法典，有何必要进行大修改？法典里确实使用了难解的语句，制度理解也不是很容易，判例数量也很多、预测性很差，但是"不要去修理没有坏的钟表！"为此也出现不少看准真正有必要修改的内容是什么、对于需要修改的内容应逐个进行具体的讨论、要踏实地对现行法的修改进行不断的积累这样的极其合乎情理的慎重论。到现在为止，是否对《民法》修改的目的和必要性已经作了充分的讨论、是否已经履行了与其相应的法律程序仍有很大疑问。并且，在对什么应该改、什么不应该改尚未取得共识的情况下，无论如何都无法否认有一种通过理论先行构思新的民事法秩序的感觉。实际上，现行民法典越读越觉得制定得很好，应该对以前从事民事立法的人们，为适应时代要求而对该法进行解释、运用的学者和法律实务工作者的努力及其实际成果给予很高的评价（即使是从世界来看，其水平也是相当高的）。而且，现在适用的民法典一直所追求和保护的利益与价值，在今天几乎都没有改变，民法典里蕴含着在今天依然拥有正当性的观点。若应受保护的利益和价值，以及支撑这些的人们的生活感情、正义感情和公平感觉没有大的变化的话，不如对实现这些应受保护的利益与价值的手段是否适应现实社会的变

---

[1] 其他，还请参考民法修改研究会：《民法改正 国民・法曹・学界有志案》，法律时报增刊，日本评论社 2009 年版。关于消灭时效请参考《NBL》第 122 号等。

化和技术的发展进行思考。如果漏掉这样的根本性讨论，从功利主义的观点来追求技术新颖的世界标准规则的话，无论如何也不能说这是"修改法"。如果根据《民法》应要解决的问题以及对价值对立进行调整的原理没有大的变化而继续存在的话，用于分析的工具概念和核心性的法律思想，与法律条文的变化无关而会继续发挥作用。这样，即使交易环境有所变化，如果人们应该采取的行为规范的水准没有大的变化的话，对自由的人们带有理性的共同生活进行法律规范的民法的价值，作为由人们长期的经验和智慧所产生的文化遗产，在今天依然继续是指导性理念。然而很多问题不过是对法规范进行语言化的钻研。"Galapagosization[1]的民法"等表述，虽然说是为了获得民法修改上的动力，但是这不过是不当地贬低了民法典的真正价值而已。

在谈论《民法》修改时，经常被推荐的欧洲的一些统一规范也隐含着很多问题。欧洲联盟（EU）在制定合同统一法时已经预测到，如果让各国所拥有的学术传统和体系、价值观发生冲突，后果很难收拾。各具特色的各个国家在形成一个联合体共同谋求规范的统一时，最终不得不直接推出"合同自由原则"，以必要的最小限度的强制性规范为核心，通过从"如果把这个要件和这个结果组合一起可以吗"这样的方式来形成最大公约数的合意，然后把一致的地方列举出来，用这样的方法来推进工作，其结果是，统一合同法的规则不过是"当事人形成的合意是什么""根据其合意来实现合同如何做才是有效率的""发生履行障碍时的救济应该是什么样的"这样的对实际进行考虑的产物。国际性动向源自各个地域和国家情况的显著变化，缺乏这样紧迫理由的日本，在多大程度上有必要与此步伐相协调，人们对此不能不抱有疑问。而且现实的情况是，对于就合同条件严格进行逐个交易谈判的大企业来说，国际性统一规则并没有得到重视。与此相比，对于普通国民

---

[1] Galapagosization 是日本制造出来的商业用语，在日本用片假名"ガラパゴス化"来表达。意思是指，在孤立的环境下（例如日本国内市场），即使"最完善化"得到了显著的发展，但若失去了与地域外的互换性，不仅会变得孤立，而且会落伍；当从外部（例如外国）导入适应性（通用性）和生存能力（低价格）都很高的产品或技术后，其最终将陷入被淘汰的危险。最好的例子是日本制造的手机，其初期阶段在各个方面都达到了世界最高水准，但因其只采用适用于日本国内的规格和标准等，在其他国家卖不出去，在国际上几乎没有任何市场。这种现象在日本被称为是"galapagosization"。——译者注

（一般市民）之间发生的民事纠纷来说，制定适当的规则作为判定其行为规范的依据是理想的，对此应从不同的观点中探寻立法对策。将国际性规则与国内法进行协调，没有必要对《民法》断然实行修改。倒不如先确认日本在交易上应该真正保护的利益是什么，为了适应正在发生的变化，应该如何实现该利益，才是妥当的。对这样的讨论进行扎扎实实的积累显然是重要的。这样的话，首先，以现在依然具有妥当性且为日常法律实务提供正当性的现行民法典为出发点，对于为什么不屈不挠地对民法典进行持续不断的、必要的修改是困难的，有必要再次进行思考。顺带说一下，提高日本在国际上的存在感，不需要民法典拥有新的框架，其所寻求的应该是对于安定的社会生活中的纠纷解决结果能够得到国际上的信赖（在国家战略上，倒不如提出缩小核武器的发展和保护环境等）。

④ 民法是规范什么的法律。有必要重新思考一下"作为基本法的民法本来是规范什么的法律"。可能对现在国际社会的交易而言，提供使用方便的交易工具确实是重要的。但是，对于一般市民而言，提供所有的规范私法上的权利义务关系的基本框架、工具及观点，才是民法的中心功能。如果是这样的话，那么民法的修改与其说是依照新理念"带给法以变化"，不如说是为了社会所共有的文化以及作为法传统的民事基本法的连续性，为了准确地反映"法之中的变化"所进行的适合于现代社会的言语化的工作。关于合同法，假设可以认为当事人进行自由的交涉，在深思熟虑的基础上决定了合同上的规范的话，那么尽量将与其相近的内容临摹下来，这才是合同法本来应有的姿态。既然无法期待在现实的社会交易中，当事人可以通过一个个地进行交涉来决定合同的条件，那么探索缺乏上述条件下的基本规则才是基本工作。而且作为探索时的标准，就是把对等当事人能够通过自由交涉、作为公平结果作出的深思熟虑的合意内容临摹下来。在这样的工作中，通过公正的规范，维护社会弱者的权利与利益，才是基本的课题。从这个意义上来讲，民法没有必要特别地规定什么新规章，希望民法是单纯的且最接近人们常识的法律。

⑤ "易于理解"指的是什么。对于法制审议会"咨问"里写到的"使一般国民易于理解"这个课题，应该思考的地方很多。对于国民来说，"易于理解的民法"是再好不过的了。但是，无论怎样努力，使法律"易于理

解"是有限度的，至少，只有受过相当的法律训练的人才能够理解现在的修改讨论。国民所寻求的是，在接受专家的说明后，在某种程度上能够理解"优质的法的运用结果"，而不是要求把自己利用的法律变得更方便使用。"把它比作疾病的话，市民期盼的是能够接受更好的治疗，而不是希望自己来进行治疗"（泷泽聿代观点）。因此不如说"易于理解"这个课题是朝向法学教育方面的要求。既然该法典带来外观上的变化，那么对于促进适合新时代的民法典来说，深化法学研究和法学教育才是重要的课题。"易于理解"或者"难于理解"不仅仅是语言上的问题。

语言表达的问题确实不是小事，如果因为特别的专业用语会使一般国民远离法律的话，就有必要动一番脑筋。但是，这并不只是意味着使专业用语靠近日常用语。已经固定的法律用语，因为经过长年的解释工作，其内容的严密性已达到无法随意抽出、插入的地步，以此为前提，各种法律也被制定出来，但在与法的严密性的关系上，需要进行权衡取舍的用语也不少。拿"合同"这一表达来看，其与"约定""誓约"的意思有很多的不同。因此，不得不把"易于理解"的中心放到概念的明确性和逻辑展开的明了性上，达到只要具有一定理解力的人进行学习的话，就能很容易理解。从这个意义上来讲，逻辑的整合性和一贯性也很重要，这也关系到体系的整理以及成为判断标准的基本思想是否有说服力这一点。当然从学习的角度、教育的角度来看是否是易于理解的也是一个问题。总之，成为问题是，内容上是否明确、对于必要事项是否很恰当地、没有太多地背离现实而制定了相应的规范以及是否确保了作为判断标准的明确性。

⑥ 与"持续性"的关系。在考虑修改时最重要的是，不要被现实的法律运用所左右而看不清判断的基本坐标。这次的债权法修改不具有在"白纸上"自由地构想私法秩序这样的性质。日本民法典的各项规定，虽说是在以追赶近代先进国家为目标的明治时期被急速制定出来的人为的"构筑物"，但该民法典既是罗马法以来2000年历史的产物，也受到了继受罗马法的各国所形成的新的法传统、法文化的影响，是接受历史雕琢而存留下来的先人的智慧结晶。如果说即使经过了不过100年的时代变化，人们的基本生活感情、法律感情以及内心的衡平感觉等并没有发生很大改变的话，作为民事基本规则的民法典的各项规定的修改，与其说是其基本思想和基本内容的根本

性修改，不如说是为了更好地实现其基本思想，对形式要件加以一定的现实性考虑就足够了的问题。现行民法典在受时代的不断检验的同时，保持着今日的形态，而绝不是保持着立法当初的样子踏步不前。不如说现行民法典是通过处于现代的我们的再次（即使是默示也好）选择而得以存在，持续为现在的法律实务提供一定的"正当化的根据"的基本规则。正因为如此，还是值得将大量精力用于从民法典宗旨出发进行体系性理解和解决问题上。 275

确实，民法典绝不是一个"不灭的大典"，但考虑至今为止，在以民法典的正当性为前提下，各种对法的宗旨和理论根据的探寻、各种各样的法解释以及判例的积累，和竭尽全力地以妥当的方法将法条适用于具体问题时所进行的不断探索的社会性、学问性工作的重要性，把民法典的修改当成"利用这次机会的根本性修改"按照既定路线一样推进，或者把现行民法典当作"落后于时代的遗物"一样解体、废弃来寻求"新的秩序"，这样的态度无非是贬低了民法典和民法理论的真正价值而已。其结果除了引起对"民法修改建议案"的抵制外，还可能加深人们与现实社会的隔阂。断绝过去的"全新"修改和不断改善、补充的修改之间有着决定性不同。对修改进行讨论是必要的，问题在修改的基本方法、态度和程序上。如果认为法律是历史性产物，是支持人们的社会生活、通过不断改善而得以成长的"文化"本身的话，那么思考现行法哪里存在问题，为了适合现实的需要，应如何进行修改、补充，需要采取怎样的程序和日程，以及双方（对修改持积极态度方和慎重态度方）对这些存在的问题存有共同认识是非常重要的，没有必要一味地提倡"新秩序"。

（5）如何应对民法（债权法）的修改？

也不应该一味地墨守现在的法状态。不过，对法制度改革的热情与应采取的方法和应有的基本态度是两回事。与在"白纸上"制定民法典的情况不同，基于传统理论和一定的实务积累下，要迈出新的一步时，尤其需要慎重地对由此可能造成的指导准则和技术方法的潜在价值的丢失进行彻底验证。之所以如此说，是因为民事基本法，与其说具有"被更换"或"再生"的性质，不如说具有发展、成长的性质更为准确。没有必要受到那些以通过要件和效果的适当妥协来实现各国最大公约数的法的统一及协调的时代潮流的诱惑。静下心来，认真面对日本民法典及其在实际中的运用，在对其中潜藏的基本价值加深理解的同时，看清哪些是根据现行法处理问题时存在的局限和障碍，对这些需要改善的地方达成共识，并以此为前提公开讨论解决办法和技术方法是很重要的。

在此应关注社会所共有的文化以及对作为法传统的民事基本法的连续性进行的相应思考。立法和法的修改不是让理念先行的"带给法以变化"，而是将"法之中的变化"恰当地反映出来，实施适合于现代的语言化工作、深化法学研究和法学教育，这些对于建设适合新时代的民法典来说才是重要的课题。

以下几点希望能再次唤起大家的注意：

① 应强烈认识到法的连续性，尽量避免因为立法或法的修改而产生法的没有理由的断绝。在这个意义上：一是要详细掌握现行法的基本方针，然后朝着其发展的方向进行具体的修改；二是有必要在对学理上的范例转换和对现状上的根本性修改进行明确区分，然后进行修改。当然，对于在政策上需要向一定方向矫正的问题，在明确其目标、现行解释上的局限和问题点的同时，需要有意识地切断与现行法的连续性。因此，为了尽量能使国民（特别是法律实务工作者）达成共识，有必要事先对所有明示的、具体的立法事实和修改草案的优点与缺点（尤其是变化所带来的成本）进行慎重地探讨。到目前为止，多数修改草案不是要求对现行法的法状态进行大的变更，而几乎都是对言语表达上的问题进行修改，为此，对于会引起误解的修改，应该慎行。

② 对于那些作为债权法上的工具，已经在法律实务上得以固定，并且具有妥当性，也包容了时代变化的具有一定弹性的概念，与其硬要对其实施新颖的改变，不如予以维持、保留，在推进其内容的变化上付出努力是比较理想的。对于常常被人们所讨论的"履行不能""应该归责于债务人的事由（归责事由）""债务的本旨""风险负担"等各种概念和制度，与其轻易地予以舍弃，不如采取必要的措施，谋求其内容的完善和重生才是比较理想的。

③ 对于形成中的判例法理与学说，不应该急于通过法律条文予以"固定化"。并且，受个别事由左右的判例法上的很多"特别的事情"，在成为其客观指标的要素得以确定之前，有时委托一般条款予以运用是比较理想的。

对于通过诚信原则和权利滥用法理推导出来的各种准则，尤其有进行慎重区分的必要。为了明确个别的例外情况，通过灵活运用特别法进行有效处理，对于各个问题领域所共有的基本思想和指导理念的重要原则，可以通过作为一般法的民法，将其"兜底式地"规定出来，这是一种妥当的办法。为此，暂且不谈制定个别规定，先做好以下工作是有意义的：一是为了具体推进对人格利益的尊重，而制定作为其根据的相关规定；二是为了缩小当事人之间的社会性、经济性差距，对有关法律的解释与运用作出一般性的规定；三是为了应对信息化，对与"信息""无体财产"相连接的"物"的概念作出补充规定；四是制定以种类物、可替代给付为前提的一般准则等。

④ 考虑到民法中的很多债权规定都是任意性、补充性规定，应该把那些只靠当事人自己将来解决纠纷很难应对的（或者说没有那样的余地），而对于一般市民来说又是基本的规则放到首位。把根据社会一般常识，通过在自由、公平且深思熟虑的谈判基础上，所达成的对有关风险和权利义务的分配临摹下来，作成法律条文是最理想的。对于没有预先作出"合意"的情形，提出"是哪一方接受了风险"这一合意标准是错误的做法，应该努力提出客观的纠纷解决标准。

⑤ 考虑到现代合同法上的很多问题，都是围绕着传统的有关中心给付的履行义务、合同的复合性和持续性的债权关系发生的，所以，对扩展到合同签订前后及左右的各种附随义务的存在予以明确的同时，应该试着找到把各种附随义务纳入债务内容之中的工具和制定规范持续性交易关系的基本规则。另外，对于把网络作为交易工具来利用的合同签订和履行，也有必要补充一些规定，对此应该进行慎重的探讨。

⑥ 在对先人的智慧及其深思熟虑的结晶致以最大敬意的同时，在先人的成果之上，像一块一块地堆积现代智慧之石一样实实在在地工作才是"大事业"。对于看起来多少有些强行的立法推进行动，认为这样的做法不太合适的实务工作人员不在少数。这绝不是拒绝变化的单纯的保守思想所致，而只是担忧会迷失了作为本来课题的完善民事基本规则目标的反映。如果是这样的话，与其全面更换基础性规则，不如从一定的对象开始制定规则，花一定的时间达成对问题的共识，在此之上，用充足的时间来对修改的利弊进行充分的讨论，并为此付出一定的努力。关于其他的部分，可以考虑由法律实

务界人士和学者共同合作，用简洁的形式，把相对比较稳定的判例准则整理出来，作成标准的判例注释（restatement）。

不管怎样，关于民法中的债权部分的修改讨论还在进行中。正因为是我们身边的规则，所以每一个国民都有必要将此作为自己的问题来关注讨论，至少这次修改不是针对现行法解释性运用结果进行大改变，这一点是确凿的。深化对现行法的理解将成为理解修改法的不可缺少的前提。

【参考文献】

关于民法（债权部分）修改的文献，请参考内田贵：《民法改正——契约のルールが百年ぶりに変わる》，筑摩书房 2011 年版，对其背景和方向性作了简洁的说明。大村敦志：《民法改正を考える》，岩波新书 2011 年版，比较一般化地论及民法修改的意义。还请参考星野英一：《日本民法典の全面改正》，载《ジュリスト》第 1339 号（2007 年），第 90 页。另一方面，对这次修改债权法过程中出现的问题点和方向性进行批判的论述有，加藤雅信：《民法（债权法）改正——民法典はどこにいくのか》，日本评论社 2011 年版；池田真朗：《民法（债权法）改正のプロセスと法制審議会部会への提言》，载《法律时报》第 82 卷第 3 号（2010 年），第 88 页以下；池田真朗等编著：《别冊タートンヌマン・民法（债权法）改正の論理》，新青出版 2010 年版等。

法制审议会民法（债权关系）部会的审议情况以及审议资料、中间论点整理、补充说明等，可以在法务省的网页上阅览到。除此之外，关于审议资料，例如，民事法研究会编：《民法（债权関係）の改正に関する検討事項——法制審議会民法（债权関係）部会资料〈詳細版〉》，民事法研究会 2011 年版；商事法务编：《民法（债权関係）の改正に関する中間的な論点整理の補足説明》，商事法务 2011 年版，各出版社均在以这样的形式出版发行。关于中间论点的整理，还请参考筒井健夫：《民法（债权関係）の改正に関する中間的な論点整理》，载《NBL》第 952 号（2011 年），第 14 页等。

关于被看作是在法制审议会上起到了重要作用的债权法修改讨论委员会的初期活动，请参考内田贵等：《座談会・债权法改正に向けて》，载《ジュリスト》第 1307 号第 102 页、第 1308 号（2006 年）第 134 页，文中对此有所论及。其讨论工作的情况可以从商事法务公司的网页上阅览到。除此之外，其成果以以下的方式发表出来了，即民法（债权法）修改讨论委员会编：《债权法改正の基本方針》（别冊《NBL》126 号），商事法务 2009 年版；民法（债权法）修改讨论委员会编：《詳解债权法改正の基本方針Ⅰ～Ⅴ》，商事法务 2009—2010 年版；《NBL》编辑部编：《インタビュー——〈债权法改正の基本方針〉のポイント——企业法务における関心事を中心に》（别冊《NBL》133 号），商事法务 2010 年版。内田贵：《债权法の新时代——〈债权法改正の基本方針〉の概要》，商事法务 2009 年版对此作了简洁的介绍。另外，严格地说，讨论委员会的"基本方針"不是立法草案，将其内容与现行条文相对比的文献有第一法规株式会社编辑部编：《現行条文からみる民法改正提案完全比較》，第一法規株式会社2010年版。

另外还有，椿寿夫等编：《民法改正を考える》（法律時報増刊），日本評論社2008年版；民法修改研究会：《民法改正と世界の民法典》，成文堂2009年版；民法修改研究会：《民法改正　国民・法曹・学界有志案》（法律時報増刊），日本評論社2009年版等研究成果。此外，作为实务人员等的讨论，还发表了以下的成果，即，田中丰等编：《債権法改正と裁判実務——要件事実・事実認定の重要論点》，商事法务2011年版；高須順一：《民法（債権法）改正を問う——改正の必要性とあるべき姿》，酒井书店2010年版；佐瀬正俊、良永和隆：《民法（債権法）改正の要点——改正提案のポイントと実務家の視点》，gyosei 2010年版；东京律师会：《〈民法（債権関係）の改正に関する中間的な論点整理〉に対する意見書総合叢書》，信山社2011年版；福冈県律师会：《判例・実務からみた民法（債権法）改正への提案》，民事法研究会2011年版；大阪律师会：《民法（債権法）改正の論点と実務〈上・下〉——法制審の検討事項に対する意見書》，商事法务2011年版；大阪律师会：《実務家からみた民法改正——〈債権法改正の基本方針〉に対する意見書》（別冊《NBL》第131号），商事法务2009年版；金融財政事情研究会编：《〈民法（債権法）の改正に関する中間的な論点整理〉に対して寄せられた意見の概要》，金融財政事情研究会2012年版；池田恒男、高桥真编著：《現代市民法学と民法典》，日本評論社2012年版。至于专门杂志的特集和报道更是不胜枚举［《特集・民法（債権法）改正》，载《法律時報》第82卷（2010年）第10号］。关于与消费者法的关系，还请参考《特集・民法改正と消費者法》，载《現代消費者法》第4号（2009年）。

第 11 章

补讲——问题的展开

> **【本章的课题】**
>
> 在补讲里所挑选的是正文里没有涉及的几个有名的裁判例,供大家学习时参考。这些都是在今后学习民法的过程中一定会遇到的裁判例。在此部分,将尽量引用判决理由的原文而控制解说的比重。关于案件的具体内容,也请大家根据情况从判决理由中去领会。如果学习达不到一定的程度,也许很难充分理解判决的内容。但是,即使是通过具体的案件来确认问题的所在,试着自己对案件进行分析探讨,这对于下一阶段的学习来说,也是很重要的。当思路发生混乱时,细心地阅读条文:(1)利用法律用语辞典对意思不明的用语等进行确认;(2)明确是谁对谁,以何种法律理由主张何种请求,对方当事人对此又将以何种根据进行反驳;(3)裁判所最终根据何种法律保护了谁的怎样的利益;(4)回归到自己的立场上,请用自己的头脑对该结论是否适当以及应有的讨论方式进行认真的思考(作为参考,列出了各个判决的评解等文献。如果可能的话,从最高裁调查官的解说开始,请试着阅读几篇评解文章)。

第1案件　错误与瑕疵担保责任

请求返还买卖价款等的案件［大阪地裁昭和56年（1981年）9月21日判决］

《判夕》第465号，第153页

相关条文：《民法》第95条、第96条、第570条

1. 案件的要点

在本案，对于当事人之间签订的关于高频电流的脱毛机买卖合同和接受该脱毛机使用方法说明的听讲合同，裁判所认定，该机器不具备销售时所表示出来的能够保证"永久脱毛"的性能，上述各合同因发生要素错误而无效，并认可了原告X的部分请求，认为：买卖合同因要素上的错误而无效时，排除适用《民法》第570条的瑕疵担保责任。在本案中，包含了产品性能与［广告］表示和说明的关系（保证了怎样的性能），瑕疵是指什么，错误、欺诈、瑕疵担保责任的关系，接受听讲的合同与买卖合同的关系等众多耐人寻味的论点。作为关联案件，有关于激光治疗的横滨地裁平成15年（2003年）9月19日判决（《判时》第1858号，第94页）。这个案件里的原告，为了祛除面颊上的斑点接受了被告医院的激光照射治疗，不但没有效果，而且治疗内容也不妥当。裁判所认定，治疗合同因当事人错误而无效，并认可了违反说明义务的损害赔偿责任。此外，还有关于翻修地板工程的东京地裁平成17年（2005年）8月23日判决（《判时》第1921号，第92页），在该案中，原告听信了被告公司职员所作的更换地板下面的换气系统对驱除地板下面的湿气有效的劝说，与被告签订了关于更换地板下面的换气系统的工程承包合同。裁判所认定，因为并没有产生参照被告公司宣传册的说明原告所抱有的期待效果，所以该合同因当事人错误而无效。在这种类型的案件中，常常会同时出现错误、欺诈、瑕疵担保、不完全履行等许多问题。顺便提一下，关于错误和瑕疵担保责任的适用关系，有的判例站在错误

优先适用说的立场[1]，有的学说主张瑕疵担保责任优先适用说[2]，仍旧没有达成一致的见解。[3]。

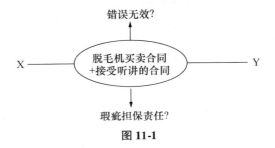

图11-1

2. 案件及判决理由

① 根据认定的事实，被告Y在销售本案机器时，针对本案机器的功能向X等作出了如下保证，即具有只要按照所指定的使用方法持续使用该机器一定期间，就可以达到永久脱毛的效果。X等在相信了所说的该机器具有持续一定期间使用后可以达到永久脱毛效果的性能，就购买了该机器。但是，参照Y所作的上述表示或说明，进行常识性地考虑可知，将所谓一定的期间解释为几个月或者最多一两年是妥当的。这是因为，上述Y的表示或说明（尤其请参照……宣传册上记载了本案脱毛机自3年前起，每年均在120家医院实施充分的试验，之后开始进行贩卖，并对X作了只要使用3次，所使用的部位就不会……再长出毛的说明……在周刊杂志上写了只是"拔"一下毛……就可以如此简单地永久脱毛之外……还刊登了"无论是谁，都会在短时间OK！"等）完全没有提示，为了得到永久脱毛的效果需要超出比以上时间更长的时间，尽管考虑到体毛的发毛周期及个人的差异、使用状况不同也无法认为，看了上述表示或听了上述说明的一般购买者，会将此理解为，为了得到

---

[1] 参见大判大正10年（1921年）12月15日，《民録》第27辑，第2160页；最判昭和33年（1958年）6月14日，《民集》第12卷第9号，第1492页等。

[2] 参见我妻荣：《民法讲义V₁》，岩波书店1954年版，第303页；川岛武宜、平井宜雄编：《新版注释民法（3）》，有斐阁2003年版，第89页（川井健执笔）等。

[3] 请参考河上正二：《民法総則講義》，日本评论社2007年版，第366页以下。

永久脱毛的效果，需要使用超出以上表示或说明所认定的更长时间。因此，关于永久脱毛这一点，先不问其是否适当，鉴于在广告和其他宣传上，对于所宣传物品的性能或效果，一般会存在稍有夸张或过高评价的倾向，对于上述永久脱毛机是否应该按照字面解释为"永久"的意思会成为问题，但至少既然宣传"永久"脱毛这一效果，那么就应该解释为，这意味着在上述一定期间内，按照指定的使用方法使用该机器进行脱毛处理后，在相当长的一段时期内，可以保持不必再进行脱毛处理的状态。这样解释的理由是，如果不作如此解释的话，就没有理由说使用该脱毛机与以往使用拔毛等方法脱毛有所区别，从而赞美"永久脱毛"的效果。

② 根据判决认定……X 等都是在购买该机器后的 3 年里，按照该机器所指定的使用方法进行了使用，每天花费两三个小时或更长的时间，主要对腿部进行脱毛，如同 X_1、X_2 所陈述的那样，按照 Y 的指示，在把该机器拿到 Y 处进行修理后，坚持使用该机器进行脱毛，但最终没有得到 X 等所期待的脱毛效果。关于这一事实以及照片所显示的是，对 X_1 腿部的毛没有争议。关于其他事实，根据（证据）可以认定，X 等腿部（小腿）上的毛对于昭和 55 年（1980 年）或昭和 56 年（1981 年）当时的女性来说，可被评价为属于体毛较多的女性，据此可以认为，X 等按照 Y 所指示的使用方法，在相当长的时期内使用该机器进行脱毛处理，但最终没有得到 Y 所保证的、也是 X 等所期待的永久脱毛的效果。因此只要没有其他的特别事由得到主张或举证，就不得不推断该机器不具备 Y 向 X 等所表示的保证永久脱毛的性能［并且请参照……某大学工学系 S 教授作出的从该机器的电力性能及结果来看，其性能存有疑问的调查鉴定。另外，负责向 X_1 销售该机器的 Y 公司的职员 N 证人以及从事 Y 的该种脱毛机销售营业的证人 H 认为（尽管是很粗略的说法），使用该脱毛机想要在一定程度上得到满意的脱毛结果的话，需要花上三年乃至五年的时间。如果是这样的话，会产生如下疑问：即 Y 所销售的该脱毛机本来就不具备在一定期间内达到永久脱毛的性能］。不过，也如 Y 所主张的那样，在本案证据上，只是 X 等人自己说，在使用该机器前后，其体毛多的现象没有发生任何变化，而没有证明此事

的客观资料。因为在使用该机器前的 X 等人的"体毛多"的程度并不明确,所以虽不能立即判断该机器是否具备被告所说的使体毛变"少了"的效果,但是,依照上述事实应该认定,无法否定该机器没有达到 Y 在销售该机器时所表示并保证的效果。

③ 依照上述所认定的事实以及判断,X 等人在购买本案机器和接受上述讲习上,X 等人所主张的存在认识上的错误,并且该错误是关于上述各个合同要素部分的错误是妥当的,所以应该认定上述各个合同是没有发生效力的。

④ 另外,附带说一下,根据(证据)可知,Y 所销售的该脱毛机,在有关医疗机构的临床事例上并没有取得永久脱毛的效果,这是事实。同时参酌上述 X 等人的使用结果,该脱毛机是否具备其在广告、宣传上所说的那样简单地、不管对谁都会带来永久性脱毛的性能是存有疑问的,上述宣传、广告和说明的方法也存有可批判的余地。但是……概括性地说,该脱毛机是借助于镊子将从高频电流回路所发出的高频电流传送到毛孔下部(毛乳头或毛乳头所在的下部毛囊部分),通过导电加热将毛囊破坏,然后进行脱毛,同时也防止毛发再生长出来或阻止新毛发的发育,在原理上没有足够的证据可以断定这是不可能的(……以前认为如果能使毛囊完全干瘪的话可以实现永久脱毛。与此相比,正如 X 等人在其主张中提到的认为近来的一些见解破坏中部毛囊,即峡部、毛囊漏斗部也可以达到永久脱毛的效果。故即使破坏了下部的毛囊,毛发也还会再生长出来。但是在本案证据上,没有足够证据来判断哪一种做法是正确的)。还有……从昭和 49 年(1974 年)到昭和 53 年(1978 年)12 月左右,国民生活中心在收到有关同种类的脱毛机没有永久脱毛效果的投诉意见后,进行了各种调查,由于没有找到可以证明这些脱毛机的脱毛效果是否有效的确切证据,因此认为不能断定该机器没有效果。而且该中心的男职员在昭和 51 年(1976 年)9 月使用了该脱毛机,使其小腿上的 10 平方厘米左右的皮肤得以脱毛,在对该试验结果进行了两个月的观察,期间毛发没有再生长出来,并且该状态到昭和 54 年(1979 年)9 月一直得以保持;再加上也有证人作证说,使用该脱毛机进行脱毛处理后长出来的毛发少了,而且整体上体毛也变少了……考虑

这些情况，无法断定该脱毛机完全没有"永久脱毛"（解释为上述意思上的永久脱毛）的效果。

⑤虽然 X 等主张因 Y 的欺诈行为，应撤销该合同，但是由于没有足够的证据认定 Y 明知该机器不具备"永久脱毛"的性能，却欺骗 X 等使其误信其可以永久脱毛，从而使 X 等购买了该机器，因此，无须对其他各点进行判断，应该认为 X 等的主张没有理由。

⑥并且，X 等还主张由 Y 承担瑕疵担保责任，但就上述不直接以物为目的的听讲的合同来说，很明显该主张没有理由。即使是上述买卖合同，在像本案这样被认定有要素上的错误而使合同无效的情况下，应该根据错误无效来处理[1]，所以不能采用 X 等的这一主张。

根据以上的判断，应该认定 Y 有义务向 X 等返还 X 等所主张的买卖价款及接受听讲的费用，但 X 等的其他请求没有理由。

【本判决的评解】

河上正二：《契約の無効・取消と解除》，载矶村保等：《民法トライアル教室》，有斐阁1999年版，第45页；大村敦志：《消費者法》（第3版），有斐阁2007年版，第153页；三上孝孜：《永久脱毛機訴訟と消費者の権利》，载木村保男、早川和男编：《現代社会と法の役割——甲斐道太郎教授還暦記念論文集》，日本评论社1985年版；石川康博，《消費者法判例百選》，第19案件。

---

[1] 请参照最判昭和33年（1958年）6月14日，《民集》第12卷，第1492页。

第 2 案件　无权代理人与其他人共同继承本人的情形

请求返还贷款案件［最高裁（第一小）平成 5 年（1993 年）1 月 21 日判决］

《民集》第 47 卷第 1 号，第 265 页；《判時》第 1478 号，第 107 页；《判夕》第 833 号，第 131 页；《金法》第 1388 号，第 32 页

相关条文：《民法》第 1 条、第 113 条、第 117 条、第 264 条、第 251 条、第 896 条、第 898 条

1. 案件的要点

关于无权代理和继承有很多颇有意思的案件。当"作为无权代理人的地位"与"本人的地位"归属于同一人时，会产生进行怎样的法律处理才妥当的问题［请参考本书第 5 章（1）］。本案件是 A 借给了 B 850 万日元（一部分是通过更改[1]），Y 自称是 C 的代理人，与 A 签订了 B 的借款债务的连带保证合同，之后 A 把贷款债权让与给 X，C 以 Y 是无权代理为由提出异议诉讼，要求排除该金钱消费借款合同的公证书的执行力；另外，在 X 依照《民法》第 117 条对 Y 提出的请求履行的上告审里（一审后 C 死亡），最高裁作出如下的判决，即只要没有其他继承人全体一致的追认，即使是对无权代理人自己的继承份额部分，无权代理行为也不是当然有效；由于没有证据证明共同继承人对此进行了追认，所以本案的连带保证合同不能说是有效的，故撤销原判决中的有关 Y 败诉的部分。判例［最判昭和 40 年（1965 年）6 月 18 日］采纳了在无权代理人单独继承了本人地位的情况下，无权代理人拒绝追认时，作为违反诚信原则，应该像进行了有权代理一样来处理的见解（资格融合说），本案件的三好裁判官的反对意见里也已提到这一点［相反，对于本人继承了无权代理人时，最高裁昭和 48 年（1973 年）7 月 3

---

〔1〕 日本《民法》第 513 条第 1 款规定："当事人就变更债务的主要部分缔结了合同时，该债务因更改而消灭。"也就是说日本《民法》上的"更改"是指当事人之间通过合同结束旧债务，成立新的债务。——译者注

日判决（《民集》27 卷 7 号 751 页）尝试把本人和无权代理人的资格合并在一起，通过诚信原则对结果的公平性进行调整（资格并存说）］。但是，本判决的多数意见是以追认权成为准共有（第 264 条）而具有不可分性为理由，否定了认为无权代理行为的一部分当然有效的看法。不过，正因为给付对象是保证债务（金钱债务）这样的"可分的东西"，判断就有些微妙。还有，对于把共同继承的不动产谎称为单独继承而转让给第三人的法律处理［最判昭和 38 年（1963 年）2 月 22 日，《民集》第 17 卷第 1 号，第 235 页］的差异，也需要留意。

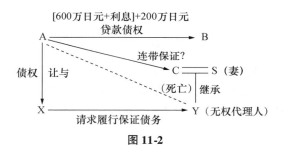

图 11-2

2. 案件的经过

① 昭和 57 年（1982 年）2 月 2 日，案外 B 向案外 A 申请 200 万日元的贷款，A 向 B 提出要求，对于以前 A 贷给 B 的还没有收回的贷款债权 600 万日元加上利息，再加上这次提出的新的贷款 200 万日元，共计 850 万日元，B 需重新写下借款证书，并由 Y 的父亲 C 作为连带保证人签名并盖章。B 接受 A 的要求，并向 Y 发誓自己将在短期内处理好全部债务，委托 Y 在借款证书上以 C 的名义作为连带保证人签名并盖章。

② 尽管 Y 没有被 C 授予代理权限，也没有得到 C 的同意就答应了 B 的委托，在内容包括借款人 B、偿还日期为昭和 57 年（1982 年）4 月 20 日、迟延损害赔偿金为 30%、必须作公证书等内容的借款证书上签下了作为连带保证人的 C 的名字，并用其保管着的 C 的印章盖了印，订立了以 C 作为上述 B 的借款的连带保证人的合同（以下称之为"本案连带保证合同"）。

③ X 在昭和 57 年（1982 年）5 月 11 日，从 A 那里接受了对 B 的上述

850 万日元的贷款债权的让与。

④ C 在昭和 62 年（1987 年）4 月 20 日去世，C 的妻子案外人 S 和 Y，作为 C 的继承人各继承了 C 的权利义务的 1/2。

控诉审在上述事实关系的基础上，首先，作出了不但在无权代理人单独继承了被继承人（本人）财产的情况下，而且在无权代理人和其他人共同继承了被继承人（本人）财产的情况下，在该无权代理人应该继承被继承人（本人）的法律地位的限度内，均产生与本人亲自作出的行为同样的效果。其次，在此之上，关于本案，认定 S 与无权代理人 Y 就金钱债务各自继承了本案连带保证合同的当事人，即本人地位的 1/2，该地位是已经得到确定的，所以关于无权代理人 Y 继承的（本人）C 的地位的部分，发生与本人亲自缔结本案连带保证合同同样的效果，Y 应该负担连带保证责任。因此，命令 Y 对 X 应该支付相当于 C 的连带保证中的 Y 所继承的 1/2 的部分，即 X 的请求额的 1/2 的 425 万日元及自偿还期限次日起，即从昭和 57 年（1982 年）4 月 21 日起，到偿还完毕时止所约定的年 30% 的迟延损害赔偿金（见图 11-2 所示）。

3. 最高裁判所的判断

（1）多数意见

对无权代理行为进行追认的权利，从性质上看是归属于所有继承人的、属于不可分的权利，对无权代理行为进行追认，是指本来对本人不发生效力的法律行为，在相对人与本人的关系上使其发生法律效力。所以，只要共同继承人没有共同进行追认，应该解释为无权代理行为无效。因此，如果其他的共同继承人对无权代理行为都进行了追认，无权代理人却拒绝追认时，依据诚信原则这是不能被认可的。但只要其他共同继承人没有全体进行追认，无权代理行为即使在相当于无权代理人的继承份额上，也不会当然有效。

在无权代理行为是就金钱债务所作出的连带保证合同的情况下，以上判断也同样适用。该判断运用到本案时……Y 作为 C 的无权代理人缔结了本案的连带保证合同，由于 C 的死亡，与 S 一起，就 C 的权利义务各自继承了 1/2。但是在本案，X 没有主张举证存在对上述无权代理行为进行了追认的事实,所以即使对于 Y 享有的 1/2 的继承份额部分,也不能认定本案连带保证合同是有效的。

因此,不得不说,原审持有与上述判断不同的见解,而认可了 X 对 Y 所提出的部分请求,该判断在解释适用法律上存有错误,是违法的。而且很明显,该违法影响了判决。

(2) 三好裁判官的反对意见

① 在无权代理人单独继承本人的情况下,将与本人亲自作出的法律行为具有同样的法律上的地位,被认为是妥当的〔最高裁昭和 39 年(1964 年)(オ)第 1267 号,同昭和 40 年(1965 年)6 月 18 日第二小法庭判决,《民集》第 19 卷第 4 号,第 986 页〕。这是大审院设立以来,在裁判实务上一贯采用的解释。虽然对其理论根据存有不同的看法,但其结论还是得到了学说上的多数支持。然而,对于只能通过追认才能使其有效的无权代理行为,不能否定,只根据本人死亡开始继承的效果,无需本人或继承人作出任何行为,该无权代理行为就有效,这在理论上是有困难的,所以对于推导出该结论的理论依据,判例和学说的见解产生不一致的理由也在于此。尽管如此,这样的法律理论被采用的根本理由在于,对于自己作出无权代理行为的人,在继承了本人后,就利用本人的地位拒绝进行追认以回避无权代理行为的法律效果归属于自己,认为这种行为太过于任性。这样看来,对于该法律理论赋予如下的依据是妥当的,即,继承了本人的无权代理人,对于自己作出的无权代理行为,在相对人主张该行为的法律效果时,利用本人的地位来行使为了保护本人而设定的拒绝追认权,不得不说这样的拒绝追认违背诚信原则,无法得到认可。既然无权代理人不能拒绝追认,那么即使相对人对追认的事实没有进行主张举证,也可以对无权代理人,即继承人主张该行为的法律效果。最终的结果是,继承人被认为处于与本人亲自作出法律行为同样的法律地位〔请参考最高裁昭和 35 年(1960 年)(オ)第 3 号,同 37 年(1962 年)4 月 20 日第二小法庭判决,《民集》第 16 卷第 4 号,第 955 页〕。

② 至此,在本人的继承人只有无权代理人时,或者是无权代理人是共同继承人中的一人,但由于其他的共同继承人放弃继承从而单独继承了本人时,可以采用该法律理论。在无权代理人和其他继承人一起共同进行了继

承，相对人在无权代理人继承份额的限度内主张无权代理行为的法律效果时，同样也可以采用该法律理论。其理由是，不仅是在无权代理人是唯一的继承人时，为了回避无权代理行为的法律效果归属于自己而拒绝追认会违背诚信原则，而且作出无权代理行为的人，为了自己的利益而主张其他的共同继承人没有追认或拒绝追认的事实，这也同样是违背诚信原则而不能得到认可的。这样来看的话，在相对人就无权代理人继承份额限度内主张该行为的法律效果时，无权代理人主张没有共同继承人全体的追认而否定无权代理行为的效果，依照诚信原则这是不能得到认可的，这样，既然无权代理人不能主张没有追认的事实，相对人即便对追认的事实没有进行主张举证，也可以对无权代理人，即继承人就其继承份额限度内主张该行为的法律效果。其结果是，无权代理人，即继承人在上述限度内被认为处于与本人亲自作出法律行为具有同样的法律地位。

多数意见认为，在无权代理人与其他继承人共同继承了本人的情况下，只要共同继承人全体没有进行追认，无权代理行为不能发生法律效力。对这一点，我也表示赞同。我的意见是，在共同继承人全体没有进行追认的情况下，无权代理行为即使是在相当于无权代理人的继承份额限度内也不能当然发生法律效力；不过，作为适用诚信原则的结果，相对人即便对追认的事实没有进行主张举证，在无权代理人的继承份额限度内，也可以对无权代理人即继承人，主张该行为的法律效果。

③ 附带说一下，如同在② 部分所阐述的那样，我的意见不是说无权代理行为本身在相当于无权代理人继承份额的限度内发生法律效力，所以，可以说不会产生伴随着使无权代理行为发生法律效力而出现的困难问题。以此为理由进行的批判也是无法成立的。也就是说，伴随使无权代理行为的一部分发生法律效力而出现的困难问题是，一部分有效会给相对人带来不利，这反而在保护相对人上有欠缺。但是我的意见只不过是，在相对人就相当于无权代理人继承份额限度内主张无权代理行为的法律效果时，无权代理人不能以没有追认为理由而否定其行为的效果，所以不仅不会阻碍相对人采取行使《民法》第 115 条撤销权或者是根据《民法》第 117 条追究无权代理人的责任这样的法律手段；也不会带给相对人任何不利。

另外，在相当于继承份额的限度内，对于相对人，无权代理人不能否定无权代理行为的法律效果，对此可能会有在特定物的交易行为上，会使相对人与其他继承人以及其他的关系人的法律关系变得复杂这样的批判。但是，相对人既然在上述限度内主张无权代理行为的法律效果，那么即使其结果使法律关系变得复杂，不得不说这是由其自己作出的选择而带来的结果。而且可以说，作为带给其他继承人以及其他与该特定物具有法律关系者的影响，与共同继承人中的一人，关于继承的不动产，作为无权代理人，把其他继承人的继承份额和自己继承的份额一起与其他人做了买卖交易，或者对于该不动产，在其继承份额的限度内与其他人进行了买卖交易时所发生的法律关系的复杂性并没有区别，所以其他继承人及其他关系人应该不得不承受此结果。

【本判决的评解】

安永正昭：《金融判例100——社团法人金融财政事情研究会创立50周年記念号》，载《金融法務事情》第1581号，第60页；安永正昭，《金融法務事情》第1396号，第40页；安永正昭，《金融法務事情》第1433号，第112页；安永正昭，《判例セレクト（1993）》，第20页；安永正昭，《民法判例百選Ⅰ》（第6版），第36案件，井上繁规，《ジュリスト》第1039号，第97页；井上繁规，《最高裁時の判例（平成元年～平成14年）》〔2〕私法編1》，第21页；井上繁规，《法曹時報》第46卷第4号，第208页；远藤浩，《法学セミナー》第495号，第34页；远藤浩，《民事研修》第442号，第28页；奥田昌道，《私法判例リマークス》第8号1994（上），第18页；后藤卷则，《法学セミナー》第468号，第44页；后藤卷则，《家族法判例百選》（第7版），第63案件；高森哉子，《法律時報》第71卷第1号，第76页；松本タミ，《家族法判例百選》（第6版），第61案件；须藤悦安，《創価法学》第24卷第2·3号，第65页；村田利喜弥，《手形研究》第38卷第3号，第16页；大江忠，《NBL》第543号，第56页；中田昭孝、岛冈大雄，《平成6年度主要民事判例解説》，第26页；潮见佳男，《平成5年度重要判例解説》，第70页；長尾治助，《民法の基本判例》（第2版），第37页；塚原朋一，《担保法の判例（2）》，第332页；东法子，《手形研究》第38卷第10号，第10页；道垣内弘人，《法学教室》第152号，第142页；能见善久，《法学教室》第205号，第4页。

第 3 案件　占有改定与善意取得

确认动产所有权与请求交还该动产的上告案件［最高裁（第一小）昭和 35 年（1960 年）2 月 11 日判决］

《民集》第 14 卷第 2 号，第 168 页；《判時》第 214 号，第 21 页

相关条文：《民法》第 178 条、第 183 条、第 192 条

1. 案件的要点

关于动产，《民法》规定，通过交易行为从无处分权人处取得了该动产者，在开始占有该动产时，是在平稳、公开、善意、无过失的情况下开始的，则善意取得使用该动产的权利（取得所有权）（第 192 条）。关于占有的转移，除了"实际交付"之外，还包括在受让人或其代理人已经占有了该动产的情况下，只是通过意思表示即实现交付的"简易的交付"（第 182 条第 2 款）；在代理人占有动产时，出让人命令代理人应该为了受让人占有该动产，并且得到了代理人承诺的"通过指示的占有转移"（第 184 条）；代理人（或出让人）对于自己所占有的动产通过作出今后为了本人（受让人）进行占有的意思表示而实现交付的"占有改定"（第 183 条）这样的三种方法。本判决就动产（水车发电机以及附属器具）的善意取得认为，该动产的取得方法在外观上没有带来占有状态变化的占有改定（第 183 条）时，不适用善意取得。作为动产所有权取得的对抗要件，要求要有"交付"（第 178 条），但是因为即使是所谓观念上的交付也被认为可以的[1]，所以对第三人的保护主要取决于《民法》第 192 条的善意取得是否成立。其结果是围绕是否有交付，发生了许多像本案这样微妙的纠纷。关于对动产的支配，在现实转移上需要发生多大程度的外观上的变化才可以呢？

本案的内容如下：即争议的对象是水车发电机及其附属器具，其属于冈山县某村庄的一部分村民（Y_1 等）共有，A 等人和 S 对其进行着管理，S 保管着收纳该机器的仓库钥匙。A 等人作为 Y_1 等的代表，与 S 个人签订了该

---

〔1〕 请参考大判明治 43 年（1910 年）2 月 25 日，《民錄》第 16 辑，第 153 页。

机器的买卖合同，规定若 S 到期未支付价款，合同则无效。但是，S 到期没有支付完所有的价款。在此期间，X 于昭和 25 年（1950 年）10 月 21 日从 S 处购买了该机器并进行了交付，具备了《民法》第 192 条所规定的关于所有权的善意取得所必要的平稳、公开、善意、无过失的要件，但是关于该机器的交付，是通过所谓的"占有改定"的方法进行的。可是之后，A 等人选 T 为单独代表，S 对此也表示同意，并把所保管的钥匙亲手交给了 T。在此之前，T 通过 Y_2 做中介，将该机器卖给了 Y_3 并收取了所有的价款。其后，X 试图搬出该机器，但受到了 Y_1 等的阻拦，结果 Y_3 将该机器搬走了。因此，X 以 Y_1 等人为对象，请求确认该机器的所有权以及请求交付该机器。在此，希望大家从正面对当时认为占有改定不能适用善意取得的判例[1]的立场提出异议的上告理由进行讨论，同时认真思考一下本案的问题。顺便提一下，判例认为，"通过指示的占有转移"可以适用善意取得[2]，以及对于让与担保进行其他方式的处理是妥当的[3]，对判例的这些见解也要予以留意。

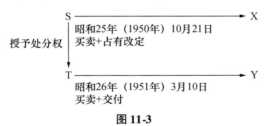

图 11-3

2. 上告理由

原审判决认定，X 于昭和 25 年（1950 年）10 月 21 日从 S 处购买本案机器，并进行了交付，以及 X 具备了《民法》第 192 条所规定的所有权的善意取得所必要的平稳、公开、善意、无过失的要件，但却作出了以下的判决：

关于本案机器的交付，是通过所谓的占有改定的方法进行的。《民法》

---

〔1〕参见大判大正 5 年（1916 年）5 月 16 日，最判昭和 32 年（1957 年）12 月 27 日。
〔2〕参见最判昭和 57 年（1982 年）9 月 7 日，《民集》第 36 卷第 8 号，第 1527 页。
〔3〕参见最判昭和 30 年（1955 年）6 月 2 日，《民集》第 9 卷第 7 号，第 855 页。

第 192 条规定的对于善意取得来说所必要的占有的取得是指，在一般外观上使以前的占有事实的状态发生变化，即使不考虑以前将占有委托给他人后对该他人所拥有的追究权，也不会发生损害一般交易的危险情形。仅仅只通过以前的占有人与新取得占有的人之间的意思表示，从一般外观上与以前的占有事实状态未发生任何变化的占有改定而取得的占有，应该解释为不属于《民法》第 192 条所要求的占有的取得。所以，即使 X 在上述时期里从 S 处平稳、公开、善意、无过失地购买了本案机器，并通过占有改定进行了交付，但是通过这样的交付，还不能善意取得本案机器的所有权。

原判决还判定，X 在昭和 26 年（1951 年）4 月 10 日左右想要接受本案机器的实际交付，在昭和 26 年（1951 年）2 月 26 日，A 等将"如果是 30 万日元以上的话卖给谁都可以"这样的权限授权给 T，S 也对此表示赞同，并将自己所保管的仓库钥匙亲手交给了 T；然后 T 于昭和 26 年（1951 年）3 月 10 日将本案机器卖给了 Y 等，T 当天就收取了 30 万日元，3 月 14 日收取了 1 万日元，合计共收取了买卖价款 31 万日元，T 转移了该机器的所有权并进行了交付，因此应该认为，X 没有取得本案机器的所有权。

但是，关于动产，交付是对抗第三人的对抗要件，不是权利转移的生效要件。关于交付的方法，即作为对抗要件的交付，应该排除占有改定方法的理由并不存在。应该承认，通过占有改定而进行的交付，由于不伴有外观上占有形态的变化，很多情形下会给第三人（债权人）带来损害，但只要不是故意抱有该意思而进行的占有改定，或者是存有特别事由不会给第三人带来不可预测的损害时，对于占有改定作为对抗要件，没有理由予以否定。以前的大审院判例，因为把占有的公信力和对抗力混同在一起了，所以认为善意取得是对对方的占有的信赖问题，即公信力的问题。因此，应该认为，通过占有改定而进行的交付具有对抗力，对于取得所有权是足够的。《民法》第 192 条规定了占有取得的要件，应该理解为其目的只不过是对于第三人的权利取得行为只有在具备对抗力的情况下才能认可该第三人取得真正的权利，由此实现对公信力实施一定程度的限制。如果是那样的话，《民法》第 192 条所规定的占有取得相当于《民法》第 178 条所规定的对抗要件的交付。所以，应该认为不只是实际交付，占有改定也被包括在内。原审判决仿照明文规定了排除占有改定的《德国民法典》，只从沿革上对善意取得制度进行了考察，遵循了在存有原所有权人信赖的地方，就存有对其追究权的限制这一解释方法的大审院的判例立场。但该大审院判例认为善意取得制度将会牺牲原所有权人的利益，为了救济原所有权人，反而连动产交易的安全都予以牺牲了，因此属于不妥当的判例。善意取得制度的现实意义在于应越来越广泛地适用该制度。另外，在认可《民法》第192条规定的占有取得包括占有改定的同时，关于第三人确定性地取得该权利还需要另外的实际交付的见解，同样是由于日本民法上并不存在像德国民法上那样的限制而硬是以此为前提所造成的使善意取得制度的现实意义发生了逆转的结果，因此，不能说该见解是妥当的解释。在通过占有改定而进行占有取得（交付）的情况下，认为从占有代理人处接受了实际交付的第三人，根据善意取得的规则可以取得权利，这样解释的话，就不存在欠缺保护第三人的问题。因此，尤其是对于那些通过占有改定而进行的占有取得（交付），利用某些方法将占有改定的事实告知与该动产有关系的权利人，或者存有特别事由可以认为与该动产有关系的权利人知道占有改定的事实（第三人知道的情况下不适用善意取得）时，不应该认为因是通过占有改定而进行的交付，所以没有对抗力。

X于昭和25年（1950年）10月21日从S处购买本案机器，通过占有改定进行了交付。之后在昭和26年（1951年）1月18日召开的受益人大会上，S对此进行了说明。X于昭和26年（1951年）3月初，为了搬出该机器开始动手架设桥梁；于同年4月10日，为了搬出该机器将其拆开进行了捆包。而Y_3自称与Y_2等一起，于昭和26年（1951年）3月10日，以价款31万日元购买了该机器，当天即支付了价款接受了交付；同年4月12日、13日，在X完成捆包之后，Y_3在仓库周围钉上钉子，阻碍X搬出该机器，同年5月14日、15日，Y_3从仓库里搬出本案机器运到大阪市内。因此，Y_3接受实际交付是在昭和26年（1951年）5月14日、15日（同年4月12日、13日在仓库周围钉钉子的行为还不能构成接受了实际交付）。此外，仓库钥匙直到昭和26年（1951年）6月14日、15日一直在S处保管，不存在S于昭和26年（1951年）2月26日将钥匙交给了T的事实。正因为如此，在实际交付上，即对抗要件上，X也是先于Y_3的。所以，原审判决的事实认定是有误的。

根据上述事实，关于本案机器，因为X从S处平稳、公开、善意、无过失地取得了占有（接受了交付），取得了所有权，具备了对抗要件，所以无法以其占有的取得（交付）是通过占有改定来实现的为理由，否定X的权利取得。因此，原审判决错误地解释了法令，并且审理不足或理由不充分，违反法律或经验上的法则，属于违法。

3. 最高裁的判断

在从无处分权人处接受动产让与的情况下，受让人为了依照《民法》第 192 条取得该动产的所有权，需要从一般外观上改变以前的占有状态而取得占有。应该说，仅通过一般外观上的、不使占有状态发生变化的占有改定的方法的取得是不够的［请参照大正 5 年（1916 年）5 月 16 日大审院判决，《民録》第 22 辑，第 961 页；昭和 32 年（1957 年）12 月 27 日第二小法庭判决，《民集》第 11 卷第 14 号，第 2485 页］。因此，原审判决根据证据确定，X 从 S 处购买了本案机器。但由于 S 当时对于该机器属于无权处分人，并且一方面 X 从 S 处接受了该机器的交付时，该交付是通过所谓的占有改定的方法进行的；另一方面，根据原审判决所示，该机器已被 T（当时就该机器的买卖，真正的所有权人将权限授予了 T）卖给了 Y_3，在 Y_3 支付完所有的价款的同时该机器的所有权转让给了 Y_3，并且完成了交付。应该说，原审判决根据这些事实关系，否定了 X 根据善意取得、自己取得了该机器所有权的主张，并以此为前提，驳回了 X 的诉讼请求是正当的。

【本判决的评解】

井口牧郎，《法曹時報》第 12 卷第 4 号，第 82 页；乾昭三，《法律時報》第 32 卷第 11 号，第 116 页；近江幸治，《民法の基本判例》（第 2 版），第 68 页；金山正信，《同志社法学》第 12 卷第 4 号，第 78 页；佐伯一郎，《金融判例 100——社团法人金融財政事情研究会創立 50 周年記念号》（《金融法務事情》第 1581 号），第 144 页；小林英樹，《民事研修》第 582 号，第 69 页；村田博史、半田正夫等编：《現代判例民法学の課題：森泉章教授還暦記念論集》，法学书院 1988 年版，第 291 页；大塚直，《民法判例百選Ⅰ》（第 6 版），第 66 案件；田中整尔，《民法判例百選Ⅰ》（第 3 版），第 69 案件；铃木禄弥，《民商法雑誌》第 43 卷第 1 号，第 96 页等。

第 4 案件　不动产交易上当事人的意思、责任和信赖

请求注销所有权转移登记的登记手续案件［最高裁（第一小）平成 18 年（2006 年）2 月 23 日判决］

《民集》第 60 卷第 2 号，第 546 页；《判時》第 1925 号，第 92 页；《判夕》第 1205 号，第 120 页

相关条文：《民法》第 176 条、第 177 条、第 94 条第 2 款、第 110 条

1. 案件的要点

在本案，上告人 X 将自己所有的本案不动产（甲不动产）的登记证书及注册印章交给 A 保管，A 未经 X 的允许，擅自以自己的名义进行了所有权转移登记，并将甲不动产卖给了 Y，办理了 Y 名义的所有权转移登记。因此 X 向 Y 提出，要求注销由 A 办理的 Y 的所有权转移登记手续。对此，原审通过类推适用《民法》第 110 条，作出了 Y 取得甲不动产所有权的判决。X 进行了上告。最高裁认为，应该说，对于由 A 所作出的虚假的外观（不真实的登记），X 可被追究责任［归责性］的程度可视为与其自己积极地参与作出该外观或知道该外观被作出却特意放之不顾的情形一样大；并且，Y 相信 A 是该不动产的所有权人，且这种相信不存在过失；所以类推适用《民法》第 94 条第 2 款、第 110 条，判定 X 无法向 Y 主张 A 没有取得本案不动产的所有权是妥当的，故而驳回了 X 的上告。原则上，不动产的转让、处分，根据当事人的意思发生效力（第 176 条），但以此来对抗第三人时需要进行登记（第 177 条，将此称为"对抗要件主义"）。但是，由于日本的不动产登记不具有所谓的公信力，虽说是登记人，但不能保证其是真正的权利人。因此，判例为了保护第三人的正当信赖，对类推适用第 94 条第 2 款的法理进行了充实。不过，类推适用也是有局限的［关于类推适用请参考本书第 8 章 6（2）］。之所以如此说，是因为存在由他人作出的外观与表意人的意思不对应，以及表意人的归责性很小的情形。本案通过与规定无权代理时保护相对人的表见代理的第 110 条组合在一起，实现了对第三人的保护。在本案，表意人 X 的意思、X 在 A 所作出的外观上的责任，以及第三人的正当

的信赖，使得无处分权人所作出的不动产转让成为不可否定的事实，对这一点请予以留意。[1]

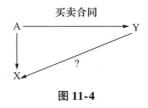

图 11-4

2. 案件的经过

① 上告人 X 于平成 7 年（1995 年）3 月，通过大分县土地开发公社的中介将自己所有的土地卖给日本道路公团时，认识了该公社的职员 A。

② 经 A 的介绍，X 于平成 8 年（1996 年）1 月 11 日以 7300 万日元，从 B 处买了本案的土地和房屋（甲不动产）。同月 25 日，B 办理了对 X 的所有权转移登记。

③ X 委托 A 将本案甲不动产租赁出去，A 表示为了把甲不动产委托给管理公司进行管理，需要各种费用共计 240 万日元。X 听信了 A 所言，遂于平成 8 年（1996 年）2 月，将 240 万日元交给了 A。X 通过 A 的介绍，于同年 7 月以后，将甲不动产租赁给了第三人。当时与承租人的交涉、制作租赁合同书以及交付受领押金等事宜，都是通过 A 办理的。

④ A 表示，为了办理上述的 240 万日元的返还手续，需要甲不动产的登记证明。X 听信了 A 所言，遂于平成 11 年（1999 年）9 月 21 日，将甲不动产登记证明交给了 A。另外，X 就以前购买的但还没有办理所有权转移登记手续的另一块乙土地，委托 A 代为办理所有权转移登记手续，以及和邻接的土地的合并登记手续。因为 A 说这是办理土地登记手续所需要的，所以 X 于平成 11 年（1999 年）11 月 30 日及平成 12 年（2000 年）1 月 28 日，分两次将自己的印章注册证明书各 2 张（总计 4 张）交给了 A。并且，还存在一份写着平成 11 年（1999 年）11 月 7 日 X 将甲不动产以 4300 万日元的价

---

[1] 请参考河上正二：《民法総則講義》，日本评论社 2007 年版，第 490 页以下。

格卖给了 A 的买卖合同书。但该合同书签订的日期不明确，X 既没有确认过该合同的内容及用途，也没有卖甲不动产的意思，仅是听从 A 所言进行了签名盖章。

⑤ A 说为了办理乙土地的登记手续，需要 X 的注册印章。X 听信了 A 所言，遂于平成 12 年（2000 年）2 月 1 日，将自己的注册印章交给了 A。X 漫不经心地看着 A 当场在自己携带的甲不动产的登记申请书上盖了章，也没有说什么。A 于同日拿着 X 委托其保管的甲不动产的登记证明和印章注册证明以及上述登记申请书，办理了以 X 于同年 1 月 31 日将甲不动产卖给了 A 为原因的所有权转移登记手续（以下称之为"本案登记"）。

⑥ 平成 12 年（2000 年）3 月 23 日，A 和 Y 之间签订了以 3 500 万日元的价格将甲不动产卖给 Y 的合同。据此，于同年 4 月 5 日，A 对 Y 办理了所有权转移登记手续。Y 根据本案登记等，相信了 A 是甲不动产的所有权人，并且这种相信没有过失。

X 以拥有本案甲不动产的所有权为依据，向 Y 请求办理注销由 A 办理的对 Y 的所有权转移登记的手续。但原审通过类推适用《民法》第 110 条，作出了 Y 取得了甲不动产的所有权的判断，并驳回了 X 的请求。于是 X 进行了上告。

3. 最高裁的判断

根据上述所确定的事实，X 委托 A 办理有关本案甲不动产的租赁事务以及乙土地的所有权登记等手续。为此在没有其他合理理由的情况下，将被认为是并不需要的甲不动产的登记证明交给了 A，且放置了几个月；听 A 说是办理乙土地的登记手续所需要的，就将 4 张自己的印章注册证明分两次交给 A；没有卖甲不动产的意思，却听从 A 所言，在买卖合同书上进行了签名盖章等，制造了甲不动产可能被 A 为所欲为地进行处分的状况，却对此没有任何顾虑。并且，在本案登记被作出的平成 12 年（2000 年）2 月 1 日，听从 A 所言，将自己的注册印章交给了 A。A 在 X 的面前使用该注册印章，在甲不动产的登记申请书上盖了章，X 既没有确认该合同书的内容，也没有询问该合同书的用途，只是漫不经心地看着 A 在合同书上盖章。这样看的话，A 能够利用甲不动产的登记证明、X 的印章注册证明及以 X 为申请人的登记申请书，办理本案登记手续，是上述 X 那些过分的不注意行为所导致的结果。应该说，对于由 A 所作出的虚假的外观（不真实的登记），X 的归责性的程度可视为与其自己积极地参与所作出的该外观或知道该外观被作出却特意放之不顾的情形一样重大。而且根据上述确定的事实，Y 相信了 A 是所有权人的外观，并且这种相信是没有过失的。所以通过类推适用《民法》第 94 条第 2 款、第 110 条，认为 X 无法对 Y 主张 A 没有取得甲不动产的所有权，这是妥当的。认定驳回 X 请求的原审判断在结论上是正当的，X 的论述没有理由。

【本判决的评解】

伊藤进，《民事研修》第 601 号，第 2 页；吉田克己，《判例タイムズ》第 1234 号，第 49 页；高田淳，《法学セミナー》第 618 号，第 115 页；佐久间毅，《NBL》第 834 号，第 18 页；浅井弘章，《银行法务 21》第 50 卷第 12 号，第 51 页；增森珠美，《ジュリスト》第 1333 号，第 112 页；增森珠美，《法曹时报》第 59 卷第 4 号，第 221 页；村中玲子，《民事研修》第 592 号，第 37 页；武川幸嗣，《登记情报》第 47 卷第 1 号，第 54 页；武川幸嗣，《民商法杂志》第 135 卷第 2 号，第 121 页；良永和隆，《ハイ・ローヤー》第 254 号，第 62 页；荒木新五，《登记情报》第 538 号，第 1 页；中山布纱，《北九州市立大学法政论集》第 34 卷第 1、2 号，第 156 页；渡边拓，《判时》第 1950 号，第 184 页；中舍宽树，《私法判例リマークス》第 34 号，第 6 页；佐久间毅，《判例セレクト（2006）》，第 19 页；佐久间毅，《民法判例百选 I》（第 6 版），第 22 案件；矶村保，《平成 18 年度重要判例解说》，第 66 页；中舍宽树，《不动产取引判例百选》（第 3 版），第 51 案件；庄菊博、杉江隆司，《专修法学论集》第 99 号，第 161 页；樱井博子，《法学（东北大学）》第 72 卷第 2 号，第 174 页。

第5案件　在不动产交易上从背信的恶意人处取得该不动产者（转得人）

请求确认公用道路等案件［最高裁（第三小）平成8年（1996年）10月29日判决］

《民集》第50卷第9号，第2506页；《判时》第1609号，第108页；《判夕》第947号，第185页

相关条文：《民法》第1条、第177条

1. 案件的要点

在乙从所有权人甲处购买了不动产而未进行登记期间，丙从甲处又买下了该不动产并进行了登记。在此情况下，丙优先于乙确定性地取得了所有权（请参照第177条）。但是，第177条所规定的"第三人"是指："当事人或其概括承继人之外的，关于不动产物权的取得、丧失、变更上缺少登记一事，没有正当利益对此进行主张的人。"［大判明治41年（1908年）12月15日，《民録》第14辑，第1276页（限制说）］在该种情况下，判例的立场是，假如丙被评价为"背信的恶意人"，乙没有登记也能够以自己取得了所有权来对抗丙[1]，那么，从该背信的恶意人处取得不动产的转得人的法律地位会是怎样的，就会成为本案的问题。在本案判决中，最高裁作出了在从丙处购买了不动产的转得人丁完成了登记的情况下，即使丙是背信的恶意人，只要在和乙的关系上，丁自身没有被评价为是背信的恶意人时，即解释为丁能够以取得了该不动产的所有权来对抗乙，这样的判断是妥当的。不过，在丙不是背信的恶意人的情况下，一旦乙确定性地丧失了所有权，之后登场的丁即使是背信的恶意人，原则上也是不能推翻上述结论的。之所以如此说，是因为作为卖方的丙的立场有可能会变得不确定。

---

〔1〕关于排除背信的恶意人，请参考本书第5章7（8）；关于第177条的限制解释，请参考本书第8章6（2）④。

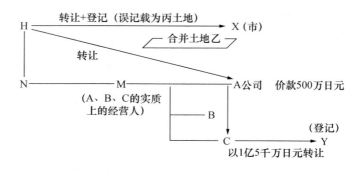

图 11-5

2. 案件的经过

（1）本案土地转让给 X 的经过

① 本案土地原是 H 所有的松山市的甲土地的一部分。昭和 30 年（1955 年）3 月，为了修建货物的运输所用道路，作为完善旧国有铁路松山车站前事业的一环，X（市）从 H 处以 341 280 日元的价格买下了本案土地，并在同年 4 月 30 日支付了全部价款。

② X 与 H 协商决定，把 X 所购买的本案土地从甲土地中划分出来，作为合并土地乙进行登记。但是在与甲土地分开重新登记时，因手续上出错，实际上把从甲土地中分出来的土地，在昭和 30 年（1955 年）5 月 13 日，登记成了丙土地。其结果是，登记簿和地籍册上记载的都是丙土地。并且，因为之后合并土地乙也没有被记载到政府所作的账簿上，所以预定作为合并土地乙进行登记的本案土地没有进行以 X 为名义的所有权登记。

③ 为了把属于农业用地的本案土地修建成公众所用的道路，昭和 30 年（1955 年）X 对该土地进行了填土维修，从昭和 44 年（1969 年）6 月 21 日到同年 7 月 10 日之间，在本案土地的北面和南面挖了水沟；在近中央的地方设置了两个刻有市章的地下管道的盖子；在整个地面上铺上了柏油，建造成与现在的道路很接近的状态。另外，在昭和 54 年（1979 年）11 月，X 通过在本案土地上设置市道金属标示，明确了本案土地是属于 X 管理的道路。并且，在昭和 43 年（1968 年）3 月，X 根据当地居民提出的评定道路界限

的申请，评定了本案土地和邻接其南边的合并土地乙的界限。在该评定记录上，X 把本案土地记载为"市道新玉××号线"。在昭和 54 年（1979 年）X 制作的松山市所造道路登记册上，X 把本案土地记载为"市道新玉××号线"。该道路登记册上记载着：该道路宽 14.4 米，长 30.4 米。

就这样，本案土地最迟到昭和 44 年（1969 年）7 月，作为 X 所有的道路，供一般市民通行所用，附近居民也将其当作市道来看待。但是，没有保留可以明确表示依照《道路法》规定做过有关区域决定及开始提供使用的决定的资料。

④ 在昭和 58 年（1983 年）1 月 25 日，根据爱媛县政府的指示，X 依照《道路法》第 18 条的规定，把本案土地及其向西延伸的宽 1.9 米、长 18 米的土地合在一起作为"市道新玉××号线"，作出了区域决定和开始提供使用的决定，同时公示了该决定。其后，在昭和 62 年（1987 年）3 月，根据公告的市道编制，把市道新玉××号线改称为"新玉四十七号线"。

（2）A 取得本案土地以及转让给 Y 的经过

① 在昭和 57 年（1982 年）的夏天，H 夫妇向经常出入 H 家并参与 H 家财产管理的 N 进行咨询，说本案土地因为在登记簿上属于 H 所有，所以被要求缴纳固定资产税，但是该土地属于所有权不明的土地，希望以 500 万日元将该土地处分掉。为此，N 将 H 夫妇的话传给友人 M，请求帮忙。N 根据自己的调查认为，本案土地属于旧国有铁路松山车站前附近的土地，但因为对此还不是很明确，所以就此向 M 作了如实说明。

② M 作为 A 公司、B 不动产、C 商业中心的老板实质上经营着这些公司。M 听了 N 的话，依据土地登记簿的副本和明治时代制作的地图等，对本案土地的所在地进行了确认。在看了实地以后决定购买本案土地。在昭和 57 年（1982 年）10 月 25 日，M 作为 A 公司的代理人，与 H 的代理人 N 缔结了以 500 万日元为价款的买卖合同。同月 27 日，M 以 A 公司的名义办理了所有权转移登记。此外，在买卖合同缔结时，由于 N 认为确实没有把握能够转移所有权，所以要求 M 写了一张即使发生本案土地不存在，也不要求 H 返还价款的保证书。在昭和 57 年（1982 年）时，如果不是用于道路的使用，本案土地的价格大约是 6 000 万日元（并且根据记录，在后面讲述的 C 商业中心与 Y 之间签订的买卖合同中，该土地的价款为 1 亿 5 千万日元）。

③ 在昭和 58 年（1983 年）1 月，为了要求 X 停止将本案土地作为市道使用，A 进行了征集附近居民的同意书的活动。关于本案土地，分别在同年 2 月 25 日对 B 不动产，昭和 59 年（1984 年）7 月 10 日对 C 商业中心办理了所有权转移登记。

④ 在昭和 60 年（1985 年）8 月 14 日，Y 从 C 商业中心购买了本案土地，并办理了所有权转移登记。同月 28 日，Y 提出本案土地不是市道的主张，并在本案土地上建造了两栋预制板装配式房屋且设置了防栅。

(3) X 的请求以及 Y 的请求

对于 Y，X 根据其所拥有的所有权，要求办理以恢复真实的登记名义人为理由的所有权转移登记手续；根据其所拥有的道路管理权，要求确认本案土地是松山市道新玉××号线的土地；根据所有权或道路管理权，要求 Y 拆除在本案土地上所建造的预制板装配式房屋和设置的防栅。对此，Y 以本案土地是已所有为理由，认为 X 在拆除本案土地上的预制板装配式房屋和防栅，将本案土地交给执行官保管后，取得了可以作为市道使用本案土地的暂行处分决定并执行了该决定的这些行为，对 Y 构成了侵权，要求 X 进行损害赔偿。

(4) 原审的判断

对于当事人的主张，原审作出了如下判断：

① 于昭和 57 年（1982 年）10 月取得本案土地的 A 成为本案一物两卖土地的受让人，但是 A 的代理人 M 明知本案土地已经卖给了 X，事实上成为市道，长年供一般市民通行所用，却把 X 没有办理所有权转移登记的本案土地作为奇货买下，废除道路以谋求自己的利益，所以可以说，A 是背信的恶意人，X 即使没有登记，也能够以取得了本案土地来对抗 A。

② 不论是 B 不动产还是 C 商业中心，其实质上的经营人都是 M。虽然 Y 从 C 商业中心购买了本案土地，但既然 A 是背信的恶意人，无法以取得的所有权来对抗 X，那么经由 B 不动产和 C 商业中心买下本案土地的 Y，也同样就本案土地的所有权不能对抗 X。应该认可 X 提出的以依据其所拥有的所有权来恢复真实的登记名义人为理由的所有权转移登记手续请求。Y 对此进行了上告。

3. 最高裁的判断

最高裁认为，原审所作的①的判断是合理的，但是不能同意②的判断。其理由如下：

根据原审所确定的事实关系，本案土地最迟到昭和44年（1969年）7月X在土地的北面和南面挖了水沟，在接近中央的部分设置了两个刻有市章的地下管道的盖子，同时在整个地面上铺设了柏油，作为道路进行了修建，提供给一般市民用于通行，附近的居民也将其作为市道来看待。而A的代理人M在确认实地的基础上，提交了即使发生土地不存在也不要求返还价款的保证书，以500万日元购买了如果不是道路其价格在昭和57年（1982年）大约可值6 000万日元的本案土地。所以可以说，A在明知本案土地是市道用地，供一般市民用于通行的情况下，却把X没有办理所有权转移登记的本案土地作为奇货，以获得不当利益为目的取得了本案土地，属于无法主张X缺少登记的所谓的背信的恶意人。因此，在X对A的关系上，即使没有本案土地的登记，X也可以以取得了所有权来对抗A。关于这一点的上告人的论述，不过是指责属于原审专有权利的对证据的取舍判断和对事实的认定，或者说是依据原审没有认定的事实批判原审判决，因此其主张是无法予以采用的。

不过，在乙从所有权人甲处购买了不动产，在没有办理登记期间，丙从甲处重新购买了该不动产，进而丁作为转得人从丙处买下该不动产并完成了登记手续这种情况下，即使丙属于背信的恶意人，但是丁在对乙的关系上，只要丁自身没有被评价为是背信的恶意人，即解释为丁能够以取得该不动产的所有权来对抗乙是妥当的。理由是：第一，即使是在因为丙是背信的恶意人所以对于缺少登记一事不属于有正当利益对此进行主张的第三人这样的情况下，其结果也只限于丙不能用经过登记的权利来对抗乙。反过来说，也就是乙没有登记也能够以取得所有权来对抗丙，但这并不能导致甲、丙之间的买卖合同无效，所以丁不是从无权利人处购买了该不动产。第二，背信的恶意人之所以作为不属于拥有正当利益的第三人而被从第177条所规定的"第三人"里排除，是因为其作为迟于第一受让人的购买者，虽取得了不动产并进行了登记，但参照其取得不动产的经过,这种向没有进行登记的第一受让人主张其缺少登记一事的行为违反诚实信用原则,是不能被允许的。根据该法理,办理了登记的人是否被排除在"第三人"之外,应该在办理了登记的人与第一受让人之间进行相对性判断。

将该理论应用到本案上,当 Y 从 A 处那里经由实质上可视为与 A 一样的 B 不动产以及 C 商业中心取得了本案土地时,Y 属于从背信的恶意人处取得不动产的转得人,因此,尽管 A 是背信的恶意人,在本案应该说,如果不重新对 Y 自身是否属于背信的恶意人进行判断的话,无法作出 Y 不能以取得本案土地的所有权来对抗 X 的结论。与作出以上认定不同的原审判断,错误地解释并适用了《民法》第 177 条,是违法的,该违法很明显影响了原审判决的结论。指出这一点的上告人的论述是有理由的。因此,不得不撤销原审判决中的有关请求本案土地所有权转移登记手续部分的判断,为了更详尽地进行审理,将上述部分退回原审重新审判是妥当的。

【本判决的评解】

伊藤滋夫,《法の支配》第 110 号,第 93 页;宇都宫充夫,《中央学院大学法学論叢》第 13 卷第 2 号,第 371 页;横山美夏,《法学教室》第 200 号,第 140 页;加藤昭,《民事研修》第 602 号,第 47 页;鎌田薰,《私法判例リマークス》第 16 号 [1998(上)],第 10 页;鎌田薰,《民法の基本判例》(第 2 版),第 45 页;吉原节夫,《民事研修》第 485 号,第 16 页;七户克彦,《民商法雑誌》第 117 卷第 1 号,第 104 页;小林秀树,《民事研修》第 598 号,第 79 页;松冈久和,《判例セレクト(1997)》,第 15 页;瀬川信久,《民法判例百選Ⅰ》(第 6 版),第 57 案件;松尾弘,《不動産取引判例百選》(第 3 版),第 49 案件;石田喜久夫,《判評》第 468 号(《判時》第 1621 号),第 189 页;大桥弘,《ジュリスト》第 1121 号,第 98 页;大桥弘,《最高裁時の判例(平成元年~平成 14 年)〔2〕私法編(民法)》,第 61 页;大桥弘,《法曹時報》第 51 卷第 3 号,第 250 页;大西武士,《判例タイムズ》第 957 号,第 55 页;田中淳子,《法律時報》第 70 卷第 8 号,第 104 页;东法子,《銀行法務 21》第 42 卷第 1 号,第 27 页;半田吉信,《ジュリスト》第 1127 号,第 127 页;富上智子,《平成 9 年度主要民事判例解説》,第 36 页;北河隆之,《季刊不動産研究》第 41 卷第 1 号,第 54 页等。

第 6 案件 提款卡的盗用和对债权的准占有人的清偿

请求返还存款案件［最高裁（第三小）平成 15 年（2003 年）4 月 8 日判决］

《民集》第 57 卷第 4 号，第 337 页；《判时》第 1822 号，第 57 页；《判夕》第 1121 号，第 96 页；《金法》第 1681 号，第 24 页

相关条文：《民法》第 91 条、第 478 条

1. 案件的要点

因为债务人负有清偿义务，所以在接到来自外观上呈现出像是债权人的人的请求时，不能对其是否有该权限进行严格的调查（有被追究债务不履行责任的危险），因此，《民法》规定，对于无论是谁来看都带有像是债权人的外观者（债权的准占有人），在债务人善意且无过失地进行了清偿的情况下，该清偿为有效（第 478 条[1]）。该规定对于支付存款等也是妥当的，因而在各种各样的情况下得以被类推适用。在本案中，X 的存折被盗，不知是谁用该存折提取了现金，所以 X 要求 Y 银行返还被提取的存款数额或基于债务不履行进行损害赔偿。最高裁认定，Y 银行不仅开展了可用提款卡从提款机提款的业务，还采用了可用存折从提款机提款的业务，但是在有关提款卡的规定里，对此没有进行规定，对存款人也没有进行公示，所以不能说银行尽到了排除无权限者利用存折从提款机提款的注意义务。关于本案的 X 的返还存款的要求，最高裁认为银行在此方面存有过失，从而认可了 X 的请求。本案让我们思考在非对面的交易上，金融机构应该承担怎样的注意义务。

---

［1］ 修改后的日本《民法》第 478 条将现行《民法》第 478 条上的"债权的准占有人"用语改为"具有收领权人之外观者"。——译者注

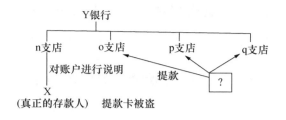

图 11-6

2. 案件的概要

① X 于平成 10 年（1998 年）10 月 16 日在 Y 银行的长尾支店开设了储蓄存款账户，缔结了储蓄存款合同，接受了本案存折的交付，并申领了提款卡。X 所设定的提款卡密码和其所有的汽车牌号的 4 位数字是同样的。X 当场领到了提款卡。

② Y 银行设置了自动存取款机，登录了密码的存款人，只要插入存折或提款卡并输入密码，即可提取现金（以下将种取款方法称为"机器取款"，其中将利用存折的取款方法称为"存折机器取款"；将利用提款卡的取款方法称为"提款卡机器取款"）。在 Y 银行，利用机器取款的手续如下：首先存款人将存折或提款卡插入自动存取款机，然后输入密码和取款金额，自动存取款机就会解读存折或提款卡上的磁条，来确定账户以及其他的正当性，对密码进行加密后传递到主机上，并且，没有把密码打在存折和提款卡上的磁条上。然后，主机在对提交上来的密码、可支付余额及其他信息（提款卡或存折的挂失、停止支付等）进行确认后，向自动存取款机发出可否支付的指示。如果指示是可以支付的话，自动存取款机就进行支付的相应处理。

③ X 于平成 11 年（1999 年）11 月 22 日晚 9 点 30 分左右，将本案存折放在车内的仪表板上，把车停放在自家附近的停车场里，直到第二天（23 日）上午 10 点 40 分。在这段时间里，本案存折和汽车一起被盗。之后，在同月 24 日上午 8 点 52 分到 9 点 56 分之间，不知是谁从 Y 银行的福冈支店、大名支店以及西新支店的各自动存取款机上，使用本案存折、输入本案密码，利用存折机器支付方法，从 X 的账户上分 17 次提取了总计 810 万日元。

④ X 于同月 23 日，向警察署申报了本案车辆的被盗。但是，当时 X 没有意识到本案存折被盗，直到当天夜里才想起放在车内的本案存折以及其弟委托其保管的邮电局储蓄存折。于是，X 于同月 24 日上午 9 点左右打电话给邮电局，告知其弟名义的存折被盗。之后 X 接待了来访客人，然后向 Y 银行长尾支店提交了存折挂失申请。但是，该挂失是在 Y 银行支付完本案存款后作出的，该挂失输入主机的时间是当天上午 10 点 53 分。

⑤ 在 Y 银行的提款卡规定（××卡规定）里，有利用提款卡机器支付的方法可以提取存款的规定，还有通过被使用的提款卡的电磁性记录，在对提款卡的真实性以及输入的密码和提交给银行的密码的一致性进行确认后，原则上 Y 银行对所支付的存款不负任何责任这样的免责规定。但是，在 Y 银行的储蓄存款规定和提款卡规定里，都没有关于利用存折机器支付方法提取存款的规定，同时也没有关于该支付方法的免责规定。并且，X 利用提款卡往自动存取款机上存过钱，但没有利用存折或提款卡从自动存取款机上取过钱，也不知道可以用存折从自动存取款机上提取存款。

⑥ X 向 Y 提起了要求 Y 返还本案被其支付的 810 万日元存款的诉讼，该起诉书于平成 12 年（2000 年）3 月 17 日送达给了 Y。

在本案中，X 主张 Y 银行所支付的存款无效，即使不是无效但也不能说是依照债务本旨进行的履行，要求 Y 返还本案支付的 810 万日元的存款或作为基于债务不履行的损害赔偿，支付同等数额的金钱，以及支付从起诉书送达日的次日起，到支付完毕为止，按照商业利率计算出来的迟延损害赔偿金（请求返还存款和请求损害赔偿的选择性合并诉讼）。在上述事实关系的基础上，原审作出了根据《民法》第 478 条的规定，本案所支付的存款具有清偿效力，所以 X 的返还存款的请求没有理由；本案所支付的存款是依照债务的本旨进行的履行，所以 X 的基于债务不履行的损害赔偿请求也是没有理由的判断，并由此驳回了 X 的请求。

3. 最高裁的判断

① 关于无权限者利用机器支付的方法提取存款，应该解释为也可以适用《民法》第 478 条，不应该以其是非对面的交易，而否定适用该条的规定。

根据《民法》第478条，对于准债权人进行的清偿，只限于清偿人是善意且无过失时，被看作是有效的。为了证明银行利用机器支付的方法，在对准债权人支付存款上没有过失，应该说，除了需要在支付时机器正常运作，还包括为了使存款人在管理密码上没有漏洞，应向存款人明示可以利用机器支付的方法进行提取存款等，在设置机器支付装置的管理整体上，银行还负有在尽可能的限度内履行排除无权限者提款这样的注意义务。其理由如下：

利用机器支付的方法提款与在窗口进行的提款不同，没有银行职员通过对请求提取存款的人的举止、应对等进行观察，来判断其是否有该权限或在必要时采取确认措施，而主要是通过机器对其所使用的存折等的真伪以及输入密码与提交密码是否一致进行确认，来判断请求支付存款的人是否具有正当的权限。只要使用的是真的存折等，输入的密码是正确的话，完全不问提款人是谁。考虑在这样的机器上支付时对接受清偿的人的权限，是通过银行所安装的系统进行机械性、形式性的判断而已，这一点为了证明银行对无权限者进行的支付没有过失，在支付时除了需要对存折和密码正确性进行机械式的确认，还要求减少机器支付系统利用人的失误，使存款人认识到包括密码等在内的重要性，作为整体该系统应被构建成，在可能的限度内，可以排除无权限者所进行的提款并得以运营。

② ……根据事实关系，尽管Y采用了存折机器支付系统，但却没有在提款卡规定里作出规定，也没有向存款人进行公示（根据记录，Y在设置自动存取款机的地方，书面标示了"敬告利用ATM的顾客书"，上面写有"利用本银行存折、提款卡的顾客"进行提款的手续费，但作为对存款人的明示还不能说是很充分的）。X不知道可以利用存折机器支付方法提取存款。为了排除无权限者所进行的提款，有必要使存款人认识到，密码、存折等可能会被用于机器支付，而使其能对密码、存折等进行充分的管理。采用存折机器支付系统的银行为了证明已在管理所设置的系统上尽到了注意义务，需要通过在存款规定等里面，对可以利用存折机器支付方法提款等进行规定，并对存款人进行明示，所以，在存折机器支付系统上为排除由无权限者所进行的提款不能说Y已经尽

到了应注意的义务。在本案所支付的存款上，应该说 Y 是有过失的。不过……因为 X 将本案密码设定为与本案车辆的车牌号相同的 4 位数字，并且把本案存折放在车内的仪表板上，把车停放到自家附近的停车场里，本案存折与车辆一起被人所盗，本案密码被推测出来，致使发生了本案的支付存款，因此应该说在本案存款的支付上，X 也有被指责的地方，但是该归责事由还不足以推翻上述对 Y 存有过失的判断。

所以，对于本案存款的支付，根据《民法》第 478 条规定，不能认可其有清偿的效力。

【本判决的评解】

影浦直人，《平成 15 年度主要民事判例解说》，第 48 页；河上正二，《平成 15 年度重要判例解说》，第 73 页；角田美穗子，《法学セミナー》第 583 号，第 116 页；角田美穗子，《法学セミナー》第 614 号，第 23 页；笠井修，《NBL》第 774 号，第 27 页；关武志，《青山学院論集》第 45 卷第 2 号，第 53 页；吉村信明，《志学館法学》第 5 号，第 59 页；吉田光硕，《金融法务事情》第 1676 号，第 4 页；吉田光硕，《判例タイムズ》第 1124 号，第 88 页；宫廻美明，《手形小切手判例百選》（第 6 版），第 108 案件；佐久间毅，《私法判例リマークス》第 28 号 2004（上），第 38 页；升田纯，《金融法务事情》第 1674 号，第 48 页；松井重雄，《ジュリスト》第 1255 号，第 136 页；松井重雄，《最高裁判所判例解说——民事编（平成 15 年度）（上）》，第 223 页；松井重雄，《法曹時報》第 58 卷第 2 号，第 229 页；秦光昭，《银行法务 21》第 48 卷第 2 号，第 39 页；石毛和夫，《银行法务 21》第 47 卷第 8 号，第 73 页；仓重八千代，《法律科学研究所年報（明治学院大学）》第 22 号，第 194 页；中原太郎，《法学协会雑誌》第 122 卷第 10 号，第 1771 页；中舍宽树，《金融判例研究》第 13 号（《金法》第 1684 号），第 11 页；中舍宽树，《判例セレクト(2003)》，第 17 页；中舍宽树，《民商法雑誌》第 129 卷第 6 号，第 59 页；潮见佳男，《法学教室》第 278 号，第 120 页；尾岛茂树，《金沢法学》第 46 卷第 2 号，第 177 页；尾岛茂树，《判評》第 541 号（《判時》第 1843 号），第 164 页；并木茂，《金融法务事情》第 1696 号，第 67 页；并木茂，《金融法务事情》第 1698 号，第 79 页；并木茂，《金融法务事情》第 1699 号，第 45 页；河上正二，《民法判例百選Ⅱ》（第 6 版），第 38 案件。

第 7 案件　当事人间的公平与过失相抵的类推适用

请求损害赔偿案件［最高裁（第三小）平成 8 年（1996 年）10 月 29 日判决］

《民集》第 50 卷第 9 号，第 2472 页；《判时》第 1593 号，第 58 页；《判夕》第 931 号，第 164 页；《交通民集》第 29 卷第 5 号，第 1255 页

相关条文：《民法》第 709 条、第 722 条第 2 款

1. 案件的要点

在受害人所施加的加害行为与之前就已存在的受害人疾患一起，成为造成受害人损害发生（所谓的原因竞合）的原因的情况下，参照该疾患的状态、程度等，让加害人赔偿全部损害有失公平时，裁判所作出了如下判断：在认定损害赔偿的数额之际，可以斟酌受害人的疾患，类推适用《民法》第 722 条第 2 款的规定；但即使受害人拥有与平均体格或通常体质不同的身体上的特征（受害人的脖子较长，因此颈椎多少有些不舒服的症状），在该特征不属于疾患的情况下，只要没有特殊情况，即使上述身体上的特征与事故上的加害行为竞合在一起，致使上述伤害的发生或者上述身体上的特征对损害的扩大起到了一定的推进作用，在认定损害赔偿的数额时，也不应对其进行考虑。本案判决理由里所引用的最高裁（第一小）平成 4 年（1992 年）6 月 25 日判决[1]，是以交通事故为理由请求损害赔偿的案件。受害人在该交通事故发生的大约一个月前，曾因一氧化碳中毒而引起的精神性症状已暂且潜在化乃至消失。但是，因该交通事故造成的头部碰伤成了导火线，其精神性症状再次表露出来，从发现时起长期持续且逐渐恶化，最终导致受害人死亡。为此该判决认定："对于受害人所施加的加害行为，在与受害人所患有的疾患一起成为造成损害发生的原因的情况下（称为'原因竞合'），参照该疾患的状态、程度等，让加害人赔偿全部损害有失公平时；在认定损害

---

[1]《民集》第 46 卷第 4 号，第 400 页；《判时》第 1454 号，第 93 页；《判夕》第 813 号，第 198 页；《交通民集》第 25 卷第 3 号，第 547 页。

赔偿数额之际，类推适用《民法》第722条第2款过失相抵的规定，可以斟酌受害人的疾患，及该案件里有关受害人一氧化碳中毒的情况，从而肯定了认可赔偿损害的50%的原审判决。当不应归责于受害人的身体上的因素构成原因竞合时，是否也可以通过类推适用过失相抵来减轻加害人的责任，这是一个很重要的问题，涉及在什么情况下，应该从公平的观点出发，认可受害人一起分担损害。"[1]

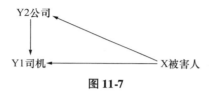

图11-7

2. 案件的经过

① 昭和62年（1987年）2月27日，Y_1 驾驶着 Y_2 公司的普通汽车，在宫崎县东臼杵郡内的道路上行驶时，从后面撞上了X驾驶的自家用的汽车。X在本案事故中，头部猛烈地撞到了驾驶员的座椅上，事后不久脖子感到有些麻痹和疼痛。第二天到整形外科医院接受检查，当时有颈部疼痛等症状，被诊断为颈椎扭伤。从同年3月4日起到同年12月16日止，X一直在上述医院住院治疗，但颈部、头后部还是有疼痛等症状，出院后仍继续到医院接受治疗。X在住院期间曾说自己的视力下降了，并于同年4月23日到眼科医院接受了检查，发现矫正视力有下降等症状，其眼睛上的这些症状被诊断

---

[1] 关于平成4年（1992年）的判决，请参照丸山一朗，《损害保险研究》第59卷第2号，第201页；窪田充见，《判例セレクト（1992）》，第26页；窪田充见，《民商法雑誌》第109卷第1号，第95页；后藤卷则，《法学セミナー》第463号，第39页；儿玉康夫，《交通事故判例百選》（第4版），第22案件；手嶋丰失，《民法判例百選Ⅱ》（第4版），第97案件；松村弓彦，《NBL》第514号，第60页；前田阳一，《法学協会雑誌》第110卷第8号，第1224页；泷泽孝臣，《ジュリスト》第1053号，第70页；泷泽孝臣，《最高裁〈時の判例〉（平成元年～平成14年）(2) 私法編Ⅰ》，第250页；泷泽孝臣，《法曹時報》第46卷第8号，第237页；田村洋三，《平成5年度主要民事判例解説》，第86页；北河隆之，《判例タイムズ》第797号，第22页；北河隆之，《平成4年度重要判例解説》，第89页；本井巽，《私法判例リマークス》第7号1993（下），第56页；齋藤修，《法律時報》第66卷第4号，第102页。关于过失相抵，请参照本书第1章5（5）。

为是由头颈部外伤综合症引发的。

② 与一般人的平均体格相比，X 的脖子较长，多少有些颈椎不舒服的症状，从身体特征上看，在该身体特征之上加上本案事故所造成的损伤，最终引发了左胸廓出口综合症和自律神经失调综合症。关于自律神经失调综合症，至少该身体上的特征使起因于该疾患的症状日益恶化。另外，对于由头颈部外伤综合症引发的上述眼睛的症状，X 的上述身体上的特征也起到了一定的推进作用。

③ 除了上述事实关系中所述的 X 的症状，还有自律神经失调综合症，这些症状多数很难从外部观察到，主要是病人对自己感觉的叙述，实际与神经症状重叠在一起的情形很多，所以治疗起来更加困难。也考虑到这一原因，在进行初期治疗时，认为不要使病人感到是重病或过多地暗示会有后遗症的危险是至关重要。将此与 X 的上述症状相对照，可以说，X 的上述症状的恶化或扩大，至少存在着心理上的因素。

④ 在本案，X 请求赔偿其由于该事故所蒙受的损害。原审以上述事实关系为前提，斟酌 X 脖子长及上述心理上的因素，类推适用了《民法》第 722 条第 2 款有关过失相抵的规定，作出了对于因本事故 X 所蒙受的损害的 40% 进行减额（即赔偿损害的 60%）是妥当的这样的判断。

3. 最高裁的判断

在对受害人所施加的加害行为，与在加害行为发生之前就已存在的受害人的疾患，一起成为造成损害发生的原因的情况下，参照该疾患的状态、程度等，在让加害人赔偿全部的损害有失公平时，裁判所在认定损害赔偿数额之际，可以斟酌受害人的疾患，类推适用《民法》第 722 条第 2 款的规定，这是最高裁判所判例的立场［最高裁昭和 63 年（1988 年）（オ）第 1094 号；平成 4 年（1992 年）6 月 25 日第一小法庭判决，《民集》第 46 卷第 4 号，第 400 页］。但是，即使受害人拥有与一般人的平均体格或通常体质不同的身体上的特征，在该特征不属于疾患的情况下，只要没有其他特殊情况，应该认为，在认定损害赔偿数额时，不能斟酌受害人的上述身体上的特征。理由是，人的体格乃至体质无法与所有人都均等同样，像具有极端肥胖那样的显著脱离了一般人的身体特征的人，因为发生跌倒等就会造成重大伤害等危害，所以被要求在日常生活中比一般人在行动上要更加慎重。而对于没有达到这种程度的人，应该说属于每个人的个体差异范围内，其存在是当然被预计在内的。

将该理论适用于本案，X 的身体上的特征是脖子长，以及因此多少有些颈椎不稳定的症状。不用说，这不属于疾患，而且也没有认定存在具有这样的身体上的特征的人，作为容易受伤的人而被要求应谨慎行动这样的情形，故不能说 X 存在上述特殊情况。上述身体特征与本案事故上的加害行为竞合在一起，给 X 带来了上述伤害，或者即使 X 的上述身体上的特征对 X 的伤害的扩大起到一定的推进作用，在认定损害赔偿数额时，这一点也不应该予以斟酌。

这样的话，在认定损害赔偿数额时，暂且不考虑是否应该斟酌上告人的心理因素，原审针对上述情况所作出的与上面解释不同的判断，在法令的解释适用上存有错误，属于违法，且此违法判断明显给原审判决的结论带来了影响。X 的论述有理由，应撤销原审判决中关于 X 败诉的部分。因此，关于本案损害数额有必要进行更加细致的审理，所以将本案撤销部分发回原审重新审理是妥当的。

【本判决的评解】

浦川道太郎，《私法判例リマークス》第 16 号，第 64 页；盐崎勤，《交通事故判例の10 年》（《判タ临增》第 1033 号），第 165 页；吉村良一，《判例セレクト（1997）》，第 25 页；久保野惠美子，《法学協会雑誌》第 115 卷第 3 号，第 410 页；桥本佳幸，《民商法雑誌》第 117 卷第 1 号，第 91 页；锦织成史，《民法の基本判例》（第 2 版），第 187 页；窪田充见，《平成 8 年度重要判例解説》，第 84 页；窪田充见，《民法判例百選Ⅱ》（第 6 版），第 94 案件；山田诚一，《交通事故判例百選》（第 4 版），第 23 案件；市川升，《平成 9 年度主要民事判例解説》，第 96 页；水野谦：《被害者の身体的特徴の競合と損害賠償額の算定》，载森泉章先生古稀祝贺论集刊行委员会编：《現代判例民法学の理論と展望——森泉章先生古稀祝賀論集》，法学书院 1998 年版，第 515 页；前田阳一，《法学教室》第 201 号，第 112 页；长泽幸男，《ジュリスト》第 1111 号，第 200 页；长泽幸男，《最高裁時の判例（平成元年～平成 14 年）(2) 私法编Ⅰ》，第 253 页；长泽幸男，《法曹時報》第 50 卷第 10 号，第 136 页；藤村和夫，《判評》第 464 号（《判時》第 1609 号），第 194 页；萩原秀纪，《交通事故裁判の10 年》（《判タ临增》第 1033 号），第 169 页；良永和隆，《民事研修》第 607 号，第 62 页；大村敦志，《法学教室》第 360 号，第 121 页。

第 8 案件　关于产品责任

请求损害赔偿案件［大阪地裁平成 6 年（1994 年）3 月 29 日判决］
《判夕》第 842 号，第 69 页；《判時》第 1493 号，第 29 页
相关条文：《民法》第 709 条、第 416 条

1. 案件的要点

本案作为"对 N 电视机起火请求损害赔偿案件"，是在《产品责任法》（简称为 PL 法）即将被制定出来之前作出的判决。的确，不经过国民的立法选择，作为现行的《侵权责任法》的解释，裁判所无法直接把产品责任当作严格责任或无过失责任来处理。但是，本判决却明确认定，产品的生产厂家在设计、制造产品以及将其投入流通的过程中，负有确保产品安全的高度注意义务，以避免因产品的危险性质和状态而给使用人带来损害。生产厂家违反上述义务，将欠缺安全性的产品投入流通市场，由此给该产品的使用人带来损害时，生产厂家对使用人的损害负有赔偿的责任，即产品责任。使用产品时若该产品的性质、状态被认为是欠缺社会常识上的合理安全性，具备不应有的危险性的话，那么该产品就会被认定为具有缺陷。该判断应该是对产品的性质与用途、产品使用人应负有的注意义务的程度和当时的科学技术水平等的综合考虑，是基于社会常识，对每个产品或产品类型进行的个别判断；并且，它要求使用人的使用从社会常识上看属于合理范围内的使用。另外，在产品的性质上，电视机被要求在合理的使用范围内具有高度的安全性。本案在对电视机引起火灾的可能性、现场烧损的状况以及其他原因的可能性进行考虑后，认定火灾的起因来自电视机起火。既然电视机在合理的使用中发生了冒烟、起火的情况，那么应该认为该电视机具备不应有的危险，所以认定本案电视机具有缺陷。本判决以先于立法的形式，在证明产品存有缺陷的情况下，推定生产厂家存有过失。生产缺陷电视机的厂家，有必要对造成不应有的危险的缺陷原因进行具体说明，来推翻上述推定，但由于推翻本案推定的证据不足，所以推定生产厂家有过失。在此对本案判决理由中的有些烦琐的事实认定进行介绍，是因为本判决有关缺陷产品的举证方法很受

关注且民事审判的相当部分是举证问题。在很难追究合同责任的情况下，本案不仅对产品责任法的必要性作了有力的说明，而且也让人对立法与司法判断的关系进行深思。并且，鉴于本案电视机是其朋友赠送的（第 549 条、第 551 条）事实，当把楼下的小酒店由此所受到的扩大损害当作通常的瑕疵担保责任（第 570 条）来看时，也请思考一下，在追究小规模零售商店的责任时，应该追究到什么程度。

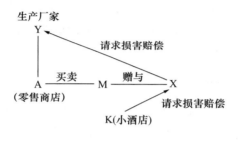

图 11-8

2. 案件的经过

X 公司是由现在的社长 H 以个体户方式经营发展起来的，在昭和 61 年（1986 年），X 公司成为法人，是以经营建筑、不动产买卖以及租赁为目的的股份公司。本案楼房属于 H 所有，建于昭和 61（1986 年）年 11 月。在昭和 62 年（1987 年）7 月又增建了本案的 X 办事处部分。自增建以来，X 把 2 楼 201 室用作该办事处，其内部布局是，从西侧开始依次为会客室、办公室、热水房兼更衣室。从昭和 62 年（1987 年）7 月开始，Y 制造的彩色电视机被放置于八尾市本案楼房 2 楼 201 室 X 的办事处使用。昭和 63 年（1988 年）3 月 8 日下午 3 点 54 分左右，本案电视机突然冒烟起火，由此引发的火灾，烧毁了 X 的大约 39 平方米的办事处。本案电视机是由案外人 M 于昭和 62 年（1987 年）7 月从八尾市内的电器店买来，作为庆祝新房建成的礼物送给 X 的。X 的职员将发生火灾一事向八尾市消防局报警，消防局出动了 13 辆消防车，从同日下午 4 点 1 分开始放水灭火，直到 4 点 13 分才扑灭了火灾。由于本案火灾，本案楼房里用作 X 办事处的 2 楼 201 室的 39 平方米全部烧毁，位于其正下方的一楼店铺因灭火所放的水受到损害，二楼走廊因烟雾而被部分污损。由于本案火灾的发生，X 要求 Y 作出如下赔偿：第一，X 办事处里的办公用品被烧毁所造成的损害；第二，因本案灭火活动造成位于本案一楼北侧的、由案外人 K 经营的夜间酒吧及其商品等损坏。为此作为引起火情的 X 应向 K 支付的金钱部分的损害；第三，50 万日元的律师费用。对上述合计 7 297 800 日元的损害，X 提起了本案诉讼。关于 Y 的责任，起诉时，X 主张以立法正热烈讨论的产品责任法理为中心进行追究。同时，要求追加 Y 的债务不履行责任（安全保障义务、违反保证质量的承诺）和侵权责任［生产厂家的确保安全义务、公开信息义务、查明事故原因义务、避免（损害）结果义务］。

3. 裁判所的判断

裁判所首先对本案火灾的原因、产品的缺陷、过失的判断方法进行了详细的论述，在此基础上关于 Y 的责任作了如下的判断：

① 关于本案电视机的使用。本案电视机是 Y 于昭和 62 年（1987 年）6 月生产出来的。同年 7 月，随着本案楼房的增建、X 的办事处搬到现在的地方，H 的朋友从八尾市内的电器店购买了该电视机送给了 X。H 将本案电视机放在了位于会客室西北角的电视柜上，将电视机电源插头插到西边墙壁靠北的、离地板较近的、两个孔的插座上。该会客室在 H 来公司时，用作社长办公室；来客人时，用作接待室。X 公司里的人一直使用遥控器开关本案电视机，没有拔过主电源。本案电视机没有被很频繁地使用，只是 X 公司里的人在下班后偶尔打开看看节目而已。Y 主张，X 不正确地使用了本案电视机的电源线或者使用时没有注意。但是，证明存在 H 在扫地时用力拖拽夹在电视柜下面的电源线或者将电源线挂在楼房的柱子角上，使其长期持续地被摩擦和折弯等这样的事实的证据不足；本案火灾不是由电视机的电源线所引起的，而是由本案电视机起火所引起的。

② 关于本案电视机的缺陷。电视机是普及率极高的代表性家用电器，但同时也是高度复杂的电子化的电器产品，其影像电路中有一部分使用 2 万及至 3 万伏特的高电压。正因为如此，制造、销售那些使用了绝缘性或耐久性不足的零件，具有零件配置不正确等设计上的缺陷，或

者具有零件制作、组装不良等制造上的缺陷的电视机,将其投入流通后,有可能发生电视机冒烟、起火等问题。据自治省消防厅防灾课的统计显示,从昭和61年(1986年)到平成元年(1989年)之间,因电视机发生的火灾在全国每年大约有50件。

根据上述认定,如果电视机的生产厂家疏于设计、制造上的注意义务,就有可能因电视机冒烟、起火而导致火灾的发生,危及电视使用人的生命、健康、财产安全。可以说Y作为电视机生产厂家所被要求的确保安全的义务,是极其高度的注意义务。

而且,虽然电视机归属于使用人所有,但应该说,电视机的内部构造处于使用人无法掌握的所谓黑匣子状态。从现在的社会常识来看,显然,只要生产厂家进行了正确设置,没有人会认为,电视机是属于使用人在使用时有可能会发生危险,为了确保安全,必须在使用时予以特别注意的产品;也没有人会认为,电视机是属于应该由使用人甘受某些可能发生的危险这样性质的产品。

正因为如此,在产品的性质上,电视机被要求在合理的使用范围内具有绝对的安全性。基于上面所述,因为本案电视机在合理使用中(包括只有一部分的电路通电的待机状态)发生了冒烟、起火等问题,所以其应被评价为具有不应有的危险,认定本案电视机具有缺陷。

③ 关于过失的推定和被告的反驳。因为已认定本案电视机具有缺陷,因此推定带来该危险的缺陷的原因是存在的。如上所述,本案电视机是昭和62年(1987年)6月生产出来,同年7月由H的朋友从电器店买来送给了X,从在X处使用时起到本案火灾发生时止,仅仅经过了8个月,就已被判明,该电视机本应具有Y在生产该产品并将其投入流通时本来应具备的安全性,但却在社会常识性所期待的安全期限内发生了火灾。在这期间,有关X对本案电视机的内部构造进行了改造或第三人对其进行了修理等事实没有得到认定,所以应推定引起上述缺陷的原因,在本案电视机被投入流通时既已存在,因此,推定Y在将带有缺陷的产品投入流通上存在过失。应该说生产厂家被要求确保产品安全的义务是高度注意义务,所以对在产品责任上进行争辩的Y来说,仅一般性地举证主张在生产上尽了注意义务是不够的,有必要具体阐明带来不

应有的危险的缺陷原因等来推翻上述推定。

关于这一点，Y 的实验是以本案电视机没有缺陷为前提的，欲证明本案电视机不存在起火的可能性。但据此无法阐明本案电视机的缺陷原因。

结果，即便认定本案所有的证据，对于本案电视机存有怎样的缺陷、如何起火的，应该说也是不清楚。通过本案 Y 的举证，不得不说，没有推翻上述关于过失的推定。

【本判决的评解】

加藤雅信，《私法判例リマークス》第 10 号 1995 年（上），第 56 页；加藤雅信，《判例タイムズ》第 855 号，第 45 页；加藤朋宽，《法律のひろば》第 47 卷第 12 号，第 37 页；吉池浩嗣，《民事研究》第 457 号，第 58 页；宫田量司，《武藏大学論集》第 49 卷第 1 号，第 39 页；上原敏夫，《ジュリスト》第 1048 号，第 81 页；森宏司，《平成 6 年度主要民事判例解説》第 106 页；瀬川信久，《判評》第 435 号（《判時》第 1521 号），第 204 页；德本伸一：《製造物責任》，载森泉彰先生古稀祝賀論集刊行委員会编：《現代判例民法学の理論と展望——森泉彰先生古稀祝賀論集》，法学书院 1998 年版，第 504 页；本田纯一，《ジュリスト》第 1055 号，第 136 页；国井和郎，《製造物責任法の研究》（《金融・商事判例增刊》第 960 号），第 107 页；松元恒雄，《NBL》第 546 号，第 6 页等。

第9案件　癌症的告知

请求损害赔偿案件［最高裁（第三小）平成7年（1995年）4月25日判决］
《民集》第49卷第4号，第163页；《判时》第1539号，第53页；《判夕》第877号，第171页
相关条文：《民法》第415条、第709条

1. 案件的要点

本案作为上告审案件，案外人A已经死亡。A在被上告人Y医院接受诊断时，主治医生虽作出了怀疑其患有"胆囊癌"的判断，但却以"胆结石"这一假病名，对A进行了告知，并推荐其做手术。A由此误认为没有必要立即做手术而耽误了治疗，造成A的死亡。A的遗属X等人主张，Y没有把诊断结果对A或X等进行妥当地说明，属于医疗合同上的债务不履行，请求Y进行损害赔偿。最高裁考虑到在本案发生时，关于癌症，医生们一般是用其他病名向病人告知的，以及作为患者既然接受了医生的诊断，就有必要尊重医生的意见协助进行治疗等情况，认为不能说主治医生具有医疗合同上的债务不履行，从而驳回了X等人的上告。癌症告知的应有方法与医生裁量权的关系上，也存在着很微妙的问题，在不能说癌症一定是不治之症的今天，是不是反而可以说，在告知本人的基础上，寻求本人协助治疗的同时，可以要求医疗机构对患者进行适当的精神援助或事后照顾。虽然对医疗合同上的知情同意权（informed consent）的重要性已讨论很久，但在诊断、治疗、手术和预后各个阶段上，知情同意权与医生应尽到的说明义务的关系，还存在着许多应该探讨的课题。

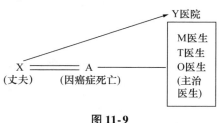

图11-9

2. 案件的经过

① 昭和58年（1983年）1月31日，A女因上腹部疼痛到Y所开设的名古屋医院就诊。在以将病人划分到内科各科室为目的的一般内科接受诊断。一般内科的M医生在当天对A进行了检查，怀疑A可能患有胆结石，指示A到放射科接受超音波检查后再到一般内科来就诊。同年2月9日，放射科的T医生根据超音波检查，作出了怀疑A患有胆囊肿瘤的诊断。同年2月14日，一般内科的M医生又对A进行了检查，并根据超音波检查的结果，将A划分到消化内科，指示A到消化内科去领取在放射科所接受的电脑断层拍摄的结果。同年2月28日，放射科T医生根据电脑断层拍摄结果，作出了A患有胆囊癌的诊断。

② 昭和58年（1983年）3月2日，消化内科的O医生对A进行了首次检查。结合上述检查以及检查的结果，O医生强烈怀疑A的胆囊癌正在发展中，认为有必要让A住院进行精确检查之后，再确诊和决定治疗方针。但是由于对A的性格、家庭关系以及家庭成员是否会协助治疗等情况尚不清楚，如果直接把上述怀疑告诉A，恐怕会给A带来精神上的打击，给治疗带来不好的影响，所以没有对A本人进行说明，准备在精确检查之后，从A的家庭成员里排选出合适的人，再将检查结果和治疗方案对其进行说明。

③ O医生在进行检查的同一天，对A作了"胆囊里的结石很严重，胆囊也变形了，需要尽早做手术"的说明，并指示A住院治疗。但是，由于A已预定昭和58年（1983年）3月22日到28日期间去新加坡旅行，以及工作和家庭上的关系，A用很重的语气拒绝了住院要求，为此，O医生告诉A，因为其胆囊已经变形，处于需要做手术的严重状态，所以其必须要对工作做一下安排，和家人商量好后，可以住院。O医生对A进行了不屈不挠地劝说，结果因为A表示从新加坡旅行回来后就住院，所以O医生不得已同意了A的意见，和A约好，同月16日A来医院办理住院手续。

④ A在昭和58年（1983年）3月16日接受了O医生的诊断，然后办理了在同年4月11日以后尽快住院的住院预约手续。但是，同年3月18日，A在没有和O医生商量的情况下，打电话告诉接电话的护理助手说，因为家庭中的一些事情，要延期住院。

⑤ A 预期去新加坡旅行，回国后没有和 O 医生取得联系，也没有接受任何医生的检查。于昭和 58 年（1983 年）6 月病情开始恶化。A 到爱知县癌症中心住院，被诊断为胆囊癌，开始接受治疗。在同年 12 月 22 日去世。

⑥ 在昭和 58 年（1983 年）当时，医生们对病人告知病名时，对于癌症以其他病名告知，是一种常见的做法。

在本案，A 的遗属 X 等人主张，Y 所开设的医院的 O 医生作出了怀疑 A 是胆囊癌的诊断，却没有对 A 本人或其丈夫 X 进行说明，这属于医疗合同上的债务不履行，因此请求损害赔偿。

3. 最高裁的判断

本案所认定的事实为：对于 O 医生来说，因为 A 是初次就诊的病人，对 A 的性格等情况并不清楚。在本案发生时，医生们对于癌症病人以其他病名进行告知，是一种常见的做法。O 医生在 3 月 2 日至 16 日这段时间，考虑到会给 A 带来精神上的打击而给治疗带来不好的影响，所以没有告诉 A 已被怀疑患有癌症，而是首先对 A 说明，其患的是需要做手术的严重的胆结石，并让其住院，想在此之后再进行精确的检查。可以说，作为医生，这是迫不得已的办法，不能硬说这样的做法是不合理的。

不过，A 之所以不肯遵照 O 医生的指示住院，也可能是因为听说是胆结石而放心了的缘故。所以，在这种情况下，作为医生，有必要对防止这样的事情发生进行相应的考虑，即因为医生告诉了病人与真实疾病不同的病名，使病人不重视自己的病情、对治疗不进行协助。但是，O 医生为了使 A 住院接受更细致的检查，对 A 说明其患有的是需要做手术的很严重的胆结石，并指示其住院，且在两次检查时，都从 A 处得到了其同意住院的表示。A 后来没有和该医生商量，就决定不住院，也不到该医院进行检查，所以，不能说该医生欠缺了上述考虑。作为对 A 告知了与真实疾病不同的病名的 O 医生，出于让 A 协助治疗的考虑，是否有必要将真实的病名告诉给 A 的家人值得探讨。但是，对于 O 医生来说，A 是初次就诊的病人，对其家庭关系或家人是否会协助治疗等情况并不清楚，作为医生，已经对 A 所患的疾病进行了是需要做手术的严重胆结石的说明，并得到了 A 同意住院的表示。所以不能说 O 想在 A 住院后从其家人当中挑选出合适的人，将检查结果对其进行说明的做法是不合理的。因此，A 在其后没有和 O 医生商量就决定不住院，致使该医生失去了对 A 的家人进行说明的机会，作为结果即使没有对 A 的家人进行说明，将其归责于该医生是不正确的。一般来说，作为病人，接受了医生的诊断，就会为了得到充分的治疗而尊重作为专家的医生的意见，协助治疗。在对这一点也进行考虑时，在本案的上述事实之下，对于 O 医生没有把怀疑是胆囊癌一事对 A 和 X 进行说明，不能认定这属于医疗合同上的债务不履行。

【本判决的评解】

伊泽纯，《成城法学》第 52 号，第 243 页；加藤新太郎，《NBL》第 602 号，第 68 页；金泽恒，《法学協会雑誌》第 117 卷第 11 号，第 1668 页；手嶋丰，《年報医事法学》第 11 号，第 150 页；手嶋丰，《平成 7 年度重要判例解説》，第 60 页；小山孝治，《愛知学院大学法学部同窓会創立 35 周年記念法学論集（2）》，第 241 页；植木哲，《民商法雑誌》第 114 卷第 3 号，第 95 页；新美育文，《私法判例リマークス》第 13 号（1996 年下），第 36 页；藤冈康宏，《判例タイムズ》第 893 号，第 53 页；樋口范雄，《医療過誤判例百選》（第 2 版），第 9 案件；野山宏，《ジュリスト》第 1073 号，第 316 页；野山宏，《最高裁時の判例（平成元年～平成 14 年）（2）私法編》，第 141 页；野山宏，《法曹時報》第 49 卷第 8 号，第 231 页；广濑美佳，《法学教室》第 182 号，第 86 页；丸山英二，《医事法判例百選》，第 56 案件；吉井隆平，《判例タイムズ》第 913 号，第 92 页；藤冈康宏，《判例タイムズ》第 893 号，第 50 页。

第 10 案件　不贞行为与来自配偶的精神损害赔偿请求

请求损害赔偿案件［最高裁（第三小）平成 8 年（1996 年）3 月 26 日判决］
《民集》第 50 卷第 4 号，第 993 页；《家月》第 48 卷第 9 号，第 34 页；《判时》第 1563 号，第 72 页；《判夕》第 908 号，第 284 页
相关条文：《民法》第 709 条

1. 案件的要点

本判决认定，当夫妻之间的婚姻关系已经破裂时，即使一方的配偶与第三者发生肉体关系，只要没有特殊情况，该第三者对另一方配偶不负侵权责任。当丈夫与第三者发生肉体关系时，对妻子来说，第三者构成侵权行为的理由在于，第三人这种行为侵害了妻子的维持婚姻共同生活的和睦这一权利或值得法律保护的利益；而在婚姻关系已经破裂的情况下，无法说妻子拥有这种权利或值得法律保护的利益，所以认为上述第三者对妻子不负侵权责任。与此相关联的重要先例，是在本判决理由中被引用的最判昭和 54 年（1979 年）3 月 30 日之判例。在该案件中，案外人 A（丈夫）的妻子及子女 X 等，分别以妻子的要求丈夫保持贞操的权利和子女的要求父亲照顾与抚养的权利被剥夺为理由，要求与 A 一直同居的 Y 支付精神损害赔偿费。最高裁认可了妻子的请求，但认为，与离开了妻子和未成年子女的男性发生肉体关系且同居的女性，即使导致了上述子女在日常生活中无法得到父亲的关爱，不能得到父亲的监督和教育，但只要该女性不存在带有恶意的积极阻止父亲对孩子进行监护等的特殊情况，该女性的行为对上述未成年子女不构成侵权行为（有补充意见和反对意见）。该判决引起了众多的讨论。[1]本判

---

[1] 作为该判决的评解有，阿部彻，《判例タイムズ》第 411 号，第 127 页；榎本恭博，《法曹时报》第 34 卷第 12 号，第 1 页；榎本恭博，《ジュリスト》第 694 号，第 78 页；樫见由美子，《金沢法学》第 49 卷第 2 号，第 179 页；小野义美，《法政研究（九州大学）》第 50 卷第 3、4 号，第 183 页；人见康子，《Law School》第 2 卷第 5 号，第 82 页；水野纪子，《家事関係裁判例と実務 245 题》（《判夕临增》第 1100 号），第 64 页；水野纪子，《法学協会雑誌》第 98 卷第 2 号，第 149 页；水野纪子，《民法判例百選 II》（第 3 版），第 94 案件；水野纪子，《民法判例百選 II》（第 4 版），第 94 案件；泉久雄，《ジュリスト》第 718 号，第 91 页；前田达明，《民商法雑誌》第 82 卷第 4 号，第 496 页；泽井裕，《家族法判例百選》（第 3 版），第 23 案；潮海一雄，《民法の基本判例：基本判例シリーズ 2》，第 165 页；津田赞平，《法律のひろば》第 32 卷第 7 号，第 42 页；良永和隆，《民事研修》第 594 号，第 13 页；林修三，《時の法令》第 1039 号，第 52 页等。

决在参照上述昭和54年（1979年）判决之上，论述了侵权行为不成立的情形。不过，在爱情的世界里，包括本案这样的民事责任是否合适这一问题在内，应该讨论的问题还很多。

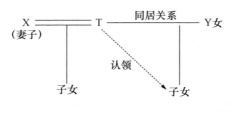

图 11-10

2. 案件的经过

① X（妻子）与T（丈夫）于昭和42年（1967年）5月1日登记结婚，成为夫妇。昭和43年（1968年）5月8日他们的长女出生，昭和46年（1971年）4月4日他们的长子出生。

② X与T因为性格不合以及对金钱的看法不同等，夫妻关系逐渐恶化。T在昭和55年（1980年）转职到亲属经营的制造女装的公司工作，因加班、深夜回家的次数变多，引起了X的不满。

③ T也考虑到X的上述不满，开始考虑独立开办公司。但是，因为X的反对，所以在昭和57年（1982年）11月转职到P股份公司就任董事。

④ T从昭和58年（1983年）开始，用自家的土地房屋为P公司的债务提供担保，帮助公司筹备资金等。从昭和59年（1984年）4月开始，T接管了P公司的经营，就任该公司的董事长。X以当董事长有以个人财产负担债务的风险为由，强烈反对T当董事长。因为X把自家土地房屋登记证等藏起来，X与T发生了争吵。当X得知T找出土地房屋登记证设定了抵押权后，开始责备T，并要求把财产分开。因为这些事情，T开始躲避X。T回到家时，X摇晃着菜刀给T看的情形时有发生。夫妻关系进一步恶化。

⑤ 在昭和61年（1986年）7月左右，T以和X分居为目的，向家庭裁判所申请调解夫妻关系。X认为，T在和其他女性交往，自己没有离婚的意思，所以在调解日没有出席调解。T撤回了上述申请。之后，X给与P公司

有关联的女性打电话，追问她们与 T 的关系，为此 T 对 X 心生厌恶。

⑥ T 在昭和 62 年（1987 年）2 月 11 日住院治疗大肠癌，后转到其他医院治疗，在同年 3 月 4 日做了手术，同月 28 日出院。在住院期间决定与 X 分居的 T，于同月 12 日以 P 公司的名义购买了本案公寓。于同年 5 月 6 日从自己家里搬出来，住进了本案公寓，开始与 X 分居。

⑦ Y 从昭和 61 年（1986 年）12 月左右开始在酒馆打工。在昭和 62 年（1987 年）4 月左右认识了作为客人来店的 T。Y 听 T 说打算和妻子离婚，而且又因为 T 已与 X 分居，搬到本案公寓开始了一个人的生活，所以 Y 相信了 T 所说的话，开始和 T 进行亲密的交往。在同年夏天左右，Y 与 T 发生了肉体关系。同年 10 月，Y 搬到了本案公寓，开始和 T 的同居生活。平成元年（1989 年）2 月 3 日，Y 与 T 的孩子出生，T 于同月 8 日，对该孩子作了承认是自己的孩子的认领。

X 基于 Y 具有侵权行为，要求 Y 支付精神损害赔偿费，而提起了本案诉讼。

3. 最高裁的判断

在甲的配偶乙与第三者丙发生肉体关系时，甲与乙的婚姻关系已经破裂，应该认为，只要没有特殊情况，丙对甲不负侵权责任是妥当的。理由是，如果认为丙与乙发生肉体关系对甲构成了侵权行为，是因为能够说这种行为侵害了维持婚姻共同生活的和睦这一权利或值得法律保护的利益。在甲与乙的婚姻关系已经破裂时，原则上，不能说甲拥有这种权利或值得法律保护的利益。

这样的话，在 Y 与 T 发生肉体关系时，T 与 X 的婚姻关系已经破裂，认定 Y 没有违法侵害 X 的权利的原审判决，作为正当的判断，应该予以认可，原审判决的论述没有违法。上告理由所引用的判例［最高裁昭和 51 年（1976 年）（オ）第 328 号昭和 54 年（1979 年）3 月 30 日第二小法庭判决，《民集》第 33 卷第 2 号，第 303 页］是针对婚姻关系破裂前的情况所作的判决。因案件不同，不适合用于本案。

【本判决的评解】

永井尚子,《家庭裁判所家事・少年実務の現状と課題〈家庭裁判所制度 50 周年記念〉》(《判夕临增》第 996 号),第 39 页;樫见由美子,《民法の基本判例》(第 2 版),第 167 页;岩城谦二,《法令ニュース》第 31 卷第 9 号,第 18 页;山口纯夫,《判例タイムズ》第 924 号,第 85 页;小林英树,《民事研究》第 592 号,第 49 页;小林元二,《平成 8 年度主要民事判例解説》,第 136 页;水野纪子,《家事関係裁判例と実務 245 題》(《判夕临增》第 1100 号),第 64 页;水野纪子,《平成 8 年度重要判例解説》,第 76 页;水野纪子,《民商法雑誌》第 116 卷第 6 号,第 906 页;水野纪子,《民法判例百選 Ⅱ》(第 5 版),第 94 案件;菅原万里子,《法律のひろば》第 49 卷第 9 号,第 41 页;西原道雄,《私法判例リマークス》第 14 号 1997(上),第 68 页;潮海一雄,《法学教室》第 192 号,第 98 页;田中丰,《ジュリスト》第 1095 号,第 167 页;田中丰,《最高裁時の判例(平成元年~平成 14 年)〔2〕私法编》,第 240 页;田中丰,《法曹時報》第 50 卷第 10 号,第 87 页;片山英一郎,《婚姻関係がすでに破綻している夫婦の一方と肉体関係を持った第三者の他方配偶者に対する不法行為責任の有無》,载森泉彰先生古稀祝贺论集刊行委员会编:《現代判例民法学の理論と展望―森泉章先生古稀祝賀論集》,第 660 页;国井和郎,《家族法判例百選》(第 6 版),第 10 案件;国井和郎,《判例セレクト(1996)》,第 27 页;窪田充见,《家族法判例百選》(第 7 版),第 10 案件;中川淳,《戸籍時報》第 634 号,第 65 页等。

第 11 案件　来自有责配偶的离婚请求与破裂主义离婚

请求离婚案件 [最高裁（大法庭）昭和 62 年（1987 年）9 月 2 日判决]
《民集》第 41 卷第 6 号，第 1423 页；《家月》第 39 卷第 12 号，第 120 页；《判時》第 1243 号，第 3 页；《判タ》第 642 号，第 73 页
相关条文：《民法》第 1 条、第 770 条第 1 款第 5 项

1. 案件的要点

本案是由于丈夫的出轨行为导致夫妻不合，在将近 40 年的时间里，夫妻处于分居状态，丈夫 X 以双方只是户口簿上的婚姻，与实际完全没有关系，存在难以继续维持婚姻的重大事由为理由，根据《民法》第 770 条第 1 款第 5 项的规定，向妻子 Y 提出离婚请求的上告审案件。有责配偶[1]的离婚请求，要受诚实信用原则的限制。本书已在前文提到过 [参见本书第 5 章 7(2)]。最高裁依据下述理由作出了撤销原审驳回离婚请求的判决，将本案发回原审重新审理（有补充意见和其他意见）。也就是说，即使是有责配偶提出的离婚请求，只要① 夫妻分居的时间与双方当事人的年龄及同居的时间相比，达到了非常长的期间；② 在此期间没有未成年子女；③ 不存在对方配偶因离婚将会在精神上、社会上、经济上陷入极其绝望的状态等，而且认可离婚不会显著违反社会正义这样的特殊情况，不能说该请求是来自有责配偶的请求就不能得到认可。本案判决变更了以往的关于有责配偶的离婚请求的判例的立场 [本案判决理由所引用的是最高裁昭和 27 年（1952 年）2 月 19 日判决中作出的判断：''如果认可丈夫为所欲为地拥有情妇，将妻子赶出家门这样的离婚请求，妻子就会处于俗话所说的'一再倒霉'的状况，法律是不会允许这种不道德的为所欲为、随心所欲发生的。''] ，是明确了在一定的情况下可以认可来自有责配偶的离婚请求的重要判例。在此之后，本案判决里所指出的要件，被逐步放宽，向依照破裂主义允许离婚迈出了很大的一步。在最高裁所作出的裁判中，分居 8 年的案件 [最判平成 2 年（1990

---

[1] 因自己的行为导致夫妻关系破裂的配偶，在日本称之为''有责配偶''。——译者注

年）11月8日，《家月》第43卷第3号，第72页]、没有未成年子女的案件［最判平成6年（1994年）2月8日，《家月》第46卷第9号，第59页］也都认可了此种离婚请求。问题的关键反而是确保适当的离婚给付。[1][2]

在法制审议会所作的修改家族法的纲要草案里，提出了5年的分居期间。

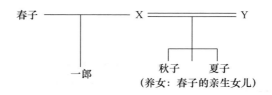

图 11-11

2. 案件的经过

① X 与 Y 于昭和12年（1937年）2月1日登记结婚，成为夫妻，但因为一直没有孩子，于昭和23年（1948年）12月8日办理了收养诉外人乙山春子的长女夏子及次女秋子的手续。

② X 与 Y 当初保持着平稳的婚姻关系。昭和24年（1949年），Y 得知 X 与春子之间一直持续着婚外情关系。以此为转折，X 与 Y 的关系开始变得不和。同年8月左右，X 开始与春子同居，一直到现在。X 与 Y 处于分居状态。并且，在昭和29年（1954年）9月7日，X 对自己和春子生的一郎［昭和25年（1950年）1月7日出生］以及二郎［昭和27年（1952年）12月30日出生］进行了认领。

③ Y 在与 X 分居后，出于生活困难，于昭和25年（1950年）2月，将 X 名下的用于保障生活而将处分权授予给 Y 的不动产，以24万日元卖出，并将该款项用于生活费上，而没有再从 X 那里接受任何生活费。

④ Y 将上述不动产卖出后，从自己的哥哥家里借了一间屋子来住，学习了制作布娃娃的技术，到昭和53年（1978年），一直在布娃娃店里工作，

---

[1] 包括分割夫妻共同财产和支付精神损害赔偿费。——译者注
[2] 请参照泷泽聿代：《有責配偶者の離婚と今後の課題》，载《判例タイムズ》第680号，第31页等。

以维持生活。现在没有工作，也没有任何财产。

⑤ X是两家制造精密测量仪器公司的董事长，还是一家经营不动产出租业务的公司的董事，在经济上过着极其安定的生活。

⑥ X在昭和26年（1951年）向东京地方裁判所提起了要求和Y离婚的诉讼。该裁判所于昭和29年（1954年）2月16日作出判决，认为X与Y的婚姻关系之所以破裂，是因为X和春子之间的婚外情关系，以及X恶意地抛弃了Y并持续地和春子同居生活所致，所以X的离婚请求作为来自有责配偶的请求，予以驳回。该判决在同年3月得以确定。

⑦ X于昭和58年（1983年）12月突然来到Y的住处要求离婚以及解除与夏子和秋子的收养关系，但遭到Y的拒绝。于是，在昭和59年（1984年）X向东京家庭裁判所提出了旨在要求和Y离婚的调解申请。因调解没有成立，所以提起了本案诉讼。并且，在上述调解时，X提议，作为财产分割，给Y现金100万日元和油画一幅，但是Y没有接受这一提议。

第一审和第二审都将此作为来自有责配偶的离婚请求，驳回了X的离婚请求。X提起上告。上告的理由主要是：X与Y的婚姻关系已经破裂，并且双方都没有在一起共同生活的意思，持续分居已长达35年之久，双方年龄也都已到70岁；另外，X在分居时，已把自己当时所有的全部财产都给了Y，所以X应该可以根据《民法》第770条第1款第5项向Y请求离婚，但原审判决否定了上述请求，所以原审判决错误地解释并适用了法令，属于违法。

3. 最高裁的判断

（1）多数意见：撤销原审判决、发回重审

①《民法》第770条[1]全面修改了旧《民法》第813条有关裁判离婚的理由的限制性列举［根据昭和22年（1947年）法第222号被修

---

[1] 日本《民法》第770第1款规定："只限在下列情况下，夫妻一方可以提起离婚诉讼。（一）配偶有不忠贞行为时；（二）被配偶恶意抛弃；（三）配偶生死不明已超过3年；（四）配偶患有严重精神病，并且没有希望可以康复；（五）存在其他难以维持婚姻的重大事由。"第2款规定："即使具有前款第1项至第4项规定的理由，裁判所在考虑所有的情况之上认为维持婚姻是妥当时，也可以驳回离婚请求。"——译者注

改前的明治31年（1898年）法第9号］，在第770条第1款第1项至第4项具体明示主要离婚理由的同时，在第5项中规定："存在其他难以维持婚姻的重大事由"这样的抽象理由，可以说该款规定从整体上看，使离婚理由变得相对化了。而且，第770条汲取了旧《民法》第814条乃至第817条作出的即使存在法定的离婚理由也不能提起离婚诉讼的情形这一规定的部分意图，在第2款里规定，对于根据第1款第1项乃至第4项提出的离婚请求，即使存在上述各项规定的理由，如果没有满足第2款规定的要件时，也可以驳回上述离婚申请。但是，对于根据第1款第5项提出的离婚请求，却没有设定这样的限制。除了第770条第2款的规定以外，对于虽具备离婚理由但可以否定离婚请求的情形，没有其他条文对此作出具体的规定。限于从上述《民法》第770条的立法经过以及规定的字面来看，可以解释为该条第1款第5项规定的是，在夫妻无法维持属于婚姻目的的共同生活、夫妻关系也没有可能得以修复的情况下，夫妻的一方可以向对方提起诉讼请求离婚。关于该项所规定的事由（以下称之为"第5项所规定的事由"），无法从其中读出该款规定具有对于有责任的一方当事人提出的离婚请求不应该予以准许的意图。

另一方面，在日本，关于离婚，从尊重夫妻意思的立场出发，在设定协议离婚（《民法》第763条）、调解离婚［（《家事审判法》第17条）[1]］以及审判离婚［（《家事审判法》第24条第1款）[2]］制度的同时，对于对方配偶不同意离婚的情形，还设定了裁判离婚制度。如前所述，离婚原因由法律进行规定，被认定存在法定离婚理由时，夫妻一方可以向另一方通过裁判请求离婚。在这样的裁判离婚制度下，如果只要存在第5项所规定的事由，就在任何时候都准许该离婚请求，那么就会使自己制造了可以成为离婚原因的事实的人，通过让裁判所适用第5项的规定作出有利于自己的判断，而完全封杀了对方配偶关于离婚的意思表示，并最终有可能招致否定裁判离婚制度的结果。因此，带来上述这些结果的离婚请求，不应该被准许，是自不待言的。

---

〔1〕 该法已于2013年被废止，现在的法律依据是《家事事件程序法》第257条第1款。——译者注

〔2〕 该法已被废止。现在的法律依据是《家事事件程序法》第284条第1款。——译者注

② 我们认为，婚姻的本质在于，男女以永远持续的精神上和肉体上的结合为目的，抱着真挚的意思经营共同的生活，所以，当夫妻一方或双方已经确定性地失去了上述意思，又欠缺作为夫妻共同生活的实际状态，并且没有可能得以修复时，该婚姻已经失去了社会生活上的实质性基础，在这样的状态下，还让只是户口上的婚姻得以持续，这反倒是不正常的。但是，因为离婚是要解除作为社会和法律秩序的婚姻，所以离婚请求不能违反正义、公平的观念以及社会伦理观，这是理所当然的。在这一意义上，应该说，即使是参照成为包括身份法在内的、整个民法的指导理念的诚实信用原则，离婚请求也能够获得允许，这样的要求是必要的。

③ 因此，关于根据第 5 项所规定的事由提出的离婚请求，在离婚请求来自于有主要责任的一方当事人（以下称之"有责配偶"）的情况下，在判断依照诚实信用原则，该请求是否能够得以允许时，除了应该考虑有责配偶的责任状态及程度外，对以下情况也要予以斟酌：对方配偶对维持婚姻抱有的想法以及对请求人所抱有的感情；如准许离婚，对方配偶在精神上、社会上、经济上所处的状态及共同子女、尤其是未成年的子女的监护、教育、福利的状况；夫妻分居后所形成的生活关系（如夫妻一方或双方已经与他人有了同居关系时，同居人及夫妻共有的孩子的状况）等。并且，随着时间的流逝，这些情况自身或相互之间也会产生影响而发生变化；这些情况所带有的社会性意义乃至社会性评价也不免会发生变化。因此，有必要对因时间流逝带来的这些情况的影响加以考虑。

这样来看，即使是有责配偶的离婚请求，在夫妻分居时间与双方当事人的年龄以及同居期间相比已经达到了很长的时间，两人之间又没有未成年子女的情况下，只要不存在因为离婚将使对方配偶在精神上、社会上、经济上将陷入极其绝望的状态，而显著违反社会正义的特殊情况，应该认为不能仅以该请求是来自有责配偶而不予认可。理由是，在上述情况下，已经不存在应予以特别重视的与第 5 项所规定的事由相关的责任以及对方配偶因离婚所产生的精神上和社会上的状态等，而且，对方配偶因离婚所遭受的经济上的不利，本应该通过离婚时或离婚后所请求分割财产或精神损害赔偿予以解决。

④ 根据上述说明，最高裁昭和24年（1949年）（オ）第187号同27年2月19日第三小法庭判决（《民集》第6卷第2号，第110页）、昭和29年（1954年）（オ）第116号同年11月5日第二小法庭判决（《民集》第8卷第11号，第2023页）、昭和27（1952）（オ）第196号同29年12月14日第三小法庭判决（《民集》第8卷第12号，第143页）及其他与上述见解不同的最高裁判所的判例，都应该予以变更。关于本案诉讼请求，X与Y的婚姻符合第5项所规定的事由，虽然X是有责配偶，但是，由于X与Y的分居期间，截至原审口头辩论终结时已达36年，无须与双方的同居期间或者年龄对比，已是相当长的时间了。并且，两个人之间没有未成年的子女，所以本案诉讼请求，只要没有上述的特殊情况，应该得到认可。因此，应该说没有对是否存在上述③中的特殊情况进行审理判断就否定了X的请求的原审判决，在解释适用《民法》第1条第2款、第770条第1款第5项上存有错误，是违法的。很明显，该违法影响了判决的结论，所以指出这样的违法的上告理由的论述是有依据的，应该撤销原审判决。关于本案，对是否存有上述特殊情形，有必要展开进一步的详细审理。除此之外，根据被上告人的申请，在对离婚带来的财产给付进行审判后，再来寻求解决方法也是适当的，所以将本案发回原审，重新审理。

(2) 角田礼次郎裁判官、林藤之辅裁判官的补充意见

多数意见认为，在根据《民法》第770条第1款第5项规定的事由提出离婚请求且该请求是由负主要责任的有责配偶提出的情况下，在依照诚实信用原则判断该请求是否能够成为一个得以允许的理由时，有必要在允许离婚的情况下，对对方配偶所处的经济状态进行斟酌。对方配偶因离婚所蒙受的经济上的不利，应通过在离婚时或离婚后的财产分割或精神损害赔偿来解决。

但是，关于上述有关经济上不利的问题，即使通过对方配偶主导来解决，但对方配偶既没有提出反诉请求支付精神损害赔偿，也没有根据《人身诉讼程序法》第15条第1款提出附带申请，会发生在离婚时该问题没有得到解决，或者因为经济上的问题没有得到解决，而不得不否定离婚请求的情

况。此外，期待通过对方配偶在离婚后提出财产分割的请求来解决经济上的不利，使该经济上的不利在还没有得到解决时就准许离婚，这恐怕不仅会造成对方配偶的财产分割请求在时间和费用上更加不利，而且在争取经济给付的期间里也会增加精神上的不安，从而陷入经济困窘等极其残酷的状态。并且，因为受理上述请求的裁判所通常与之前作出离婚判决的裁判所不是同一个，因而能够预测到有可能会发生像无法保障对方配偶经济上的不利得到充分解决这样的、欠缺对对方配偶予以经济上的照顾的情况。因此，为了从实质上确保对方配偶的经济利益，有必要对此进一步展开讨论。在此，看一下有关财产分割的《民法》第768条的规定，该条只是规定离婚的一方可以向另一方提出分割财产的请求，在双方没有对财产分割达成协议时，当事人可以向家庭裁判所请求作出代替上述协议的处分决定。从该规定的字面上来看，不能认为提出处分决定以代替协议的人，只限于提出财产分割请求的人。另外，《人身诉讼程序法》第15条第1款规定的附带离婚诉讼所提出的分割财产请求，如同诉讼案件上的请求的目的一样，不要求特别指定分割的数额以及方法，只需提出抽象的分割财产的请求即可[1]，请求财产分割只是要求裁判所对形成其具体内容作出判断。易言之，这只不过是要求启动裁判所具有的形成权限，并不意味着一般民事诉讼上要求的私法上的形成权或主张具体的权利。所以，即使允许来自实施财产分割的当事人在列出具体分割内容之上，委托给裁判所来裁量这样的财产分割请求，这对处于请求分割财产地位的当事人来说，应该没有任何障碍。更实际性地来看，即使在没有达成财产分割协议的情况下，不仅请求财产分割的人，还有在实施财产分割的人之中，有人希望早日达成财产分割的协议、清算婚姻关系，这也是理所当然的，所以应该认为在财产分割上没有达成协议时，进行财产分割的人也能够向裁判所请求作出代替该协议的处分决定是妥当的。

从以上的观点来看，我们认为提出离婚请求的人也可以根据《人身诉讼程序法》第15条第1款，提出附带财产分割请求。如果这样理解的话，那么在有责配偶提起了离婚诉讼，只要解决了对方配偶在经济上的不利，就可

---

[1] 请参照最高裁昭和39（1964年）（オ）第539号同41年（1966年）7月15日第二小法庭判决，《民集》第20卷第6号，第1197页。

以准许其离婚请求这样的情况下,即使对方配偶因出于赌气、面子、报复的感情等,不提出请求精神损害赔偿的反诉或不提出根据《人身诉讼程序法》第 15 条第 1 款的附带财产分割请求时,如果允许有责配偶也能够提起附带财产分割请求的话,在离婚判决书里,就可以命令其向对方配偶提供作为财产分割的给付。这样,对方配偶经济上的不利,在裁判中一直与是否准许离婚的判断放在一起处理,从而可以解决前文我们所担心的有关对方配偶在经济上的不利问题。

(3)佐藤哲郎裁判官的意见

① 我虽然赞成由多数意见形成的结论,但是,不能同意对得出该结论所作出的说明。

参照《民法》第 770 条第 1 款第 5 项规定的要旨及形式,以及我国的离婚制度、离婚本质等,第 5 项所规定的事由解释为,对于来自负有全部责任或主要责任的一方当事人的离婚请求在原则上不予准许是妥当的。

该条从第 1 款第 1 项到第 1 款第 4 项规定了,当一方配偶有上述各项所规定的情形时,另一方配偶有权请求离婚。但同款第 5 项在第 1 项到第 4 项规定之上,规定了抽象的离婚理由,从而使第 1 项至第 4 项的离婚理由得以相对化,所以认为第 5 项规定了如下内容是妥当的,即,根据第 5 项事由提出的离婚请求,也像根据第 1 项至第 4 项事由提出离婚请求时一样,在一方配偶对发生离婚理由有责任或原因时,另一方配偶有权请求离婚。法律规定离婚原因的目的在于,当存在一定事由时,允许夫妻中的一方向另一方配偶提出离婚请求。但必须得说,它同时还在于,从保障另一方配偶来说,只要没有存在一定的事由,就不能被强迫进行违反自己意思的离婚。在我国的裁判离婚制度下,如果准许造成离婚原因的有责任的配偶提出的离婚请求,就是容忍了那些自己制造离婚原因的人,具有利用上述事由提出离婚请求的自由,同时也剥夺了对方当事人被保障的作为配偶的地位。承认这样的结果,就等同抹煞了法律规定离婚原因的宗旨,否定了裁判离婚制度本身。另外,如果裁判离婚采用了只要满足破裂要件即可离婚这样的见解的话,就等于承认了自由离婚和单方面意思离婚,这与我国所采用的协议离婚制度是相矛盾的,甚至与把离婚请求的准许委托给裁判所的制度是相互对立的。法是为了回应社会的最低限度的要求而订立的规范,其原本有异于伦理,但因为法包含着正义衡平、社会伦理、条理，所以法的解释也必须遵循上述的理念，这是理所当然的。因此，应该说，法的要求必须是，不能准许背离诚实信用原则的离婚请求。既然法把离婚请求是否准许委托给了法的统制，那么要求裁判所根据上述理念进行准许与否的判断，也应该说是理所当然的。根据上述观点，应该认为《民法》第 770 条第 1 款第 5 项的规定，具有不能准许制造出离婚原因的人的离婚请求这样的制约功能。

从实质上来看，婚姻也是以道义为基础的社会的法秩序，所以终止婚姻的离婚，在参照道义、社会规范上，也必须是正当的，且不应有损人的尊严、有悖两性的平等。并且，从婚姻只有基于两性的合意才能成立看，对于终止婚姻的离婚，基本上也可以仅要求两性的合意。所以虽说夫妻的一方具有放弃持续婚姻的意思，但裁判所不能无视对方配偶的意思随便取消婚姻，这也自不待言的。因此，离婚不仅对于其请求人来说，对于对方配偶来说，也是在终止婚姻的同时，确立了新的法律和社会秩序。从这一点来看，与婚姻存续时相比，对方配偶的社会地位不仅在精神方面上，而且在社会经济方面上，也不能由此变得恶劣，必须得想到，在严格的离婚制度下，可以谋求充分的离婚给付；相反，在离婚轻而易举得以准许的制度下，有可能欠缺对对方配偶的经济上和社会上的保障。还有必要考虑到，准许有责配偶的离婚请求，不仅有可能使该有责配偶以单方意思从违背道德中得到了精神的解放，而且还可能免除了该有责配偶对对方配偶所负有的经济上和社会上的责任。本来，在解释和运用离婚法律时，不能无视该国的社会制度，尤其是家庭制度、经济体制、法律制度、宗教、风土或国民性等，我们的道德观和法感情对于自己制造出离婚原因的人真的是宽容的吗？这还存有疑问。

根据上面的论述，我坚持，即使是在双方婚姻关系破裂的情况下，全部或主要导致了婚姻关系破裂的当事人，原则上不能提出离婚请求这样的立场。

② 但是，对于来自有责配偶的离婚请求全部都不予准许，也是有些不合情理。即使拒绝有责配偶的离婚请求会违反伦理、扭曲身份法律的秩序，也不准许有责配偶的离婚请求，应当说这不是法律所容许的。

即使是来自有责配偶的离婚请求，若有责事由发生在婚姻关系破裂后，或是由对方配偶的行为引发的，或者对方配偶也有离婚的意思，在这些情况下，应该准许离婚。还有，有责配偶虽然在精神上、经济上、社会上对对方配偶及子女进行了相应的补偿或者接受了相应的制裁，但对方配偶出于报复等拒绝离婚或是具有这样的意思等，参照各种情况如果不认可有责配偶的离婚请求，反而会歪曲社会秩序，显著违反正义衡平和社会伦理，在这种特殊情况下，有责配偶过去的责任受到阻却，准许其离婚请求是妥当的。

③ 如上所述，我认为，没有必要变更对于来自有责配偶的离婚请求，在原则上不予准许，这样的最高裁判所判例的原则立场，但在万一有特殊情形下，当有责配偶的责任得以免除时，可以准许有责配偶的离婚请求。因此，在本案，在探究被上告人拒绝离婚的真意的同时，为了进一步对是否存在上述阻却事由进行详尽审理，把本案发回原审重新审理是妥当的。

【本判决的评解】

阿部彻，《判例セレクト（1987）》，第 25 页；阿部彻，《民法の基本判例》（第 2 版），第 205 页；右近健男，《家族法判例百選》（第 6 版），第 13 案件；右近健男，《民商法雜誌》第 98 卷第 6 号，第 799 页；久贵忠彦，《ジュリスト》第 897 号，第 48 页；佐藤义彦，《法学セミナー》第 399 号，第 101 页；小林英树，《民事研修》第 593 号，第 39 页；泉久雄，《昭和 62 年度重要判例解说》，第 90 页；村重庆一，《昭和 62 年度主要判例解说》，第 158 页；大宫隆，《駒沢大学北海道教養部研究紀要》第 26 号，第 1 页；大村敦志，《法学協会雜誌》第 111 卷第 6 号，第 893 页；中川淳，《判例タイムズ》第 645 号，第 61 页；奈川节子，《法令ニュース》第 23 卷第 8 号，第 33 页；门口正人，《ジュリスト》第 897 号，第 76 页；门口正人，《法曹時報》第 40 卷第 11 号，第 260 页；利谷信义，《判例評論》第 349 号（《判時》第 1260 号），第 179 页；林修三，《時の法令》第 1317 号，第 83 页；高桥朋子，《家族法判例百選》（第 7 版），第 14 案件；良永和隆，《民事研修》第 625 号，第 31 页等。

第 12 案件　幼儿的交还与请求人身保护

请求人身保护案件［最高裁（第三小）昭和 49 年（1974 年）2 月 26 日判决］
《家月》第 26 卷第 6 号，第 22 页；《判时》第 749 号，第 46 页
相关条文：《民法》第 818—820 条；《人身保护法》《人身保护法规则》第 4 条

1. 案件的要点

在离婚时，伴随父母的哪一方拥有对幼儿的监护、养育等监护权，常常在交还幼儿上发生严重问题。对于不适当的夺取子女的行为，人身保护制度也可以适用于请求交还幼儿上，这已得到了本案判决理由所引用的最高裁大法庭判决［最大判昭和 33 年（1958 年）5 月 28 日，《民集》第 12 卷第 8 号，第 1224 页］的认可。在本案，对没有意思能力的幼儿的监护，属于《人身保护法》和《人身保护法规则》上所说的拘束。这与上述监护是否具有法律上的监护权无关——对于从事实上的养父母那里夺走孩子的亲生母亲，认定可以请求对被拘束人的人身保护。对于孩子的利益来说，怎样的解决方法是理想的，法律作为一种解决方法和实现手段，应以怎样的形式进行强制执行？这些问题都需要慎重探讨。[1] 通过当事人的协议无法达成一致时，在某一阶段，恐怕国家将不得不毅然使用强制力进行介入。希望对以下两点予以留意：一是在适用《人身保护法》时，与监护的方法正当与否及是否出于爱护无关，该监护被解释为是属于该法、该规则所说的"拘束"［最判昭和 43 年（1968 年）7 月 4 日，《民集》第 22 卷第 7 号，第 144 页］；二是即使在幼儿具有意思能力、自己愿意接受监护人的监护的情况下，在具有不能说该幼儿是基于自由意思停留在监护人那里的特殊事情时，该监护会被解释为是属于《人身保护法》《人身保护法规则》所说的"拘束"［最判昭和 61 年（1986 年）7 月 18 日，《民集》第 40 卷第 5 号，第 991 页］。

---

〔1〕参见最判平成 5 年（1993 年）10 月 19 日，《民集》第 47 卷第 8 号，第 5099 页；最判平成 6 年（1994 年）4 月 26 日，《民集》第 48 卷第 3 号，第 992 页，《家族法判例百选》（第 7 版），第 41 案件（棚村政行执笔）。

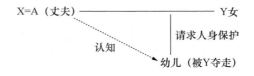

图 11-12

2. 最高裁的判断

在对没有意思能力的幼儿进行监护时,当然伴有对该幼儿身体自由的限制,所以将该监护本身解释为属于《人身保护法》和《人身保护法规则》上所谓的"拘束",是本裁判所判例的宗旨所在。这一立场与上述监护是否由法律上拥有监护权的人行使无关。

在原审依法所确定的事实关系下,可以认可,原审所作出的如下判断,即 Y 对被拘束人所作的拘束,是《人身保护法规则》第 4 条所规定的其没有拘束权限的拘束,或者是属于明显违反法令所规定的方式、手续的情形。原审判决的论述没有违法。上告理由中所引用的判例与本案的事实有所不同,不能说原审判决违反了该判例,上告理由中所提出的违宪主张缺少前提,无法采用。上告理由全部不成立。

天野武一裁判官的补充意见如下:

在本案:① 出生仅一个星期的被拘束人,于昭和 45 年(1970 年)3 月 16 日被 X 等领养,作为 X 与 A 之间的婚生子女申报了户口。第二年 2 月,根据 Y 的申请,大阪家庭裁判所堺支部经过审判,确认 X 等与被拘束人之间没有父母子女关系,依照该审判,撤销了 X 户口簿上的被拘束人作为其婚生子女的记载,并作为 Y 的亲生子女,在 Y 的户口簿上进行了记载。② 其后,被拘束人的亲生父亲 A 将被拘束人作为自己的孩子进行了认领,在昭和 46 年(1971 年)4 月与 X 等一起,A 向上述裁判所提出申请,请求指定自己为亲权人、指定 X 为监护人。这两个案件还在继续审理中。③ 在此之前的昭和 45 年(1970 年)12 月 12 日,关于被拘束人,Y 把 X 等作为拘束人,向大阪家庭裁判所堺支部提了基于《人身保护法》第 2 条的救济请求,昭和 47 年(1972 年)3 月 31 日,该请求被驳回。后 Y 又进行了上告,但在同年

7月20日,最高裁判所作出判决,驳回了Y的上告。④ Y于翌年昭和48年(1973年)5月夺走被拘束人。之后,X等反过来对于Y的持续拘束,提起了请求救济被拘束人的本案件。以上这些是原审所认定的事实经过。所以,最高裁判所第一小法庭所作的前述判决,属于在Y夺走被拘束人之前发生的案件,请求救济的人与拘束人和本案里请求救济的人与拘束人,在所处的立场上正相反,因此关于这一点有必要进行周到的考察。

即,对于A所提出的指定亲权人以及监护人的上述请求,在家庭裁判所仍处于审理阶段,只有Y被认为是可以行使法律上的监护权的人(《民法》第818条、第819条),因此,现在只有Y对被拘束人享有监护及教育的权利和义务,乃至指定居所的权利(《民法》第820条、第821条)。与此相反,被拘束人的父亲虽然对被拘束人进行了认领,但仅有认领,是不能行使监护权的(《民法》第819条第4款,并且在父亲认领后有关监护人的决定方法,请参照《民法》第788条、第766条)。当事人在监护权和监护人上有争议,在现在的法律制度下,只能通过家庭裁判所的审理解决。根据原审依法确定的事实关系,即Y在当初相信了X等的善意,把被拘束人交给了X等进行抚养,能够认定,当事人之间关于被拘束人作为X等的孩子已经达成了意思上的一致。

很明显,最高裁判所第一小法庭所作的上述判决,也肯定了包括该事实在内的第一审所认定的事实,作出了驳回Y的上告的判断。据此,使驳回Y的请求,把被拘束人交还给X等的原审判决得以确定。因此,之后发生的Y夺走被拘束人的行为,属于采取明显不被法律允许的手段作出的行为。从该行为上所看到的异常激烈程度,以及之后的对被拘束人的居所连裁判所都一直不告诉的状态,都是由于Y的独断的主张和行动所形成的事态。对于法律给予X等三年多来对被拘束人的养育的保障,突然因Y的单方面的行动而遭受破坏。如同原审判决所作的判断那样,Y连裁判所根据《人身保护法》第2条的有关规定要求Y告知被拘束人的居所的命令都违背,Y的这一态度已经超出了行使监护权的正当限度,已处于无论如何都无法容忍的状况。易言之,本案中所表现的Y的行为,即使是源自母性冲动的感情,但只依此事由,对于X等依照《人身保护法》第2条、《人身保护法规则》第4条请求的拘束救济,无法作出因其未达到法律所需要件,所以驳回的评价。并且,

341 本案最终的解决方法取决于家庭裁判所以被拘束人的幸福来决定监护人，对此，本案当事人不能予以否定。

大体上，在夫妻关系破裂情况下的请求交还幼儿案件中，应该以幼儿的幸福为中心来决定由当事人哪一方进行监护，正如上告理由中所说的那样，这正是最高裁判所的许多判例［例如，昭和32年（1957年）（オ）第130号，昭和24年（1949年）1月18日第二小法庭判决，《民集》第3卷第1号，第10页］所提倡的。即使是在Y与A实际上没有形成夫妻关系的本案，围绕着被拘束人所作出的几个判决，具有与上述那些判例的中心思想相一致的意义，对此不应予以怀疑。关于本案，我虽然承认，在事实关系上，与以前裁判例上的事例有不同之处，但是，考虑到贯穿于《人身保护法》的整体精神及上告理由里所引用的各判例的宗旨，还是不得不肯定原审判决的判断。

【本判决的评解】

石川稔，《家族法判例百選》（第3版），第62案件；川井健，《昭和49年度重判》，第83页。

第 13 案件　非婚生子女的继承份额（1）

就驳回控告遗产分割审判的决定的特别控告案件 ［最高裁（大法庭）平成 7 年（1995 年）7 月 5 日决定］

《民集》第 49 卷第 7 号，第 1789 页；《家月》第 47 卷第 10 号，第 23 页；《判时》第 1540 号，第 3 页；《判夕》第 885 号，第 83 页

相关条文：《民法》第 900 条，《宪法》第 14 条

1. 案件的要点

被继承人 A ［明治 34 年（1901 年）出生，昭和 63 年（1988 年）5 月 12 日死亡］是独生女（因长子死亡而成为独生女）。为了挑选作为 T 家后继人的入赘女婿，反复进行了四次试婚。A 与因户主反对没能结婚的第 2 个试婚对象 B 之间生有 P，P 成为非婚生子女。其继承人 X（A 的孙子）就 A 的遗产，向 A 的婚生子女（Y_1—Y_4）及其代位继承人（Y_5—Y_7）等提出了分配遗产的请求。这就是本案的内容。X 主张，《民法》第 900 条第 4 项但书前段的关于非婚生子女的继承份额是婚生子女的继承份额的 1/2 的规定，违反了《宪法》第 14 条第 1 款关于法律之下从平等的规定，属于无效，请求就该遗产在婚生子女与非婚生子女之间进行均等份额的分配。本案第 1 审及作为原审的东京高裁平成 3 年（1991 年）3 月 29 日决定（《判夕》第 764 号，第 133 页）都否定了 X 的主张，并按照法定继承份额进行了遗产分配，所以 X 进行了特别控告。围绕区分婚生子女和非婚生子女来规定各自继承份额的《民法》第 900 条第 4 项，是否违反了《宪法》第 14 条所要求的法律之下人人平等。有像本案原审决定那样认为该规定是合宪的，也有像东京高裁平成 5 年（1993 年）6 月 23 日决定（《判时》第 1465 号，第 55 页）、东京高裁平成 6 年（1994 年）11 月 30 日决定（《判时》第 1512 号，第 3 页）等那样认为该规定违宪的。下级审判上对于该问题的判断发生了分歧。本决定作为最高裁首次对该问题进行的宪法判断，是一个很重要的决定。本决定中的多数意见认为，该规定是合宪的，但正如期待通过立法对该规定进行纠正的补充意见及 5 名裁判官的反对意见所指出的那样，不能否定，该规定在

超出解释论的领域里还存有问题,对于《民法》第 900 条第 4 项为了优待婚姻制度而显示出对非婚生子女的不同对待,是不能视而不见的。这是一个需等待由立法来进行解决的问题。在此希望通过对最高裁的多数意见和反对意见进行斟酌,思考一下继承是什么、婚姻是什么、父母子女关系是什么以及"法律之下人人平等"等这些婚姻、继承法律制度上的基本问题。对结婚形态的多样化、个人的追求幸福的权利、尊重生活形式上的自己决定权,以及根据《废除歧视女性条约》《国际人权规约 B 规约》《儿童的权利条约》和《世界人权宣言》的宗旨等,欧美国家对法律进行修改来废除歧视非婚生子女这样的世界性潮流予以参照之上,对日本的国民感情或遗产管理的实际状态进行考虑的同时,有必要尽早对《民法》第 900 条第 4 项但书进行重新审视。顺便提一下,1994 年 7 月,以修改婚姻法为中心的民法修改的"纲要草案",提出了把非婚生子女继承份额改为和婚生子女同等的构想;1996 年 2 月法务省法制审议会的《修改民法的一部分的法律案纲要》也维持了该方针,并且,认为《民法》第 900 条第 4 项但书前段规定是违宪的,东京高裁平成 5 年(1993 年)6 月 23 日决定和本案一起,成为众多评解的对象。[1]

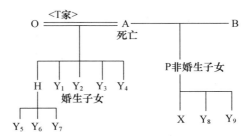

图 11-13

---

〔1〕 在考虑该问题时可予以参考伊藤昌司,《判例評論》第 422 号(《判時》第 1482 号),第 203 页;久贵忠彦,《私法判例リマークス》第 9 号 1994(下),第 83 页;熊田道彦,《憲法判例百選Ⅰ》(第 3 版),第 83 案件;小林武,《南山法学》第 18 卷第 2 号,第 117 页;菅野佳夫,《判例タイムズ》第 829 号,第 48 页;大村敦志,《法学教室》第 159 号,第 94 页;长尾英彦,《平成 5 年度重要判例解説》,第 20 页;田中恒朗《平成 5 年度主要民事判例解説》,第 148 页;栋居快行,《法学教室》第 159 号,第 92 页;二宫周平,《判例タイムズ》第 838 号,第 64 页;米仓明,《家族法判例百選》(第 5 版),第 75 页;米泽广一,《判例セレクト (1993)》,第 10 页。

2. 最高裁的判断

（1）驳回控告（多数意见）

控告理由提出，《民法》第900条第4项但书前段的关于非婚生子女的继承份额是婚生子女的继承份额的1/2的规定（以下称之为"本案规定"）违反《宪法》第14条第1款。

①《宪法》第14条第1款规定了法律之下人人平等，但是，该规定的宗旨是禁止没有合理理由的歧视，以每个人所具有的经济上、社会上以及其他种种事实关系上的不同为理由，在法律处理上设定一定区别，只要该区别具有合理性，就不违反上述规定［请参考，最高裁（大法庭）昭和37年（1962年）（あ）第1470号同39年（1964年）5月27日判决，《民集》第18卷第4号，第676页；最高裁（大法庭）昭和37年（1962年）（あ）第927号同39年（1962年）11月18日判决，《刑集》第18卷第9号，第579页等］。

作为讨论上述论点的前提，先对我国的继承制度作如下概括。

第一，根据《宪法》第24条第2款要求有关规范婚姻、继承关系等的法律必须立足于尊重个人的尊严和两性本质上的平等进行制定的规定，昭和22年（1947年），通过了《修改民法的一部分的法律》（同年法律第222号），依据该修改法，废除了家长继承制度，引入了所谓的共同继承制度。

在现行《民法》上，关于继承人的范围，被继承人的配偶一直是继承人（第890条），被继承人的子女也是继承人（第887条）。在以配偶和子女为继承人的原则之上，又规定在应该成为继承人的子女以及其代位继承人不存在的情况下，被继承人的长辈直系血亲、兄弟姐妹各自成为第1顺序、第2顺序的继承人（第889条）。同时规定了同一顺序的继承人是数人时的各自继承份额（第900条）（以下称上述的继承份额为"法定继承份额"）。与上述规定无关，被继承人可以通过遗嘱，决定共同继承人各自的继承份额（第902条），而且在共同继承人中，当有人从被继承人那里接受了遗赠（特别受益人）时，将从该继承份额里扣除其所受益的金额，以其余额为其继承份额（第903条）。

344

如上所述，被继承人可以通过遗嘱决定共同继承人的继承份额，还可以通过遗嘱把自己的财产的全部或部分留给特定继承人或第三人（第964条）。不过，不能违反有关遗留份（第1028条、第1044条）的规定（第964条但书）；遗留份权利人可以请求裁判所，对上述违反规定的遗赠等进行减额（第1031条）。

继承人有选择是否接受继承后果的自由。易言之，继承人必须自其知道继承开始之日起3个月内，作出单纯继承、限定性继承或放弃继承的决定。

《民法》第906条规定了共同继承时的分配遗产标准，关于分配遗产，应当在对属于遗产的物或权利的种类和性质，各继承人的年龄、职业、身心状态和生活状况，以及其他一切事情进行考虑的基础上，对遗产进行分配。共同继承人可以通过协议进行遗产分配（第907条第1款），在达不成协议时，可以请求家庭裁判所进行遗产分配（第907条第2款）。被继承人也可以通过遗嘱来规定遗产的分配方法，或禁止自继承开始时起5年内进行遗产分配（第908条）。

第二，根据昭和55年（1980年）的《关于修改民法以及家事审判法的一部分的法律》，配偶的继承份额被修改为现行《民法》第900条第1项至第3项所规定的内容，即，在配偶和子女共同继承时，配偶的继承份额是1/2（修改前是1/3），在配偶和长辈直系血亲共同继承时，配偶的继承份额是2/3（修改前是1/2），在配偶和兄弟姐妹共同继承时，配偶的继承份额是3/4（修改前是2/3）。

而且，根据上述法的修改，新设立了贡献份额的制度。即，新增加的《民法》第904条之2第1款规定，在共同继承人中，有人对被继承人的事业提供了劳务上或财产上的给付、通过对被继承人进行疗养看护及其他的方法对被继承人的财产的维持或增加作出特别贡献时，则在继承开始时先从被继承人所留下的遗产里扣除由共同继承人协议所决定的、该作出贡献的人的份额，将余后的部分看作遗产；在根据法定或指定继承份额计算出的继承份额之上，再加上贡献份额，而成为该作出贡献者的继承份额。该条第2款规定，在达不成前款所规定的协议或无法进行协议时，根据符合该款规定的作出贡献者的请求，家庭裁判所可以在考虑贡献者作出贡献的时间、方法及程度、所继承财产的数额及其他一切情况来决定其贡献份额。根据该制度，可以使那些对被继承人的财产的维持或增加作出了特别贡献的人，获得高于法定继承份额或指定继承份额的财产，也就是说，它可以使继承获得实质上的平等。

第三，如上所述，《民法》随着社会形势的变化而被修订，关于被继承人财产的继承，《民法》从多方面进行了规定，包括本案规定在内的《民法》第900条中的法定继承份额的规定，不过是其中的一个规定而已，并没有规定继承必须按照法定继承份额进行。换言之，不受法定继承份额规定的束缚，被继承人可以通过遗嘱来决定共同继承人的继承份额；不愿意继承的继承人也可以放弃继承；在共同继承人对分配遗产达成协议的情况下，继承没有必要按照法定继承份额来进行。共同继承人在考虑每个继承人的情况下，根据协议，可以使特定继承人获得超出法定继承份额的财产。不过，当没有达成遗产的分配协议，由家庭裁判所对其审理时，就必须按照法定继承份额分配遗产。

就像上面所说的那样，法定继承份额的规定是在没有遗嘱对继承份额进行指定的情况下适用的，其具有补充作用。

② 继承制度是规定被继承人的财产由谁继承和怎样继承的制度。其形态从历史上、社会上来看，是多种多样的。在制定继承制度时，必须考虑各国的传统、社会情况、国民感情等。各国的继承制度也或多或少地反映了这些情况和要素。并且，现在的继承制度与对家庭持有怎样的看法密切相关，脱离该国对婚姻乃至父母子女关系的规范，是无法规定继承制度的。在对这些要素进行综合考虑之上，对继承制度应如何进行规定只能委托给立法机构进行合理衡量与判断。

如前所述，考虑到包括"本案规定"在内的法定继承份额的规定，并不是要求必须按照法定继承份额进行继承的规定，而是在被继承人没有留下遗嘱对继承份额进行指定的情况下，具有补充作用；只要承认立法理由上具有合理根据，在与立法理由的关联上该差别并不具有明显的不合理性，并且至今没有超出赋予立法机构的合理的衡量判断的界限，就不能说"本案"里的婚生子女与非婚生子女的法定继承份额上的差别属于没有合理理由的歧视。所以不能认为"本案规定"违反了《宪法》第 14 条第 1 款的规定。

③《宪法》第 24 条第 1 款规定，婚姻只有基于两性的合意，才得以成立。《民法》第 739 条第 1 款规定，"婚姻，在根据《户籍法》的规定进行登记后产生效力"。上述规定排除了所谓的事实婚姻，确立了法律婚姻主义。而且，《民法》第 732 条规定禁止重婚，明确采用一夫一妻制。民法所采用的这些制度没有违反《宪法》的上述规定是自不待言的。

就像上面所说的那样，作为《民法》采用法律婚姻主义的结果，产生了婚姻关系中出生的婚生子女和婚姻关系外出生的非婚生子女之间的差别，而在父子关系的成立等方面上制定了不同的规定，不得不说这是无可奈何的事情。

"本案规定"的立法理由被解释为，在尊重与法律上的配偶所生的婚生子女的立场的同时，也要照顾到作为被继承人子女的非婚生子女的立场，通过认定非婚生子女的法定继承份额是婚生子女的 1/2 来试图保护非婚生子女，以此协调尊重法律婚姻和保护非婚生子女的关系。换句话说，既然《民法》采用了法律婚姻主义，就可以解释为，虽然在法定继承份额上优待了具有婚姻关系的配偶及其子女，但对非婚生子女也承认其拥有一定的法定继承份额，以图对其进行保护。

因为现行《民法》采用了法律婚姻主义，所以上述"本案规定"的立法理由具有合理根据。"本案规定"将非婚生子女的法定继承份额规定为婚生子女的 1/2，在与上述立法理由的关联上不能说是明显不合理的、已超出赋予立法机构合理裁量界限的，所以不能说本案规定是没有合理理由的歧视，而违反了《宪法》第 14 条第 1 款。控告理由的论述不能予以采用。

(2) 可部恒雄裁判官的补充意见

对于决定书中的认为规定了非婚生子女继承份额的"本案规定"，违反了《宪法》第 14 条第 1 款的论述，多数意见认为其没有理由，我虽然同意多数意见的认定，但是鉴于有个别意见认为"本案规定"违宪，所以在多数意见之上，特阐述几点个人意见如下：

① 民法采用法律婚姻主义，奉行一夫一妻制，禁止一夫多妻或一妻多夫。在现实社会中，男女的结合方式是多种多样的。据说在不同的国家、不同的时代，有过很多的变迁；但是，对于法律依然采用一夫一妻制的法律婚姻主义这件事本身，在我国直到今天也没有出现特别的异议。现在被作为问题提出来的，不是法律婚姻的正确与否，而是在婚姻制度上采用了法律婚姻的情况下，必然会产生婚外子女与婚内子女的继承份额所占比例是否妥当的问题。大体上拥有财产的人，无论是谁，生前都可以将财产进行赠与、遗赠或对继承份额进行指定。在这些措施没有得以实施的情况下，作为补充性规定，法律设定了包括"本案规定"在内的继承份额的规定，并将被继承人的配偶规定为首要法定继承人。在配偶与子女共同进行继承时，根据昭和55年（1980年）法第51号的修改，配偶的法定继承份额从以前的1/3增加为1/2，那么，由谁来继承剩余的1/2呢？作为遗产的最大继承人，且在多数情况下不得不依靠该遗产度过老年后生活的配偶来说，这不能不成为其最关心的事项。与欧美各国相比，在我国不动产价格异常高涨的现状下，只要想一下遗产的主要部分是用于居住的不动产这一情形，可以说配偶的关心不是没有道理的事。

作为配偶继承1/2的法定继承份额后，剩余的1/2继承份额的继承人原本应是被继承人的子女。在这样的情形下，既然采用一夫一妻制的法律婚姻，配偶之后成为继承人的固然是婚内子女，应该说，这当然是法律预定好的。原本作为社会的实际情况是无法否定被继承人的子女作为婚外子女出生的现实可能性，不应该否定法律婚姻之外出生的子女作为被继承人的子女也成为继承人（与欧美不同，我国很少有否定婚外子女继承的想法）。但是，连继承份额的比例都必须和婚内子女（婚生子女）一律平等的话，从通过法律婚姻与被继承人建立了家庭的配偶的立场来看，这也不是那么容易接受的。

对于上述意见，有观点提出，即使在婚生子女和非婚生子女的继承份额上设立差别等，也不会妨碍婚外子女（非婚生子女）的出生。但是，现在所讨论的不是在对待两者上有所不同（在继承份额上设立差别），及这一事实究竟能否促进法律婚姻这样简单的目的、效果论进行验证的问题，而是既然采用了法律婚姻主义，那么在婚内子女和婚外子女之间至少在继承份额上产生了一些差别，这种差别带有应该说是从法律婚姻主义的逻辑上推导出来的结果这一性质。

② 需要予以特别说明的是与"家"制度的关系。"二战"后，随着《宪法》的制定与实施，旧《民法》里的"家"制度被废除，家庭不再是"户主"之下的生活共同体，而变为以仅基于两性的合意而成立的婚姻之下的夫妻为中心的家庭。

不过，通过正当的法律婚姻成为夫妻的，不一定能有幸生育孩子。针对这样的情况，法律预先设定了"养子"制度，但从尊重血统继承的立场出发，不管是否是婚内子女，都要求是血统的继承人。该立场的背景就是"家"制度，对血统继承的要求是不分男系子女还是女系子女的。本案就是很好的例子。

在本案，亡 A 是独生女（因长子死亡而成为独生女），为了挑选作为 T 家后继人的入赘女婿而屡次试婚。作为 A 与没能够结婚的 B 所生的 P 的继承人之一的原告，对被继承人的遗产提出了分配遗产的请求。如果 A 与后来结婚的入赘女婿之间没有孩子的话，形式上成为婚外子的 P，将成为 T 家族的后继人。这就是"家"制度。"家"制度为了维持、继承血统而尊重婚外子女。但婚生子女与非婚生子女之间在继承份额上的差别问题与"家"制度没有任何关系。无需与大陆法系各国的情况进行对比，这已是很明了的事情。

③ 在讨论"本案规定"是否违反宪法时，不仅要对国内外的法律制度进行比较讨论，还要对比作为在日本社会状况之下的纠纷的实际情况，"本案规定"是否造成违反《宪法》第 14 条第 1 款所规定的平等条款这样的现实，对此也有必要结合案件事实进行探讨。

在此应该特别予以指出的是，与本案同时进行审理的另一件案件［平成 5 年（2003 年）（ク）第 302 号］。以下简略介绍一下该案的事实。

在该案件里，被继承人甲有作为非婚生子女的女儿 A、儿子 B 和 C，还有被视为婚生子女的把前妻乙带来的孩子收养为养子的 D、E 及与乙之间生养的女儿 F 共 6 个孩子。B 与乙的妹妹结婚继承了家业，成为一家的中心。甲去世后发生了遗产继承的问题。因 A、C、D、E 四人，将自己的法定继承份额转让给 B，站在 B 的一边，所以 F 成为了被孤立的人，继承份额也成为

B 是 7/9，F 是 2/9。原审关于 F 所提出的遗产分配判定，对 B 所居住的土地房屋不进行分配，但 B 应该支付给 F 相应的调整金。

对此，B 提出了特别控告，主张甲的 6 个子女，无论是婚生子女还是非婚生子女，每个子女的法定继承份额应该一律是 1/6（即 3/18），但是原审对于 F 的继承份额，超出了 1/6，是以 2/9（即 4/18）计算出的上述调整金的支付，因而违反了《宪法》第 14 条第 1 款。这就是另一个案件的事实概况。该案中提出的违反平等条款的论述，只能认为其不符合上述纷争的具体事实。

④ 关于本案和另一件案件纷争的实际状态。如上所述，一般来讲，应该说，男女的结合、婚姻的实情是千差万别的。但是，在实际的立法上，是否应该承认婚外子女有继承权？如果承认婚外子女有继承权的话，是否应该和婚内子女（婚生子女）一样，一律平等对待？如果在继承份额上设置差别的话，应该以多少为妥？在千差万别的情况下，作为立法也不得不划出统一的方针。

现在本案所论及的，不是时常被引用的美国判例上所见到的、否定非婚生子女（婚外子女）作为被继承人子女的权利的立法本身是否妥当，而是以将非婚生子女列入继承人为理所当然的前提的继承份额是否妥当。总之，既然站在一夫一妻制的法律婚姻主义的立场上，以维持该主义为前提，在没有生前赠与、遗赠或对继承份额进行指定的情况下，《民法》关于继承份额的补充规定，即把本案非婚生子女的继承份额规定为婚生子女继承份额的一半的规定妥当与否，这原本属于立法裁量范围之内的事情，应该说不具有产生违宪问题的实质性内容。

（3）大西胜也裁判官、圆部逸夫裁判官的补充意见

我们同意多数意见认为不能说根据"本案规定"所作出的非婚生子女的继承份额的规定是没有合理理由的歧视，违反了《宪法》第 14 条第 1 款，但对于作为其理由所提出的看法，想作若干的补充：

① 正如多数意见所言，既然现行民法采用了法律婚姻主义，那么在因婚姻关系出生的婚生子女与因婚外关系出生的非婚生子女之间，在有关父子关系的成立和继承的规范上，实际产生了某些差别，这也是无可奈何的事情。而且，在保护正当婚姻关系和由此而形成的家庭的同时，试图保护非婚

生子女的"本案规定",其立法理由有合理的根据。

本案规定是在旧法制定当初,同样内容的规定在昭和 22 年(1947 年)修改时也得以继续维持下来的条文,可以说无论哪一个规定,在各自制定时的我国社会诸条件下,它们都具有一定的合理性。

② 但是之后,我国的社会形势、国民感情等都发生了显著的变化。

过去,在很多情况下,所继承的财产是子孙作为生活手段的家产,但是在继承父辈的职业成为例外的现在,该意义也几乎全部丧失。随着家庭财产意义的变化,很明显,作为继承依据的社会意识也发生了变化,而昭和 55 年(1980 年)作出的扩大配偶继承权等的规定,也是伴随着这一变化而作出的。

关于家庭,过去通常是几代人一起来营生而构成的,但现在随着少子、老龄化的进展,一代人或两代人的少人数家庭占了多数。并且,所谓的单身生活也逐渐增加;关于婚姻,也有事实婚乃至非婚增加的倾向。

如上所述,对于继承以及与继承密切相关的婚姻、父母子女关系乃至家庭的形态等,国民的意识已发生了急剧的变化,而且现在还处于持续不稳定的状态。

③ 对围绕日本的国际环境的变化也不能视而不见。

《公民权利和政治权利国际公约》[昭和 54 年(1979 年)公约第 7 号]第 24 条规定,在没有来自于出生的任何歧视下,就未成年人的身份来说,对于由家庭、社会及国家所制定的必要保护措施,所有儿童都拥有接受该保护措施的权利。该公约第 26 条规定,对于来自于出生或其他身份等的任何理由的歧视,法律保障对所有的人提供平等的且有效果的保护。并且,《儿童权利公约》[平成 6 年(1994 年)条约第 2 号]第 2 条规定,对于儿童,不论其出生或者其他身份,在没有任何歧视下,应该尊重该公约所规定的权利,并对其予以确保。

另外,大部分的欧洲国家,以非婚生子女的增加为契机,大约在 1960 年代,进行了把非婚生子女的继承份额规定为与婚生子女的继承份额相同的法律修改。即使到最近,因保护婚生家庭的传统观念很强,虽谋求平等化的法律修改,但没有得以实现的国家也还存在;虽然没有达到完全平等,在与配偶及婚生子女的权利进行协调的同时,试图迈向平等化的国家也存在。

④ 如上所述，围绕"本案规定"的非婚生子女继承份额的各种情况，无论是在国内还是在国外，都发生了巨大变化，制定当初所拥有的各种合理性正在逐渐消失。在现阶段，虽不能说超出了立法机构的合理衡量判断的范围，但如果只着眼"本案规定"讨论的话，在与其立法理由的关联上，其合理性已处于相当可疑的状态。

⑤ 但是，因为民法是为了调整私人之间的各种利益而制定的，所以与其他的利益分开、只对一个利益进行考察是不妥当的。有关继承的规范，即使不像交易行为上的纯粹的财产利益的规定，但也不同于有关身份关系的强制性规定，而是关于被继承人的财产由谁继承和怎样进行分配的规定。并且，"本案规定"是在没有作为被继承人的明示意思的遗嘱等情况下适用的补充性规定。关于继承的根据，即使存在各种看法，但是，对于所推定的被继承人的意思，也不能完全予以无视。而且也有必要从以下角度进行讨论，即对于某人通过继承所得的财产给予更强的保障，会对其他的人已拥有的利益带来怎样的影响。在探讨"本案规定"的合理性时，若使非婚生子女的继承份额与婚生子女的继承份额平等，那么包括为了保护配偶及其他有关系的人的利益是否有必要采取一定的措施在内，也有必要把与继承、婚姻、父母子女关系等相关的规定的协调性纳入视野之中进行综合性判断。

考虑到以上各点，暂且不谈作为立法政策而讨论修改法律，现阶段，在与其立法理由的关联上，不能断定"本案规定"是明显不合理的。

（4）千种秀夫裁判官、河合伸一裁判官的补充意见

我们同意多数意见，认为不能说关于非婚生子女的继承份额的"本案规定"违反了《宪法》第14条第1款，同时就以下几点作些补充：

① 一般来讲，关于某法律的规定，虽然在制定当初有其合理的理由，但是之后，随着时间的推移，围绕成为规定对象的事项的各种情况的变化，其合理性被质疑的事态也有可能发生。为了处理这样的事态，修改或废除该法律规定，或者制定新的法律等，通过国会的立法工作本就是应有的做法，而且这也是理想的做法，对此已无需多言。

② 在本案，该道理也是一样的。"本案规定"制定以来，经过了半个世纪的时间，其间，围绕着非婚生子女的各种情况也发生了改变。从更加重视子女权利的观点出发，产生了对其合理性质疑的看法，这也是可以理解的。

但是，为了处理该问题，通过立法修改"本案规定"的方法是最恰当的。

特别是，因为"本案规定"构成了婚姻、亲属、继承制度的一部分，所以在变更该规定时，应对上述制度进行整体考虑，对关联规定产生的波及作用及协调性进行探讨研究，如果有必要，应该一起修改其他的规定，乃至设立新的规定。而且，既然在过去很长的时间里一直依据"本案规定"对继承关系进行处理，现在也依然依据"本案规定"在进行处理，那么应该认为，该规定为不远的将来已作了高瞻远瞩的准备。所以，在变更"本案规定"时，其生效期间乃至于适用范围的设定，在考虑对其他关联规定的影响之上也属于应该慎重进行讨论的问题。这些都属于通过国会的立法工作可以更恰当地予以实施的事项。通过立法过程，在汲取公共舆论动向的同时，可以使国民理解修法的宗旨与必要性，并使该法律得以众所周知。

③ 不过，若某法律规定明显丧失了合理性，参照《宪法》第 14 条第 1 款，该规定也达到了无法容忍的地步，已经不能再等待立法时，可以通过裁判所宣告该规定违宪，立即排除该规定的适用。但是，还不能认为"本案规定"，现在达到了这一阶段。

（5）中岛敏次郎裁判官、大野正男裁判官、高桥久子裁判官、尾崎行信裁判官、远藤光男裁判官的反对意见（尾崎行信裁判官在该反对意见之外，还有后述追加反对意见）

① 我们认为《民法》第 900 条第 4 项但书前段的把非婚生子女的法定继承份额规定为婚生子女的法定继承份额的 1/2 的规定，因违反《宪法》第 14 条第 1 款而无效，应该撤销原审的决定。

② 继承制度与宪法判断的标准。继承制度是对社会的各种条件和协调每个亲属的各自利益进行考虑之后所作出的综合性立法政策的产物，但是立法上的酌情处理也存有宪法上的局限，应该从是否适合宪法的观点对其进行探讨。

《宪法》第 13 条在开头就规定："所有的国民，作为个人应该受到尊重。"在此之上，《宪法》第 24 条第 2 款规定："关于继承……以及有关家庭的其他事项，法律的制定必须立足于个人的尊严和两性的实质上的平等。"在判断有关继承等家庭立法的合宪性时，该宗旨应该得到充分的尊重。

《宪法》第 14 条第 1 款规定："所有的国民在法律之下是平等的，不因人种、信仰、性别、社会身份或出身门第,在政治上、经济上或社会关系上而受歧视。"该规定的宗旨可以解释为,应参照个人的尊严这样的民主主义的基本理念,排除违反该理念的区别性对待。该款规定没有禁止所有的区别性对待,基于适应事情性质合理根据之上的区别对待,还是能够得到允许的。但是以什么为标准来认定是合理的,应该根据事情的性质来考虑。在本案,虽然同是被继承人的子女,把非婚生子女的法定继承份额规定为婚生子女的 1/2 的规定的合宪性问题,虽然未直接关系到精神自由的事项,但对"本案规定"里成为问题的区别对待的合理性进行判断时,基本上与以下的判断有关,即,是应该重视非婚生子女是否具有婚姻家庭的属性,还是应该重视作为被继承人的子女的平等性这一个人地位。所以,该判断不应该像关于财产利益的案件那样,通过单纯的合理性的有无来进行,而应该对立法目的本身的合理性及在和实施手段的实质性关联上是否存在更强的合理性进行探讨。但是,在本案,如下所述,就连单纯的合理性,也无法予以承认。

③"本案规定"的不合理性。关于"本案规定"的合理性,多数意见论述的是,既然《民法》采用法律婚姻主义,那么因婚姻关系出生的婚生子女和因婚外关系出生的非婚生子女之间会产生差别,因此认为,在法定继承份额上,与后者相比,采用优待前者的立场,是以具有合理根据为前提的。

关于尊重婚姻这一立法目的,并不存在任何异议。但是,从该立法目的来看,对于婚生子女和非婚生子女在法定继承份额上的区别对待被认为是合理的,这是重视了非婚生子女不属于婚姻家庭这一属性,并将该属性作为区别对待的根据。如上所述,这与《宪法》第 24 条第 2 款所规定的在继承上以个人的尊严为立法原则的宗旨是互不相容的。换言之,对非婚生子女出生负有责任的是被继承人,非婚生子女没有任何责任,这样的身份也不是通过其自己的意思或努力可以改变的。对于在出生上不负任何责任的非婚生子女,以此为理由,在法律上对其进行歧视,这超出了尊重、保护婚姻这一立法目的涵射的范围,无法认定该手段与立法目的的具有实质上的关联性,因而不能说这是合理的。

而且,认为"本案规定"的立法理由也包括谋求对非婚生子女的保护、具有合理根据的多数意见,与"本案规定"给社会带来的现实影响不相符。换言之,"本案规定"是作为国民生活和身份关系的基本法的民法典里的一个规定，虽说不是强制性规定，作为国家的法律具有规范性，被理解为是对非婚生子女的法律上的基本观念。"本案规定"虽然属于继承领域的规定，但同是被继承人的子女，却规定非婚生子女的法定继承份额是婚生子女继承份额的1/2，这就是使非婚生子女劣于婚生子女的观念在社会上得到认可的重要原因之一。认为"本案规定"的立法目的包含保护非婚生子女这种看法，在立法当初的社会状况下可以这样说或者说这是例外，但这种看法至少与当今的社会状况是不相符的，不得不说该规定缺乏合理性。

④ 关于非婚生子女的立法状况的变化、公约的成立和现在的不合理性。即使法律在制定当初，其立法目的被评价为是合理的，该目的与手段具有整合性。但是，根据之后的社会意识的变化、其他国家的立法趋势、国内的立法修改动向、所批准参加的公约等，该法律被评价为缺乏立法目的的合理性以及与手段的整合性，这原本也是有可能的事情。在判断该规定的合宪性时，应该与制定当初的立法目的一起，加上之后发生的构成立法基础的事实变化以及公约的宗旨等来进行讨论。

"本案规定"，在其立法当初就已有反对意见，但正如多数意见所言，其是为了保护婚姻而制定的，而且在当时，即使是诸外国，在继承上一般也都采取把非婚生子女与婚生子女区别对待的法律制度。但是，之后，在包括继承制度在内的法律制度上，认为把非婚生子女与婚生子女区别对待是不合理的，在1960年代之后，为了对两者进行同样对待，修改法律成为诸外国立法的大趋势。

在我国，参照法律之下的平等理念，也认为"本案规定"存有问题。昭和54年（1979年），法务省民事局参事官办公室根据法制审议会民法部会身份法小委员会的审议，公开了包括把非婚生子女的继承额规定为与婚生子女的继承份额同等的修改条款在内的修改纲要草案，但是没有成为法案。现在，具有同样宗旨的修改纲要草案得以公布，立法修改工作还在持续进行中。

就此问题来看一下国际公约。日本在昭和54年（1979年）批准加入的《公民权利和政治权利国际公约》第26条规定："所有的人，在法律面前都是平等的，在没有任何歧视之下，享有接受法律的平等保护的权利。为此，法律禁止所有的歧视……就来自于出生或其他身份等的任何理由的歧视，法律保证对所有的人提供平等的且有效果的保护。"并且,我国平成 6 年（1994 年）批准加入的《儿童权利公约》第 2 条第 1 款规定:"缔约国对于自己管辖范围之内的儿童,不管儿童或其父母以及法定保护人的……出生或其他身份如何,都要在没有任何歧视之下,尊重该公约所规定的权利并确保该权利的实现。"

如果考虑以上各种事实及"本案规定"对社会所带来的影响,至少在当今这个时候,为了尊重和保护婚姻这一目的,在继承上对非婚生子女区别对待,应该说这违反了尊重个人及平等原则,在立法目的与手段之间失去了实质上的关联性,对于认为"本案规定"是合理的观点,不得不表示强烈的疑问。

⑤ 违宪判断的不溯及既往效力。最后,附带说一下,即使判断"本案规定"违宪,该判断也不具有溯及既往的效力。换言之,即使最高裁作出了法律规定违反宪法的判断,由于以前把该规定视为合宪有效的,并据此作出了审判,多数国民也依照该规定作出了法律行为,产生权利义务关系得以确立的实际状态,因此,对此进行颠覆在明显有害于法的安定性时,可以把该判断的效力限定为作出该审判之后。我们认为,"本案规定"是违宪的,应当通过明示,不认可本案判断具有溯及既往的效力,维持以前以"本案规定"的有效性为前提所作出的各审判、合意的有效性。

(6) 尾崎行信裁判官的追加反对意见

反对意见已指出本案规定违宪的理由,但我想追加以下观点,以使其违宪性更加明确。

① 法律之下的平等是构成民主社会基础的重要原则,必须给予最大的尊重,因此宪法禁止没有合理理由的区别对待(《宪法》第 14 条第 1 款)。"本案规定"将非婚生子的法定继承份额规定为婚生子女法定继承份额的 1/2,在婚生子女与非婚生子女之间设定了区别。上述区别是否可以说是《宪法》第 14 条第 1 款所允许的合理区别,正如反对意见所指出的那样,这不应该通过是否存在单纯的合理性来判断,而应该对立法目的本身的合理性以及在和实施手段的实质性关联上是否存有更强的合理性进行探讨。在进行上述探讨研究时,要对立法目的本身的合理性乃至必要性的程度,以及由于区别对待而受到限制的权利,乃至法的价值的性质、内容、程度进行充分地

考虑，判断两者之间是否存在实质上的关联性。

②《宪法》对婚姻进行了规定，但对于什么样的结合可以认定为婚姻，却没有作出任何规定。从各种可能存在的结合形态中，《民法》选择了法律婚姻主义，这被认为是具有合理性的，但是，在那些与法律婚姻相关联的各种要素中，从立法目的来看，还存在必不可少的要素和非必不可少的要素的区别。为了保护必要性较高的要素，有时也允许对其他一些宪法上的价值进行限制的情形，禁止重婚就是一个例子。但是，对于必要性较低的要素，应该优先其他的价值，不允许对其进行限制。

"本案规定"是在没有遗嘱的情况下如何分配遗产的补充性规定。每个人都有把作为自己人生成果的财产，死后按照自己的选择留给作为爱情对象的配偶及子女等这样的愿望，这是极其自然的感情。《民法》也尊重本人的意思，将财产继承的分配委托给被继承人的自由意思（遗留份是出于另外的立法目的而规定的，暂且放在一边）。如果从这点来看，可以知道，《民法》没有强制从法律婚姻主义的观点对遗产的继承分配规定出一定的定向。继承时把财产以多少比例分配给谁，这与保护法律婚姻和婚姻家庭有关系，对于保护法律婚姻和婚姻家庭来说，这不是必不可少的要素。如果《民法》的立法者认为这是必要的，当然会就此设定强制性规定。总之，"本案规定"是补充性规定本身就说明，尊重、保护法律婚姻和婚姻家庭的目的与决定继承份额没有直接关系。从"本案规定"的立法目的来看，很难认为婚生子女与非婚生子女之间的区别对待是必要的。即使是有必要的，其程度应该说也是极小的。

③还应该对"本案规定"中体现的区别对待会带来怎样的结果进行考虑。双方在都是某人的子女这一事实上没有任何不同，法律却明言，一方只有另一方一半的权利，而其理由仅为没有法律婚姻关系的男女所生这一事实。非婚生子女从很早以前就被看作是低劣的人。法律婚姻作为婚姻制度被采用后，非婚生子女更被看作是见不得人的人而遭受白眼。现实中，非婚生子女在上学、就业和结婚等方面受到的难以容忍的歧视待遇的例子被时常报道。当然，"本案规定"本来的立法目的，并不是为了带来这样的结果，但在日本，把非婚生子女看作是低劣的人的想法依然很强。可以看出，"本案规定"追随了这样的风气，而且"本案规定"的理由上的根据也被利用了。

很明显，这样的歧视风气对非婚生子女的人格的形成带来了很大的影响。我们所追求的社会是每个人作为个人受到尊重，基于自己决定权努力完善人格，自己的才能可以得到最大限度的发挥的社会。如果从人格形成中的幼年阶段开始，就被作为不够格的人、见不得人的人看待的话，难道会形成完美人格吗？至少，毫无疑问，这会对形成完美人格造成很大阻碍。如果不经常为铲除这样的社会负面因素而努力的话，就无法期待实现更好的社会。宪法一边提倡尊重个人，规定法律之下的平等，一边却助长对非婚生子女的精神成长带来恶劣影响的歧视待遇，使有可能成为该歧视待遇的正当化理由之一的"本案规定"得以存续，这是极其矛盾的。

即使承认在为了保护法律婚姻和婚姻家庭而设定的区别对待的手段上，"本案规定"有一定的益处，但其结果带来的是对人的精神生活的阻碍。不能认可法律婚姻和婚姻家庭值得以损害现代社会基本的、重要的利益来进行保护。想一下《民法》本身明确指出的对于公益性很少的事项可以采取委托当事人自由处分这样的立场，就不得不作出这样的结论。

④ 婚姻家庭与遗产的利害关系被认为比非婚生子女与遗产的利害关系要大。一般认为，婚生家庭里的人在一起长期共同生活，感情较深，对遗产的形成也作出了更大贡献，因此，继承份额更大些是理所当然的。但由于家庭关系是多种多样的，如果利用上面的一般论简单地作出结论，就会侵害他人的基本权利，因此还是存有很大疑问。一定要下个结论的话，在存在非婚生子女的情况时，可以认为这是一般论的例外情况。但是，假设对该一般论作一下让步，把婚生家庭里的人的继承份额规定得更高一些的话，不与他人的基本权利发生抵触，也不产生宪法上的疑义而实现其目的的手段还是存在的。也就是说，只要利用遗嘱制度就足够了。

本来遗产的处置是委托于被继承人的意思，即使所作的处置违背了遗属的期待，任何人也都无法提出异议。无论是其生前处置还是遗嘱处置都是一样的。被继承人的意思是怎样的、亲属关系是否真的通过名副其实的感情连在一起的，这些因素决定最终的结果。这是遗产继承原本应有的方法，没有遗嘱时的法定继承份额的规定，不过是权宜之计而已。在对基本人权考虑很少的立法当初，"本案规定"在没有多少疑问之下就被接受了。"本案规定"对非婚生子女进行了不当的歧视，如果直面该歧视所带来的侵害的严重性，同时考虑所要获得的利益不是公益上的利益，而是带有随着当事人的意思很容易被左右的性质的利益的话，只能否定成为加大非婚生子女不利条件原因之一的"本案规定"的有效性。

⑤ 对于我们所追求的民主社会来说，法律之下的平等是构成其基础的重要原则。但"本案规定"在立法目的上，几乎既没有合理性，也没有必要性。在此之上，其结果所带来的牺牲是重大的。并且，即使没有"本案规定"，也有办法得出适合于具体情况的结果。无论如何也无法承认，在"本案规定"的立法目的与对非婚生子女的区别对待之间存在实质上的关联性。应该认为，强迫带来可以说是无用牺牲的"本案规定"违反了宪法。

【本决定的评解】

右近健男，《平成7年度重要判例解説》，第73页；吉田克己，《家族法判例百选》（第7版），第58案件；久贵忠彦，《判例セレクト（995）》，第27页；久贵忠彦，《ジュリスト》第1079号，第44页；久保田浩史，《民事研修》第462号，第52页；熊田道彦，《宪法判例百选Ⅰ》（第4版），第31案件；建石真公子，《法学セミナー》第521号，第70页；西山井依子，《判例评论》第445号（《判时》第1552号），第28页；吴煜宗，《法学（东北大学）》第61卷第2号，第214页；糠塚康江，《判例セレクト（1995）》，第7页；高见胜利、右近健男，《法学教室》第183号，第16页；高松靖：《〈疗养看护〉と寄与分》，载小野幸二教授还历纪念论集刊行委员会编：《21世纪の民法—小野幸二教授還曆記念論集》，法学书院1996年版，第564页；若狭胜，《民事研修》第579号，第55页；小林武，《南山法学》第20卷第1号，第141页；菅野佳夫，《判例タイムズ》第893号，第21页；青山武宪，《法令ニュース》第30卷第11号，第48页；石田喜久夫，《京都学园法学》第95卷第2、3号，第64页；川井健，《私法判例リマークス》第13号，第82页；石川健治、大村敦志，《法学协会杂志》第114卷第12号，第1533页；中川淳，《法律のひろば》第48卷第10号，第46页；中川淳，《法令ニュース》第30卷第9号，第26页；二宫周平：《婚外子の相续分差别と婚姻の尊重》，载森泉彰先生古稀祝贺论集刊行委员会编：《现代判例民法学の理论と展望—森泉章先生古稀祝贺論集》，第727页；二宫周平，《国际人权》第6号，第72页；米仓明，《法学セミナー》第490号，第4页；木ノ下一郎，《税》第58卷第9号，第147页；野山宏，《最高裁时の判例（平成元年～平成14年）〔3〕私法编Ⅱ》，第440页；野山宏，《法曹时报》第49卷第11号，第143页；内野正幸，《宪法の基本判例》（第2版），第51页；青柳幸一，《宪法判例百选Ⅰ》（第5版），第31案件。

第 13 案件　非婚生子女的继承份额（2）

就驳回控告遗产分配审判的决定的特别抗告案件［最高裁（大法庭）平成 25 年（2013 年）9 月 4 日决定］

《民集》第 67 卷第 6 号，第 22 页

相关条文：《民法》第 900 条，《宪法》第 14 条

1. 案件的要点

前文的最高裁平成 7 年（1995 年）7 月 5 日决定作出之后，对于该问题，最高裁的多数意见勉强继续采纳消极说的立场，但最高裁（大法庭）通过平成 25 年（2013 年）9 月 4 日的决定，终于下定决心全体一致地作出了"本案规定"违宪的判断。

针对平成 13 年（2001 年）7 月去世的 A 的遗产，作为 A 的非婚生子女的控告人向作为对方当事人的 A 的婚生子女（包括其代位继承人），提出遗产分配的请求的案件里，原审作出如下判断，即《民法》第 900 条第 4 项但书规定中的有关非婚生子女的继承份额是婚生子女继承份额的 1/2 的内容，没有违反《宪法》第 14 条第 1 款，以依"本案规定"计算出的对方当事人以及控告人的法定继承份额为前提，对 A 的遗产进行分配。控告人对此提出特别控告的是本案件。最高裁针对伴随社会经济状况而发生的婚姻家庭实际形态的变化、国民感情的变化及比较法的发展趋势等进行了探讨之后，认为在对 A 的遗产开始继承的平成 13 年（2001 年）7 月，即使考虑到立法机构的裁量权，对婚生子女和非婚生子女的法定继承份额进行区别对待的合理根据也已丧失，最迟在平成 13 年（2001 年）7 月的时候，"本案规定"违反了《宪法》第 14 条第 1 款而无效；并认为，对于从对 A 的遗产开始继承时起，到作出本案决定之间所发生的其他继承，通过以"本案规定"为前提所作出的遗产分配的审判及其他的裁判、关于分配遗产的协议以及其他的合意等而得以确定的法律关系，"本案规定"的违宪判断不对其产生任何影响。

根据该违宪判断，立法活动也突然加速，终于从《民法》第 900 条第 4 项但书里废除了"非婚生子女的继承份额是婚生子女的继承份额的 1/2"的

表述［《关于修改民法的一部分的法律》在平成25年（2013年）12月5日通过，同月11日公布并实施］。该修改法适用于最高裁作出违宪决定的翌日即"平成25年9月5日以后开始的继承"（《修改法附则》第2款）。稍微有些问题的是那些不适用修改法，于该实施日之前发生的继承关系。从最高裁决定作为先例所具有的事实上的拘束性而判断出的射程来看，即使是从平成13年（2001年）7月1日到平成25年（2013年）9月4日之间，有关被继承人死亡的案件，除去已经通过分配遗产的审判及其他的裁判、关于分配遗产的协议和其他的合意等遗产的分配已经结束或者已成为确定性的法律关系之外，可以认为，应该把非婚生子女的继承份额与婚生子女的继承份额同等对待。什么样的情形属于"已成为确定性的法律关系"，这将委托给解释工作（最终是裁判所的判断）。对于平成13年（2001年）7月1日到平成25年（2013年）9月4日之间的财产继承，在没有进行遗产分配的情况下，因为不属于"已成为确定性的法律关系"，在进行遗产分配时，应该按照最高裁的违宪判断进行处理。顺便说一下，根据法务省的问答集，认为在分配遗产时，在继承财产中有存款等可分债权的情况下，则只是开始了继承，还不属于"已成为确定性的法律关系"，但在全体继承人根据继承份额完成提取存款的情况下，该可分债权属于"已成为确定性的法律关系"[1]。

2. 最高裁的判断

（1）撤销原审决定，发回重审（多数意见）

① 案件的概要（省略）

② 关于是否符合《宪法》第14条第1款的判断标准

《宪法》第14条第1款规定了法律之下人人平等，该规定的宗旨应该解释为，只要不是基于适合事情性质的合理根据，禁止法律上的区别对待。这是本裁判所判例的立场［最高裁昭和37年（1962年）（オ）第1472号，昭和39年（1964年）5月27日大法庭判决，《民集》第18

---

[1] 详细情况请参考 http://www.moj.go.jp/MINJI/minji07_00143.html。
关于本决定，目前请参考蚁川恒正，《法学教室》第397号，第102页；水野纪子，《法律时报》第85卷第12号，第1页；伊藤正晴，《ジュリスト》第1460号，第88页；村重庆一，《户籍时报》第703号，第104页等的解说。

卷第4号，第676页；最高裁昭和45年（1970年）（あ）第1310号，昭和48年（1973年）4月4日大法庭判决，《刑集》第27卷第3号，265页等]。

继承制度是决定被继承人的财产归谁、怎样进行继承的问题。但是，在制定继承制度时，也要考虑各国的传统、社会情况、国民感情等。现在的继承制度与如何看待家庭关系也密切相关，脱离了该国的婚姻乃至父母子女关系的规范和国民的意识，是无法制定继承制度的。在对上述因素进行综合考虑之上，如何制定继承制度属于委托给立法机构进行合理衡量判断的问题。本案件所提出的问题是，在这样被制定出的继承制度的整体之中，根据"本案规定"，在婚生子女与非婚生子女之间所产生的继承份额的差别，是否属于没有合理理由的歧视待遇？在即使考虑赋予立法机构上述衡量权，也不能认可这样的差别具有合理根据时，认为该差别违反《宪法》第14条第1款是妥当的。

③ 关于"本案规定"是否符合《宪法》第14条第1款。第一，《宪法》第24条第1款规定："婚姻只基于两性的合意得以成立，必须以夫妻拥有同等的权利为基础，通过相互协助来予以维持。"该条第2款规定："关于配偶的选择、财产权、继承、住所的选定、离婚以及关于婚姻与家庭的其他事项，法律必须立足于个人的尊严和两性的本质上的平等来制定。"承此规定，《民法》第739条第1款规定："婚姻，通过按照户籍法……的规定所进行的登记，发生效力。"即排除所谓的事实婚，采用了法律婚姻主义。另外，关于继承制度，根据昭和22年（1947年）法第222号《关于修改民法的一部分的法律》（以下称为《昭和22年民法修改》），废除了一直支撑着"家"制度的家长继承，引入了以配偶、子女为继承人基础的现在的继承制度。因家庭成员死亡而开始的遗产继承，关于非婚生子女的法定继承份额是婚生子女的1/2的规定（《昭和22年民法修改》前的《民法》第1004条但书）作为"本案规定"也被现行《民法》继承下来。

第二，最高裁平成3年（1991年）（ワ）第143号，平成7年（1995年）7月5日大法庭决定（《民集》第49卷第7号，1789页；以下称为"平成7年大法庭决定"），把包含"本案规定"在内的法定继承份额的规定，不是作为必须按照法定继承份额进行继承的规定，而是作为在没有遗嘱对继承份额进行指定的情况下、具有补充作用的规定予以考虑的事项，按照与上述宗旨一样的判断标准，对于规定非婚生子女的法定继承份额是婚生子女的 1/2 的"本案规定"，认为"既然民法采用了法律婚姻主义，在法定继承份额上优待具有婚姻关系的配偶及其子女，并对此进行了规定，但同时对非婚生子女也承认其拥有一定的法定继承份额以图对其进行保护"，无法说该规定超出了赋予立法机关的合理衡量判断的界限，不能说其违反了《宪法》第 14 条第 1 款的规定。

但是，即使是在法律婚姻主义下，关于如何来规定婚生子女与非婚生子女的法定继承份额，应该在对上述所指出的事项进行综合考虑后作出决定，而且，因为这些事项同时代一起发生了变化，所以关于该规定的合理性，应该参照规定个人尊严和法律之下人人平等的《宪法》来不断地进行探讨和斟酌。

第三，看一下"昭和 22 年民法修改"后的变化概要，可知前文所阐述的事情里较重要的事实如下：

其一，如果看一下"昭和 22 年民法修改"的经过，其背景是，虽然一直支撑着"家"制度的家长继承制度被废除，但是，想让婚生子孙来继承财产的风气及认为法律婚姻是正当的婚姻，对其应该进行尊重和保护，对法律婚姻之外的男女关系或他们所生的子女进行歧视，这些国民意识还在起作用。而且，该修改法案在国会进行审议时，作为"本案规定"符合《宪法》第 14 条第 1 款的根据，反复列举了当时不承认非婚生子女享有继承份额、在婚生子女和非婚生子女继承份额上设定差别等其他国家的立法例，承认现行《民法》在设定"本案规定"时受到了其他国家立法例的影响。

但是，"昭和 22 年民法修改"以后，在我国，被指出伴随社会、经济情况的变化，婚姻与家庭的实际形态发生了变化，对婚姻家庭应有状态的国民意识也发生了改变。即，这种变化虽然因为地域或职业的不同而存在着一定的差异，但概括地说，在"战后"经济的急速发展中，作为支撑职业生活的最小单位，以夫妻和到一定年龄为止的孩子为中心形态的家庭正在增加，同时随着老龄化的进展，保障生存配偶的生活的必要性也在增大，作为对子孙生活手段具有重大意义的继承财产所含有的意义发生了很大变化。昭和55年（1980年）法第51号《关于修改民法的一部分的法律》，接受了这样的变化，提高了配偶的法定继承份额。并且，到昭和50年（1975年）代前期，非婚生子女的出生人数有减少的倾向。从那以后到现在为止，一直是增加的倾向。再加上进入平成年代（1989年）后，所谓的晚婚化、非婚化、少子化在扩大，伴随这一趋势，中高年未婚子女与父母住在一起的家庭和单身家庭的数量增加，同时，离婚件数，尤其是拥有未成年子女的夫妻离婚件数以及再婚件数也在增加。基于这些事情，有人指出，婚姻、家庭的形态变得显著多样化，而对于婚姻、家庭应有状态的国民意识多样化也得到了很大的发展。

其二，如前所述，影响到"本案规定"的其他国家的立法情况也发生了很大变化。即，在其他国家，尤其是欧美各国，以前出于宗教上的理由，歧视非婚生子女的意识很强。在"昭和22年民法修改"制度时，很多国家都有限制非婚生子女继承份额的倾向，这一事实对"本案规定"的立法带来了影响。但是，1960年代后期（昭和40年代前期）以后，这些国家里的多数国家，从保护子女权利的观点出发推进婚生子女与非婚生子女的平等化，通过立法废除了在继承上的歧视。平成7年（1995年）大法庭作出决定时，在还留有该歧视的主要国家里，德国通过1998年（平成10年）的《非婚生子女在继承法上的平等法》、法国通过2001年（平成13年）的《关于生存配偶、非婚生子女权利和继承法规定现代化的法律》，各自废除了婚生子女和非婚生子女在继承份额上的差别。现在，除我国之外，西方国家中在婚生子女和非婚生子女的继承份额上设定差别的国家已不存在，从世界范围来看，也是极其有限的。

其三，我国在昭和54年（1979年）批准了《公民权利和政治权利国际公约》（昭和54年条约第7号），在平成6年（1994年）批准了《儿童权利公约》（平成6年条约第2号）。这些公约都规定，儿童不因出生而受到任何歧视。而且，根据前一公约设立了联合国自由权公约委员会，根据后一公约设立了联合国儿童权利委员会，这些联合国的有关组织对上述各公约的履行情况，可以向缔约国发表意见和进行劝告等。

对于我国上述公约的履行情况等，自由权公约委员会在平成5年（1993年）概括性地进行了撤销非婚生子女歧视规定的劝告。之后，上述各委员会具体地就包含"本案规定"在内的有关国籍、户籍和继承上的歧视规定问题，向我国反复表明了其担忧和进行法律修改的劝告等。平成22年（2010年），联合国儿童权利委员会重新对"本案规定"的存在提出其担忧的见解。

其四，在上述其二、其三所表明的世界状况推移中，我国有关婚生子女与非婚生子女等差别对待的法制情况也发生了变化。即，围绕居民证上户主关系的记载，针对昭和63年（1988年）有人提起的诉讼，在平成6年（1994年）的控诉审理中，修改了《居民基本登记册》有关事务处理要领中的一部分内容（平成6年12月15日自治振第233号），规定户主的子女，不论婚生子女还是非婚生子女，一律记载为"子女"。而且，围绕户籍上非婚生子女与父母关系一栏的记载，有人在平成11年（1999年）提起诉讼。在该案第一审判决宣布后的平成16年（2004年），修改了《户籍法实施规则》中的一部分内容（平成16年法务省令第76号），作出了与婚生子女一样记载为"长子（长女）"等的规定；对于已有的非婚生子女与父母关系一栏上的户籍记载，也通过通告（平成16年11月1日法务省民一第3008号民事局长通告）规定：根据申请，该记载应该作出如同上述的订正。并且，最高裁平成18年（2006年）（行ツ）第135号〔同平成20年（2008年）6月4日大法庭判决，《民集》第62卷第6号，第1367页〕判决认为，就非婚生子女获取日本国籍采取了与婚生子女不同态度的《国籍法》第3条第1款〔根据平成20年（2008年）法第88号修改前的条文〕，最迟在平成15年（2003年）时违反了《宪法》第14条第1款，在以该判决为契机而进行上述法的修改时规定，在同年以前提出申请获取日本国籍的非婚生子女，也可以取得日本国籍。

其五，关于是否应该把婚生子女和非婚生子女的法定继承份额规定为同等，也从很早以前就开始受到关注。昭和54年（1979年），法务省民事局参事官办公室根据法制审议会民法部会身份法小委员会的审议，公开了《关于继承的民法修改纲要草案》。该草案提出了把婚生子女和非婚生子女的法定继承份额平等化的方案；在平成6年（1994年），根据上述小委员会的审议，公布了《关于婚姻制度等的民法修改纲要草案》；平成8年（1996年），在对此进行了更进一步的讨论之后法制审议会向法务大臣提交的《〈修改民法的一部分的法律案纲要〉的报告》里明确写到，把两者的法定继承份额平等化。在平成22年（2010年），由政府准备了与上述纲要同样内容的法律案，欲提交到国会，不过，最终没有能够提交到国会。

其六，上述其三中，联合国各委员会所作出的各种担忧声明和进行的法律修改劝告等，其指出的问题点，虽在我国进行了上述其四所说明的法的修改，婚生子女与非婚生子女的差别待遇也大体上得以消除，但"本案规定"的修改到现在也没有得以实现。如果对其理由进行考察的话可以了解到，在很多欧美国家，非婚生子女在整体出生人数中所占的比例特别高，其中有的国家达到50%以上。与此相对照，在我国，虽说非婚生子女的人数年年增加，但到平成23年（2011年），也只有23 000余人，在整体出生人数中其比例大约不过为2.2%，而且，是否进行婚姻登记，与怀上第一个孩子有很大关系等，从整体上来看，有避免使孩子成为非婚生子女的倾向。换句话说，虽然关于家庭等的国民意识已变得多样化，但是尊重法律婚姻的意识仍很广泛地渗透在国民意识中，可以认为，这是上述理由之一。

不过，把非婚生子女的法定继承份额规定为婚生子女的1/2的"本案规定"的合理性，正如上述及"第二"里所说明的那样，属于在对各种因素进行综合考虑，参照对个人尊严和法律之下的平等进行规定的《宪法》，从非婚生子女的权利是否受到不当侵害的观点进行判断的法律问题。无法说国民广泛的尊重法律婚姻的意识，非婚生子女出生人数的多少，以及与各国相比出生比例的大小与上述法律问题的结论有直接关系。

其七，本裁判所自平成7年（1995年）大法庭决定以来，在结论上作出了"本案规定"合宪的判断，但在平成7年（1995年）大法庭决定里，除了5名裁判官作出的应该重视非婚生子女立场的反对意见外，有补充意见指出,婚姻、父母子女关系乃至家庭形态及对此的国民意识的变化,还有国际环境的变化,使"昭和22年民法修改"时法律规定的合理性也逐渐丧失。在之后的小法庭判决和小法庭决定里,同样的内容在个别意见中也被反复提出[最高裁平成11年(1999年)(才)第1453号〈同平成12年(2000年)1月27日第一小法庭判决〉,《裁判集民事》第196号,第251页;最高裁平成14年(2002年)(才)第1630号〈同平成15年(2003年)3月28日第二小法庭判决〉,《裁判集民事》第209号,第347页;最高裁平成14年(2002年)(才)第1963号〈同平成15年(2003年)3月31日第一小法庭判决〉,《裁判集民事》第209号,第397页;最高裁平成16年(2004年)(才)第992号〈同平成16年(2004年)10月14日第一小法庭判决〉,《裁判集民事》第215号,第253页;最高裁平成20年(2008年)(才)第1193号〈同平成21年(2009年)9月30日第二小法庭判决〉,《裁判集民事》第231号,第753页等]。尤其是前文提到的平成15年(2003年)3月31日第一小法庭判决之后的本裁判所的判例,如果考虑其补充意见的内容的话,可以看出,判例中认为"本案规定"合宪的结论勉强得以维持。

其八,在上述其七的本裁判所判例的补充意见里,有的补充意见指出,"本案规定"的变更,需要对与继承、婚姻、父母子女关系等相关规定的整体性和亲属、继承制度进行整体考虑后再进行综合性判断,而且应该慎重地对上述变更的生效时间及适用范围进行设定,而这些都属于通过国会立法工作恰当地实施的事项。有的补充意见指出,期待迅速推出立法措施。

之所以附上这些补充意见,正如上述其五所说明的那样,昭和54年(1979年)以后出现了间接地对"本案规定"进行重新认识的动向。在平成7年(1995年)大法庭作出决定的前后,也出现了制定法律案纲要的动向等,这些都可以说是补充意见带来的很大影响。总而言之,在亲属、继承制度中,什么事项与重新认识非婚生子女的法定继承份额的差别待遇有关并不是很明确,即使是在把婚生子女与非婚生子女的法定继承份额规定为同等的上述其五中的纲要和法律案里,关于上述法定继承份额的平等化,也没有提及配偶继承份额的变更以及与之关联的亲属、继承制度的修改。这样的话，有必要对与关联规定的协调性进行讨论，这不能成为当然要维持"本案规定"的理由，也不能把上述补充意见解释为其带有在审判上不能作出"本案规定"违宪的判断的意图。而且，正如后述④所说明的那样，即使通过审判作出"本案规定"违宪的判断，与确保法的安定性之间也能够取得协调。

并且，正如上述"第二"所说的那样，平成7年（1995年）大法庭的决定也把包含"本案规定"在内的有关法定继承份额的规定，作为在没有遗嘱对继承份额进行指定的情况下，具有补充作用予以考虑的规定。但是，如果从"本案规定"的补充性质来看，对婚生子女和非婚生子女规定为同等的法定继承份额，也完全合理。此外，对在即使通过遗嘱也不得侵害的遗留份上，应该说"本案规定"是明显的法律上的歧视这一点进行考虑的同时，对"本案规定"的存在有可能使人们从非婚生子女出生时起就产生对其歧视的意识也进行考虑的话，应该说"本案规定"是上述具有补充作用的规定，这在判断该规定的合理性上不具有任何重要性。

第四，在与本案规定的合理性有关联的以上各种事项的变迁中，没有一个事项可以成为根据"本案规定"所作出的法定继承份额的区别是不合理的决定性理由。但是，若对"昭和22年民法修改"以来的社会动向、家庭形态的多样化和伴随于此的国民意识的变化、对各国的立法趋势及我国所批准的公约内容、联合国各委员会的劝告，以及我国在婚生子女与非婚生子女区别上的法制等变化，还有到目前为止，本裁判所判例中屡次指出的问题等进行综合性考察的话，可以说，在家庭这一共同体中，尊重个人得到了更明确的认识，即使法律婚姻制度在我国已经扎根，但随着上述认识的变化，以法律婚姻制度下的父母没有婚姻关系，这一对于子女来说，是自己无法选择乃至没有修正余地的事项为理由，使该子女承受不利的立法是不能被允许的，而作为一个人应该予以尊重，保障其权利，这一见解已经得到确立。

综上所述，最迟在A的遗产继承开始的平成13年（2001年）7月时，即使考虑立法机关的衡量权，区别处理婚生子女与非婚生子女的法定继承份额的合理根据已经丧失。

因此,"本案规定"最迟在平成13年(2001年)7月的时候,违反了《宪法》第14条第1款的规定。

④ 关于作为先例的事实上的拘束力。本决定是因"本案规定"最迟在平成13年(2001年)7月的时候违法了《宪法》第14条第1款的规定而作出的判断。对平成7年(1995年)大法庭的决定和上述③第三、其七里的小法庭判决及小法庭决定,在就此之前开始的继承案件上所作出的肯定该继承开始时"本案规定"合宪性的判断,不作任何变更。

此外,从原则上看,违反宪法的法律为无效,基于该法律所进行的行为的效力,也应该被否定。既然根据本决定,"本案规定"被判断为最迟在平成13年(2001年)7月的时候违反了《宪法》第14条第1款的规定,那么由于本决定具有作为先例的事实上的拘束力,上述时间之后,"本案规定"成为无效,而且,基于"本案规定"进行的裁判以及合意的效力等也将被否定。但是,"本案规定"作为有关国民生活和身份关系的基本法的民法的一部分,是对继承这一日常生活中发生的情况进行规范的规定。若从平成13年(2001年)7月计起,从所经历的大约十二年的岁月来看,很容易推测到,在此期间,以"本案规定"的合宪性为前提,已经进行了很多次遗产分配,以此为基础形成了很多新的权利义务关系。因此,本决定的违宪判断是参照了长期以来的社会情况的变化,以"本案规定"已失去其合理性为理由,本裁判所首次明确了其违宪性。尽管如此,本决定的违宪判断作为先例的事实上的拘束力的形式,影响到了已经作出遗产分配的裁判等的效力,也就是说,本决定的效果也波及已处理完的案件,这显著有害于法的安定性。法的安定性是法内在的普遍要求。本裁判所的违宪判断也被要求限制其作为先例的事实上的拘束力,寻求与确保法的安定性之间的协调性,可以说这从通过裁判作出"本案规定"违宪的判断是否适当这一点来看,也将成为问题(请参照上述③第三、其八)。

从以上的观点来看,对于已经在相关人之间存在的通过裁判、合意等形成的确定性法律关系,在现在这个时候予以推翻是不妥当的。但是对于相关人之间的法律关系还没有达到上述阶段的案件,排除被本决定宣布为违宪无效的"本案规定"的适用,而使法律关系确定下来的做法是妥当的。由此根据继承开始的法律,按照法定继承份额,对可分债权或可分债务进行的分配,在接受债务人的支付或向债权人清偿时,有关法定继承份额规定的适用将成为问题,所以对在继承开始时立即按照"本案规定"的比例进行的遗产分配,看作法律关系已得到确定是不恰当的。根据之后的相关人之间所进行的裁判的结果、明示或默示的合意的成立等,认为已达到没有必要重新适用"本案规定"的情况时,视为法律关系已得到确定才是恰当的。

因此,对于A的遗产继承开始时到作出本决定之间所进行的其他的继承,以"本案规定"为前提所进行的遗产分配的审判及其他裁判、依据遗产分配的协议及其他的合意等,法律关系已确定下来时,解释为本决定的违宪判断对其不产生任何影响是妥当的。

⑤ 结论。根据以上所述,关于平成13年(2001年)7月××日开始的A的遗产的继承,应该说,"本案规定"违反了《宪法》第14条第1款的规定,而不能予以适用。与此相反的原审判断,在对该款的解释上存有错误,不能予以认可。特别控告所作的论述理由充分,无须对其他论述进行判断,就可以撤销原审决定。为了更详尽地进行审理,本案发回原审,重新审理。

因此,根据全体裁判官的一致意见,作出如主文的决定。

(2) 金筑诚志裁判官的补充意见

因为法庭意见中关于本决定作为先例的事实上的拘束力判断,到目前为止是本裁判所判例里所没有的,在将来也会具有一般性的意义,可能会引起各种各样的讨论,所以我想阐述一下自己的理解。

像本决定这样的见解,怎样才能使其成立呢?在探讨该问题时,应该以我国在违宪审查制度上所确立的原则,即所谓的附属性违宪审查制和关于违宪判断的个别性效力说为前提。

附属性违宪审查制是指,在解决具体案件所需的限度内,对法令是否符合宪法进行判断。在本案继承上成为问题的是,在该继承开始时产生实体性效力的有关法定继承份额的规定,所以其审查应该以该继承开始为时点。本决定也是以本案继承开始为时点来判断"本案规定"是否符合宪法的。

而且，根据个别性效力说，违宪判断只限于对该案件的判断。虽说是最高裁的违宪判断，但其不具有使被该违宪规定达到一般性无效的效力。因此，只要不通过立法删除或修改该规定，负责审理其他案件的裁判所，以该规定的存在为前提，必须重新进行宪法判断。根据个别性效力说所进行的违宪判断，对于其他案件，只有作为先例的事实上的拘束力。尽管如此，既然最高裁判所作出了最迟在本案继承开始时"本案规定"违反《宪法》第14条第1款的判断，那么从平等适用法律这一观点出发，负责审理之后关于继承开始的其他案件的裁判所，依照同样的判断，作出"本案规定"违宪的判断也是妥当的。在这一意义上，本决定的违宪判断原则上具有溯及力的效果。

但是，作为先例的事实上的拘束力，这一要求对同种案件通过给予同样的解决，来回应法的公平、平等适用，为此《宪法》第14条第1款的平等原则与根据合理的理由认可例外一样，可以允许具有合理理由的例外。而且，作为先例的事实上的拘束力，是通过对同种案件给予同样解决，来寻求法的安定性的实现，在承认拘束力反而会损害法的安定性时，应该使其功能后退。正如法庭意见所阐述的那样，本决定作出的违宪判断，会使已经进行的遗产分配的效力受到影响，从而显著损害法的安定性。尤其像本案这样，对于以前最高裁认为合宪的法令作出违宪判断的情况下，否定依照以前的判例所作出的行为的效力，这对法的安定性的损害更大。

有见解指出，能否限制溯及力，与裁判所所作的法律解释是否止于发现正确的法律、是否具有创造法律的功能有很大的关联。不得不说，脱离该案件决定特定法律解释的适用范围的行为，确实，类似于立法行为。如果认为裁判所所作的法律解释只止于发现正确的法律的话，那么关于限制溯及力也应倾向于否定的见解。本来，也许有把就其他案件的法律适用的应有状态作出判断是否适当看作问题的见解。但是，可以认为，本决定就该问题作出的判断，是从对预料到的混乱没有明示回避的方法就作出"本案规定"违宪的判断是不妥当的这样的立场而作出的，这与违宪判断有密切的关联性，所以不应该将其评价为附带意见。而且，关于裁判所所作的法律解释只止于发现正确的法律这一见解，作为法律解释的实际状态，虽然所依据的情况在形态和程度上存有不同，但通常认为，难以回避多少带有创造法律的一面，所以像前文所述那样，对裁判所的法律解释的应有状态进行限制是不恰当的。在继承普通法传统的美国，也承认对判例的不溯及性变更。

还有，如同已经阐述的那样，判例的不溯及性变更并不只限于宪法判断上的问题，关于围绕法令规定的宪法判断上发生的变更，有关确保法的安定性的要求，被作为更严重且更广泛的问题而呈现出来。关于法令的违宪审查，鉴于其影响力之大，采用自谦的方法，把法令限定性地解释为合宪等的情形也有，但其限制溯及力仅是限定违宪判断所波及的范围，所以可以看作是自谦式行使违宪审查权。

总而言之，因为违宪判断只具有个别性效力，所以包含该判断溯及力部分的判决，其所具有的作为先例的事实上的拘束力，将通过其他裁判所等对该判断的尊重和遵从而获得效力。在这个意义上，它也不同于立法，而且在实际上，也无法完全预测今后会以怎样的方式发生相关联的纠纷，所以本决定不是对违宪判断效力涉及不到的情形所作出的概括性的判断。各裁判所在把本决定的判断作为指南的同时，包括是否有必要作出违宪判断在内，为了妥善解决案件纠纷，也有必要进行适当的判断。

（3）千叶胜美裁判官的补充意见

就法庭意见里有关违宪判断溯及力的判断与违宪审查权的关系，我想补充若干个人意见。

① 关于"本案规定"，法庭意见认为，最迟在本案继承开始时其违反了宪法的规定，之后成为无效。关于本决定的违宪判断作为先例的事实上的拘束力这一点，法庭意见认为，为了不损害法的安定性，本判断对已经得以解决的案件不产生任何影响，因而在一定程度上对其违宪判断的效力范围进行了限制（以下称为"本决定溯及力的判断"）。

关于该判断，既然一般认为我国最高裁在行使违宪审查权时采用附属性审查制，关于违宪判断的效力采用个别性效力说，那么就本案违宪判断的溯及力的有无、范围等，即使认为其以作为先例的事实上的拘束力的形式存在，但脱离具体案件的处理，将其作为与其他同类案件的今后的处理所应有的状态相关联的事项而预先提出，在这一点上可以说是没有前例的。但是，认定法令违宪无效，通常具有否定以该法令为前提建立起来的法律关系的危险，所以本决定溯及力的判断，是为了避免对法的安定性造成重大损害的事态发生而采取的措施。在需要对该点予以考虑的案件中,最高裁在对法令作出违宪无效的判断时,基本上要进行必不可少的指示。在这一意义上,本决定的溯及力判断不是所谓的附带意见(obiter dictum),而应将其作为判决(ratio decidendi)看待。

② 对于被认定为违宪无效的法令,在通过立法采取废除措施时,对于废除该法令的修改法的实施日期及其程序、措施,考虑其具有的颠覆法的安定性的弊害等,应考虑以该修改法的附则的方式作出必要的应对。但是,对本决定溯及力的判断与该功能(通过立法和修改法附则来应对)极其相似,其作为司法功能是否可行或者是否适当会成为问题。

宪法授给最高裁的违宪审查权,也把法令作为对象,所以一旦该法令被判断为违宪无效,即使以个别性效力说为前提,因为作为先例的事实上的拘束力将涉及很广的范围,所以当然可以预想到,将会发生损害法的安定性的事态。考虑到这一点,为了避免这样的事态发生,对违宪判断的溯及力的有无、时间、范围等进行一定程度的限制,类似于通过立法在修改法附则里规定其实施日期的功能,也理应作为违宪审查权制度的一部分,从开始就应有所准备。本决定在溯及力上所作出的判断,是最高裁判所违宪审查权性质所固有的,或者是对附属于违宪审查权的权能乃至制度给予支持的原理、功能的一部分,应该认为《宪法》将此作为违宪审查权的司法功能已事先给予了承认。

(4) 冈部喜代子裁判官的补充意见

鉴于本案的内容,就"本案规定"是否合宪的问题及与我国尊重法律婚姻的意识的关系进行若干补充。

① 平成7年(1995年)大法庭决定作出了如下阐述,即《民法》采用法律婚姻主义的结果,使得因婚姻关系出生的婚生子女与非婚生子女之间产生差别,在父母子女关系等方面适用不同的规范,这也是迫不得已的。根据父母子女关系成立的要件,对于在婚姻期间妻子怀的孩子,不经任何手续,法律上推定其在出生的同时即成为妻子的丈夫的婚生子女(《民法》第722条)。在这一点上,不同于通过认领成立父子关系的非婚生子女。而这种不同的根据在于婚姻关系存否,这具有合理性。不过,继承份额的规定虽然是父母子女关系的效果上的问题,但是与非婚生子女相比应该优待因婚姻关系

出生的婚生子女的结论，其根据在于上述父母子女关系成立要件上存在的区别，在这个意义上，无法说这在逻辑上是理所当然的。

所谓尊重婚姻，是指尊重包括婚生子女在内的婚姻共同体，也有意见认为，该尊重当然意味着在继承份额上的尊重。事实上，正如法庭意见所阐述的那样，继承制度是在综合考虑各种事项下制定出来的，既然所应考虑的那些事项已随时代一起发生了变化，即使假设关于婚姻，民法采用了上述的见解，"本案规定"也是该见解的一个表现，但通过在与被继承人的非婚生子女的关系上优待婚生子女的继承份额，来贯彻在继承制度上尊重婚姻共同体，这在宪法上是否允许，还需要不断地进行探讨研究。

② 有意见认为，保护包括夫妻及子女的婚姻共同体这一想法的实质上的根据在于，婚姻期间婚姻当事人所得的财产实质上是婚姻共同体的财产，本来应该由生活在共同体之中的婚生子女来继承。确实，夫妻为了维持婚姻共同体而工作和相互协助（夫妻在法律上有相互协助扶养义务），该协助需要双方长期不断的努力。作为社会上的事实，在很多情况下，夫妻双方除了为维持生计而工作、负担家务、与亲属、邻居进行交际往来之外，还要做各种各样的杂事，有时要进行伴有长期身体上、经济上负担的抚育孩子的工作，有时还要照顾上了年纪的父母及其他亲属。婚生子女在这样的夫妻协助下接受抚育而成长，虽然与夫妻间的协助在性质上和程度上有所不同，但婚生子女自身通常也对此进行了事实上的协助。

这基本上被认为是我国的一个家庭形象。以这样的家庭形象为基础，尊重法律婚姻的意识形成广泛的共识。在作为平成7年（1995年）大法庭决定的判断对象的继承，其开始的时间是昭和63年（1988年），上述那样的家庭形象正得到广泛接受，而支撑了"本案规定"的合理性，即使在现在，上述那样的家庭形象还在一定程度上为人们所接受。在这样的情况下，婚姻共同体成员对于把不属于该共同体的非婚生子女的继承份额规定为与婚生子女同等抱有否定的感情，这也是可以理解的。

但是，正如法庭意见所指出的那样，如今根据各种各样的理由，上述那样的家庭形象已发生了变化。同时，因非婚生子女生来就没有选择的余地，而无法成为上述婚姻共同体中的一员。当然，根据未采纳法律婚姻形式的父母意思，实际生活状态与婚姻共同体虽没有不同，却不能成为婚生子女的情形，也不是没有的。但在很多情况下，是生来就处于即使想加入婚姻共同体也无法实现，即使愿意为了维持婚姻共同体而努力也不能有这样的身份。这才是真实的情况。法庭意见所阐述的"昭和22年民法修改"以后的国内外变化，使得应该把子女作为个人来尊重的观点得以确立。即使保护婚姻共同体本身有充分的理由，但是可以说，为此与婚姻外的共同体相比，理所当然且一般性地要优待婚姻共同体的合理性，乃至以保护婚姻共同体为理由，与不是婚姻共同体成员的非婚生子女的继承份额相比，要优待是婚姻共同体成员的婚生子女的继承份额的合理性都已变得很低。

从这样的观点来看，虽说整体上尊重法律婚姻的意识得到广泛的认可，但是应该说，在婚生子女和非婚生子女的继承份额上设定差别已不妥当。

结语

民法的印象

写给开始从事民法解释学的人

> **【在学习民法的同时】**
>
> 对于民法的学习,笔者现在仍处于恶战苦斗的状态,所以,没有在这里讲述学习诀窍的打算。
>
> 但是,借此机会传达笔者在研究民法、讲授民法时对民法解释学笼统抱有的部分印象,作为对民法学习的引导也许会有一些意义。之所以如此说,是因为虽然这完全是个人的印象,但据此可能会给读者带来一个思考:现在开始要学习的民法和民法解释学是怎样的一门学问,其魅力何在?以及其对自己所做的工作的意义何在?

1. 巨大的人造构筑物

读者们是否已经对《民法》的体系和结构有了一定的印象?《民法》并不是从规定了基本原则的第 1 条开始至关于遗留份的第 1044 条(以及若干相关联的特别法)为止漫不经心地排列在"六法全书"[1] 中的。希望大家能够尽早知道,在《民法》里,沿着概念的"梯子"形成了一定的层次结构和体系,其中存在着以要件和效果的形式相互密切关联的小世界。

假设在 A 从 B 处租房子居住的情况下,请试着找出关于这一租赁关系如何终止的相关规定。除了二者合意解除合同的情形外,关于"承租权的终

---

[1] 在日本,将法规汇集一起出版的书籍称为"六法",其中将包括全部法规的称为"六法全书",而将只包括基本法规的称为"小六法"。大部分法学部的学生都使用"小六法"。——译者注

止"首先会想到作为特别法的《借地借家法》第 26 条以下的内容，但该法里没有关于解除（解约告知）的规定。那么，提到关于"租赁的解除"的规定，除了有《民法》第 617 条以下的规定外，还有规定了承租人的解除权的第 607 条、第 610 条、第 611 条和规定了出租人的解除权的第 612 条、第 616 条（→第 594 条第 1 款→第 541 条）等。除此之外，可能还有解除原因的问题，如果看一下关于"合同的解除"的一般性规定的话，会发现还有《民法》第 540 条至第 543 条的规定。因为合同关系并不只因解除而终止，也可能一开始在成立阶段就存有问题。这样一来就有必要关注一下"总则"里有关限制行为能力人问题、虚伪表示、错误、欺诈、胁迫、由无权代理人所签订的租赁合同等规定。这时，既有一般理论概括性地补充个别问题的情形，也有个别理论排斥一般理论而独自存在的情形。例如，房屋租赁合同的解除与一般性租赁的解除或一般性合同的解除是相同的还是不同的呢？若是不同的话，与较一般性的解除理论有怎样的不同呢？若不对这些问题进行认真考虑，就无法弄清适用关系。总之，在财产法的学习上，需要常常在考虑与立体地堆积在上面的一般理论进行关联的同时，以在理论上不存在牵强的方式来努力探索最公平且具体的妥当解决（请参考本书第 8 章 5）。对民法"从哪里开始学习好呢"这样的提问已经没有意义，这一点可以理解了吧。正如所学习过的那样（本书第 6 章、第 8 章），这种复杂的结构起因于被称为潘德克顿体系的法典编纂风格（对此，还有像法国那样的按照制度进行汇集的法学提要方式）。这一体系也被称为"概念的阶梯"，民法典自身在将比较一般的共通的东西汇集起来的同时，作为整体形成了一个巨大的人造构筑物。民法的体系常被比作为一个"球"。无论从哪里开始学习，最终全部转完之后，又回到了原来的地方。在笔者看来，这仿佛就像"哥特式建筑物"一样，在历史中接受洗练，经受住了长久岁月考验的巨大的人造构筑物，即将倒塌或歪斜的地方在先人的努力修复下，现在仍然巍然屹立在那里（从起源来讲，这无疑是一座西洋建筑）。最终，入口在哪里可能都没有关系。总之，在全部走过看完整体之前，是很难找到"明白了"这一感觉的。正因如此，就更不能放弃。这种时候，掌握好要领，将整体的略图深深地放入脑海之中可能是避免迷失的方法之一。仔细阅读民法典的细目，或者一口气通读完一本对民法整体进行说明的概览书，也是很有益的。

2. 形成像镶嵌木工艺一样相互支撑的结构

一个一个的制度看起来大体上像是理念性的、并且是单独成立的一样，实际上，它是以活生生的具体的纠纷为背景由先人们辛苦创造出来的解决问题的办法的智慧结晶。瑕疵担保责任是在罗马时代，因买卖的奴隶和家畜中出现了生病等情况时而发生对民法的规定产生不同理解的制度。并且，现实社会并不是只由一面而构成的，若移动一处地方，当然会对其他方面带来影响。另外，像某规定被作为其他规定的前提那样，也有被有意识地联系起来的情况。比如，有人买卖不动产，关于法律行为的规则和合同关系上的规则就会开始发挥作用，同时物权关系也会成为问题，还有必要关注不动产登记法的相关规定和关于不动产执行的相关规定等。易言之，各个规定和规范构成了相互支撑的整体，尽管没有特意用铁钉将其钉在一起，但还是像镶嵌木工艺一样，形成了对哪一部分都不能忽视的结构。若不能经常地意识到这一点，就会犯非常荒唐的错误。对此需要予以注意。

3. 民法解释的大工具、小工具

在民法规范中，同时存在着被作为原理、原则的大工具和成为小工具的各种特殊规定。有很多原理、原则或工具性概念没有被予以明文规定。[1]虽然这些都是构成整体的部分零件，但是一旦到了对规范的实际操作时，充分理解这些零件的内容，绝对是必要的。只有在理解了究竟该部分零件是什么内容，它要如何保护及保护谁的何种利益，这又是为什么等问题后，才可能实现对大工具、小工具的有效利用。当然，"类推"和"转用"能够使人觉得"原来如此"，是因为有相应的理解在作为前提。因为各种制度都是历史的产物，所以，对于解释学来讲，可以说研究规范的起源的意义就在于此。如果可能的话，最好对其设计思想也进行追考。尤其要提到的是，日本《民

---

[1] 请参考星野英一等：《（特集）条文にない民法の〈原则〉》，载《法学教室》第152号（1993年），第11页以下；椿寿夫、中舍宽树编著：《解说条文にない民法》（新版），日本评论社2004年版等。

法》拥有经由将法国民法的思考作为背景的布瓦索纳德之手作出了其原型，在此之上进行了比较法上的补充改正，又在德国法学的绝对性的影响之下加深了理解这样的些许有点儿特异的经历，所以，弄清楚各个制度"为什么会成为这样的内容？""被如此进行说明，原因何在？"对理解制度来讲，是相当重要的工作。刚开始的时候，就当是学习外语，像查陌生的单词一样，把《法学小辞典》等放在手边，细心地进行查阅，也是很好的学习办法。

4. 解释论的展开与逻辑推理

这样，可以将大工具和小工具有效地组合在一起，展开具有一定说服力的讨论。但这时支撑展开讨论的主要是连接大工具和小工具部分的确切性，对此需要予以留意。要探索具体结果的妥当性，即使不得不依赖实质利益考量和价值判断，但在法律的世界里最后还是要求用逻辑的力量说服对方，在这一意义上，逻辑展开的确切性非常重要。跳过去是不可以的。在认真对待有关"要件"和"效果"的共有约定，即条文的同时，稳妥可靠地运用每一个逻辑，才能使讨论发挥出在"偶然的想法"之上的力量。例如，在思考"表见代理成立的情况下，法律效果归属本人"是怎样的一种结构时，单以"相信其有代理权的交易对方值得同情"作为理由是很不可靠的。好好理解一下关于代理的第 99 条和第 113 条[1]，由于属于"权限"以外的代理人的行为，只要无本人追认就"不对本人发生效力"，所以从该行为因"丧失了效果的归属对象而无效"这一点出发，在此之上，再从第 109 条、第 110 条、第 112 条[2]的规定中抽出"值得保护的相对人的信赖"和"本人的归责性（即使承担不利也是无可奈何的事由）"这些重大因素的衡量问题，进而对以下内容进行论证，即为了回应通过保护对外观的信赖而实现交易的安全与本人的静的安全[3]进行协调这样的要求，所以在一定的情形下

---

[1] 日本《民法》第 99 条规定了代理的要件和效果，第 113 条规定了无权代理在本人没有追认时对本人不发生效力。——译者注

[2] 日本《民法》第 109 条规定"由授予代理权的表示而发生的表见代理"，第 110 条规定"超出代理权限外的表见代理"；第 112 条规定"代理权终止后的表见代理"，这三种表见代理的成立要件都要求相对人在相信无权代理人有代理权限上是善意、无过失的。——译者注

[3] 即所有权的保护。——译者注

例外地承认"效果归属本人";在此之上,还应该一边关注结果的妥当性,一边慎重地将该规则适用到发生问题的事态中展开讨论。不过,这一大工具、小工具的有效使用方法,只有一边体会着优秀前人的精彩讨论,一边慢慢地掌握,而认真阅读基础书籍,阅读成为先例的判决理由和优秀的研究者的论文的重要原因就在这里。要像练字要先临摹字帖一样,认真模仿优秀思考的轨迹是十分有益的。

5. 作为原型的规范群

读者们应当都有看过几年以前的旧市区地图的经验吧?穿越街面的网状道路,在多种意义上与民法规范极为相似。其提供了一种在眺望混沌社会、对问题进行法律性分析时的线索原型。例如,人们并不了解当地存在的实施"买卖合同"的实体,却通过将"财产权的移转"与"价款"的对价性支付连接在一起(第555条)这样的原型(例如,像计算机的键盘操作一样),参照有关"买卖"这一类型的规则,对人们的某些奇妙的行为进行评价。同样,也不存在"这就是诈骗行为"这样的行为。对应具体的事件进行观察,才能很好地理解规范的意义和功能的情形也不在少数(从这一意义上来讲,尽量多读裁判例以丰富具体的印象和联想空间也是很重要的)。因民法规则是以以前的社会状态为背景制定出来的,从这一意义上来讲,说其为古地图也是妥当的。而且,通过法看到的社会并不是现实的,并不能看到在其中生活的人们的"脸"。更不能感觉到好坏、气味等。我们靠着这张古地图,要观察的是现代社会,因此在意识到其中的落差的同时,有必要牢记通过原型所观察的现代社会中一直存在的人们活生生的生活。

在学习民法解释学、随意摆弄陈旧的教学所用的假设例子来巧妙地推导出结论时,即使可能会有抓到了制度的本质、窥视到自我完美的精密的世界的感觉,但那只不过是像读了"半七搜查记录"[1]后在江户的街道上徘徊一样,本身就是很快乐的事,可决定胜负的还是在现实世界里对其如何有效

---

[1] 日语原文是"半七捕物帳",发表于大正(1917年)、昭和(1934—1937年)时期的连载侦探小说,以明治时代的新闻记者采访曾在江户时代侦破了许多疑难案件、珍奇案件的名为半七的老人的方式,一边回顾江户时代的风俗,一边展开推理。

利用。

6. 法律解决的部分性、局限性

若沉浸到民法解释学的世界里，就会让人觉得那是一个大得惊人的世界。这种感觉若不断加剧，就会陷入法律万能主义，甚至会陷入人的生活方式和社会问题全都可通过法律获得解决的错觉当中。随着法的解释方法的掌握，希望引起大家注意的反倒是法律解决问题的部分性及法的局限性问题。仅以公害裁判问题为例，法律所能做到的事情实际上并没有那么多。例如，在有名的"水俣诉讼"的背后有不计其数的不幸发生，而与此相比，是否存在作为民事责任的损害赔偿义务就变成了极其微小的问题。面对因胎儿性水俣病而全身发黑、生下来就死了的婴儿，幸存下来的母亲在无从发泄的悲愤中，反复进行着"还我健康的孩子"的悲痛诉讼时，民事上的损害赔偿责任还具有多大程度的意义呢？一考虑到这样的情形，就深感无力而陷入沮丧情绪的又何止笔者一人！在认识到法所能做到的事情归根到底是有限的，其只是解决了部分问题，在此之上，仍然需要努力思考"法所能做到的是什么"，以这样谦虚的态度会使有意义的法的作用和功能变成更加充实。

7. 整体与部分的反馈

虽然民法解释学确实是一个有限的世界，但要再次重申的是，即使是那样小的世界，若只观察其中的一部分，最终也将无法看透其整体这一简单的事实。况且，仅以部分性的理解来操作规范，几乎是不可能为社会上发生的问题提供一定的正确解决指南。在民法的学习上没有捷径（高效的学习方法应该是有的），只有在认真观察整体的同时，孜孜不倦地持续对各个部分进行准确理解才是正道。顺便说一下，只是死记硬背那些模式化的论点和解答的学习方法，如果不伴随着自己的理解和对问题的思考，与其说这是"学习"，倒不如说这完全像是对哥特式建筑或名胜古迹的"美术明信片"进行的浏览，对学习起不到任何作用。

8. 最后，再加一句话

　　以上写了许多无趣的话，最后顺便再加一句。像日本的法学部这样，大部分毕业生在社会上从事着与法律无关的工作。从这一点上可以看到法学教育所带有的并未完全实现专门培养法律人才的一面。站在学生的立场来看，对法的态度也是多种多样的。对于"在抵销与扣押的关系上究竟是采取限制说为妥还是采取无限制说为妥"等问题上所应具备的知识和理解，只要不是在银行法务部等地方工作，绝大多数的人在社会上几乎没有使用该知识的机会。但是，若认为学习该知识是无意义的话，则有点儿草率。因为至少可以将该问题作为素材来学习法律，培养对社会上发生的问题之状态进行探索的洞察力，以及对其中的利害关系进行公平的推测，为获得一定的理想结论而展开逻辑性讨论的能力。与其苦恼于"这样的知识究竟对自己有什么用"，莫不如锤炼广义上的问题解决能力，作为提高每个人"衡平感"之精度的训练，认真地进行民法学习。另外可能有些唠叨，在学习时要认识到，法归根结底只是人为了人而制定出来的、是人为了人而使用的工具这一事实，以及有效地利用法还是滥用法都取决于使用法的人！希望大家注意培养准确把握事实的能力和丰富的人之本性。特别希望将这些话送给准备在法学研究生院开始学习的学生（若有志于成为法律专家，则更好）。愿大家奋斗到底！

主题词索引[*]

A

阿库修斯　112
安全保障义务　96
安政不平等条约　119
奥地利普通民法典　115

B

巴尔都斯　113
搬家补偿费　132,136
阪神电铁案件　39
伴有第三人保护功能的合同　96
保护基本权利的义务　216
保留同意权　231
保证　61
报告性报户口　46
鲍迪埃　115
暴利行为　166
背信的恶意者　35,102
被监护、被保佐　232
被囚住的听众　202
本登记　159
本人确认　250
边际成本　141
边际革命　141
边际收益均等法则　141
并用租赁权　159

波斯纳　139
补充意见　156,193
不安抗辩　100
不当得利　55
不动产　29
不动产登记法　171
不完全市场　153
不作为　14
布瓦索纳德　119,121
部分合意　92
部分无效　71

C

财产管理权　229
"财产权"的保障　214
"财（富）"的分配　131
财富效应　145
裁判管辖权　259
裁判规范　1
裁判例、判决例　157
"裁判外"的纠纷解决方法　21
残疾人监护　231
产品责任法　97,172
娼妓取缔规则　79
超出限定利率部分的利息　160
撤诉申请　22

---

[*] 本索引所标注的页码为本书日文版页码，即中文版的页边码。

成本　131，140，144
成本最低的风险管理人　150
成本最低的损害避免人　146，150
成本最低的信息收集人　150
成年监护制度　229
成年拟制　42
诚实信用原则（诚信原则）　14，83，102，106
诚意诉讼　103
承租权的物权化　133
持续性交易关系　153
敕法集成　111
出生　46
出资取缔法　166，169
刺激（诱因）　138
从属性　65
催告的抗辩　61
错误　148
错误规则的修改　254

D

大宝律令　118
大法庭　156
大深度地下　32
DIALQ^2　73
代理　47
代理权的滥用　70
代位继承　45
代物清偿　158
代物清偿预约　159
贷款提携销售合同　73
担保交易立法指南　262
担保物权　30，159
当事人主义　3
到达主义　254

德国的《器官摘除移植法》　212
德国法典论争　122
德国法圈　107
德国民法典　116
登记法　29，121
抵充本金　160，162
抵押权　159
"地券"制度　121
地震买卖　132
地租房租统制令　133
第三人　102，176
蒂博　116
缔约上的过失　93
典雅法学　114
电子承诺通知　254
电子决算与电子货币　256
电子签名示范法　263
电子认证　250
电子署名的认证机构　251
电子署名和认证业务的法律　250
电子消费者合同法　254，255
电子邮件　250
电子政府　249
定量化　242
定期借地权　133
定期借家权　137
动产　29
动的安全　59
动机的违法　72
冻结受精卵　53
赌博合同　67
短期租赁权　159
多马　115
多奈鲁斯　114
多数意见　156

E

恶意的抗辩　103
恶意滥用行为的禁止　33
e-Japan　249
儿童的福利　69
儿童福利法　68，80
儿童权利公约　217

F

发信主义　254
法贝尔　114
法／不法的二分法的准则　36
法的继受　107
法的解释　2，155，176
法的经济分析　138
法的类推适用　19
法典调查会　122
法典论争　116
法定的债权（债务）关系　7
法定监护制度　233
法定利率　166
法国民法典　115
法化　23
法家族　105
法经济分析的经济学性质　139
法律构成　178
法律婚主义　41
法律目的　164
法律上的平等　214
法律上的事实　2
法律上的效果意思　8
法律审　27
法律适用通则法　172，260
法律行为　124

法圈　105，106
法人　56，124
法人格　55
法系　106
法学提要　111
法与经济学　138
法源　155，157
反对意见　195
反法律的规范创造　180
反制定法性解释　155，179
返还不当得利的请求　35，75
犯人的两难境地　142，149
防止卖淫法　80
妨害条件成就　92，109
放宽限制　151
放弃所得　141
非典型合同　10
非对称公开钥匙方式　251
（非）合作性的 N 个人游戏　142
非婚生子女　45，214，217
非市场的合同关系　153
非债清偿　165
分期付款销售法　172，253
佛罗伦萨手抄本　112
夫妻异姓　43
扶养义务　54
服务化　219
服务商责任　256
附带诉讼　190
附带意见　158
附条件解放奴隶的遗嘱　105
附条件权利　109
附属的注意义务　96
复合型交易关系　73
复合性交易　249
富井政章　122

G

概念的相对性　176
概念法学　117
"干净的手"的原则　75，99
高度技术化　219
高度信息化　219
高利贷　155，166
格兰西　113
格劳秀斯　114
格林童话　245
个人信息保护　249
个人尊严　128，183，202，213
各个年龄段未来人口的推算　222
给付对价的均衡　151
给付之诉　2
工厂法　50
公事　119
公序良俗　59，60，64，166
公寓分售合同谈判破裂案件　83
公证证书　235
共同行为性　200
共有财产　173
共有地的悲剧　143
古老而良好的习惯　66
关系性合同　95
关于计算年龄的法律　171
关于监护登记等的法律　232
关于角膜和肾脏移植的法律　212
关于确保老龄人居住稳定的法律　238
广告　93
规范经济学　139，140
国际海上物品运输法　172
国际化　219，259
国际民事诉讼法　259
国际商事合同通则　263
国际私法　259
国家赔偿　205
过失　12
过失的判断结构　12
过失相抵　18，178
过失相抵的类推适用　19
过失相抵能力　19

H

韩国《器官移植法》　212
汉德公式　145，146
好意同乘　11
合法利率　164
合计特殊出生率　221
合理的立法者意思　177
合同的成立时间　86
合同的成熟度　92
合同的承诺通知　254
合同的解释　150
合同的拘束力　148
合同的履行　93
合同的事后效力　94
合同缔结阶段的诚信原则　85
合同法的经济分析　149
合同关联责任　97
合同曲线　142
合同责任的时间性扩张　92
合同自由原则　84，148，272
合意的解释　98
和解　21，47
黑市贷款　155，170
衡平法　106
后注释学派　112
户籍制度、户籍法　120，121，171

户主权　128
患者对医疗处置的同意权　234
恢复原状　59
婚外子女　44
婚姻的实质要件　41
婚姻关系　41
火葬许可证　211

I

IT化　219
IT书面统一完善法　253
IT战略本部　249

J

机动车事故损害赔偿保障法　172
机会成本　141
积极的债权侵害　96
积极损害　15
基本人权　67
基于合同的债权（债务）关系　7
极东法圈　107
继承　16
家父长制　128
家庭共同体　209
家务劳动的经济价值　141
"家"制度　40，120，127
价格论据　152
间接规范　260
监护　229
检索的抗辩　61
建筑物保护法　133
将来的孩子　46
交换给付判决　136
交易成本　139，140
教会法　113

阶梯式法典编纂体系（方式）　114，120
接受裁判的权利　22
结果避免义务　12
解除合同的自由　149
解除条件　51
解放奴隶　108
借贷业管制法　166
借地法　133
借地借家法　133，172，173
借家法　133
金钱赔偿　17
金钱消费借贷　166
金融上的"三种神器"　159
津奠基仪式诉讼　186，206
近代自然法　114
近亲属追忆型祭祀　211
禁止反言　98
禁治产、准禁治产制度　229
经济秩序　67
精神损害赔偿请求权　47
静的安全　59
旧《民法》　119，121
居民基本信息网络系统　249
居亚斯　114
举证责任　3
具体的注意义务　10
绝对的、排他的支配权　29

K

卡尔多-希克斯标准　142
看护保险法　237
看护、照顾　234
抗辩的对抗　102
抗辩的接续　74

科斯定理　140，143
克里斯蒂安·沃尔夫　115
客观的关联共同性　200
扩张解释　179

L

劳动基准法　63，68，80
老龄的个体差异　226
老龄福利服务　237
老龄化　219，220
老龄人财产的管理　238
老龄人的合同　236
老龄人扶养　244
老龄人护理商品　239
老龄人医疗　244
老龄人住宅　239
类推适用　110，178
罹灾城市借地借家临时处理法　173
历史性解释　177
立法者意思　177
利息限制法　155，156，161，172
利益考量　178
利益相反行为　52
连带保证　61
连带债务　62
联合国贸易法委员会仲裁规则　263
两性的实质性的平等　128
邻居间之诉讼案件　1
Lemon test　127
零和博弈　142
履行阶段论　69
履行利益　59，89
罗马法大全　105，110
罗马法的继受　107，114
罗马法圈　107

逻辑性的"内涵"　177

M

马丁尼　115
玛利亚·路斯号事件　79
埋葬许可证　211
冒充　250
梅谦次郎　122
美国的《统一人体捐赠法》　212
密切关联性　73，74
免责条款的限制　99
民法典论争　121
民法与宪法　217
民法（债权关系）部会　268
民事特别法　172
民事行政程序法　171
名义上的损害赔偿　17
名誉法　103，106
名誉权　198
摸索过程　148
目的论解释　177
目的、效果、标准　186

N

那德　114
纳什均衡　142
男女分别退休制度　214
内心的效果意思　9
匿名性　250
虐待老龄人　244
诺成主义　252

O

欧洲合同法原则（PECL）　267

P

帕累托最优　141，142，149
潘德克顿的现代性惯用　114
潘德克顿法学　116
潘德克顿体系　114，124，376
判断过失的结构　12
判决理由　157
判例法　106，155，157
陪酒女工作合同　62
陪酒女预借工资案件　58
配偶继承权　42
《票据法》　172
破坏信赖关系的法理　101
普芬道夫　115
普赫塔　115
普通法　106

Q

欺负弱者事件　15
欺诈、胁迫　148
器官移植　212
签订方式的自由　84
签订合同的自由　84
强制调解　136
强制调解功能　35
强制性规定　66
强制执行　59
侵害债权　80
侵权行为责任　198
亲子关系　44
情势变更原则　100
请求的宗旨　6
请求腾退房屋案件　132
请求原因　6，60

区分的利益　61
区分所有权法　171
取缔规定　66，68
权利滥用　26，32，83，201
权利侵害　50
权利失效原则　101
权利主体　55
却下、弃却　26
确认画面　255
确认之诉　2

R

人　55
人格　55
人格利益　202
人格利益保护　184
人格秩序　25，67
人工生殖　57
人身买卖　67，70，79
人体由来物　209
壬申户籍　120
认定事实　3
任意规定　65，150
任意监护　230，235
任意支付　168
容忍限度　201

S

萨维尼　115
三菱树脂案件判决　215
三审制度　26
森林法　214
善管注意义务　10
善良的撒玛利亚人　14
商法　121

商品的适合性 239
商业习惯法 261
少数意见（反对意见） 156
少子老龄化 219
社会福利 131
涉外法律关系 259
身份关系 48
身上监护 230，233
生殖辅助医疗技术 53
尸体解剖保存法 212
失火责任法 172
十二铜表法 108
时效 178
实现的个别正义 153
实证主义经济学 139
市场透明度 151
市民法 106
事理辨识能力 229
事实婚 42
事实上的推定 252
事实上的因果关系 16，199
视为利息 179
收益 131
书面交付义务 252
书写的理性 112
署名钥匙与验证钥匙 252
数成年监护人 234
说明义务 85，93，94
司法的谦抑主义 180
私法统一国际协会：罗马→UNIDROIT 261，266
私法自治 84
私法自治的原则 59
思想、信仰、良心的自由 17，184，215
死亡申报 211

死亡诊断书 211
诉权 163
诉讼当事人能力 190
诉讼继承 62
穗积陈重 122
损害赔偿的范围 16
损害赔偿额的预定 149
所得的分配 144
所有权 30

T

胎儿 44，45
胎儿的法律地位 51，52
太政官布告 78
特别代理人 52
特别法 172
特别规定与一般规定 173
特别亲朋关系人 174
特别损害 16
特定电信服务 257
特定商业交易法 172
特里伯尼安纽斯 112
提存 171
条理 157
停止条件 51
通常损害 16
同居 42，43，49
同居准婚理论 42
统一私法 261
土地的有效利用 137
土地所有权所及的范围 32
托马修斯 115

W

外部成本 140，151

外部成本的内部化　140

外部经济　151

完全竞争市场　142

万民法　103，260

网络　248

网络化　219

网上商品交易　249

危险性关联　16

为第三人而签订的合同　47

为权利而斗争　117

违法条件　72

违法性　50，207

违法性相关关系说　207

违法原因给付　65，75，99

违反公序良俗　65

违宪立法审查权　217

维也纳的联合国国际商业交易法委员会（UNCITRAL）　261

委托合同　9

温德沙伊德　115

文理解释　176

文纽斯　114

文义解释　176

乌尔比安　111

无偿合同　11

无名合同　10

无权代理与继承　99

无权利能力社团　190

无体财产　248

物权法定主义　148

物权公示原则　148

物权请求权　148

物权（物权关系）　25，30

物权行为的独立性　120，127

X

习惯　157

瑕疵担保责任　10

先例拘束性　157

现实履行　59

现实损害　15

限制物权　30

宪法规范在私人间的适用　214

相当因果关系（论）　16，127

相抵　18

相反解释　178

消费借贷　60，166

消费者合同法　172，237

消费者金融　170

消费者信用　170

消极损害　15

消灭时效　99

小的约定　92

小额诉讼程序　27

小法庭　156

肖像权　198，203，204

效力规定　68

效益（利润）最大化行动的假说　141

新敕法集成　111

信教自由　184，200

信赖利益　89

信托　238

信息成本　151

信息革命　248

信息化　248

信息提供义务　85，93，94

信玄公挂旗的松树案件　33

行为规范　1

行为基础丧失　100

行为能力　230
行为性质　260
形成之诉　2
形式上的证据力　251
性骚扰　203，204
姓名权　203
修改债权法的基本方针　269
虚构　145
需要保护的法律上的利益　50
宣告失踪　55
选择合同对方的自由　84
学说汇纂　111
学说继受　127

Y

严格法　106
言论的自由　183
养老律令　118
要件事实　3
耶和华的证人　186，203
耶林　117
一般法　172
一般法人法　172
一般条款　66
一般性人格权　203
一次性收取入住费　243
一物一权主义　30
遗失物法　171
遗体、遗骨的所有权　209
以沉默的方式实施的欺诈　94
逸失利益　15
意思表示　9
隐私　183，202
印章登记　254
应得利益的丧失　15

英美法圈　107
用益物权　30
优士丁尼　111
游戏的理论　142，149
有偿合同　11
有偿养老院　239，240
有责配偶的离婚请求　99
诱因的"系统"　147
宇奈月温泉案例　26
预见可能性　12
预借　63
预约　92，159
预约完结权　159
约定必守　113，149

Z

再上告　54
再谈判义务　94，95
暂行登记　158，159
暂行登记担保法　159，172
葬礼的丧主　211
增减租金的请求　138
扎休斯　114
债权的准占有人　306
债权关系　25，132
债权债务　7
债务不存在　156
债务的本旨　96
债务名义　60
占有　29
占有诉权　29
照管制度　231
整体不可分性　73
整体无效　71
正当事由　132，133

正式参拜靖国神社问题　187
政教分离原则　184
《支票法》　172
支援基本权利的义务　216
知识产权　248
直接规范　260
制度性保障　206
制作人不利的原则　150
重叠适用　173
重回社会　244
重要事项披露义务　94
主宰祭祀者　210
注释学派　112，113

追求幸福权　185
准据法　259
自己责任　148
自然人　55
自然债务　162，163
自卫官合祀案件　183
自由法　117
自由经济市场　148
宗教活动　205
宗教上的人格权　189
最高裁判所　156
最佳行贿人　146
作为国内法的民法　261

译后记

也许是受鲁迅的《藤野先生》一文的影响，来日本之前，就对仙台这个城市有种莫名的向往。来日本后，几经波折竟然真的考进了坐落仙台市的东北大学，在河上正二教授的指导下开始攻读硕士学位。当初只想念完硕士后就回国，没想到在河上老师的指导下，忘却了初衷，读完硕士又接着读博士，从此踏上了一去不回头的学术之路。

我是2003年4月考入东北大学攻读硕士学位的，河上老师是同年5月开始在杂志上连载《民法学入门》，并且当时河上老师已给4月入学的大学一年级的学生开设了"民事法入门"一课。我虽不是大一的学生，但还是每周都去听课，这一听就听了5年，直到河上老师调到东京大学，我也博士毕业为止。刚开始的一两年是听内容，等内容几乎记住后就开始注意老师的讲课风格。河上老师的男低音很受学生们的欢迎，而且敬业精神很高，总不忘在娓娓道来之中穿插一些笑话，每节课必要引发学生们笑上一两次。河上老师总是说大学教师是服务行业，登上了讲台就是演员，要使出浑身的功夫让观众（学生）满意才行。

当时东北大学为了照顾读硕、读博的穷学生们，雇佣硕士生和博士生给老师做研究助理（RA）和教学助理（TA），RA的工作是辅助老师的研究活动，主要是帮老师查找、打印资料等，TA的工作是辅助老师的教学活动，主要是帮老师打印讲义、辅导学生等。我刚开始是给河上老师当RA，河上老师在杂志上连载《民法学入门》，让我帮他校对第一稿。与其说是让我干活，不如说是让我学习。以我当时的日语水平是无法帮老师校对书稿的，只不过是找出一些错字和漏字而已，但河上老师说想让留学生也能看懂，所以让我把看不懂的地方都指出来。我毫不客气地指出不懂的地方时，河上老师解释完意思后，都会改换一下表达方式再问我这样好懂点儿了么。这个校对的工作，在我做了河上老师的 TA 后也一直继续着，河上老师在连载《民法总则》《物权法》等时我也是每一期都帮着校对，通过校对，不仅学习到很多民法知识，我的校对水平也日渐提高。有时和河上老师开玩笑说，如果拿到博士学位后找不到大学教师的职位，我也可以去当编辑。

拿到博士学位后，有幸去德岛大学任教，除了给所属学部的学生上民法专业课外，还要给全校的大一学生们上基础教养课，开什么课可以自己定，我就用河上老师的《民法学入门》作教材开设了"民法入门"的课，这个课一教就教了 5 年，直到我离开德岛大学去南山大学赴任为止。

如此算来，我听河上老师的《民法学入门》的课听了 5 年，用《民法学入门》来教学教了 5 年，和该书已实实在在地打了 10 年的交道，说可以倒背如流那是假话，但对该书有着深厚的感情却是实话。

不过，提议将该书翻译成中文的却并不是我，而是中国社会科学院法学研究所的孙宪忠教授。孙宪忠教授于 2005 年到东北大学就中国的物权法草案做专题报告时，河上老师将《民法学入门》一书赠送给他，孙老师听了该书的题材和内容的介绍后，当时就说应该把这本书翻译成中文版介绍到国内。听了孙老师的赞誉，河上老师也有点儿动心，后来对我说如果真要翻译成中文版的话，就由你来翻译吧。这对我来说当然是无比荣幸的事，我也想以此来回报师恩，但之后我为博士论文的写作所困，已无精力从事翻译；拿到博士学位后，又需着手将博士学位论文修改出版；书出来后，又奔波于求职活动；到大学任教后，又被教学任务所缠，总是无法静下心来好好翻译该书。就这样，在我为自己的事情忙于奔波而无力翻译该书时，2012 年孙宪忠教授和我联系，说他带的一位博士生已开始翻译河上老师的《民法学入门》，让我帮忙征求一下河上老师的意见，看是否能将翻译该书的权利授予该博士生。我将孙老师的意思转告给河上老师，河上老师考虑了很久后回复我说，很早以前已授权给你来翻译，本不应再授权给他人，但孙宪忠教授是老朋友，不太好回绝，而且又考虑到那位博士生已着手开始翻译，也不好让他白费工夫，如果你能和中国的博士生一起来翻译，我也能放心，又能两全其美。孙宪忠老师所说的博士生就是郭延辉博士。如此这般,在孙老师和河上老师的牵线之下,我和郭延辉博士走上了合作之路。

郭延辉博士是用日语版《民法学入门》(第 2 版)进行的翻译,翻译到第 10 章,我又用日语版《民法学入门》(第 2 版增订本)对郭延辉博士的译文进行了修改,并将第 2 版里没有的内容做了补充。尤其是第 10 章,第 2 版增订本做了较大的变动,第 1 节的"应对老龄化社会"和第 4 节的"民法(债权法)修改的动向"添加了许多新内容。郭延辉博士没有翻译的补讲部分,由我独自翻译。补讲部分虽没有详细的解说,但通过阅读这些有代表性的案例,有助于我们对法律问题进行独立的思考,尤其是日本裁判官所写的详细的判决书及个人意见(仅限于最高裁判所的裁判官),可以让我们了解到裁判官在解决具体问题时所做的法律解释,这对学习法律的人来说是受益匪浅的,所以请大家不要忽视补讲部分,细细阅读一下各个案例,定会有所启发。另外,因原著内容深厚,不仅使用了许多案例,而且还涉及民法总则、物权法、债权总论、合同法、婚姻法、继承法、侵权行为法、宪法和一些特别法的知识,所以为了便于中国读者的理解,我加了许多译者注;在校对第二稿时,日本修改后的民法得以颁布,所以我又对原著里所使用的条文与修改后的条文不同的情况,在译者注中做了说明,但愿能有助于中国读者的阅读。

我离开中国已有二十多年,中文表达能力已下降很多,具有深厚中文功底的郭延辉博士可以弥补我这方面的缺陷;但在对原著的理解上,不谦虚地说,我还是有一定优势的。并且,由于地理上的优势,在对原著的理解有把握不准的地方时,我可以随时通过电话或见面的方式询问河上老师,而河上老师对我的一次又一次的询问,总是不厌其烦地给予解释,对我斗胆提出的原著中可能存在的错误,也都在核对之后给予了回应。

这本译著能得以与中国读者见面,要感谢许多人的帮助。首先要感谢河上正二老师欣然授权将该书翻译成中文版,同时也要感谢牵线的孙宪忠老师。没有孙宪忠老师的牵线,就没有我和郭延辉博士的合作。这本书最终能够得以出版,还要感谢组织策划《法律人进阶译丛》的李昊老师和策划编辑陆建华老师的大力协助。还要特别感谢编辑王丽环老师,在校对第三稿时，把不好懂的地方一一指出，与我反复磋商。这样的校对，确实花费了很多精力和时间，但通过这样的校对，不仅使译文中的生涩之处得到较大改善，同时也让我体会到精益求精的真髓。如果大家觉得该书读得通畅，那多得助于王丽环老师的细致校对。

若该书对大家学习民法能有些许帮助，我们所有的努力就都得到了回报！

日本南山大学法学部　王冷然

2019 年 3 月 20 日

于名古屋

法律人进阶译丛

⊙ **法学启蒙**

《法律研习的方法：作业、考试和论文写作（第9版）》，
〔德〕托马斯·M. J. 默勒斯著，2019年出版
《如何高效学好法律（第8版）》，〔德〕芭芭拉·朗格著
《如何解答法律题：解题三段论、正确的表达和格式（第11版增补本）》，
〔德〕罗兰德·史梅尔著，2019年出版
《法律人的实习与入职：阶段、机会与申请（第2版）》，
〔德〕托尔斯滕·维斯拉格、斯特凡妮·贝格曼等著

⊙ **法学基础**

《民法学入门：民法总则讲义·序论（第2版增订本）》，〔日〕河上正二著，
2019年出版
《民法的基本概念（第2版）》，〔德〕汉斯·哈腾豪尔著
《民法总论》，〔意〕弗朗切斯科·桑多罗·帕萨雷里著
《物权法（第32版）》，〔德〕曼弗雷德·沃尔夫、马尼拉·威伦霍夫著
《债法各论（第12版）》，〔德〕迪尔克·罗歇尔德斯著
《刑法分则I：针对财产的犯罪（第21版）》，〔德〕鲁道夫·伦吉尔著
《刑法分则II：针对人身与国家的犯罪（第20版）》，
〔德〕鲁道夫·伦吉尔著
《基本权利（第6版）》，〔德〕福尔克尔·埃平著
《法律解释（第6版）》，〔德〕罗尔夫·旺克著
《德国民法总论（第41版）》，〔德〕赫尔穆特·科勒著

⊙ **法学拓展**

《奥地利民法概论：与德国法相比较》，
〔奥〕伽布里菈·库齐奥、海尔穆特·库齐奥著，2019年出版

《民事诉讼法（第4版）》，〔德〕彼得拉·波尔曼著
《所有权危机：数字经济时代的个人财产权保护》，
　　〔美〕亚伦·普赞诺斯基、杰森·舒尔茨著
《消费者保护法》，〔德〕克里斯蒂安·亚历山大著
《日本典型担保法》，〔日〕道垣内弘人著
《日本非典型担保法》，〔日〕道垣内弘人著

⊙ 案例研习
《德国大学刑法案例辅导（新生卷·第三版）》，〔德〕埃里克·希尔根多夫著
《德国大学刑法案例辅导（进阶卷·第二版）》，〔德〕埃里克·希尔根多夫著
《德国大学刑法案例辅导（司法考试备考卷·第二版）》，
　　〔德〕埃里克·希尔根多夫著
《民法总则（第5版）》，〔德〕约尔格·弗里茨舍著
《法定之债（第3版）》，〔德〕约尔格·弗里茨舍著
《意定之债（第6版）》，〔德〕约尔格·弗里茨舍著
《物权法（第4版）》，〔德〕延斯·科赫、马丁·洛尼希著
《德国劳动法案例（第4版）》，〔德〕阿博·容克尔著
《德国商法案例（第3版）》，〔德〕托比亚斯·勒特著

⊙ 经典阅读
《法学中的体系思维和体系概念》，〔德〕卡纳里斯著
《法律漏洞的发现（第2版）》，〔德〕克劳斯-威廉·卡纳里斯著
《欧洲民法的一般原则》，〔德〕诺伯特·赖希著
《欧洲合同法（第2版）》，〔德〕海因·克茨著
《民法总论（第4版）》，〔德〕莱因哈德·博克著
《法学方法论》，〔德〕托马斯·M. J. 默勒斯著
《日本新债法总论（上下卷）》，〔日〕潮见佳男著